Lehrerbücherei GRUNDSCHULE

Mechthild Dehn

Zeit für die Schrift –
Lesen und Schreiben im Anfangsunterricht

Mit Beiträgen von Petra Hüttis-Graff

Cornelsen
SCRIPTOR

Herausgeber der Reihe

Dr. Klaus Metzger
Schulamtsdirektor im Regierungsbezirk Schwaben/Bayern

Die Autorinnen

Dr. Mechthild Dehn, Lehrerin, Professorin für Erziehungswissenschaft/Didaktik der deutschen Sprache und Literatur mit dem Schwerpunkt Grundschule, hat an der Universität Hamburg gelehrt.

Dr. Petra Hüttis-Graff, Lehrerin, Professorin für Erziehungswissenschaft/Didaktik der deutschen Sprache und Literatur mit dem Schwerpunkt Grundschule, lehrt an der Universität Hamburg.

Projektleitung: Gabriele Teubner-Nicolai, Berlin
Redaktion: Anja Sieber, Berlin
Umschlaggestaltung: Torsten Lemme, Berlin
Umschlagfoto: © Artur Gabrysiak – Fotolia.com
Layout/technische Umsetzung: FROMM MediaDesign, Selters/Ts.

www.cornelsen.de

2. Auflage 2014, Neufassung in einem Band

Druck: CPI – Clausen & Bosse, Leck

ISBN 978-3-589-16204-8

Inhalt gedruckt auf säurefreiem Papier aus nachhaltiger Forstwirtschaft.

Inhalt

1 Einleitung

1.1 Signale

Als Henning sechs Jahre alt war, brach er sich das Bein. Zuerst haben wir alle ihm mit Vorlesen und Spielen die Zeit vertrieben. Aber bald musste er sich immer mehr selbst beschäftigen. Weil er schon in die erste Klasse ging und etwas lesen gelernt hatte, legten wir ihm auch einen Stapel Bücher hin. Er wählte sich „Die kleine Hexe" – ein Buch, das die älteren Geschwister sehr schätzten, das freilich seine Lesefähigkeiten weit überforderte. Aber er wählte gerade dies und „pflügte" sich durch den Text, indem er laut las – Tag für Tag, meist mehrere Stunden lang.

Wer ihm zuhörte, konnte den Text kaum verstehen, Henning aber verstand, was er da las. Und mir wurde beim Zuhören plötzlich deutlich, dass sein Lesen wie ein Fenster war, das den Blick freigab auf geistige Prozesse, die sich in seinem Kopf abspielten. Einmal habe ich das Tonband angestellt:

> *Ich habe nu: noch sie:ben Keschwi:ter schwitter ... Und Varter ist vori:ken Wi:nter ke:s:to:rben. – Was ist mit dem Vater? – Der ist gestorben. Nun mache: machen wir so:lch so: siche: sicher siche mh? Papierblumen.* (Das Wort kam bereits im Text vor.) *Aber es mag sie ja nie:mand. Aber es mag sie ja niemand.*
>
> („Ich habe noch sieben Geschwister. Und Vater ist vorigen Winter gestorben. Nun machen wir solche Papierblumen. Aber es mag sie ja niemand."
>
> *(Otfried Preußler: Die kleine Hexe. Stuttgart: Thienemann 2005, S. 44)*

Henning tastet sich durch viele Wörter, indem er sie langsam und gedehnt erliest *(nu:)*. Viele Vokale artikuliert er als Langvokale. Dazu gibt die Schrift auch Anlass, denn häufig ist die Länge oder Kürze des Vokals ja nicht bezeichnet. Dass er in dieser Passage *k* für (g) bevorzugt, könnte man darauf zurückführen, dass (g) eben mehrdeutig ist (z. B. *Berg*). Vielleicht ist es aber auch ein großes Bemühen um Exaktheit, das zu Übertreibungen führt (vgl. *Varter*). Trotzdem versteht Henning offenbar den Sinn, wie die Nachfrage zeigt.

Bei manchen Wörtern geht er schrittweise vor, unterteilt sie und versucht – wie bei *solche* – den Satzzusammenhang einzubeziehen. *Sicher* wäre syntaktisch ja auch möglich, aber Henning orientiert sich zugleich wieder an der optischen Textvorlage *(siche)*. Er beharrt von sich aus nicht darauf,

Unklares zu klären (z. B. *Geschwister, solche*), sondern liest in gleichmäßig langsamem Tempo weiter und wiederholt nur gelegentlich – wie beim letzten Satz – für sich die Aussage.

Was man erfährt, wenn man Leseanfängern zuhört.

Als Lehrerin hatte ich zwar ebenfalls täglich die Anfänger lesen gehört, aber als Signale für ihre Schwierigkeiten und ihre Art, damit umzugehen, waren mir die Leseversuche nie aufgefallen. Damals entstand der Plan, gemeinsam mit Studierenden Lernprozesse von Schulanfängern zu erkunden, indem man sich neben sie setzt und ihnen zuhört, während sie lesen und schreiben lernen. Die Aufgaben, die wir den Kindern im Lesen und Schreiben stellten, sollten ein wenig schwerer sein als das, was sie aus dem Unterricht schon kannten, gleichsam Herausforderungen zu einer Anwendung des bereits Gelernten.

Während einer solchen Beobachtung saß ich neben Heino, dem Erstklässler, und dem Studenten in einem kleinen Gruppenraum und hörte zu. Heino verwechselte beim Lesen manche Wörter, z. B. die Lehrgangswörter *wo* und *war (Wo war Micha?)*, und hatte Mühe, den Unterschied zu finden, weil er sich stets am Wortanfang orientierte. Beim Schreiben (das große *U*, das kleine *u, im, Oma*) schrieb er ohne Fehler langsam und bedächtig und sprach stets leise mit. Aber was dabei in seinem Kopf vorging, konnte ich nicht erfahren. Da kam mir die Idee, Heino zu bitten, Wörter zu schreiben, die er zuvor noch nicht gesehen hatte: *Schreib mal ... „Ball“*. Das war in einer Zeit, als Schreibanfänger im Unterricht nur abschrieben, was an der Tafel oder im Buch stand, und aus dem Kopf nur Wörter aufschrieben, wenn sie sie lange genug geübt hatten, eine kühne Aufforderung. Heino wies mein Ansinnen zunächst zurück, aber nach einer kleinen Ermunterung begann er doch.

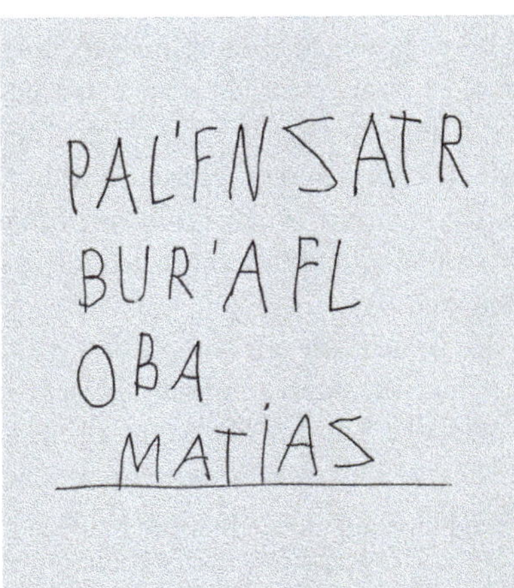

Als er bei zwei Wörtern merkte, dass er mit der Aufgabe zurechtkam, wollte er gar nicht mehr aufhören. Und ich war durchaus um passende Wörter verlegen: *Schreib mal „Buch“*. Indem ich das Wort nannte, erschrak ich, weil es ja viel zu schwer war: ⟨ch⟩ war im Unterricht noch gar nicht behandelt. Aber Heino störte sich daran nicht. Er sprach sich auch dieses Wort mehrmals flüsternd vor und schrieb dann sicher einen Buchstaben nach dem anderen. Über das „R“ war ich ziemlich verblüfft. – Zum Schluss wollte er das Blatt unbedingt mit nach Hause nehmen, um es seiner Mutter zu zeigen.

Heino verteilt die Wörter großzügig auf dem Blatt. Und er kennt viel mehr Buchstaben, als im Unterricht behandelt sind. Wörter, die in derselben Reihe stehen, trennt er durch kleine Häkchen ab – eine Erfindung, für die es weder in einem Lehrgang noch im Unterricht einen Anhalt gibt. Man kann lesen, was er schreibt, auch wenn er manches auslässt, manchmal den falschen Buchstaben wählt oder die Form verdreht. Die Reihenfolge der Buchstaben scheint ihm noch nicht wichtig zu sein. Bei *Fenster* notiert er die Zeichen einfach so, wie ihm die Laute nacheinander auffallen. Bei *Bur* kann man Heinos Lösungsweg besonders gut nachvollziehen, wenn man sich selbst das Wort innerlich vorspricht: Er notiert mit *R* den Buchstaben, der in der Artikulationsstelle dem (ch) besonders nahe liegt. Was für eine analytische Leistung!

Schreibversuche von Schreibanfängern – Fenster für kognitive Prozesse

Hinzu kamen Beobachtungen im Anfangsunterricht – vor allem zur Lernentwicklung von Kindern, die langanhaltende Schwierigkeiten mit dem Lesen- und Schreibenlernen erwarten lassen – wie die beiden folgenden Beispiele zeigen; das erste Beispiel zeigt „selbstständigen" Schriftgebrauch im sozialen Kontext der Klasse als Initiationserfahrung für den schulischen Schrifterwerb; es zeigt, wie Projektionen der Lebenswelt eingehen in Geschichten, grafisch gestaltete und diktierte; das zweite zeigt die Erfahrung, wie die eigene Lebensgeschichte, von der Lehrerin gemeinsam mit dem Kind im Medium eines Heftes gefasst, zur Verknüpfung mit Lehrgangselementen genutzt werden kann.

Ramazan hat noch zu Beginn von Klasse 2 vor allem Interesse daran, seine Kräfte mit anderen Jungen zu messen. Wozu Schrift für ihn nützlich sein sollte, kann er, in dessen achtköpfiger Familie es seit der Arbeitslosigkeit des Vaters wohl eher um die materielle Lebensgrundlage geht und Lesen und Schreiben keine Rolle spielen, nicht herausfinden. Immer häufiger „stört" er den Unterricht. Die Versuche der Lehrerin (I. Schnelle), ihm angemessene Zugänge zur Schrift zu eröffnen, bleiben lange Zeit ohne Erfolg. Immerhin: Er hält sich gern in der Leseecke auf und betrachtet Bilderbücher, besonders ein Tierlexikon, das er am Ende von Klasse 1 entdeckt hat. Die Lehrerin sieht ihn sehr sorgfältig umblättern, so wie sie es den Kindern gezeigt hat. Weicht er dem Lernen aus?

Als im Klassengespräch einmal die Rede auf den Schwan kommt und mehrere Kinder nachfragen, was ein Schwan ist, springt Ramazan auf, holt das Bilderlexikon, schlägt rasch die Seite auf und zeigt allen den Schwan. Noch eine zweite Seite hat er griffbereit: einen Schwan im Park. Dieses Erlebnis wirkt wie eine Initiation: Von nun an öffnet sich Ramazan. Die Lehrerin setzt sich zu ihm, liest ihm vor – er diktiert der Lehrerin Geschichten in sein Heft, Tiergeschichten, in denen es immer ums Essen geht.

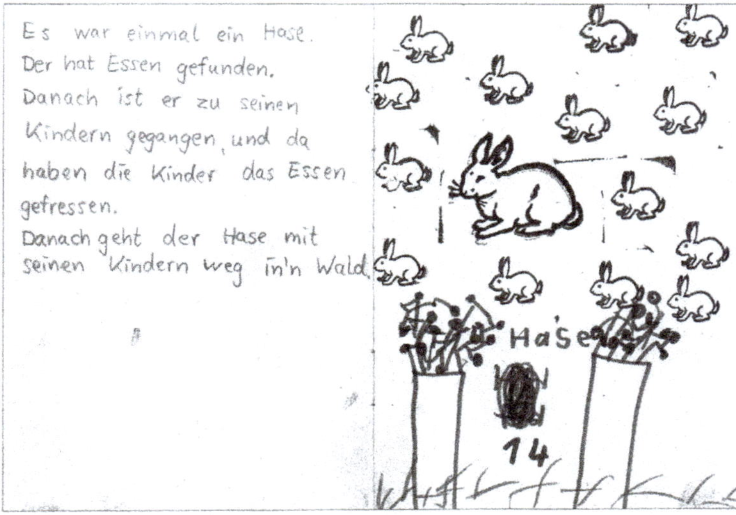

Ramazan stempelt, diktiert und beschriftet (September Klasse 2)

Auch die Lernaufgaben des Unterrichts nimmt Ramazan für sich an und macht gute Fortschritte. Kurz vor Ende des Schuljahrs geht er mit seiner Familie zurück in die Türkei (vgl. ausführlich DEHN/SCHNELLE 1989).

Yasemin arbeitet in den ersten acht Wochen der ersten Klasse ordentlich mit, aber nach den Herbstferien entdeckt ihre Lehrerin (I. Wolf-Weber), „dass sie das, was es bei uns zu lernen gibt, nicht zu ihrem Besitz gemacht hatte" (WOLF-WEBER/DEHN 1997, 4). Was sie können soll, hatte sie sich gemerkt, die Funktion der Buchstaben jedoch war ihr verborgen geblieben. Deshalb entschließt sich ihre Lehrerin, mit dem türkischen Mädchen ein Buch zu gestalten und dafür als inhaltlichen Anknüpfungspunkt die Türkei zu nehmen, an der sie sehr hängt. Auf dem von der Lehrerin für Yasemin mitgebrachten und in rosa Papier eingeschlagenen DIN-A4-Heft steht ihr Name groß unter einem Kinderportrait von Picasso. Nachdem sie gemeinsam ein Foto von Yasemin eingeklebt haben, schreibt die Lehrerin etwas über ihre Schülerin auf und spricht dabei langsam mit. Yasemin schaut erst zu und diktiert dann Einzelnes, so die Antwort auf die (schriftlich! gestellte) Frage: *HAT DEINE OMA TIERE?* Anschließend lesen sie zusammen mehrmals den Text, der Yasemin offensichtlich gefällt.

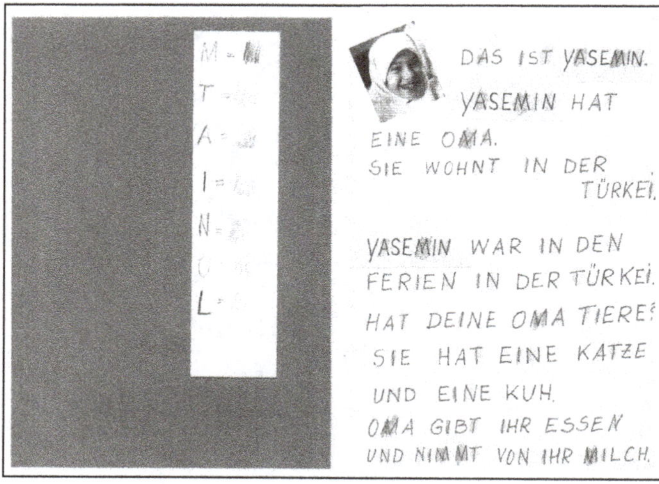

Yasemin markiert bekannte Buchstaben in ihrem Text (Oktober Klasse 1)

Auf einen schmalen Zettel schreiben sie dann gemeinsam die Buchstaben untereinander auf, die in der Klasse als gekonnt gelten und die in Yasemins Namen vorkommen, und ordnen ihnen Farben zu. Yasemin markiert die ihr bekannten Buchstaben in ihrem Namen und dann auch in den anderen Wörtern auf der Seite und stellt so einen Bezug zwischen den ihr wichtigen Wörtern und den Schriftzeichen und Lauten her, die ihr bislang so fremd waren. Am nächsten Tag will sie im Buch weiter schreiben, hat ein Foto von der Großmutter dabei und diktiert dazu einen Text: *DA WOHNT OMA. ICH SAGE ZU OMA NENE. DAS IST TÜRKISCH. OMA HAT OPA. ICH SAGE ZU IHM DEDE.* Noch zwei Tage diktiert sie in das Heft, dann übt sie darin einzelne Buchstaben sowie die Synthese auf zwei Seiten.

Yasemin hat durch diesen Anstoß gelernt, was ihr fehlte: die Erfahrung, wozu Schrift und Schreiben taugen, und Einsichten in die Funktion der Buchstaben. Nun macht sie große Fortschritte (vgl. Hüttis-Graff in: Merklinger 2012, 121 f.).

In den folgenden Jahren entwickelten sich aus diesen und ähnlichen Beobachtungen – gemeinsam mit Lehrkräften, Studierenden und auch Kursleitern zur Alphabetisierung – systematische Untersuchungen, Langzeitstudien am Übergang zur Schule, im Anfangsunterricht und bis zum Ende der Grundschule.

Die Beobachtung der Lernprozesse einzelner Schüler ist das eine, der soziale Kontext der Klasse, die Interaktion zwischen Lehrperson und Kind das andere. Es geht uns um Unterrichtskonzepte und Aufgabenstellungen, die

die Heterogenität der Lerngruppe als Chance nutzen. Die sprachlich-kulturelle, die kognitive und die emotionale Heterogenität. Ramazans Aktion mit dem Bilderlexikon, die Geschichten, die er diktiert; die, die die Lehrerin zusammen mit Yasemin aufschreibt, sind für alle Kinder der Klasse interessant. Patentrezepte aber gibt es nicht. Und die Frage, ob nicht Ramazan schon ein Jahr früher einen Impuls wie den, den die Lehrerin Yasemin gibt, hätte produktiv aufnehmen können, bleibt offen. Aber: Persönlich Bedeutsames wie Migrationserfahrung, wie besondere Vorlieben für Medienfiguren, Zuneigung zu einem Haustier können Impulse sein für den inhaltlichen Zugang zu Schrift und Schreiben – in der Lebenswelt der Schule!

„... so dass unterwegs niemand verloren geht"

Wie können so unterschiedliche Anfänger zusammen und voneinander lernen, so dass „unterwegs niemand verloren geht" – wie es eine Lehrerin (G. Welge) formuliert hat? Für viele Kinder aus sozialen Brennpunkten, einheimische und solche mit Migrationshintergrund, ist der Anfangsunterricht die Chance, einen Zugang zu finden zur Teilhabe an Schrift und Kultur – als Voraussetzung für die spätere Teilhabe an der Arbeitswelt.

Die besondere Aufmerksamkeit gilt ihren Zugriffsweisen und Schwierigkeiten – auch und gerade im Zusammenwirken mit der Lernentwicklung sehr fortgeschrittener Schulanfänger, also im Hinblick auf Integration und Inklusion (Dehn/Hüttis-Graff/Kruse 1996, Dehn 2004, Dehn 2011, Christensen/Dehn 2012).

1.2 Thesen

Lesenlernen heißt Problemlösen.

THESE 1 Lesenlernen ist mehr als die Kenntnis der Buchstaben und die Aneignung der Synthese. Die zentrale Tätigkeit des Kindes beim Lesenlernen entspricht der beim Problemlösen. Lesenlernen heißt für das Kind Problemlösen – die meisten Kinder bewältigen diese Aufgabe allerdings mit Leichtigkeit.

Der Leseanfänger muss von einer Ausgangssituation (dem optisch präsentierten Wort bzw. Text) zu einem ihm noch unbekannten Ziel (dem Verständnis der Wortbedeutung bzw. des Textsinns) gelangen. Dazu muss er verschiedene Teilschritte vollziehen (u. a. Zuordnung von Schriftzeichen zu Lauten, Herstellen einer Lautfolge, Strukturieren der Buchstabenreihe, Berücksichtigen des Kontextes), die Teilschritte auf das Ziel hin koordinieren und im Hinblick auf die Ausgangssituation kontrollieren. Dazu gehört Mut – nämlich überhaupt Teilschritte zu probieren und Entwürfe darüber zu machen, wie das Wort heißen könnte, aber auch Genauigkeit und so etwas wie Selbstkritik bei der Kontrolle der eigenen Versuche. Lesen als Rekonstruktion schriftlich fixierter Gedanken anderer erfordert darüber hinaus die Fähigkeit, von der eigenen augenblicklichen Situation abzusehen und sich durch Schriftzeichen Vorstellungsinhalte zu erschließen.

Die Kenntnis der Buchstaben ist eine Voraussetzung für das Lesenlernen. Allerdings hat sich in vielen Untersuchungen gezeigt, dass ihr nicht die Bedeutung zukommt, die ihr meist zugemessen wird. Auch sichere Leseanfänger kennen immer wieder einzelne Buchstaben nicht, aber sie können diesen Mangel ausgleichen. Die Fähigkeit zur Synthese ist eine andere Voraussetzung. Aber sie ist der unterrichtlichen Vermittlung nicht ohne Weiteres zugänglich: Man kann den Vorgang der Synthese zwar vielfältig vormachen und auch anschauliche Hilfen geben (z. B. durch Lautgebärden), am stärksten kann man ihn wohl durch ein das Schreiben begleitendes Sprechen unterstützen – wie in dem Beispiel von Yasemine, dort fokussiert auch auf die Analyse einzelner Buchstaben: Die Aneignung selbst jedoch entzieht sich äußerlicher Lenkung und erfolgt meist sprunghaft. Und der Lernweg von der Synthese zweier Elemente bis zum Erlesen schwieriger Wörter ist für etliche Leseanfänger lang und mühsam.

Schreibenlernen als sprachanalytische Tätigkeit

THESE 2 Schreibenlernen ist mehr als die Aneignung der Buchstabenform im Bewegungsvollzug. Es handelt sich um eine sprachanalytische Tätigkeit des Kindes.

Die Aneignung der Orthografie setzt voraus, dass das Kind sich – unbewusst freilich – Regeln bildet über die Struktur der gesprochenen Sprache und ihre Notierung in der Schrift. Dazu gehört, dass es seine Aufmerksamkeit auf die Analyse seines Sprechens richtet, und zwar losgelöst vom Inhalt. Untersuchungen haben gezeigt, dass eine solche Analyse wesentlich von dem abhängt, was das Kind bereits über Schrift weiß. Und dieses Wissen gewinnt es vermutlich, indem es zunächst einige wenige geschriebene Wörter oder auch einzelne Buchstaben und Abkürzungen mit seiner eigenen Artikulation vergleicht, sie sich einprägt und auf dieser Grundlage ein kognitives Schema von der Struktur der Schrift entwickelt, das es zunehmend differenziert.

Schreiben als Konstruktion und Formulierung eigener Gedanken bedeutet darüber hinaus die Aneignung schriftsprachlicher Strukturen, die gegenüber denen des Sprechens komprimiert und zugleich entfaltet sind (Weinhold 2000). Für Anfänger, die selbst noch nicht schreiben können, ist das Diktieren ihrer eigenen Texte eine gute Möglichkeit, sich Zugänge zu Schriftlichkeit zu erschließen (Merklinger 2012). Kinder verfügen bereits über einige Textformen und Textmuster, bevor sie schreiben können (Dehn/Merklinger/Schüler 2011, Hüttis-Graff 2012a).

Schriftgebrauch als Voraussetzung für den Schrifterwerb

THESE 3 Schrifterwerb und Schriftgebrauch sowie frühe Literacy gehören zusammen.

Literacy umfasst das Interesse für Schilder und Aufschriften; das Betrachten von Bilderbüchern; das Zuhören beim Erzählen, beim Vorlesen oder bei Hörbüchern; das Spielen mit Sprache bei Reimen, Abzählversen oder Zungenbrechern; das Hantieren mit Schreibwerkzeugen beim Kritzeln und Malen, bei ersten Schreibversuchen – auf Papier, im Sand, am Computer, das Diktieren eigener Texte; insgesamt die Aufmerksamkeit auf Schriftgebrauch und Schriftstruktur (Elschenbroich 2001, Ulich 2003, Dehn 2007, 2008, Kruse 2009, Hüttis-Graff 2012b).

Wer in der Zeit vor der Schule keine Erfahrung gesammelt hat im Umgang mit Schrift, hat es mit dem Lesen und Schreiben schwer. Für ihn ist die Schule der Ort dafür.

Maxime: Vom Unvollkommenen zum Vollkommneren

THESE 4 Lernen ist in erster Linie eine Aktivität des Lernenden, weniger eine Folge von Lehrvorgängen. Lehren sollte, statt – wie bisher vorrangig – dem Grundsatz „Vom Leichten zum Schweren“ zu folgen, von der Maxime „Vom Unvollkommenen zum Vollkommeneren“ geleitet sein.

Wenn Kinder in die Schule kommen, haben sie bereits sechs oder sieben Jahre lang Lernerfahrungen gemacht: Sie beherrschen einen wesentlichen Teil des Wortschatzes und die wichtigen Satzbaumuster, sie haben sich grundlegende Muster und Regeln für die Verständigung angeeignet und auch gelernt, wie man mit Konventionen umgehen kann oder ihnen auch gerade folgen muss, um wichtige persönliche Interessen durchzusetzen. Sie haben dabei durchaus nicht mit dem Einfachen begonnen, sondern von Anfang an in komplexen Situationen gelernt. Und sie haben all dies und vieles andere ohne ausdrückliche Unterweisung gelernt.

Schulisches Lernen unterscheidet sich nun vom vorschulischen vor allem dadurch, dass Lernzeiten und Lerngegenstände institutionell vorgegeben sind und vom Lehrer geplant werden.

Aber: Die Erkenntnis, dass Kinder immer anderes und auf andere Art lernen, als wir sie lehren, sollte zu einem Umdenken bei der Konzeption schulischer Lehrgänge zum Lesen und Schreiben führen: Warum nehmen wir für schulisches Lernen an, es müsse stets durch Lehren allererst initiiert und gesteuert werden? Warum schaffen wir nicht eine „Schriftumgebung“, in der sich zu bewegen den Anfängern verlockend erscheint? Warum unterstützen wir die Lese- und Schreibanfänger nicht auf ihren Lernwegen und geben ihnen Anregungen, sich von unvollkommenen Lösungen, also komplex-undifferenzierten, zu vollkommeneren, also zu stärker strukturierten und differenzierten, zu bewegen? Henning z. B. sucht sich seinen Lesestoff selbst und Heino hat sich bei seinen Schreibversuchen manches verfügbar gemacht, was erst latent vorhanden war. Ramazan kennt sich mit dem Bilderlexikon aus und Yasemine erkennt im Text der Lehrerin die Buchstaben ihres Namens. Gemessen an der Norm ist ihr Tun unzureichend. Die Kinder geben sich auch mit Fehlerhaftem zufrieden. Aber die Kinder entwickeln eine Lernbereitschaft, die es – auch im institutionellen Rahmen des Schulunterrichts – zu erhalten und anzuregen gilt. Die Orientierung am Zugriff der Kinder bedeutet freilich auch nicht, dass das Lehrverfahren nun seinerseits dem Lernprozess bloß zu folgen brauche oder dass mit offenen Lernsituationen und Binnendifferenzierung alle Probleme zu lösen wären.

Fehler als lernspezifische Notwendigkeit

THESE 5 Fehler der Lese- und Schreibanfänger sollten nicht in erster Linie als Abweichungen von der Norm betrachtet und behandelt werden, sondern als lernspezifische Notwendigkeit.

Wenn kleine Kinder die ersten Äußerungen tun, sind wir hocherfreut, geben uns Mühe zu verstehen, was sie meinen, und versuchen sie zu weiteren Äußerungen anzuregen. Fehler gelten beim Spracherwerb als „entwicklungsspezifische" Notwendigkeiten. Wenn die Kinder mit dem Schreiben anfangen, haben wir dagegen – immer noch häufig – die Befürchtung, Fehler könnten die Aneignung behindern. Aber wenn sie nur die Buchstaben, Wörter und Sätze nachschreiben, die wir ihnen „vorschreiben", haben sie – auch für das Rechtschreiblernen – weniger Möglichkeiten zum Erkunden, weil sie nicht auf Merkmale der Schreibung aufmerksam werden, sich ihnen weniger Fragen stellen.

Fehler sollen – so eine verbreitete Meinung – auch beim Lesen möglichst vermieden werden. Deshalb werden die Texte so ausgewählt, dass immer nur wenig Neues darin vorkommt. Häufig wissen die Kinder schon vorher, was das Geschriebene bedeutet, oder sie üben es so lange, bis sie es auswendig können. Und wenn die Kinder trotzdem Fehler machen, werden sie sogleich korrigiert. Aber was könnten Leseanfänger alles lernen, wenn sie Gelegenheit dazu hätten, selbst ihre Fehler zu finden und sie gemeinsam mit anderen zu korrigieren, oder wenn sie sie gelegentlich – wie Henning das tut – übergehen dürften?

Und wie viele Hinweise für weitere Aufgaben für die Lerngruppe als ganze oder für Einzelne erhielten wir, wenn wir Fehler der Anfänger als Indizien für ihre Zugriffsweise verstehen würden? Vieles spricht dafür, dass wir auf diese Weise eher erreichen, dass aus dem Lernen ein Können wird.

Wir möchten die skizzierten Forschungsergebnisse über die kognitive Zugriffsweise der Lese- und Schreibanfänger im Hinblick auf die Erfahrungen der schulischen Praxis darstellen und bedenken. Dazu gehört zentral die Frage der Lernschwierigkeiten, die radikaler als bisher auch als Nicht-Lernen behandelt werden soll. Dazu gehören Fragen der organisatorischen und methodischen Unterrichtsgestaltung und – was für Kinder und Lehrer am wichtigsten ist – die Art ihrer Verständigung.

Viele Beobachtungen und Befunde sind hier eingegangen. Wir fügen daraus immer wieder Szenen ein – sie sind alle authentisch. Die Szenen dienen der Erläuterung und Vertiefung der Forschungsergebnisse.

Viele Szenen mögen Leserin und Leser selbst kommentieren. Es sei davor gewarnt, sie als Rezepte zu verstehen und nachzuahmen: Etliche Szenen sind Beispiele täglicher Schulmisere. Einige demonstrieren, dass Schrifterwerb nicht nur ein pädagogisches und psychologisches Problem ist, sondern dass die Schwierigkeiten mit den Lese- und Schreibanfängern auch eine politische Dimension haben. Aber auch die „vorbildlichen" Interaktionen lassen sich nicht nachahmen, weil die Personen und die situativen Kontexte stets andere sind.

An den Schluss dieser Einleitung stellen wir eine Serie von Szenen aus unterschiedlichen Unterrichtsformen, die das Problem des Nicht-Lernens thematisieren und Wege gelungenen Unterrichtens zeigen.

1.3 Nicht-Lernen

Verweigerungen

- Eine Studentin, die einem Sonderschüler aus Klasse 8 Einzelunterricht im Lesen und Schreiben erteilt, erschrickt, als er beim dritten Mal zum vereinbarten Termin nicht kommt. Sie hat sich nach den positiven Erfahrungen der ersten Begegnungen viel überlegt, manches vorbereitet und weiß, dass sie beim nächsten Treffen ihre Vorstellungen nicht in ähnlich intensiver Weise wird artikulieren können.
  Man fühlt sich, als wenn man in ein Loch fällt.
  In den folgenden Monaten fehlt Ralf durchschnittlich jedes zweite Mal – mit ganz verschiedenen Entschuldigungen.

- Eine Lehrerin berichtet über einen Schüler, der Förderunterricht in Klasse 2 erhält.
  Dienstags, dem Tag der Förderstunde, kommt er meist überhaupt nicht zur Schule. Mit der Mutter zu reden, nützt auch nichts.

- Eine Kursleiterin aus der Alphabetisierung äußert kurz vor Unterrichtsbeginn zwei anderen gegenüber ihre Bestürzung darüber, dass nur zwei Teilnehmer erschienen sind. Vieles, was am Tag zuvor auch individuell vereinbart war, lässt sich jetzt nicht ausführen.

Zwischen Enttäuschung und dem Gefühl von Ohnmacht

Vielleicht kann man die Betroffenheit der Lehrenden, die eine Mischung aus Enttäuschung, Empörung und dem Gefühl von Ohnmacht und persönlichem Verletztsein ist, nur verstehen, wenn man selbst Ähnliches erfahren hat.

- Warum verweigern sich die Lernenden dem Unterricht?
- Welchen Stellenwert hat Lesen und Schreiben in ihrem Leben?

Abwehr

Eine Lehrerin sagt zu einer Studentin, als diese im Anschluss an eine Hospitation in Klasse 1 nach einer auffälligen Schülerin fragt: *Die wird sowieso Analphabetin …*

Diese Lehrerin gehört zu den Kolleginnen, die sich um guten Unterricht und um Reflexion darüber bemühen. Was bewegt sie, dass sie nach wenigen Schulmonaten zu einem solchen Urteil kommt? Hat sie schon resigniert? Muss sie alle Erwartungen und Ansprüche an sich selbst als Lehrerin, vor allem ihre eigenen und die des Kindes, abwehren? Welche Möglichkeiten hätte sie?

Ratlosigkeit

In einem ehemaligen Büroraum sitzen sechs Jugendliche, die fast alle unter 20 Jahre alt sind, um einen Tisch und schreiben von der Tafel die Wörter aus fünf Sätzen ab, die sie beim anschließenden Diktat nicht mitschreiben möchten: *Acht Brote lege ich in die Tasche. Im Januar kriege ich ein Telefon. Mittwoch …* Jeder schreibt langsam und aufmerksam, einige müssen sich buchstabenweise orientieren und trauen sich nur wenige Wörter für das anschließende Diktat zu *(ich, und, ein …)*.

Diese Teilnehmer an einem Alphabetisierungskurs sind vor kurzem nach neun oder zehn Jahren aus der Schule (aus der Sonder- und Hauptschule) entlassen worden. Was haben sie während dieser langen Unterrichtszeit gemacht? Warum haben wir ihnen in den späteren Schuljahren keine Gelegenheit mehr zur Schriftaneignung gegeben?

1.4 Wege: Vor der Tafel und am Tisch

Lesen mit Folgen: Der Zirkusdirektor

Beim Ansehen der folgenden Szene als Videoaufnahme wundern sich Lehramtsstudierende über die Spannung, die offenbar von einem Tafeltext für die Leseanfänger (Klasse 1, Februar) ausgeht. Was ist das Besondere an dem Text und an dieser eigentlich alltäglichen Lesesituation? Und warum wundern sich die Lehrerstudenten?

Die Klasse hat im Januar eine Zirkusvorstellung besucht und sich mehrere Wochen lang mit der Vorbereitung und Auswertung dieses Besuches befasst, u. a. hat jedes Kind einen Zirkuswagen aus einem Schuhkarton gebastelt. Heute soll der letzte Tag zum Thema Zirkus sein.

Die Lehrerin (I. Wolf-Weber) hat die Kinder mit ihren Stühlen vor der Tafel versammelt. Es soll diesmal um den Herrn Direktor gehen. *Jeder liest nur mit den Augen, nicht mit dem Mund.* Die Lehrerin schreibt Wort für Wort an die Tafel:

> Das ist der Herr Direktor.
> Du kannst ihn heute basteln.
> Er kann stehen.
> Er kann auch sitzen.
> Er ist aus Draht.

Neben den ersten und den zweiten Satz hängt sie ein Bild von einer gebastelten Puppe und setzt zum Schluss einen winzigen „Direktor“ aus Biegedraht (Pfeifenputzer) auf den Tafelrand.

Die Kinder lesen Satz für Satz vor. Und mit jeder Zeile wird ihre Aufmerksamkeit größer. Immer mehr Kinder stehen auf, um zu sehen, wie es weitergeht. Es bleibt ganz still.

Dabei schließen sich manche Übungen jeweils an das Vorlesen an: Die Kinder besprechen, welche Wörter sie besonders schwer finden, und suchen ähnliche; die Lehrerin korrigiert die Aussprache von „Direktor“: *Das heißt nicht „Därektor“* (Hamburger Umgangssprache). Anschließend lesen die Kinder das Wort mehrfach so, wie es geschrieben steht.

Warum wundern sich die Studenten?

Warum lassen sich die Kinder fesseln von diesem Text, einem schlichten Tafeltext, an dem Verschiedenes geübt wird? Im Gespräch mit den Studenten stellte sich heraus, dass die meisten – anders als die Kinder – den Text als „reinen“ Tafeltext verstanden hatten, der – gleich, welchen Inhalt er hatte – stets folgenlos geblieben war. Und so hatten die Studenten auch den Text vom „Herrn Direktor“ nicht wörtlich genommen.

Diese Kinder aber haben andere Erfahrungen gemacht. Darum lesen sie aufmerksam und sind gespannt, wie es weitergeht. Sie lesen anschließend noch gemeinsam, welches Material benötigt wird, und dann erhält jeder ein Blatt mit einer Bastelanleitung:

Jetzt muss ich euch nur noch eins sagen. Ihr bekommt alle von mir einen Zettel. Und da steht drauf, wie es jeder machen muss ... Und wenn ihr das gelesen habt, dann geht ihr in die Mitte. Während ihr euch nämlich hinsetzt und das lest, stelle ich alle Zutaten in die Mitte. Und ihr wisst, dass man nicht drängelt und nicht rafft. Ich habe selbst für den Letzten noch ganz viele verschiedene Sachen.

Und die Kinder? Jedes studiert gründlich sein Blatt. Auch die drei langsamsten Leser tun es mit unverminderter Intensität – obwohl die meisten anderen schon beim Basteln sind und es doch viel einfacher wäre, sich an deren Hantierungen zu orientieren. Oder?

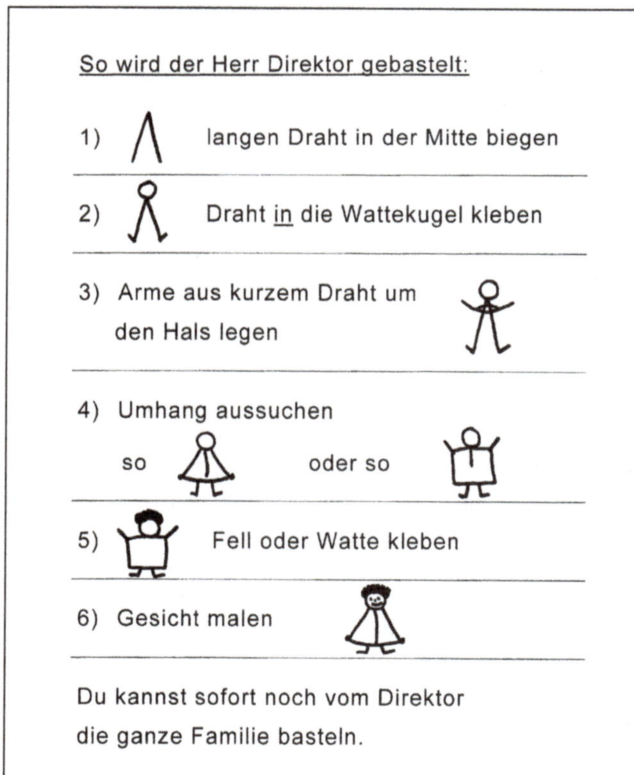
So wird der Herr Direktor gebastelt:

1) langen Draht in der Mitte biegen

2) Draht in die Wattekugel kleben

3) Arme aus kurzem Draht um den Hals legen

4) Umhang aussuchen
so oder so

5) Fell oder Watte kleben

6) Gesicht malen

Du kannst sofort noch vom Direktor die ganze Familie basteln.

Lesen ist hier keine lästige Vorstufe zum Eigentlichen, sondern notwendige Voraussetzung. Offenbar fasst hier jedes Kind es als wichtig auf, vielleicht auch als ein Prestige. Alle Kinder wissen, dass sie ihr Werkstück beenden können. (Die „Tischspielzeit" der anschließenden Stunde dient als zeitliche Pufferzone.)

Das Beispiel selbst erhellt allerdings noch nicht, wie es gelungen ist, den Kindern diese Haltung zu vermitteln.

Lernhilfe für Andrea I

In Klasse 1 ist im November das (ei) eingeführt worden. Die Lehrerin erklärt:

(ei) schreiben wir immer so: ein „e" und ein „i".

Jedes Kind soll diesen Merksatz wiederholen. Andrea kommt als Dritte dran, kann es nicht.

Andrea, wenn du jetzt gut aufpasst, wie es die anderen machen, kannst du es gleich auch.

Als vorletzte wird Andrea noch einmal aufgefordert. Jetzt kann sie den Merksatz sagen.

Die Lehrerin formuliert einen Anspruch an die langsam Lernende und zeigt ihr einen Weg. Sie gibt keine gesonderte Erklärung, sondern verweist sie an ihre Lernfähigkeit. Andrea wird diesem Anspruch gerecht und in ihrem Können bestätigt.

Lernhilfe für Andrea II

Andrea (Klasse 1, s. oben) verwechselt bei einer Schreibaufgabe einige Wochen später die Buchstaben d und b.

Hier hast du ihn wieder verkehrt rum gemacht. Da hast du wohl Probleme. Das müssen wir wohl mal üben.

Nicht sofort, aber noch in derselben Stunde setzt sich die Lehrerin zu Andrea, gibt ihr Hilfen und stellt ihr entsprechende kleine Aufgaben. Schließlich fragt sie:

Hast du noch Lust? - Nein.

Andrea kann die Aufgaben am nächsten Tag fortsetzen.

Kindergespräch beim Schreiben

Am Ende von Klasse 1 sind die Kinder mit verschiedenen Schreibaufgaben beschäftigt, die sämtlich bereits mehrfach bearbeitet worden sind. Antje und Onur haben eine Schachtel mit gestempelten Bildkarten vor sich sowie Schreibblock und Stift. Auf jeder Bildkarte sind Striche entsprechend der Anzahl der Buchstaben.

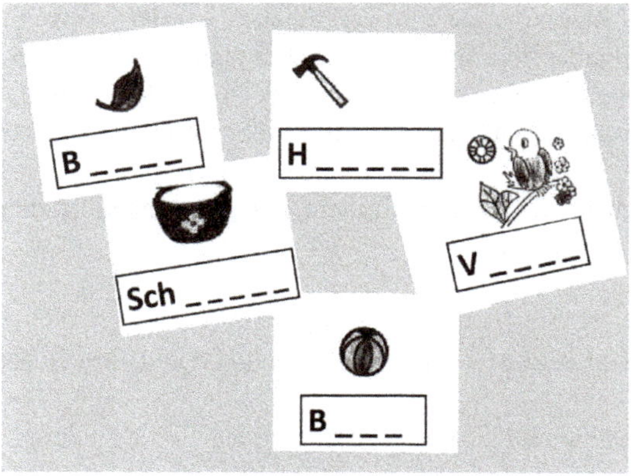

Die Kinder schreiben die Wörter auf. Antje nimmt wieder eine Karte heraus, Onur guckt auf die Karte.

A.: *Vo: gel, Vogel …*
Ja. o-g-e-l (zeigt auf die Striche)
O.: (vergleicht mit den Strichen) *Und jetzt muss „Vau" schreiben, ne?*
A.: (beginnt zu schreiben; O. guckt auf A.s Blatt) *Vo:*
(A. guckt auf O.s Blatt. O. hat „V" geschrieben.)
O. *und* A. (gleichzeitig): *Vo: gel* (schreiben das Wort zu Ende) …
A.: *Jetzt kommt* (nimmt neue Karte) *B-a-l*
A. *und* O.: *-l*
A.: *Wird mit zwei „l" geschrieben, Ball, ne?*
O.: *Mh* (schreibt)
A. *und* O. (gleichzeitig): *Ba:l* (sie schreiben)
O.: *Ball. Hab ich* (guckt auf A.s Blatt).

Beide Kinder arbeiten mit großer Intensität und Ernsthaftigkeit. Sie vergewissern sich ihrer Kenntnisse von der Schreibung der Wörter:

Kooperation bei heterogenen Lernvoraussetzungen

- indem sie lautieren und das Gehörte mit der Anzahl der Striche auf der Bildkarte vergleichen,
- indem sie wechselseitig die besonderen Merkmale der Wörter bestätigen *(Und jetzt muss (!) „Vau" schreiben; wird mit zwei „l" geschrieben)* und
- indem sie das selbst Geschriebene jeweils mit der Schreibung der anderen vergleichen.

Onur gehört zu den schwächsten Schreibanfängern der Klasse, Antje zu den durchschnittlichen. Das ist in ihrem Gespräch zwar erkennbar, aber dennoch gelingt ihnen wirkliche Kooperation.

Es geht in diesem Buch um den Zusammenhang von Lernen und Lehren im Anfangsunterricht, um eine theoretische Grundlegung der Lernprozesse im Hinblick auf Problemlösen, Sprachanalyse und Schriftorientierung und im Hinblick auf frühe Literacy als Grundlage des Schrifterwerbs. „Elementare Schriftkultur als Prävention von Lese-Rechtschreibschwierigkeiten und funktionalem Analphabetismus bei Grundschulkindern" – in diesem Hamburger Modellversuch der Bund-Länder-Kommission für Bildungsplanung (mit 20 Klassen) haben wir die Befunde erprobt und „Schlüsselszenen" herausgearbeitet (DEHN/HÜTTIS-GRAFF/KRUSE 1996). Ins Bewusstsein der Öffentlichkeit ist der funktionale Analphabetismus – trotz neunjährigem Schulbesuch – bereits in den 1980er Jahren getreten. Mit den Ergebnissen der PISA-Studien des letzten Jahrzehnts ist die Brisanz von Lernschwierigkeiten, Lernverweigerung, Nicht-Lernen erneut präsent. Zugänge zu Schrift und Schriftlichkeit zu erschließen, Lernprozesse zu initiieren, ist eine zentrale Aufgabe des Anfangsunterrichts. Demgegenüber sind die Herausforderungen, die Überflieger, Hochbegabte an den Unterricht stellen, deutlich leichter zu bewältigen.

Lernförderlicher Unterricht besteht vor allem darin, Lernprozesse anzuregen und zu sichern: durch Aufgaben, die der Funktion und der Struktur von Schrift gemäß sind; durch Konfrontation mit Schwierigkeiten; in Situationen dialogischen Lernens; im sozialen Kontext der Klasse; durch Übungen, die Einsichten in die Struktur der Schrift festigen und Erfolg bestätigen; durch Projekte – über die Klasse hinausgehend – mit der Lebenswelt der Kinder.

Die vielen eingestreuten Szenen geben Einblick in die Arbeitsatmosphäre der Klasse und die individuelle Ansprache der Lehrerin, die jede Leserin und jeder Leser im Hinblick auf die jeweils anderen Ausgangsbedingungen und spezifischen Möglichkeiten bedenken und beurteilen kann.

Das Ziel dieses Buches ist es, die Handlungskompetenz im Unterricht zu vergrößern:

- dadurch, dass wir Beobachtungen aus theoretischer Perspektive verstehen,
- dadurch, dass wir didaktische Möglichkeiten kennen und methodische Ideen, konkrete Aufgabenstellungen und Materialien nutzen können und
- vor allem dadurch, dass Leserin und Leser aus der Betrachtung der vielen Episoden, in denen Lehrer und Kinder miteinander umgehen, ein besseres Selbstverständnis gewinnen.

Indem wir andere sehen, können wir auch uns selbst einmal mit den Augen anderer sehen, damit das, was wir sein möchten, besser mit dem übereinstimmt, was wir tun.

2 Einblicke in den Lernprozess

2.1 Zum Stand der Diskussion

Einblicke in den Lernprozess als Voraussetzung für guten Unterricht

Einblicke in den Lernprozess als *eine* Voraussetzung für guten Unterricht zu betrachten: das war nicht immer Konsens. Bis Mitte der 1970er Jahre orientierte sich die Diskussion über den schulischen Lese- und Schreibunterricht vorwiegend an der Sachstruktur des Lerngegenstandes, also an der Schrift, oder an den Fähigkeiten des Schriftkundigen. Man schloss von Beobachtungen des Lesens und Schreibens von Könnern auf die Tätigkeiten, die es dem Anfänger zu vermitteln galt. Dementsprechend wurde die synthetische oder die ganzheitlich-analytische Unterrichtsmethode begründet.

Danach hat sich mehr als 20 Jahre lang ein breites Interesse der Forschungen auf den Schrifterwerb gerichtet, und zwar besonders auf die Wahrnehmungsvorgänge und die Prozesse der Regelbildung beim Lernenden, z. B.: ANDRESEN 1985, BRÜGELMANN 2000, BRINKMANN 2000, DOWNING/VALTIN 1984, EICHLER 1976, DEHN 1978. Zu diesem Wechsel des Forschungsinteresses hat vor allem die Hinwendung zu Arbeiten beigetragen, die in der amerikanischen Kognitionspsychologie und Psycholinguistik sowie der russischen Lernpsychologie der Galperinschule entstanden sind (vgl. HOFER 1976, WEIGL 1974, A. A. LEONT'EV 1975). Die Forschungen zum Schriftspracherwerb haben ein Verständnis von Unterricht begründet, das die Eigenaktivität der Lernenden als Ausgangs- und Zielpunkt sieht. Sie wurden aber vielfach auch als Begründung für einen polemisch vertretenen offenen Unterricht herangezogen.

In den letzten 15 Jahren hat erneut ein Paradigmenwechsel stattgefunden: Mit den internationalen Studien zur Leistungsmessung (vor allem PISA, vgl. BAUMERT u. a. 2001, KLIEME u. a. 2010 und IGLU; vgl. BOS u. a. 2003, 2007) hat das Interesse an den Lernergebnissen zugenommen. Schulpolitisch steht nun das Bestreben im Vordergrund, die Leistungen zu steigern – und durch Messungen zu prüfen, inwieweit dieses Ziel erreicht wird. Damit besteht die Gefahr, Befunde über Gesetzmäßigkeiten von Lernprozessen zugunsten von vermeintlich effektiven Methoden hintanzustellen.

In allen Untersuchungen aber hat sich (seit mehr als 30 Jahren, vgl. FERDINAND 1972, SCHMALOHR 1971) gezeigt, dass Kinder durch eine Vielzahl von Methoden lernen, dass es immer Kinder mit Schwierigkeiten gibt und dass man keine einzelne Methode als die beste bezeichnen kann (VALTIN 1998, 68). Das hat kürzlich auch WEINHOLD (2009) mit ihrer Untersuchung zu Effekten der Silbenmethode im Vergleich zu Fibel und „Lesen durch Schreiben" auf die Rechtschreib- und Leseleistung von Klasse 1–4 bestätigt. Die Effekte gleichen sich im Verlauf der Grundschulzeit an; auch die vielfach behaupteten Vorzüge der Silbenmethode während des Schrifterwerbs im engeren Sinn haben sich nicht bestätigt (s. dagegen BREDEL u. a. 2011). Allerdings kann man – auch im Gefolge der internationalen Studien zur Leistungsmessung – sehr wohl etwas aussagen über Standards guten Unterrichts (vgl. S. 96 f.).

Studien zum Verhältnis von Lehren und Lernen

Unsere Studien gelten den Lernprozessen im Unterricht, also dem Verhältnis von Lehren und Lernen (DEHN 1984, 1985, DEHN/HÜTTIS-GRAFF/KRUSE 1996, HÜTTIS-GRAFF 1998, DEHN/HÜTTIS-GRAFF 2002; vgl. OSBURG 2002):

- Das ist zum einen die Untersuchung des Lernprozesses von 66 Kindern aus sieben Klassen, die mit zwei unterschiedlichen Fibeln unterrichtet wurden. Diese Analyse von Beobachtungen des Lesen- und Schreibenlernens ist darauf gerichtet, möglichst umfassende und genaue Aufschlüsse über den Prozess der Schriftaneignung zu erhalten. Ihr Ziel ist darüber hinaus, Lernschwierigkeiten im Hinblick darauf zu differenzieren, ob sie als produktive Momente der Auseinandersetzung mit Schrift aufzufassen sind oder ob sie als Indizien für Blockierungen der Schriftaneignung verstanden werden müssen, die für das Selbstbild sowie die schulische und berufliche Entwicklung der Betroffenen gravierende Folgen haben (vgl. die derzeitige Diskussion über Lese-Rechtschreib-Schwäche bzw. Legasthenie und über funktionalen Analphabetismus). Solche Lernschwierigkeiten gilt es frühzeitig zu erkennen, d. h. bereits in der Erwerbsphase in Klasse 1, und nicht erst, wenn sie manifest geworden sind; damit Lernhilfen besser wirksam werden können. Diese Studie hat zur Konzeption der **Lernbeobachtung** geführt.
  Wir haben die Kinder einzeln beobachtet, also in einem Gruppenraum, insgesamt zehnmal in Klasse 1. Von jedem Kind liegen uns umfangreiche Beobachtungsdaten vor: aus dem 1. Schuljahr insgesamt ca. 14 000 Reaktionen auf isoliert dargebotene und auf Text-Wörter sowie 2 800 Schreibungen von Wörtern, die im Unterricht noch nicht behandelt waren. Darüber hinaus haben wir von diesen 66 Schülern auch standardisierte Testdaten erhoben (u. a. Bremer Artikulationstest, BAT; Bremer Lautdiskriminationstest, BLDT; Heidelberger Sprachentwicklungstest, HSET: IS KS SB; Culture Fair Intelligence Test 1, CFT; Schulleistungstestbatterie, SBL I) und sie über die anschließenden Schuljahre bis zum Ende der Grundschule verfolgt, jeweils mit einem standardisierten Lese- und Rechtschreibtest.

- Das ist zum anderen das Hamburger Modellprojekt der Bund-Länder-Kommission für Bildungsplanung „Elementare Schriftkultur als Prävention von LRS und funktionalem Analphabetismus in der Grundschule", an dem 20 Klassen, vor allem aus sozialen Brennpunkten, teilgenommen haben. Unterrichtet wurden je sieben Klassen durch Fibeln und „Lesen durch Schreiben" und sechs mit einer Eigenfibel. Dieses Projekt ist als Feldstudie angelegt, d. h., dass die Lernprozesse in der Klasse beobachtet wurden: Je drei Kinder (nach Auswahl der Lehrer) in Form transkribierter Unterrichtsprotokolle siebenmal in Klasse 1 und 2. Diese Befunde können in Beziehung gesetzt werden zu Daten über Lernvoraussetzungen, Lernfortschritte und Leistungen von 424 Schülerinnen und Schülern bis zum Ende von Klasse 4. In diesem Projekt ist die **Schulanfangsbeobachtung** entstanden. Es geht vor allem darum, wie basale Zugänge zu Schrift im Anfangsunterricht eröffnet werden können („elementare Schriftkultur", s. S. 51–59, S. 75 ff.), und um die Interaktion von Lehrperson und Schüler bei Lernschwierigkeiten.

2.2 Lesenlernen als Problemlösen

Vorhandene Fähigkeiten auf einen neuen Bereich anwenden

Ein Wort zu erlesen – eine zentrale Aufgabe in unserer Studie – stellt für Leseanfänger nicht eine Routineaufgabe dar, sondern es ist für sie (im Sinne der Theorie des produktiven Denkens) ein Problem: „Ein Problem liegt vor, wenn ein Lebewesen ein Ziel hat und nicht ‚weiß', wie es dieses Ziel erreichen soll" (DUNCKER 1966). Zwischen dem Ausgangs- und dem Zielzustand ist eine Barriere. Es geht darum, vorhandene Fähigkeiten auf einen neuen Bereich (das Wort, den Satz) anzuwenden. Dazu muss Wissen (z. B. Wortschatz, Buchstabenkenntnis, phonologische, semantische und syntaktische Erwartung) eingesetzt, müssen Hypothesen formuliert und geprüft werden; unter Umständen muss die Vorgehensweise umstrukturiert werden, muss neues Wissen herangezogen werden. Das erfordert Flexibilität und die „Sensibilität für Nicht-Passungen":

Warum geht es eigentlich nicht?	Was habe ich erreicht?
Was fehlt mir?	Wonach müsste ich fragen?

Das (Zwischen-)Ergebnis muss im Hinblick auf die Vorlage geprüft werden. Zum Problemlösen gehört inhaltliches Wissen (epistemische Struktur des Problems), strategisches Wissen/Können und ein Zutrauen in die eigenen Fähigkeiten, nämlich Lösungen zu finden, Lösungen zu erproben, zu verwerfen, neue zu erproben (heuristische Kompetenz; vgl. DÖRNER 1979). Insofern ist der Vorgang des Problemlösens immer von Selbstreflexion und von emotionalen Prozessen begleitet.

Diese Betrachtungsweise des Leselernprozesses ist wesentlich angestoßen durch kognitionspsychologische Arbeiten von NEISSER („Lesen ist äußerlich gelenktes Denken", 1974) und Studien von K. S. GOODMAN zu Verlesungen („Lesen ist ein Hypothesen testender Prozess", 1976). Sie begründete ältere Forschungen zu Zugriffsweisen bei der Schriftaneignung und zur Fehleranalyse (BRÜGELMANN 1984, MAY 1986, HÜTTIS 1988).

Bei der Auswertung der Leseprotokolle der 66 Kinder (vgl. DEHN 1984) haben wir drei Ebenen gefunden, deren Beziehung zueinander das pädagogische Verständnis des Schrifterwerbs grundlegend verändern kann.

Die ersten beiden Ebenen sind bekannt und werden im Schulalltag wie in Diagnoseinstrumenten häufig verwendet: Das ist erstens das Beherrschen der Elemente der Schrift, der Buchstaben, also die materiale Ebene; das ist zweitens das Beherrschen der Teilfähigkeiten, insbesondere der Fähigkeit der Synthese, also die Ebene der Operationen mit diesen Elementen. Die dritte Ebene betrifft die Art der Beziehung und Aufeinanderfolge der einzelnen Teiloperationen im Prozess des Erlesens. Diese Ebene der „Metaoperationen" erscheint uns zentral, um den Vorgang der Aneignung der Schriftsprache und die Schwierigkeiten dabei zu verstehen.

2.2.1 Die materiale Ebene des Lesens: Buchstabenkenntnis

Besonders bemerkenswert ist, dass die Behandlung der Buchstaben im Unterricht für den Lernprozess nicht die Rolle spielt, die ihr zumeist zuerkannt wird. Die Kenntnis der Buchstaben und Buchstabengruppen („Zweier", „Dreier") haben wir auf drei verschiedene Arten geprüft. Wir haben

- das rezeptive Verfügen über die Buchstaben bei den Leseaufgaben (Einzelwörter und Textlesen) analysiert; diese Aufgaben enthalten stets auch Buchstaben, die noch nicht bzw. bei einem Teil der Klassen noch nicht im Unterricht behandelt sind;
- bei den Aufgaben zum Schreiben von Wörtern, die noch nicht im Unterricht behandelt waren *(„Schreib' mal ‚Lampe'!")*, das produktive Beherrschen beobachtet; auch diese Aufgaben enthalten Buchstaben, die nicht bzw. bei einem Teil der Klassen noch nicht eingeführt sind;
- bei jeder Beobachtung den Kindern drei Buchstaben (Einer, Zweier oder Dreier) diktiert, die in allen Klassen bereits im Unterricht behandelt waren *(Schreib' mal das kleine/große … !)* – also das reproduktive Verfügen geprüft.

Im Hinblick auf diese unterschiedlichen Arten der Buchstaben-Beherrschung haben wir den Stand im Lernprozess mit dem Stand im Lehrgang verglichen und darüber hinaus die Buchstaben-Beherrschung zur Zugriffsweise des Leseanfängers in Beziehung gesetzt.

Bei dem Lesewort *Hammer* z. B. ist das *e* zwar bei 16 von 32 Kindern noch nicht im Unterricht behandelt worden, aber keins fragt nach dem Buchstaben, kein Prozess des Erlesens scheitert daran (rezeptives Verfügen). Dasselbe trifft für *leise* zu, von dem 16 Kinder neben dem *e* auch das *s* noch nicht im Unterricht behandelt haben. Auch das *m* in *Motor* ist noch nicht Unterrichtsgegenstand gewesen. (Allerdings beginnt der häufig vorkommende Name der Fibelfigur Mario mit demselben Buchstaben.) Zwei der 34 Schüler fragen danach, alle anderen haben im Prozess des Erlesens mit diesem Buchstaben keine Schwierigkeiten.

Bei dem Wort *hat*, dessen drei Buchstaben bereits eingeführt sind, kommt es bei 11 von 32 Kindern (also bei etwa einem Drittel) zu Verwechslungen mit den optisch ähnlichen Lehrgangswörtern *halt* und *holt*, die beide syntaktisch auch möglich wären. Und *Motor* wird häufig zunächst mit dem semantisch und syntaktisch an dieser Stelle durchaus auch akzeptablen Lehrgangswort *Mario* verwechselt.

Noch deutlicher wird diese „Unabhängigkeit" der Lernenden von der lehrenden Vermittlung dieser materialen Ebene, wenn es darum geht, unbekannte Wörter zu schreiben (produktives Beherrschen):

Obwohl *w* bei 34 Kindern nicht eingeführt war, schreiben es 18 ohne weiteres in dem Wort *Lastwagen* richtig; das ebenfalls „unbekannte" *m* in *Arme* schreiben 24 Kinder richtig, das *p* in *Lampe* notieren 16, obwohl es im Unterricht noch nicht behandelt ist.

Die im Buchstabendiktat gemessene Kenntnis der Buchstaben (reproduktives Verfügen) entwickelt sich nicht wie andere der beobachteten Fähigkeiten kontinuierlich, sondern ist auch in den Mittelwerten im Verlauf des Schuljahrs Schwankungen unterworfen (vgl. Dehn 1984, 102). Das lässt sich auch bei den Leseaufgaben und den Aufgaben zum Wörterschreiben zeigen. Die Kinder kennen einerseits – vermutlich aufgrund außerschulischer Lernprozesse – bereits etliche Buchstaben, die noch gar nicht behandelt sind, andererseits beherrschen sie den Stoff des Lehrgangs nicht in dem erwarteten bzw. gewünschten Ausmaß. Bei den schwachen Lesern ist die Buchstabenkenntnis nicht durchgängig unterdurchschnittlich, und auch gute Leser kennen manche Buchstaben und Buchstabengruppen, die bereits behandelt sind, nicht sicher.

Wenn man den Zusammenhang zwischen dem Verfügen über Buchstaben und den Teiloperationen beim Erlesen eines einzelnen Wortes oder eines Textes betrachtet, findet man, dass die Buchstabenkenntnis bei guten Leseanfängern einen anderen Stellenwert hat als bei schwachen. Während gute Leser eine unzureichende Buchstabenkenntnis kompensieren können (sie fragen z. B. auch eher nach), ist für die schwachen Leser eine Buchstabenverwechslung häufig eine Hürde, die sie nicht überwinden können. Sie verstricken sich in langwierigen Versuchen und erneuten Verwechslungen.

Fortgeschrittene Leser kompensieren unzureichende Buchstabenkenntnis.

Dennoch erscheint aufgrund unserer Beobachtungen das Gewicht, das viele Lehrer der bloßen Vermittlung dieser materialen Einheit geben, wenn es um die Einschätzung geht, wie weit ihre Klasse oder einzelne Schüler im Lehrgang fortgeschritten sind, durchaus fragwürdig.

Demgegenüber ist das prinzipielle Verfügen über einen zunächst noch diffusen Begriff „Buchstabe" ein wichtiges Kriterium für den Schrifterwerb: In unseren Beobachtungsgruppen gehörten die wenigen Kinder, die bei Schulbeginn keinen einzigen Buchstaben schreiben und benennen konnten, sämtlich zu denen, die im Verlauf des Schuljahrs Schwierigkeiten mit dem Lesen- und Schreibenlernen hatten.

Buchstabenbegriff und Buchstabenkenntnis

Das hat sich in dem Hamburger Modellprojekt bestätigt: Von den 480 Kindern, deren Buchstabenkenntnis wir mit der Schulanfangsbeobachtung untersucht haben, kannten 6,5 Prozent keinen einzigen Buchstaben. Durchschnittlich kennen die Anfänger allerdings fünf bis sieben Buchstaben; die bekanntesten Buchstaben sind *A, O, S*, bei den Kleinbuchstaben ist es das *i* (vgl. DEHN/HÜTTIS-GRAFF 2000, 2002). Die Bildung des Begriffs Buchstabe ist schulisch nicht einfach vermittelbar. Wer in der Zeit vor der Schule noch keinen Begriff vom Buchstaben gebildet hat, eignet ihn sich nicht ohne weiteres im Unterricht an. In dem Modellprojekt z. B. zeigte sich, dass selbst in der siebten Schulwoche noch 6 % der Kinder keinen einzigen Buchstaben aus einer vorgegebenen Menge heraussuchen, benennen und dann nach Diktat richtig aufschreiben konnten (DEHN/HÜTTIS-GRAFF 2002, 21). Dies betraf vor allem die Klassen, die sogleich alle Buchstaben (anhand der Anlauttabelle „Lesen durch Schreiben") verfügbar machten. Ohne Kenntnis wenigstens einiger Buchstaben können diese Kinder keinen adäquaten Buchstabenbegriff entwickeln und damit auch keine Einsicht in die Struktur der Schrift gewinnen.

2.2.2 Die Ebene der Teiloperationen des Lesens: Synthesefähigkeit und anderes

Die Bedeutung, die Lehrer der Fähigkeit zur Synthese bei der Beurteilung des Leistungsstandes beimessen, ist nach unseren Untersuchungen auch als Kriterium für lang anhaltende Lernschwierigkeiten, und zwar vor allem im Bereich des Rechtschreibens, durchaus berechtigt:

1. Wir fanden, dass die Kinder, die später Rechtschreibschwierigkeiten haben, zu denen gehören, die in der 6. Beobachtung (18. Schulwoche) die Synthese noch nicht beherrschen – d. h. von vier Synthesewörtern *(alt, Motor, laut, Hammer)* keines erlesen – oder in den folgenden Wochen wieder stark abfallen.

Späte Fähigkeit zur Synthese korreliert mit anderen Schwächen.

2. Wir fanden, dass die späte Synthesefähigkeit mit anderen Schwächen korreliert. Dieses Syndrom lässt sich so kennzeichnen: Die Schwierigkeit beim Erwerb der Synthesefähigkeit tritt später als anhaltende Rechtschreibschwierigkeit wieder auf. Das Lerntempo ist danach Indiz für Lernschwierigkeiten beim Schriftspracherwerb. Die Korrelation zum Segmentieren, zur syntaktischen Dimension der Sprachkompetenz und zur Fähigkeit, die lautliche Struktur des Wortes beim Schreiben wiederzugeben (vgl. Dehn 1985), ist stark ausgeprägt. Weitere Beobachtungen:
   - Alle schwachen Leser sind schwach in der Lautsynthese *(S-o-f-a)*. Dass auch gute Leser zum Teil schwach in der Lautsynthese sind, lässt darauf schließen, dass sie „anders" erlesen als ausschließlich über eine akustische Synthese (oder Analyse).
   - Bei Kindern, denen die Synthese spät gelingt, findet sich in mindestens einem Teilbereich im Verlauf des Schuljahrs ein starker Leistungsabfall, eine Diskontinuität des Lernprozesses.

Wenn man die Entwicklung der Synthesefähigkeit bei den beiden Gruppen vergleicht, die nach unterschiedlichen Lehrgängen unterrichtet wurden, stellt man eine erstaunliche Übereinstimmung fest. Das ist umso bemerkenswerter, als die Synthese in den beiden Lehrgängen mit sehr unterschiedlichem Gewicht gehandhabt wurde. Das zeigt – wie schon der Befund zur Kenntnis der Buchstaben –, dass Lehren und Lernen durchaus nicht analoge Prozesse sein müssen. Einerseits scheint die Fähigkeit zur Synthese entwicklungsabhängig, andererseits ist das späte Beherrschen dieser Fähigkeit ein Indiz für lang anhaltende Schwierigkeiten im Rechtschreiben, also jedenfalls kein Entwicklungsrückstand, der einfach im Laufe der folgenden Schuljahre aufgeholt wird.

Die Lautsynthese gehört wie die Fähigkeit zum silbischen Sprechen und Klatschen, wie das Segmentieren von Anlauten und das Assoziieren von Wörtern mit gleichem Anlaut sowie die Entscheidung, ob zwei vorgesprochene Wörter sich reimen, zur phonematischen Bewusstheit (language awareness). Die beiden großen Studien, die dazu in den letzten Jahren vorgelegt wurden, betrachten sie als Voraussetzung des Schrifterwerbs; die Studien dienen der Prognose von Lernschwierigkeiten und – mit Trainingsverfahren – der Prävention (Jansen u.a. 2002, Einsiedler/Kirschhock 2003). Aufgrund unseres Befundes, dass auch gute Leser schwach in der Lautsynthese sind, sehen wir die neuen Studien mit einigen Bedenken, vor allem, was die Folgerungen für das Unterrichten betrifft. Wenn nun als „Teilleistung" gerade das vermittelt werden soll, was als Defizit diagnostiziert worden ist, stellen sich folgende Fragen:

Phonematische Bewusstheit als Element schriftkultureller Tätigkeiten

- Wird durch die Aufgabenstellung bereits etwas als kognitives Schema vorausgesetzt, das gerade durch Schrift zu erwerben und zu vermitteln ist? Zum Beispiel ist die Frage nach dem Anfangslaut von *Kuh* für den, der zunächst an ihren Kopf denkt, besser zu verstehen, wenn er sich zugleich auch am geschriebenen Wort orientieren kann.
- Warum wird die Ausbildung phonematischer Bewusstheit isoliert, warum wird sie nicht als Element schriftkultureller Tätigkeiten (Zungenbrecher, Abzählverse, Reime, Lieder) entwickelt? (Zur Kritik am Training phonematischer Bewusstheit vergleiche auch Brügelmann 2003 und Valtin 2006, 769.) Diese Kritik an einem Training phonologischer Bewusstheit wird gestützt durch Befunde von Hasselhorn (2005). Er hat gefunden, dass das „phonologische Arbeitsgedächtnis", das Voraussetzung ist für ein effektives Üben dieser Fähigkeiten, vor dem siebten Lebensjahr „noch nicht automatisiert" erfolgt; und er hat gefunden, dass Kinder zwischen vier und sechs Jahren eher unbeabsichtigt beiläufig – im Umgang mit Schrift, beim Singen und Klatschen – phonologische Fähigkeiten lernen (ebd., 86). Im unbeabsichtigt beiläufigen, also impliziten Lernen aber haben Kinder in diesem Alter ein großes Potenzial (vgl. Röbe 2011).

Bedeutung impliziten Lernens am Schulanfang

2.2.3 Die Ebene der Metaverfahren: Zur Abfolge der Operationen im Prozess des Erlesens

Schritte beim Erlesen

Wir wissen, dass neben der Fähigkeit zur Synthese vor allem ihre Integration mit den übrigen Operationen für das Lesenlernen wichtig ist und die damit verbundene Fähigkeit, die Wörter bzw. den Text zu strukturieren und Segmente zu bilden. Man spricht von der Verbindung zwischen Top-down- und Bottom-up-Prozessen, also eher wissensgeleiteten Prozessen, für die

Wissen und Kontexte eine Rolle spielen, und eher textgeleiteten Prozessen, die die Verarbeitung des Wortaufbaus bzw. der Graphem-Phonem-Beziehung betreffen (vgl. Schründer-Lenzen 2009, 87).

Wir haben geprüft, worin sich gelingende von misslingenden Formen des Erlesens isoliert dargebotener sowie kontextbezogener Wörter bei Leseanfängern unterscheiden lassen. Wir haben die Transkriptionen eingehend auf ihre qualitativen Merkmale hin analysiert, daraufhin,

- wie das Kind die Aufgabe des Lesetextes anpackt,
- auf welchen Schritten es zu ihrer Lösung fortschreitet,
- inwiefern manche Schüler diese Lösung trotz großer Anstrengungen doch immer wieder verfehlen und auch nur selten mit starker Hilfe des Versuchsleiters erreichen können.

Dafür ein Beispiel:

Olaf hat ein altes Auto. Der Motor ist zu laut.

	altes (Auto)	**zu (laut)**
Enno	*al:* *al: al:* *al:te:s*	*kaputt* *nee … „k"?* *Da seh ich aber kein „k".* *Das kann ich nicht lesen* *mit dem „zet" … zu*
Hannes	*a-l-t* *ge … e* *es, es* *al'las*	*zet-u*

Enno und Hannes (Januar Klasse 1)

- ≙ keine lautliche Verbindung (keine Synthese)
' ≙ kurze Pause, aber keine Unterbrechung des Artikulationsstroms
: ≙ Aushalten (Dehnen) der Laute
( ) ≙ geflüstert
/ ≙ Hilfe des Versuchsleiters

Enno beginnt bei *altes* mit einem Wortteil, hier der Silbe, die er gedehnt dreimal wiederholt. Tastend erarbeitet er sich die weiteren Buchstaben. Bei *zu* geht er von einer Sinnerwartung aus, die er selbst an der Vorgabe kontrolliert *(da seh ich aber kein „k")*. – Er ergänzt noch, dass der Buchstabe noch nicht im Unterricht behandelt ist, liest dann (trotzdem) das Wort. Die einzelnen Schritte sind stringent auf das Ziel bezogen.

Hannes benennt bei *altes* zunächst die ersten drei Buchstaben, dann nach einem Zwischenschritt den letzten mit dem Buchstabennamen *es* (vielleicht synthetisiert er auch zwei Buchstaben), er kann nun das Erreichte aber nicht zusammenfügen und sagt ein sinnloses Wort, das optisch Ähnlichkeit mit der Vorgabe hat. Das nennt MAY (1986) eine Notfallreaktion. Hannes bringt die Situation für sich zu Ende, bricht den Prozess ab. Bei *zu* bezeichnet er die Buchstaben. Hilfen des Versuchsleiters (/) kann er nicht produktiv annehmen.

Während Enno bei den beiden Prozessen des Erlesens etwas dazulernt – die angewendeten Verfahren kann er Erfolg versprechend auf andere Wörter anwenden –, lernt Hannes in dieser Situation nichts, er erlebt sie allenfalls als Misserfolg.

Dafür dass das Erlesen gelingt, ist weniger relevant, ob der Ausgangspunkt der Buchstabe, das Wortteil oder das Wort als Ganzes ist, entscheidend ist vielmehr, ob die einzelnen Schritte – bezogen auf das Problem, das gelöst werden soll – stringent sind.

Wir haben folgende Zugriffsweisen beim Erlesen gefunden (Beispiele aus der 18. Schulwoche):

(1) Vom einzelnen **Buchstaben** ausgehen

gelingend:	*h-a-t, hat*
	au, a:l:'t, alt
misslingend:	*l-a-u-t, ut,/ au, Auto, ault, Auto* (≙ *laut*)
	l-a-u, lalt, alt, / l, lär, fula, la, lauf (≙ *laut*)

(2) Vom **Wortteil** (meist K-V-Gruppe) ausgehen

gelingend:	*la, la, lau:, laut*
	Ma, Mo:'tor
misslingend:	*Ma, M-mau, Maut, / M:aut, / ein o, Mau* (≙ *Motor*)
	he, h, Hammer, ha't, at, alt (≙ *hat*)

(3) Vom **Wort** als ganzem ausgehen

gelingend:	*Mario, M-a-r, ja Mario*
	lahm, le:, leise
	halt, hat
	Mari, Motor
misslingend:	*Mario, / Ma, / Mattor* (≙ *Motor*)
	Mario, / M-o-t-o-r, mag, Mond (≙ *Motor*)
	Mann, Frau (≙ *Motor*)
	lau: f, laa, lat (≙ *laut*)

(4) **Wort** sofort richtig lesen/nicht lesen

Ergebnisse

Die verschiedenen Formen der Abfolgen im Prozess des Erlesens ähneln in ihrer Gesamtstruktur den verschiedenen Formen des problemlösenden Denkens (vgl. DUNCKER 1966, DÖRNER 1979), d. h.:

- Fortgeschrittene und schwache Leseanfänger unterscheiden sich nicht dadurch voneinander, dass die einen eher ganzheitlich, die anderen eher mit synthetischem Zugriff operieren. Beide Zugriffsweisen, der Zugang „von oben" und der „von unten", können gelingen oder misslingen. Fortgeschrittene und langsame Leseanfänger unterscheiden sich auch nicht dadurch, dass die einen beim Vorgang des Erlesens Fehler machen, die anderen nicht.

Die Art des Umgangs mit den eigenen Fehlern ist entscheidend.

- Gute und schwache Leseanfänger unterscheiden sich allerdings in der Art, wie sie mit ihren Fehlern umgehen. Während die einen ihre Fehler selbst zu korrigieren vermögen und sich der Lösung schrittweise annähern, entfernen sich die schwachen Leseanfänger immer wieder von dem Ziel. Ihr Vorgehen zeigt Brüche. Sie verfahren *nicht stringent*. Das Wort, das als Ergebnis eines analytisch-synthetischen Teilschrittes genannt wird, hat kaum Ähnlichkeit mit dem, was sich das Kind zuvor erarbeitet hat. Es kann die Verwechslungen nicht auflösen. Sie werden im Gegenteil im Vorgang des Erlesens sogar größer. Auffällig sind auch die unsinnigen Wortbildungen (z. B. *Mat'tor, lat*).
- Fortgeschrittene und schwache Leseanfänger unterscheiden sich außerdem in der Art, wie sie Hinweise und Hilfestellungen des Versuchsleiters aufnehmen. Wir haben das als Mangel an Flexibilität gekennzeichnet. Mangel an Flexibilität kann sich auch darin äußern, dass sich der Leseanfänger auf ein einziges Verfahren beschränkt und sein Vorgehen nicht auf die unterschiedliche Qualität der Wörter bezieht, wenn er z. B. ein vielfach geübtes Lehrgangswort mühsam zu synthetisieren sucht.
- Obwohl die beiden Fibeln, nach denen unterrichtet wird, durchaus unterschiedliche Akzente bei der Gewichtung der Synthese setzen, ist die Entwicklung der einzelnen Formen des Erlesens im Verlauf von Klasse 1 wie auch die Leseleistung insgesamt ähnlich:
  - Die Anzahl der sofort richtig gelesenen Wörter (4) stimmt in beiden Lehrgängen überein.

Die Silbe als artikulatorische Einheit hilft beim Erlesen.

  - Der Ausgang von der Konsonant-Vokal-Gruppe (2) nimmt bei beiden Lehrgängen gegen Ende des Schuljahrs zu. Sie spielt im Leselernprozess eine besondere Rolle und ist ein wichtiges Indiz für ein Fortschreiten. Denn damit wird nicht nur die Synthese grundsätzlich geleistet, sondern zugleich noch eine zweite wichtige Operation, das Strukturieren. Besonders während der von uns beobachteten Phase des Erwerbs übt offenbar die *Silbe als artikulatorische Einheit* dabei eine besondere Funktion aus. Während diese Form des Erlesens bis zum Ende von Klasse 1 zunimmt, vermindert sich der Anteil des zunächst ebenfalls stark vertretenen globalen Zugriffs auf das Textwort als Teilschritt in beiden Lehrgängen (3).

- Aber: Erstaunlich ist, dass bei Kindern, die nach einem Lehrgang unterrichtet wurden, der die Synthese als Lehrverfahren besonders am Anfang nicht so stark betont und daneben auch ganzheitliche Prozesse nahe legt, der Anteil dieses strukturierenden Verfahrens (2) mehr als doppelt so groß ist wie bei den Kindern, die nach einem Lehrgang unterrichtet wurden, der die Synthese von Anfang an in den Vordergrund stellt und: Sie wenden die sukzssive Synthese gegen Ende des Schuljahrs erfolgreicher an.
- Hilfen der Versuchsleiter führen in kaum der Hälfte der Eingriffe zum Ziel. Das könnte daran liegen, dass die studentischen Versuchsleiter ungeübt waren. Aber bei der Folgestudie, die der Entwicklung der systematischen **Lernbeobachtung** galt (s. Kap. 11.1) und an der ausschließlich Lehrer beteiligt waren, hat sich dieser Befund bestätigt. Vermutlich ist auch das ein Indiz für die Eigenständigkeit des kindlichen Lernprozesses. Vielleicht aber auch dafür, dass wir bei den Lernhilfen Lesen bisher zu wenig als Problemlösen behandeln.

Lesehilfen des Lehrers führen selten zum Ziel!

Diese Sicht auf das Lesenlernen als Problemlöseprozess hat in der ersten PISA-Studie eine prominente Bestätigung gefunden:

> *Je besser Schülerinnen und Schüler einschätzen können, worin die Schwierigkeit von Aufgaben und Anforderungen besteht, desto eher können sie ihr Vorgehen auf diese Besonderheiten abstimmen.* (Baumert u. a. 2001, 296))

So definiert die PISA-Studie das Wissen über effektive Lernstrategien; es hat sich „als der beste Prädiktor der Lesekompetenz" (ebd.) erwiesen. Damit wird eine Sicht etabliert, die erlaubt, die Zugriffsweisen beim Erlesen nicht nur im Hinblick auf richtig und falsch zu bewerten, sondern im Hinblick darauf, ob sie lernförderlich für weitere Leseprozesse sind, und damit ein Kriterium an die Hand gibt für die Diagnose von Lernschwierigkeiten – bereits in den ersten Schulmonaten. Weniger erfolgreiche Leseanfänger unterscheiden sich von erfolgreichen vor allem in der Flexibilität

Lernförderliche Zugriffsweisen

ihrer Zugriffsweisen und in dem Ausmaß, in dem sie Hilfestellungen in den Prozess des Erlesens integrieren können. Sie können also weniger gut einschätzen, „worin die Schwierigkeit von Aufgaben und Anforderungen besteht … (und) ihr Vorgehen auf diese Besonderheiten abstimmen" (BAUMERT u. a. 2001, 296). Was in der PISA-Studie als „Wissen über Lernstrategien" bezeichnet wird, ist Teil und Ergebnis von Problemlöseprozessen; sie gilt es im Unterricht in den Blick zu nehmen und mit den Kindern zu thematisieren.

Ein weiteres starkes Argument für den Erkenntniswert, den Prozess des Lesenlernens als Problemlösevorgang zu betrachten, ist der Befund, dass es nur zwischen allgemeinen Problemlösefähigkeiten (Go-bang-Spiel, Turm von Hanoi, Brücke aus Streichholzschachteln bauen) und der Lesefähigkeit statistisch signifikante Korrelationen gibt und dass die übrigen Aspekte des Schrifterwerbs, visuelle und auditive Differenzierung z. B., bereichsspezifisch sind: Buchstaben lernt man durch Buchstaben, nicht durch Differenzierung anderer Zeichen. Lautanalyse lernt man unter anderem durch Reimen, nicht durch Unterscheiden von Geräuschen (vgl. MAY 1986, 245 ff.).

2.3 Schreibenlernen als sprachanalytische Tätigkeit

Unser Interesse daran, wie Kinder Wörter schreiben, die im Schreiblehrgang noch nicht behandelt worden sind (z. B. *Schreib mal „Lampe"*), war zunächst lediglich darauf gerichtet, Aufschluss zu gewinnen über die „kognitive Landkarte" (NEISSER), die das Kind im Stadium der elementaren Aneignung der Schriftsprache von einem Wort hat. Die Entscheidung darüber, welche sprachlichen Elemente schriftlich fixiert werden sollen, setzt einen Akt der Sprachanalyse voraus.

Die Kinder begegnen in ihrer Umgebung und im schulischen Lehrgang immer schon der Norm der Schriftsprache. So ist die sprachanalytische Tätigkeit der Kinder nicht nur auf die gesprochene Sprache, sondern auch auf die Schriftsprache gerichtet. Weil die Schriftsprache in mehrerlei Hinsicht nicht bloß eine Verschriftung gesprochener Sprache ist, ist der Anspruch an die sprachanalytische Tätigkeit des Kindes besonders komplex.

Dass der sprachanalytische Aspekt des Schreibenlernens hier gegenüber dem optisch-motorischen so stark betont wird, ist auch durch die Art gerechtfertigt, mit der die Kinder selbst die optische Form behandeln: Auch die Kinder, die in der Studie (noch) einen Schreibschrift-Lehrgang bearbeiten, wählen alle (bis auf zwei) bei dieser Aufgabe die Druckschrift. Sie schreiben zunächst vorwiegend in Großantiqua, später in Gemischtantiqua, wobei Großbuchstaben auch mitten im Wort vorkommen. Sogar bei *tut*, das 26 Kinder im Unterricht bereits in Schreibschrift geschrieben haben, wählen 19 Kinder für unsere Aufgabenstellung die Druckschrift.

Die Beobachtung, dass alle Kinder, vor allem im ersten Halbjahr, bei Aufgaben, die außerhalb des eigentlichen Lehrgangs stehen, fast ausnahmslos die Druckschrift zum Schreiben wählen, lässt sich über unsere Studie hinaus vielfach im Unterricht wiederholen. Sie zeigt, dass die Kinder von sich aus Schreiben nicht als Imitieren und Kopieren vorgegebener optischer Muster verstehen. Das belegt auch die Tatsache, dass sie große und kleine Buchstaben im Wort mischen. Denn solche optischen Präsentationen sind ihnen auch außerhalb der Schule nirgendwo begegnet. Dieses Merkmal kindlicher Schreibungen verliert sich bis zur Mitte von Klasse 2, ohne dass der Unterricht darauf eigens eingehen müsste.

2.3.1 Kategorien zur Kennzeichnung der sprachanalytischen Tätigkeit des Schreibanfängers

Stufenmodelle

In den letzten 25 Jahren sind etliche Stufenmodelle entwickelt worden. Sie beziehen sich zumeist auf das theoretisch, nicht empirisch konzipierte Modell von Uta Frith (1986), das vor allem die Korrespondenz von Lesen und Schreiben thematisiert: (symbolisch), logographisch, alphabetisch, orthografisch. Lese- und Schreiblernprozesse einzelner Kinder können an Friths theoretischem Modell jeweils daraufhin betrachtet werden, inwieweit sie ihm entsprechen bzw. davon abweichen (s. Augst/Dehn 2013, 59).

In unserer Studie haben wir die Gesichtspunkte zur Kennzeichnung der sprachanalytischen Tätigkeit des Schreibanfängers induktiv gewonnen und bewusst offen gehalten: Eine solche Kennzeichnung kann unseres Erachtens nicht bloß die Kategorien übernehmen, die in der Rechtschreibdidaktik zur Beschreibung der Prinzipien der deutschen Orthografie verwendet werden. Die Fragestellung erfordert einerseits, die Kategorien der Beschreibung aus dem Material selbst zu gewinnen. Andererseits besteht das Rechtschreiblernen gerade in der Aneignung dieser kodifizierten Norm.

Zum einen müssen die Kategorien also der sachstrukturellen Beschreibung genügen, zum anderen müssen sie auch den Besonderheiten des kindlichen Zugriffs gerecht werden können.

Die hier vorgeschlagenen Kategorien erheben den Anspruch, inhaltlich unterschiedliche Schreiblernprozesse beschreiben zu können, behaupten selbst aber keine Stufenfolge.

▶ ▶ ▶ Im Folgenden werden die Schreibungen der Kinder

- daraufhin betrachtet, ob sie als regelgeleitet erkennbar sind oder nicht,
- hinsichtlich der Vollständigkeit klassifiziert, mit der sie die lautliche Struktur des Wortes wiedergeben,
- hinsichtlich der Perspektive bestimmt, mit der Schreibanfänger ihre Aufmerksamkeit auf die Merkmale der gesprochenen und der geschriebenen Sprache richten.

Diffus

Als regelgeleitet wird eine Schreibung bezeichnet, bei der die Prozesse der Laut-Buchstaben-Beziehung rekonstruierbar sind. Andere Schreibungen gelten als diffus. Mit einer Ausnahme kommen in allen von uns beobachteten Klassen Schreibungen vor, die zwar aus Schriftzeichen bestehen, die man jedoch weder entziffern noch hinsichtlich ihres Zustandekommens verstehen kann. Solche diffusen Schreibungen (z. B. *LBED* statt *wo*; *1tL* statt *Lampe*) können ein gleichsam mechanisches Wissen von Schrift offenbaren. Die Kinder wissen zwar, dass die Schrift aus Buchstaben besteht, aber sie kennen deren Funktion nicht, vermischen sie mit Zahlen. Auf diese Weise können die Schüler kaum Zugang zur Schriftsprache finden.

Regelgeleitet

Die Schreibungen, die als regelgeleitet erkannt werden, unterscheiden sich nach dem Grad der Vollständigkeit:

Einige enthalten erste wichtige Bausteine. Diese Schreibungen markieren „ausgezeichnete Lautwerte" (Eichler 1976). Sie werden als rudimentär bezeichnet (z. B. *HDL* statt *Hundeleine*). Auf den ersten Blick ähneln solche fragmentarischen Notierungen vielleicht den diffusen Schreibungen. Der entscheidende Unterschied besteht darin, dass – mit Ausnahme von ein oder zwei Buchstaben – alle Schriftzeichen eine lautliche Entsprechung in dem Wort haben. Gegenüber frühkindlichen Formen des Schreibens wie dem Kritzeln oder dem ikonischen Abbilden ist die Zuordnung einzelner Schriftzeichen zu lautlichen Elementen des Wortes ein entscheidender Lernschritt. Er setzt voraus, dass das bisher in der Interaktion unwillkürlich wahrgenommene sprachliche Gebilde zum Gegenstand analytischer Aufmerksamkeit gemacht, vergegenständlicht, werden kann. Gemessen an der Schreibnorm aber sind diese Schreibungen verkürzt. Mit der Wortwahl rudimentär wird dieser Aspekt und damit ein Ziel des Erwerbsprozesses betont, das die meisten Schüler am Ende von Klasse 1 längst erreicht haben.

Irrelevante Aspekte

Die übrigen Formen sind als Entfaltung rudimentären Schreibens zu verstehen, allerdings nicht gradlinig im Hinblick auf die orthografische Norm: Viele Schreibungen enthalten Aspekte der gesprochenen Sprache, die für die Schrift nicht relevant sind, so die Bezeichnung der Artikulationsstelle

(z. B. *BUR* statt *Buch*) oder Merkmale gedehnten Sprechens (z. B. *redeher* statt *Räder*) oder Eigenarten der Umgangssprache (z. B. *Toa* statt *Tor*).

Phonematisch

Viele Kinder folgen in ihren Schreibungen schon früh dem phonematischen Prinzip der Orthografie. Das führt in vielen Fällen zur richtigen Schreibung, aber dort, wo Buchstaben (Grapheme) mehrere bedeutungsunterscheidende Laute (Phoneme) repräsentieren oder wo das morphematische Prinzip dominiert, auch zu falschen Schreibungen (z. B. *Kop, Bal, Reder* statt *Korb, Ball, Räder*).

Orthografische Elemente

Außer am Lautlichen orientieren sich die Kinder von Anfang an auch an der Schriftsprache, und zwar an „orthografischen Elementen". Die Schreibanfänger bemerken, dass manchmal zwei gleiche Buchstaben aufeinander folgen, dass manchmal *ck* gebraucht wird, dass manchmal *er* steht, wo man *a* hört. Es hat den Anschein, als erprobten die Kinder zunächst einfach Elemente, die über die eindeutige Zuordnung von Lautung und Schreibung hinausgehen: z. B. *Lammpe, Schranck, sover (Sofa)* (s. dazu das Zwei-Wege-Modell, S. 67).

2.3.2 Individuelle Lernwege und Formen des Schreiblernprozesses

Lernvoraussetzungen und Lernwege im Verlauf von Klasse 1

Im Verlauf von Klasse 1 verändert sich die Art der kindlichen Zugriffsweise auf Schrift. In der Schrift das zeitliche Kontinuum der lautlichen Struktur des Wortes zu berücksichtigen, gelingt den Schülern im Wesentlichen bis zum Ende des ersten Schuljahrs. Die Schwierigkeit, die lautliche Analyse vollständig durchzuführen und sich dabei auf die distinktive Funktion der Lautzeichen hochsprachlicher Artikulation zu beschränken, erscheint demgegenüber bedeutend größer. Und im Verlauf von Klasse 1 nimmt der Umgang mit „orthografischen Elementen", der in den ersten Schulmonaten nur selten vorkommt, deutlich zu. Dieser Umgang hat sich als besonders lernförderlich und -effektiv erwiesen.

Die Lernwege der von uns beobachteten Kinder unterscheiden sich im Hinblick auf den Ausgangspunkt ihrer sprachanalytischen Tätigkeit zu Beginn des Lernprozesses und im Hinblick auf das Ausmaß und die Qualität ihrer Zugriffsweise im Verlauf von Klasse 1. Kein Lernweg gleicht dem anderen, aber dennoch lassen sich die 66 Lernwege, die wir auf diese Weise beobachtet haben, unter den beiden Aspekten zu Gruppen ordnen. Wir verfahren idealtypisch, wenn wir Lernwege einzelner Schüler beschreiben und anschließend die Form des Schreiblernprozesses, dem wir den einzelnen Lernweg zuordnen, in seinen Variationen zu bestimmen suchen.

Formen des Schreiblernprozesses in Klasse 1

Auswahl von 11 (von insgesamt 41) diktierten Wörtern

	8. Schulwoche		14. Schulwoche	18. Schulwoche		25. Schulwoche		36. Schulwoche				Testwerte Klasse 2–4 (PR Rechtschreiben)		
	Rute Lise*	Tor los*	Marmelade Limonade*	Arme	Lampe	Lampe	wunderbar	Tulpe	Garten	Kinder	mit	SBL 2	DRT 3	DRT 4–5
I. Phonematisches Schreiben von Anfang an														
Peter	ruƚ	Tor	MARMELADE	ARME	LAnPE	LaMPe	wUNderbAr	*Tulpe*	*Gaten*	*Kinder*	*mit*	> 50	51–65	72
Kerstin	Ruta	Tor	MaMELRAdE	ARMe	L nP	LamP	wun BA	TulPe	ρarten	Ki der	mit	25	76–85	50
Claudia	Lis	los	LiMoNAD	ARMe	LAM e	LAMP	wuחDErDAR	*Tolpe*	*garten*	*Kinder*	*mit*	> 50	83	87
II. Anfängliche Auseinandersetzung mit der eigenen Artikulation														
Sven	lis	los	L monAt	arME	LarMB	LaMPe	fontaPa	tolqe	Katen	Kender	mit	> 25	69	54
Meike	si	ols	LiMonade	Arme	LamPE	LamPe	womerba	Tolbe	Karten	Kinder	met	> 75	45	23
Felix	ETUR‹	Aot‹	MAMILAT	ARME	LAMPE	LAMPE	WONDAPA	tolp9	gATɘN	K NDɘr	mit	19	11–15	54
III. Erschließen der lautlichen Struktur														
Thomas	isi	lo	*Li o a*	*a m*	*lam*	La P	fo a a	*Tolpe*	*garten*	*Kender*	*met*	> 50	76	73
Jan	ͻs	r s	LimonADE	A ME	LAMPE	LAMPe	WONDABA	Tolpe	*gaten*	KIN*der*	*mit*	22	22	20
Silke	rt	T	M malot	A	L	lammp	won pra	Tulpe	arten	Kinper	mit	13	6–10	54
IV. Stagnation verschiedener Zugriffsweisen														
Anja	—	T	W t	AME	LAMDPE	L P E	MonePA	tolPe	—	KI R	—	5	4	9
Hannes	—	Tor	M	AMR	LR LPL	LaMPe	Mond	to/P	GATN	K NDR	MET	4	3	12
Claudia	—	—	MA	ARME	LAM e	L mf	w n rmr	Tol	Gate⌐	K ndr	*mt*	3	1	5
V. Schwierigkeiten bei der grundlegenden Orientierung														
Sönke	—	—	M w	A	Mt	LaR	MdM	*la*P	—	Kn r	—	8	3	3
Mark	—	Tor	M L tr	am	L P	LA	w DT B	t I	G t	K Я	—	5	2	4
Mirina	DANE	RARF	Mkbh	AMLRP	LPRAN	L Mt	osfMa	TolP	at ↗	K R	*mit*	5	5	14

* Zu Beginn des Schuljahrs wurden in den Klassen lehrgangsbezogen andere Wörter diktiert.
— Das Kind benennt den Laut und erfragt die Buchstabenform.

PR = Prozentrang
SBL = Schulleistungstestbatterie (Rechtschreiben)
DRT = Diagnostischer Rechtschreibtest

Die kursiv gesetzten Zeichen sind in Schreibschrift geschrieben.

Peter: Der sichere Weg phonematischen Schreibens (I)
Peter fällt uns früh auf, weil er wenig Fehler beim Schreiben macht (s. S. 38). Von den 41 Wörtern, die er bei unserer Untersuchung im Verlauf von Klasse 1 schreiben soll, schreibt er 30 vollständig richtig. Falsch sind bei den übrigen elf Wörtern lediglich acht Grapheme (falsche Buchstabenformen, phonematische Schreibungen an Stellen mehrdeutiger Graphem-Phonem-Korrespondenz – zu den Begrifflichkeiten s. Kap. 5). Vier Grapheme hat er ausgelassen (/e/ in der Endsilbe, silbenauslautendes /r/).

Sicherer Zugriff auf phonematisches Schreiben von Anfang an

Peters Schreibungen sind von Anfang an vorwiegend phonematisch. So schreibt er schon in der 14. bzw. 18. Schulwoche *Marmelade* und *wunderbar* richtig. Auffällig ist auch, dass er mit orthografischen Elementen nicht fehlerhaft umgeht. Da, wo er die Länge oder Kürze des vorausgehenden Vokals kennzeichnet *(Ball, die)*, schreibt er orthografisch korrekt. Zu Beginn des Schuljahrs (in der 4. Schulwoche) beherrscht Peter bereits elf Buchstaben im Lesen und Schreiben nach Diktat. Aber er gehört nicht zur Gruppe derer, die schon lesen können. Die Synthese gelingt ihm sicher erst nach den Weihnachtsferien. Er ist also beim Schreiben weiter fortgeschritten als beim Lesen. Er schreibt *Marmelade* vollständig richtig, aber er kann *Hammer* nicht erlesen.

Peter ist ein Schüler mit guten Lernvoraussetzungen. Sie betreffen vor allem die Fähigkeit zur Phonemanalyse. In dieser Zugriffsweise ist er von Anfang an sicher.

Wie Peter folgen noch 9 der 66 Kinder von Anfang an dem phonematischen Prinzip, also etwa 15 Prozent der Kinder, die wir so genau beobachtet haben. Ihre Fehler ähneln seinen. Allerdings versuchen sich die anderen Kinder durchaus im Umgang mit orthografischen Elementen, z. B. der Verdoppelung von Buchstaben. Andi schreibt *Lammpe, gutt, Schall* (Schal) und verfährt dabei auch dysfunktional. Allerdings verwenden diese Kinder orthografische Elemente in den meisten Fällen korrekt (bei 5,9 Wörtern gegenüber 2,3 Wörtern, in denen sie falsch gebraucht sind). Keins dieser Kinder hat in der Grundschulzeit Rechtschreibschwierigkeiten. Man kann ihre Leistungen insgesamt als überdurchschnittlich bezeichnen.

Sven: Anfängliche Auseinandersetzung mit der eigenen Artikulation (II)
Sven kann wie Peter von Anfang an die lautliche Struktur des Wortes nahezu vollständig wiedergeben (s. S. 38). Das heißt, bei ihm kommen rudimentäre Schreibungen nicht vor; wohl allerdings Auslassungen, vor allem von Vokalen. Seine Schwierigkeiten bestehen in der Abstraktion von irrelevanten Aspekten des Lautlichen (s. *LarMB, fontaPa, tolqe, Kender, Laene*), in der Unterscheidung harter und weicher Verschlusslaute (s. *LarMB, fontaPa,*

Katen) und in der Beherrschung der korrekten Buchstabenform (sechsmal schreibt er achsengespiegelte Formen). Die unzureichende Diskrimination der Verschlusslaute hängt wahrscheinlich mit seiner Artikulation zusammen. Im BAT (Bremer Artikulationstest) hat er am Ende von Klasse 1 nur PR 41. So ist es nicht verwunderlich, dass er im Verlauf unserer Beobachtungen nur halb so viele Wörter wie Peter richtig schreibt. Mit orthografischen Elementen operiert er kaum, die Verdoppelung von Buchstaben verwendet er zweimal, dysfunktional bei *Sffa (Sofa)* und funktional bei *BateFassa (Badewasser)*, dessen Schreibung er sonst vornehmlich an seiner Artikulation ausrichtet.

Am Ende von Klasse 2 hat er diese Schwierigkeiten überwunden. Seine Fehler beziehen sich jetzt ausschließlich auf phonematische Schreibungen an Stelle mehrdeutiger Graphem-Phonem-Korrespondenz sowie auf Großschreibung. So schwierige Wörter wie *fährt, Rad, ihrer, wird, spät, steigt* schreibt er richtig.

Abstraktion von irrelevanten Aspekten des Lautlichen

Wie Sven verfügen insgesamt 13 der 66 Kinder von Anfang an über die Fähigkeit, beim Schreiben die lautliche Struktur des Wortes nahezu vollständig wiederzugeben. Ihre Schwierigkeiten bestehen vor allem in der Abstraktion von irrelevanten Aspekten des Lautlichen. Auch sie setzen sich mit orthografischen Elementen auseinander und schreiben immerhin mehr als ein Drittel solcher Wörter richtig. Dass sie im Verlauf von Klasse 1 gegenüber den Kindern, die bereits von Anfang an phonematisch schreiben, deutlich weniger Wörter richtig schreiben, ist im Hinblick auf ihre Schwierigkeiten der Orientierung am Lautlichen plausibel. Am Ende von Klasse 2 hat sich allerdings dieser Unterschied ausgeglichen.

Thomas: Erschließen der lautlichen Struktur (III)

Thomas (s. S. 38) ist uns während der Beobachtungen nicht aufgefallen. Er lässt wie viele andere Kinder etliche Buchstaben beim Schreiben einfach aus und schreibt zunächst rudimentär: *lo (los), Lioa (Limonade), lam (Lampe), foaa (wunderbar)*. Darin, dass er früh Elemente der Schreibschrift übernimmt und sich vorrangig auf Vokale konzentriert, unterscheidet er sich von anderen Schreibanfängern, die bei unseren Aufgabenstellungen noch weit ins zweite Schuljahr hinein die Druckschrift verwenden und die gerade Vokale eher unberücksichtigt lassen, vermutlich, weil deren kinästhetische Wahrnehmung schwieriger ist als die der Konsonanten.

Bis zur 35. Schulwoche schreibt Thomas nur acht kurze Wörter der Struktur KVK und KVKV richtig, deren Schreibung das phonematische

Prinzip zugrunde liegt. Bei den übrigen, häufig rudimentären Schreibungen orientiert er sich an seiner Artikulation, wenn er *a* statt *er*, *aei* statt *ei*, *o* statt *u* notiert und *r* silbenauslautend auslässt. Hinzu kommt die Verwechslung von *f* und *w*, *t* und *d*, die vermutlich auditiv motiviert ist, und die von *m* und *w*, *m* und *n*, die vermutlich visuell begründet ist.

Frühe Sicherheit bei einfachen Wörtern

In den letzten zehn Wochen des ersten Schuljahrs macht Thomas entscheidende Fortschritte. In der 36. Schulwoche schreibt er 7 der 16 diktierten Wörter richtig. Mit einer Ausnahme *(Ft – Heft)* geben seine Schreibungen die lautliche Struktur des Wortes vollständig bzw. nahezu vollständig wieder. Interessant ist, dass er nun die verschiedenen Zugriffsweisen nebeneinander verwendet:

- Er orientiert sich an seinem Hamburger Dialekt, indem er *u* als *o (Tolpe)* und *i* als *e (Kender, met)* notiert.
- Er folgt dem phonematischen Prinzip, indem er fünf Wörter richtig schreibt (darunter so schwierige wie *Schrank* und *Garten*) sowie *Reder* und *Bal* falsch.
- Er beachtet orthografische Besonderheiten, indem er *Korb* und *die* richtig notiert und die mehrdeutige Graphem-Phonem-Korrespondenz /ʃ/ in *spilen* beachtet.

Am Ende von Klasse 2 ist Thomas ein überdurchschnittlicher Rechtschreiber (PR > 50). Seine Fehler beziehen sich jetzt auf die Groß- und Kleinschreibung und bestehen in der Auslassung eines Endungs-e und eines diakritischen Zeichens.

Allmähliche Differenzierung der lautlichen Struktur des Wortes

Thomas' Lernweg unterscheidet sich vor allem in der Lernausgangslage von den vorher beschriebenen. Er ist ein Beispiel für eine allmähliche Differenzierung der kognitiven Vorstellung von der lautlichen Struktur des Wortes und für das Nach- und Nebeneinander der unterschiedlichen Zugriffsweisen. Wichtig erscheint, dass auch Thomas früh über eine – wenn auch begrenzte – Sicherheit verfügt: beim Schreiben einfacher kurzer Wörter. Von da aus kann er seine sprachanalytische Tätigkeit beim Schreiben entfalten. Daraus, dass er in einem bestimmten Stadium des Lernprozesses verschiedene Zugriffsweisen nebeneinander verwendet, entsteht für ihn keine lernhemmende Verwirrung. Voraussetzung für dieses Stadium ist, dass der Schreibanfänger über die lautliche Struktur des Wortes kognitiv verfügt. Und dazu braucht mancher Schüler wie Thomas mehr als ein halbes Schuljahr.

Die meisten der von uns beobachteten Kinder, nämlich 27 (von 66), beginnen wie Thomas mit rudimentärem Schreiben. Im Hinblick auf die

Größte Lernergruppe – keine langanhaltenden Lernschwierigkeiten

Schreibleistung zeigt diese Gruppe die größten Unterschiede: Sie betreffen das Lerntempo und die Leistungsdifferenzierung am Ende von Klasse 2. Aber keines dieser Kinder hat in den folgenden Schuljahren größere Lernschwierigkeiten. Bei vier Kindern finden wir Verzögerungen in Klasse 1. Sie beziehen sich in erster Linie auf das Überwinden einer Orientierung an irrelevanten Aspekten des Lautlichen. Auf rudimentäres Schreiben greifen am Ende von Klasse 1 nur wenige Kinder aus dieser Gruppe zurück, und auch diese nur ausnahmsweise.

Anja: Der mühsame Lernweg (IV)

Anja (s. S. 38) schreibt bis zum Ende von Klasse 1 immer wieder rudimentär. Dem Anspruch der letzten Beobachtung, 16 Wörter zu schreiben, widersetzt sie sich bei fünf Wörtern; nur *gut* und *Heft* schreibt sie in dieser Beobachtung richtig. Während sie in der Mitte des Schuljahrs kurze Wörter wie *Wut, Leine, Mut, Sofa* richtig schreibt, verliert sie diese kleine Sicherheit mit zunehmender Anforderung wieder. Von den 41 im Laufe des Schuljahrs diktierten Wörtern schreibt Anja nur acht richtig. Anja verfügt zwar grundsätzlich über die lautliche Struktur des Wortes, aber ihr fehlt die Orientierung an den orthografischen Prinzipien. Der Lernprozess stagniert. Anja gewinnt keine Sicherheit.

Orientierung an irrelevanten Aspekten des Lautlichen wird nur schwer überwunden.

Im Verlauf von Klasse 2 nimmt der Lernprozess eine Richtung, die die orthografische Norm gerade verfehlt. Anjas Schreibungen im SBL 2 sind zwar vollständig, aber sie sucht nun jeden Laut in der Schrift zu repräsentieren und verschriftet gedehntes *(Uolie, hoiete, schtaiekt)* und dialektales Sprechen: *waten (warten), sschpresen (spritzen), kerchen (Kirschen), Werd (wird)*. Orthografische Elemente verwendet sie selten, mehr falsch als richtig *(grünez, ierer, drauzen – Rad, die)*. Überhaupt schreibt sie nur wenige kurze Wörter richtig *(mit, dem, ist, nun, er, Licht, rot)*. Im standardisierten Test erhält sie PR 5. Wenn man als Lehrer ihre Schreibungen liest, erhält man ein eindrucksvolles Bild von der Schwierigkeit der Orthografie.

Ähnlich verlaufen in Klasse 1 die Lernwege von fünf anderen Kindern. Sie können zwar Laut und Schreibung zueinander in Beziehung setzen und schließlich die lautliche Struktur des Wortes differenziert wahrnehmen, allerdings überwiegen gegenüber den phonematisch richtigen Schreibungen solche, die irrelevante Aspekte des Lautlichen wiedergeben, sowie rudimentäre Schreibungen. Zwei von den Schülern, deren Lernprozess stagniert, scheiden im Verlauf von Klasse 2 aus (Sonderschule, Umzug), während die drei anderen bis zum Ende der Grundschulzeit zu den schwachen Rechtschreibern gehören. Aber sie fallen im Unterricht – wie auch Anja – nicht so auf, dass sie gefördert werden. Claudia kann bei geübten Diktaten ihre Schwierigkeiten kompensieren. Erst im Verlauf von Klasse 4 werden sie manifest. Sie wiederholt diese Klasse freiwillig.

Sönke: Frühe Indizien für lang anhaltende Rechtschreibschwierigkeiten (V)

Sönke (s. S. 38) unterscheidet sich von Anja nicht nur in der Anzahl der Wörter, die er richtig schreibt: Es sind nur drei *(Mut, Sofa, Schal)*. Er unterscheidet sich von ihr vor allem darin, dass seine Schreibungen bis zum Ende von Klasse 1 rudimentär (17 Wörter) oder diffus (7 Wörter) bleiben: z. B. *Mt (Lampe), MdM (wunderbar), laB (Tulpe)*. Bei den wenigen Wörtern, bei denen ihm die Verschriftung der Lautfolge vollständig oder nahezu vollständig gelingt, orientiert er sich an seinem Dialekt *(Reta, PAewAsA, RAse = Reise)*. Auch am Ende des 2. Schuljahrs verschriftet er noch irrelevante Aspekte des Lautlichen (*ch* statt *r* und statt *h*, *e* statt *i*, Auslassen des postvokalischen *r*). Aber mit einer Ausnahme sind seine Schreibungen jetzt vollständig. Da er im Lesen nicht auffällig ist (SBL 1 PR 13, SBL 2 PR > 25), bleibt seine Schwierigkeit, eine erste grundlegende Orientierung für das Schreiben zu finden, unentdeckt. Während sich Anja falsche Vorstellungen über die Beziehung von Lautung und Schreibung macht, gelingt es Sönke in Klasse 1 schwer, überhaupt eine solche Vorstellung zu finden und zu differenzieren. Seine Rechtschreibschwierigkeiten bleiben bis zum Ende der Grundschule bestehen (DRT 4/5 PR 3). Förderung erfährt er ebenso wenig wie Anja. Auch er wiederholt Klasse 4.

Langanhaltende Schwierigkeiten bei der grundlegenden Orientierung

Wie Sönke haben insgesamt 10 der 66 Kinder ähnliche Schwierigkeiten bei der grundlegenden Orientierung. Sie kommen im ersten Jahr kaum über rudimentäres Schreiben hinaus. Auffällig sind der hohe Anteil an diffusen Schreibungen und ihre häufige Weigerung, die diktierten Wörter überhaupt zu notieren.

Zwei der zehn Kinder, deren sprachanalytische Tätigkeit im Verlauf von Klasse 1 unentfaltet bleibt, kommen in Klasse 2 auf Sonderschulen (für Verhaltensgestörte und Sprachbehinderte); drei Kinder wiederholen das 2. bzw. 3. Schuljahr; drei Kinder erhalten in Klasse 3 bzw. 4 Einzelförderung. Alle diese Kinder bleiben schwach in der Rechtschreibleistung – mit Ausnahme von Mirina, der die Einzelförderung offenbar hilft (DRT 4/5 PR 14). Zwei Kindern allerdings, die in Klasse 1 immer wieder diffus oder rudimentär geschrieben haben, gelingt in Klasse 2 ein deutlicher Lernfortschritt (SBL 2 PR 15–17). Das kann möglicherweise auf den Einfluss eines intensiven Rechtschreibunterrichts in diesen Klassen zurückgeführt werden.

Es stellt sich die dringliche Frage, ob wir nicht früher aufmerksam werden müssen auf grundlegende Schwierigkeiten, die die Kinder in ihren Schreibungen unbekannter Wörter zu erkennen geben. Dann bliebe ihnen – durch intensiven Schreibunterricht in der Klasse oder durch individuelle Lernhilfe, an der sie aktiv beteiligt sind – mancher Misserfolg erspart.

Die Formen des Schreiblernprozesses (I bis V), die wir gefunden haben, lassen sich zu drei Gruppen zusammenfassen:

- Die erste Gruppe (I und II) kann bereits zu Beginn des schulischen Schrifterwerbs die Struktur der Wörter nahezu vollständig wiedergeben und schreitet rasch zur Auseinandersetzung mit der orthografischen Norm fort: Die einen folgen dabei von Anfang an dem phonematischen Prinzip (I), die anderen kommen dazu erst nach längerer Auseinandersetzung mit der eigenen Artikulation (II).
- Die zweite und bei weitem größte Gruppe (III) beginnt mit rudimentärem Schreiben und erschließt sich erst allmählich die lautliche Struktur. Bei allen diesen Formen des Schreiblernprozesses (I bis III) gelingt – von unterschiedlicher Ausgangslage – sicher die Aneignung der orthografischen Norm (s. Leistung am Ende von Klasse 4, S. 38).
- Zur dritten Gruppe gehören die Lernwege, die ebenfalls mit fragmentarischem Schreiben beginnen, aber länger dabei verharren (IV). Die Kinder beachten orthografische Elemente der Schrift nur selten und verweigern sich häufiger der Aufgabe. Ihnen fehlt eine Richtung für ihre Orientierung, deshalb können sie keine Sicherheit gewinnen. Ihr Lernprozess stagniert. Zu dieser Gruppe gehören auch die Kinder, die eigentlich gar nicht recht mit dem Schreibenlernen anfangen (V). Sie bleiben, weil ihnen die Einsicht in die grundlegende Beziehung zwischen Laut und Schreibung lange verschlossen ist, gleichsam außen vor. Schlimm für sie ist, dass diese basale Schwierigkeit dem Lehrenden manchmal zu lange verborgen bleibt. Diese Kinder (IV, V) haben noch weit über das zweite Schuljahr hinaus mit gravierenden Lernschwierigkeiten zu kämpfen.

Deutliches und phonematisches Sprechen der Kinder

Über den Zusammenhang zwischen Formen des Schreiblernprozesses und der Deutlichkeit sowie der Dialektmerkmale der Sprechweise (in spontaner Rede und beim Lesen) haben wir bei einem Vergleich der Extremgruppen (I/II und IV/V) Folgendes gefunden: Nur in den Gruppen I und II finden sich einige Kinder, die deutlich sprechen. Nur in diesen beiden Gruppen finden sich Kinder, die einzelne Wörter (z. B. *Hammer, laut, kaputt, Seil, Tisch, immer, Vater*) hochsprachlich artikulieren. Aber das hochsprachliche

Artikulieren ist kein notwendiges Kriterium für „phonematisches Schreiben von Anfang an". Mehr als die Hälfte der Kinder aus Gruppe I artikulieren wie die aus Gruppe II zumindest teilweise umgangssprachlich (auch Peter, s. oben!). Bemerkenswert ist allerdings, dass alle untersuchten Kinder aus diesen beiden Gruppen beim Lesen deutlich artikulieren. (Damit haben sie Gelegenheit, Sprechen und Schreiben aufeinander zu beziehen: *Sprich, wie du schreibst!* und nicht umgekehrt.)

In Gruppe IV und V sprechen alle untersuchten Kinder undeutlich (bei einem Kind ist diese Entscheidung nicht klar zu treffen). Kein Kind aus diesen beiden Gruppen artikuliert hochsprachlich. Auch beim Lesen ist die Artikulation einiger Kinder undeutlich. Wichtig ist unseres Erachtens der Befund, dass die dialektfreie Artikulation keine Bedingung für phonematisches Schreiben von Anfang an ist. Phonematisches Schreiben wäre danach eher eine Frage der Abstraktion.

2.3.3 Ergebnisse

Gesetzmäßigkeiten der Lernprozesse

- Der Prozess des Schreibenlernens erfolgt nicht zufällig oder willkürlich, sondern enthält Gesetzmäßigkeiten. Sie beziehen sich auf wiederkehrende Schwierigkeiten und wiederkehrende Formen des Lernprozesses. Diese unterscheiden sich nach der Lernausgangslage des Schreibanfängers, seinem Lerntempo und seiner Fähigkeit, bereits Gelerntes zu erweitern, zu differenzieren und mit dem im Unterricht Vermittelten zu vereinbaren. Im Einzelnen haben wir bei den Lernprozessen zwischen geradlinigem Fortschreiten, Stagnieren, Rückschritt und der „Umstrukturierung" der Zugriffsweisen eine große Vielfalt gefunden, sodass es schwer möglich ist, im Einzelfall Prognosen über die weitere Entwicklung zu formulieren.

  Erika Brinkmann (2003) hat das an Schreibungen von *Fahrrad* gezeigt, und zwar hat sie untersucht, wie einzelne Kinder am Ende von Klasse 2 das Wort im Abstand weniger Tage schreiben. Das stellt zwar den Längsschnittvergleich von Klasse 1 bis 4 als kontinuierliche Annäherung an die richtige Schreibung nicht infrage, macht aber die Vielfalt der Zugriffe, auch bei dem einzelnen Kind, deutlich. Für die schwachen Schreibanfänger allerdings haben wir solche Schwankungen in Klasse 1 nicht gefunden: Sie geben ihre grundlegenden Schwierigkeiten, einen Zugang zur Orthografie zu finden, deutlich zu erkennen.

  Wenn die Lernwege auch im Einzelnen nicht prognostizierbar sind, ihre Regelhaftigkeit ist eine Voraussetzung dafür, dass wir sie verstehen und nachvollziehen können.

Kindliche Regelbildungsprozesse

- Der Regelbegriff, der diesem Sprachgebrauch zugrunde liegt, unterscheidet sich von dem der Linguistik. Die Kinder folgen, wenn sie bei ihrer sprachanalytischen Tätigkeit regelgeleitet verfahren, gerade nicht kodifizierten Regeln, etwa der Duden-Norm. Besonders deutlich wird das an ihrer Behandlung der Groß- und Kleinbuchstaben. Über eine lange Zeit ist diese Entscheidung offenbar kein Problem für sie, obwohl sie doch im Lese- wie im Schreiblehrgang ständig mit einer kodifizierten Anwendung konfrontiert werden. Aber im Laufe der Zeit lernen alle Kinder, ohne dass sie darüber instruiert würden, dass Großbuchstaben nur am Wortanfang vorkommen. Ähnliches gilt für die „orthografischen Elemente". Von den schwachen Rechtschreibern wird dieses Phänomen erst spät entdeckt.
  Diese Befunde drängen die Frage auf, ob wir im Rechtschreibunterricht der Grundschule nicht viel zu früh mit der Vermittlung eines orthografischen Regelwissens beginnen, zu früh, weil diese Regeln Antworten auf Fragen geben, die die Kinder noch gar nicht (und vielleicht überhaupt nicht) stellen. So wäre jedenfalls erklärbar, weshalb die Kinder solche Regeln so selten anwenden. Der Regelbegriff, der unseren Betrachtungen zugrunde liegt, meint demgegenüber, dass die Schreibanfänger darüber operativ, im Vollzug des Schreibens, verfügen, und gerade nicht, dass ihnen die Zugriffsweise analytisch (bewusst) zugänglich wäre.
- Die Rede von der regelgeleiteten sprachanalytischen Tätigkeit schließt aus, sie als Ergebnis von Konditionierung zu verstehen. Diese Tätigkeit entwickelt so etwas wie Eigendynamik, die gemessen an einer sachstrukturellen Analyse der Orthografie durchaus sprunghaft erscheinen kann.
- Die Qualität der Lernprozesse in Klasse 1 bestimmt auch die Entwicklung der Leistung bis zum Ende der Grundschule, sofern nicht ein intensiver Schreiblehrgang erfolgt.

Dieser letzte Befund aus den 66 Einzelfallstudien hat sich in dem Hamburger Modellprojekt bei 20 Klassen bestätigt (s. S. 47).

Wir haben die Klassen nach der durchschnittlichen Rechtschreibleistung angeordnet, die sie am Ende von Klasse 2 im DRT 2 erreicht haben. Die Klasse 20 ist also die Klasse mit der besten Rechtschreibleistung aller Klassen des Modellversuchs. Ausgewählt haben wir hier je vier Klassen aus dem oberen und aus dem unteren Drittel der Rechtschreibleistung. Es gibt zwar zwischen dem Ende von Klasse 1 und dem Ende von Klasse 2 noch einige Verschiebungen, aber im Wesentlichen verändert sich die durchschnittliche Rechtschreibleistung von Klasse 2 bis zum Ende der Grundschule nicht, es sei denn, es gibt – wie bei Klasse 19 – einen Lehrerwechsel (LW) am Ende des dritten Schuljahrs.

Klasse	Anzahl der Texte	Wortanzahl token gesamt	Ø	richtig geschriebene Wörter gesamt	Ø	orthografische Elemente (falsch) gesamt	Textz.
20	22	524	22	363	16	23	10
19	21	419	20	152	7	10	7
18	21	491	24	313	15	13	9
15	17	401	24	224	13	24	7
	81	1 835	22	1 052	13	70	33
7	17	198	12	75	4	5	4
6	22	183	8	93	4	2	2
5	22	199	9	109	5	2	2
4	12	143	12	39	3	4	4
	73	723	10	316	4	13	12

Unterschiede im Rechtschreiben beim Textschreiben (Februar Klasse 1)

Klasse = Rang nach Rechtschreibleistung Ende Klasse 2	Klasse 1 DRT 1	Klasse 2 DRT 2	Klasse 3 DRT 3	Klasse 4 WRT 4/5
20	52,8	67,1	65,9	47,1
19	46,0	50,1	47,6 (LW)	21,9
18	49,7	49,1	52,0	48,5
15	40,0	44,0	40,9	44,6
7	30,6	25,4	17,1	9,8
6	35,3	23,1	21,6	19,8
5	24,1	22,9	17,7	9,1
4	31,4	21,5	20,2	21,5

Entwicklung der Rechtschreibleistung bis Klasse 4

Dieser Befund wird auch in den 50 Klassen bestätigt, die Weinert und Helmke (1997) mit der SCHOLASTIK-Studie untersucht haben. Sie betonen, die Zugehörigkeit zu einer Klasse stelle den höchsten Prognosewert für die Rechtschreibleistung des einzelnen Kindes dar (Schneider u.a. 1997, 127).

Die zentrale Bedeutung von Lehrer und Lehrerin

Bezogen auf unsere Tabelle heißt das, dass ein Kind, das in Klasse 4 eingeschult wird, eine ungleich geringere Chance hat, ein guter Rechtschreiber zu werden, als ein Kind, das in Klasse 20 eingeschult wird. Damit ist einmal mehr die zentrale Bedeutung der Lehrperson für das Lernen des Einzelnen und der Klasse bestätigt. Das gilt umso mehr, als sich die Klassen zu Schulanfang nicht wesentlich in Bezug auf die Lernvoraussetzungen unterscheiden, und auch nicht im Hinblick auf die Zahl der Kinder anderer Herkunftssprache (vgl. DEHN/HÜTTIS-GRAFF 2000)!

Wir haben bei einer Analyse von Texten, die die Kinder des Modellprojekts im Februar Klasse 1 zu Bildern und Bilderbüchern schreiben (s. z.B. S. 114, Yasemin), bereits gravierende Unterschiede gefunden, was die Textlänge und die Zahl der zu diesem frühen Zeitpunkt richtig geschriebenen Wörter betrifft. (Wir haben alle Wörter gezählt, auch die, die mehrmals vorkommen – „token".) Vor allem aber unterscheiden sich die Klassen, die später gute Rechtschreibleistungen haben, bereits im Februar von Klasse 1 von den später schwachen Rechtschreibklassen darin, in welchem Ausmaß sie mit orthografischen Elementen experimentieren. Sie schreiben *Vatter, schneel, mier, weind, trivt, schlaven*. Diese Fehler sind offenbar lernproduktiv: Die Kinder erproben etwas, das sie aus ihrem Wissen von Schreibungen abstrahieren – sie bleiben nicht bei einer 1:1-Beziehung von Lautung und Schreibung stehen (s. Zwei-Wege-Modell, S. 67). Sie sind aufmerksam auf orthografische Phänomene und damit aufgeschlossen für Lernprozesse. Wohlgemerkt: Dies ist ein Befund vom Februar Klasse 1.

Produktive Fehler

Man könnte diesen frühen Befund zum Rechtschreiblernen auch als Beleg für die These werten: *Wer viel schreibt, schreibt vieles richtig.*

Ein solches Textschreiben kann die Automatisierung befördern. Im Hamburger Modellprojekt können die Unterschiede zu einem Teil auch in Beziehung gesetzt werden zu dem Lehrgang: Die Klassen 20 und 6 haben mit einer Fibel gearbeitet, die Klassen 18 und 15 mit einer Eigenfibel, die Klassen 7, 5, 4 und 19 (!) mit dem Lehrgang „Lesen durch Schreiben".

Schriftorientierung: Merkmal lernförderlichen Unterrichts

Bei der Analyse der Unterrichtsprotokolle hat sich „*Schriftorientierung*" als ein wesentliches Merkmal lernförderlichen Unterrichts erwiesen, also der Umgang mit Schrift, die Reflexion über Schreibungen und das Üben von Schreibungen (s. Kap. 6; s. Kap. 11.2).

Über Kulturtechnik und Schriftkultur

3

3.1 Perspektiven – Positionen

Lesen und Schreiben ist mehr als das Beherrschen der Form der Buchstaben, der Zuordnung von Laut und Buchstabe, der Synthese, der Aneignung der Orthografie. Lesen und Schreiben stellt eine zweite Form für Artikulation und Austausch dar. Schrift ermöglicht nicht nur die Mitteilung an den räumlich Entfernten und die Überlieferung an den zeitlich Späteren, sie kann durch die entlastende Funktion der Fixierung und durch die Notwendigkeit, gedankliche Vorstellungen bewusst und ausdrücklich zu artikulieren, zu deren Entfaltung und Ordnung in weit höherem Maße beitragen als die gesprochene Sprache.

Wer lesen (und schreiben) lernt, kann einerseits an seine Spracherfahrungen anknüpfen, sein Sprachvermögen nutzen. Er kann, wenn er mehrere Wörter in einem Satz gelesen hat, semantisch und syntaktisch gerichtete Vermutungen darüber anstellen, wie es weitergehen könnte. Umfang des Wortschatzes und Weltwissen erleichtern ebenfalls das Leseverstehen.

Vergegenständlichung der Sprache beim Schrifterwerb

Andererseits aber verlangt der Schriftspracherwerb ein grundsätzlich neues Verhältnis zur Sprache. Sie ist beim Lesen (und Schreiben) nicht mehr nur Medium für Austausch und Artikulation, sondern – zumindest im Stadium des Erwerbs – immer auch Gegenstand der Betrachtung (zur notwendigen „Vergegenständlichung“ der Sprache beim Schrifterwerb vgl. Bosch 1984). Was im Gespräch für das Ohr als zeitliches Kontinuum wahrnehmbar ist, muss beim Lesen als lineare Zeile entschlüsselt werden. Auch Kontexthinweise zur Situation, die im Gespräch simultan wahrgenommen werden, müssen nun aus Schriftzeichen gewonnen werden.

Spracherwerb und Schriftspracherwerb ähneln sich, insofern es um Regelbildungsprozesse bei der Aneignung eines komplexen Systems geht. Sie unterscheiden sich, insofern Spracherwerb in der Interaktion unwillkürlich erfolgt, Schriftspracherwerb dagegen Distanz und Abstraktion voraussetzt. Er ist seit eh und je an institutionalisiertes Lernen gebunden, wird schulisch vermittelt.

Kulturtechnik und Schriftkultur

Lange Zeit wurde in der Schule Lesen und Schreiben als Kulturtechnik betrachtet, als Voraussetzung für Teilhabe an Schriftkultur, und entsprechend galt das Beherrschen der Buchstaben als Voraussetzung für Lektüre und Autorschaft. Solange allerdings die Bibel Gegenstand für „Buchstabieren“ und Syllabieren war, war den Lernenden das Ziel der Bemühungen immer präsent. Außerdem war kulturelle Teilhabe über Jahrhunderte durch

Autor und Scriptor

Vorlesen, Predigt und Rezitation auf den Märkten auch Schriftunkundigen möglich. Bis ins Mittelalter waren Autorschaft und „Scriptorschaft" nicht an *eine* Person gebunden. Der eine konzipierte und diktierte, was ein Schreib-Handwerker zu Papier bringen sollte.

Eine solche Trennung bestimmt heute nur noch wenige Berufe. Im Allgemeinen muss jeder selbst schreiben, so lange jedenfalls der Computer noch nicht durchgängig die Scriptorschaft übernimmt. „Lektüre" aber ist ohne Buchstabengebrauch vielfältig möglich: In Film und Fernsehen, als Video oder DVD, mit Tonkassette oder Hörbuch ist Teilhabe an kulturellen Geschichten möglich. Das gilt zum Teil auch für das Interesse an Informationen.

Die Opposition von Medien- und Schriftgebrauch, wie sie im schulischen Alltag und in der öffentlichen Diskussion vielerorts betrieben wird, entspricht nicht den Lebensgewohnheiten der Erwachsenen und auch nicht den Untersuchungen über lernförderliche Effekte schulischen Mediengebrauchs auf das Lesen (Bertschi-Kaufmann u. a. 2004, Bertschi-Kaufmann 2012) und Schreiben (Dehn u. a. 2004). Aber das Lesen verändert andererseits auch den Mediengebrauch. So wird jüngst Lesekompetenz „als Teil der Medienkompetenz" betrachtet (Hurrelmann 2002). Wenn Kulturtechnik nicht Voraussetzung ist für kulturelle Teilhabe, sollte der Unterricht zulassen, dass Kinder (und Jugendliche) an ihre Erfahrungen – auch im Mediengebrauch – anknüpfen können. Das gilt in besonderem Maße für Jungen in der Grundschule (Garbe 2012, Plath 2012).

Aber: Die gesellschaftlichen Ansprüche an das Beherrschen der Kulturtechnik sind in den letzten Jahrzehnten stetig gewachsen (s. Einstellungsvoraussetzungen). So ist das Phänomen des funktionalen Analphabetismus erst mit dem Ende der Vollbeschäftigung in den Blick gekommen. Da könnte es nahe liegen, Lesen und Schreiben als Kulturtechnik verstärkt im Unterricht zu behandeln. Aber wir wissen sowohl aus der Geschichte der Elementarbildung wie aus Lebensläufen von Kursteilnehmern aus der Alphabetisierung, dass die Trennung von Kulturtechnik und Schriftkultur sozialer Selektion Vorschub leistet (Eisenberg 1983). Wer nicht von sich aus liest und schreibt, wird vieles, was er sich einmal angeeignet hat, wieder verlernen. Insofern kann man durchaus Teilhabe an Schriftkultur als Voraussetzung betrachten für das Aneignen der Kulturtechnik (zur Alphabetisierung vgl. Hubertus/Nickel 2006, www.ich-will-lernen.de).

► ► ► Für den Anfangsunterricht bedeutet diese Perspektive, an Schrift- und Medienerfahrungen aus der Vorschulzeit anzuknüpfen und Erfahrungen mit den Funktionen von Schrift anzubahnen, insbesondere für die, denen Schrift bis zum Schulbeginn fremd geblieben ist.

3.2 Lesen als Erweiterung literaler Praktiken und als Entfaltung literarischer Sozialisation

Das Nutzen von Schrift im Alltag (z. B. Straßenschilder, Aufschriften, Karten, Ankündigungen, Zeitungen) – das ist das Erste, was kleine Kinder in der Familie kennen lernen, noch ehe sie mit Buchstaben vertraut werden. Für Schulanfänger, die in einer Umgebung aufwachsen, die literale Praktiken nicht pflegt, ist das Nachholen von Erfahrungen damit in der Schule eine unerlässliche Voraussetzung für den Schriftspracherwerb, für die Aneignung der Kulturtechnik. „Lesemotivation, Interesse und Engagement sowie ein stabiles Selbstkonzept als Leser" sind Grundlage der Lesekompetenz (Garbe 2012, 11). Wichtig ist, dass das Kind eine Beziehung zu seiner Lebenswelt herstellen kann.

Kinder brauchen Geschichten

Kinder, die in ihrer Vorschulzeit regelmäßig Geschichten hören, entwickeln für das Lesenlernen mehr Interesse als andere und können auch komplexere Äußerungen dazu formulieren (vgl. Schulz 2012b, Feneberg 1994, Wieler 1997). Frühe Lesesozialisation braucht Begleitung (Bertschi-Kaufmann 2012). Dennoch kann man davon ausgehen, dass – in unterschiedlichem Ausmaß und mit unterschiedlicher Intensität und Nachdrücklichkeit, vor allem in unterschiedlichen Medien – alle Kinder in der Zeit vor der Schule in der Begegnung mit Geschichten grundlegende Verstehensfähigkeiten entwickelt haben.

Auch wem literale Praktiken zu Schulanfang weitgehend fremd geblieben sind, hat teil an literarischer Sozialisation, an den Geschichten seiner Kultur, wie sie nicht nur in Büchern, sondern auch in audiovisuellen Medien präsent sind. Das Bedürfnis nach Geschichten ist nicht an Schrift gebunden, aber es wird beim Lesen entfaltet als Vorstellungsbildung, Imagination, als Erinnerung an Episoden aus der eigenen Lebenswelt, als Übernahme von Perspektiven, als Verstehen von Zusammenhängen. Die „basale literarische Kompetenz bildet sich vor der Lesekompetenz aus" (Belgard 2012, 65).

Für den Anfangsunterricht kommt es darauf an, dafür Anknüpfungsmöglichkeiten zu schaffen, beispielsweise durch Vorlesen (Richter/Plath 2005, Pompe 2012), beim begleiteten Gebrauch von Hörmedien (Hüttis-Graff 2010b) und beim Diktieren und Schreiben eigener Geschichten, insbesondere zu Vorgaben, einem Fundus von Bilderbüchern, Geschichten und Bildern, aber auch zu Figuren aus Film und Fernsehen und aus weiteren Medien (vgl. Dehn/Merklinger/Schüler 2011). Das gilt insbesondere für Kinder mit gravierenden Lernschwierigkeiten.

3.3 Elementare Schriftkultur und Bildungssprache

„Schriftförmige Rede“: Voraussetzung für den Schulerfolg

„Das Schreiben konstruiert das Denken neu“ (Ong 1987, 81). Wer lesen und schreiben kann, kann absehen vom augenblicklichen Kontext, kann gliedern und umstellen, kann Verweise nicht nur auf Außertextliches, sondern innerhalb der Schrift herstellen: Und deshalb verändert Schrifterwerb auch das Sprechen (vgl. dazu das Beispiel „Mit dem Nilpferd“ auf S. 83)! „Schriftförmige Rede“ (Ong 1987, 107) ist zugleich Ziel und Voraussetzung des Schulunterrichts. Dieses sprachliche Register wird mit dem Begriff *Bildungssprache* gekennzeichnet: Sie

> *[...] unterscheidet sich von der ‚Umgangssprache‘ durch die Verwendung fachlicher Terminologie und die Orientierung an syntaktischen Strukturen, Argumentations- und Textkompositionsregeln, wie sie für schriftlichen Sprachgebrauch gelten.* (Gogolin 2008, 26)

Allerdings zeigen sich für das Beherrschen der Bildungssprache „nachhaltige Effekte der Einführung in Literalität“ erst nach mehreren Jahren (Gogolin 2004, 109).

Zwischen frühen Erfahrungen mit elementarer Schriftkultur und dem schulischen Schriftspracherwerb besteht also ein enger Zusammenhang. Gerade für mehrsprachige Kinder, die nicht nur aus einem bildungsfernen, sondern auch aus einem schriftfernen, vor allem mündlich bestimmten Familienumfeld kommen, sind schulische Erfahrungen mit Literalität unerlässlich, um lang anhaltenden Lernschwierigkeiten frühzeitig zu begegnen. Schrifterwerb befördert fachbezogenes dekontextualisiertes Sprechen. Konzeptionell schriftlich zu agieren, nicht nur lesen und schreiben zu können, sondern auch an der Unterrichtskommunikation teilhaben zu können, ist eine wichtige Voraussetzung für den Schulerfolg. Insofern hängen diese sprachlichen Lernbereiche auf das Engste zusammen (s. dazu ausführlich Dehn 2011).

Wenn der Schriftspracherwerb im Sinne elementarer Schriftkultur und „schriftförmiger Rede“ (Bildungssprache) im Unterricht behandelt wird, kann erreicht werden, dass die Anfängerinnen und Anfänger Schrift, Sprechen und Sprache in ihrem Selbstbild funktional integrieren – dazu taugt gerade auch das Diktieren (vgl. dazu die Beispiele von Ramazan und Yasemin S. 8 ff.; ein frühes Beispiel für dekontextualisiertes Sprechen ist die Erklärung, die Yasemin (S. 9 f.) in ihrem diktierten Text gibt: *Das ist Türkisch.*)

3.4 Schreiben als Diktieren zum Bild

Die Trennung von Autor- und Skriptorschaft, die wir aus der Geschichte kennen, können wir auch für die Vorschulzeit und den Schulanfang nutzen, indem wir aufschreiben, was das Kind aufs Papier bringen möchte (MERKLINGER 2012, HÜTTIS-GRAFF 2012a).

Das ist zunächst durchaus eine Sprechsituation, z. B. sagt und zeigt das Kind der Erwachsenen, wie es seine Zeichnung verstanden wissen will:

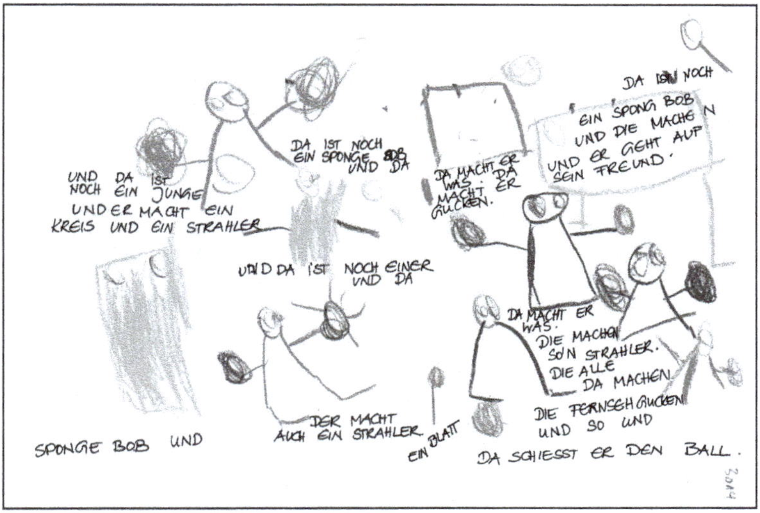

Yaren sechs Monate vor Schulbeginn (Korpus HÜTTIS-GRAFF, *Dezember 2006)*

Yaren ist ein türkisches Mädchen, das in der Vorschulklasse (eine Hamburger Besonderheit für das letzte Kindergartenjahr) wenig und nicht gut Deutsch spricht. Ihre Lieblingsfigur, von der sie mehrere Monate lang gern in der Lerngruppe das Hörspiel hört, ist SpongeBob. Sie weiß über diese Figur genau Bescheid, z. B., dass Gerry zwar miaut wie eine Katze, aber eine Schnecke ist, und dass es Katzenfutter ist, das die miauende Schnecke Gerry bekommt – so in einem Gespräch unter drei Kindern. Zu SpongeBob hat sie auch das Bild gemalt, und anschließend dazu erzählt und diktiert. Der Text ergänzt das Bild und verweist darauf – man sieht gleichsam den Finger: *da, und da.* Der Text ist ohne das Bild und ohne Kenntnis von Film oder Hörspiel wenig verständlich. Und noch ein Beispiel dazu:

Am Ende der Vorschulzeit bittet die Lehrkraft Eltern und Kinder, Kinderfotos aus den vergangenen Jahren mitzubringen, damit jedes Kind gemeinsam mit Mutter, Vater, Oma oder Tante daraus ein eigenes Fotobuch erstellen kann. An mehreren Tagen wird Eltern und Kindern dafür in der Institution ein (Neben-)Raum zur Verfügung gestellt sowie Hefte, Klebe und Stifte zum Schreiben und Malen. Damit jedes Kind ein Fotobuch erstellen kann, springt die Lehrperson gegebenenfalls für Eltern, die nicht kommen können, ein oder schreibt auch wenig schreibgeübten Eltern den gewünschten Text auf ein separates Blatt zum Abschreiben vor (Hüttis-Graff 2012a, 117).

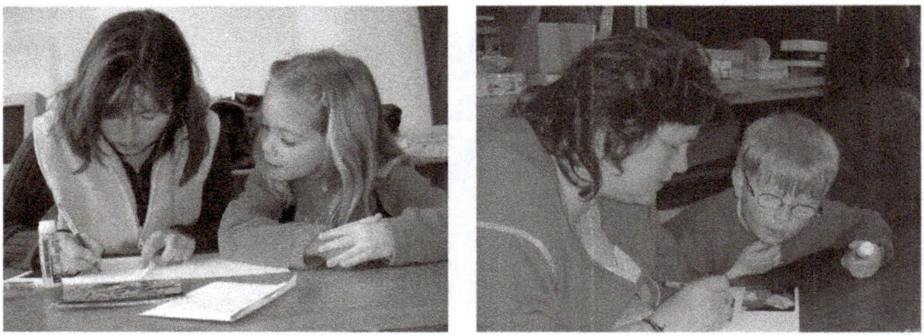

Yandamé und Jan schreiben mit ihren Müttern (ebd.)

Die Fotobücher sind nicht nur in der Lerngruppe Gegenstand des Austauschs, sondern auch dann noch, wenn die Kinder bereits selbst lesen können, was sie seinerzeit diktiert haben. Sie sind ein Beispiel für „family literacy", ein Projekt, das die Eltern einbindet in literale Praktiken und literarische Sozialisation (Elfert/Rabkin 2007; vgl. zu Family Literacy Nickel 2004).

3.5 Schreiben als Entlastung – nicht nur am Schulanfang

Die folgenden Beispiele zeigen, wie Kinder, wenn sie im Unterricht dafür Spielräume haben, gerade die Möglichkeiten des *Schreibens* nutzen. Für das Lesen haben wir weit weniger Beispiele gefunden, vielleicht auch, weil es flüchtig bleibt, selten ein Produkt hinterlässt.

Wer seinen Kindern in Klasse 1 Gelegenheit gibt, kleine Geschichten, eigene Erfahrungen oder schon Bekanntes von sich aus oder für sich aufzuschreiben, eröffnet ihnen einen persönlichen Zugang zur Schrift. Viele, wenn auch nicht alle, nehmen ihn an. Die folgenden Schriftstücke sind zum

Teil außerhalb des Schulunterrichts entstanden, aber angeregt sind sie – mit einer Ausnahme – durch ihn. Bis auf den Bericht von Lena stammen alle Beispiele von Schreibern, denen Schrift in ihrer Lebenswelt bis zum Schulanfang fremd geblieben war.

Die Kinder suchen sich durch das Schreiben zu entlasten, von bedrängender Erfahrung, von Schuldbewusstsein, geben inneren Wünschen Ausdruck, oder sie umgehen auf diese Weise schwierige Situationen. Wir führen sie als Beispiele an, um Leserin und Leser zu ermutigen, ihren Schreibunterricht in dieser Hinsicht zu öffnen. Zugleich geben sie Einblick in ganz unterschiedliche Lern- und Leistungsformen

Schreiben als Zugang zur Schrift

Projektion von Wünschen und Ängsten

Inge besucht schon die dritte Klasse, aber ihre Schulzeit ist erst kurz. In Klasse 2 z. B. ist sie von 190 Schultagen 140 Tage nicht in die Schule gekommen. Die Familie lebt außergewöhnlich isoliert und hält Inge häufig anscheinend wegen häuslicher Notwendigkeiten vom Schulunterricht fern. Die daraus entstandenen Konflikte sind bis zur Schulratsebene behandelt worden – mit dem Effekt, dass Inge in Klasse 3 ziemlich regelmäßig zum Unterricht kommt. Aber den meisten schulischen Anforderungen gegenüber hat sie sich verschlossen, sie übernimmt Aufgaben teilnahmslos, wirkt resigniert, fast stumpf und zeigt auch bei kleinen Lernerfolgen keine Freude. Die Lehrerin (I. Schnelle) hat ihr viele Lernangebote gemacht und sich, als alles ohne erkennbare Wirkung blieb, ihrerseits zurückgezogen.

In einer Förderstunde liegen mehrere Übungen und Anregungen zum Lesen und Schreiben bereit. Die Lehrerin arbeitet mit einer Vierer-Gruppe zusammen. Als sie Inge fragt, was sie tun möchte, antwortet diese: *Spielen.* Die Lehrerin lehnt das mit der Bemerkung ab: *Nein, wir haben jetzt Förderstunde* und weist Inge auf verschiedene Arbeitsmaterialien hin. Inge nimmt das leere Blatt mit einem Foto und schreibt darunter – fast 30 Minuten lang ohne Unterbrechung (s. S. 56).

Inge projiziert ihren Wunsch nach Kontakten zu anderen Kindern in einen Jungen. Er liest einen Brief, in dem ein anderer freundschaftliche Beziehungen zu ihm sucht. Inge lässt ihn in einem Antwortbrief darauf eingehen – eine ziemlich komplexe geistige Leistung, was die Rollenübernahme betrifft.

Der Jonme sest en der Küche.
J Er liest ein Bief da schet tene
etwas geschiben!. Du [illegible] Jonne
ich wes nit wi du heit arber
du ich möchte met. Dir spielen!
Arber du komst du mir!.
Tonsabe. 9 Dein Klaus Bu!
? Und du? Ich heise Tom Deutsche.
Ich wome ☐ srapse 95
Und den ist Ende!

Der Junge sitzt in der Küche. Er liest ein' Brief. Da steht drinne etwas geschrieben! Du, Junge, ich weiß nicht, wie du heißt. Aber du, ich möchte mit dir spielen. Aber du kommst zu mir! Tonstraße 9. Dein Klaus Bu!
Und du? Ich heiße Tom Deutsche. Ich wohne … Straße 95. Und denn ist Ende!

Inge ruft ihre Lehrerin an.

Schon vorher hatte Inge gern Gelegenheiten zu freiem Schreiben genutzt. Nach Gesprächen mit Kolleginnen und Kollegen über Inges Text bestärkt die Lehrerin Inge in ihrem Tun. Im Schreiben kann Inge sich mit sich selbst und ihren Beziehungen auseinander setzen und sich möglicherweise langsam „freischreiben". In den folgenden Monaten kommt Inge mit dem inneren Konflikt zwischen Elternhaus und Schule besser zurecht. Im Schreiben findet sie einen Zugang zur Schrift. Ihre Probleme beim Erlesen schwieriger Wörter, die auch in Klasse 3 noch für alle belastend sind, werden auf diese Weise allmählich verringert. Die Befürchtung, sie könne später funktionale Analphabetin werden, besteht nicht mehr. Inge bleibt weiterhin schwach im Rechtschreiben, aber sie erwirbt den Hauptschulabschluss. Am Tag danach ruft sie ihre Lehrerin an (jahrelang hatte es keine Kontakte gegeben).

Schreiben als Verarbeitung von Erfahrung

Lena (5 Jahre) hat einen Frosch gefangen und ihn im Weckglas nach Hause gebracht. Die Mutter schimpft mit ihr wegen dieser Freiheitsberaubung und hält ihr vor, welche Lebensmöglichkeit der Frosch im Teich hat und wie beengt er im Glas sei. Für Lena bleibt auch nach der Freilassung ein Konflikt zwischen diesem moralischen Anspruch und dem Wunsch nach Nähe zu einem Tier. Sie nimmt ein Heft und klärt schreibend und malend ihre Erfahrung für sich selbst in den „Berichten über Frösche". Lena geht noch nicht zur Schule, aber ihr ist Schrift als Werkzeug und Tätigkeit offenbar vertraut.

S. 1 (ein Frosch auf einem Seerosenblatt)
S. 2/3 DIE FRÖSE
S. 4/5 LEBEN NEIƆHT EN GESAN (Gläsern)
S. 6/7 (ein Frosch im Sprung zwischen Seerosen)
S. 8/9 FRÖSE FRÄSƆHÄN (fressen) FLIGÄN
S. 10/11 FRÖSE SEZAN OFT AOF SEEROSA
S. 12/13 FRÖSE SPREG(springen)
S. 14/15 SI SPREG SOGA VON AEIN SOOR A ANERR SEEROS ANDADN
S. 16/17 SO SIT ES EM GAS (Glas) AUS
S. 18/19:

Hanno (Klasse 1) schreibt im November verschiedene Erlebnisse mit Tieren auf. Anlass war die Aufgabe, eine Geschichte zu verfassen. Im Gespräch über seinen Text und die krasse Illustration (in Rot und Schwarz) wird deutlich, dass ihn das Schicksal des Kaninchens Niki stark beschäftigt.

Karo Hat Honer
Pu schleft
Pu MaCht Wenta SChlaf
Niki Wirt GSChlaChtet
Moli Ht Honer mit zini

Teilnehmerinnen und Teilnehmer im Kurs zur Alphabetisierung Erwachsener schreiben öfter von sich aus Abschnitte ihrer Lebensgeschichte für sich und/oder die Kursleiterin auf oder nehmen Anregungen dazu bereitwillig auf. Sie haben erhebliche Schwierigkeiten mit der Orthografie, können ihre Texte selbst aber gut lesen. Sie erheben für sich den Anspruch auf Perfektion und können sich nicht erklären, warum sie manche Wörter immer wieder falsch schreiben. Frau G. schreibt – als nun 40-jährige Großmutter – in allen Einzelheiten über die Geburt ihrer Kinder:

Die geburt meiner Kinder
… Nach einer weile kam die Hepamme und sie sagte Frau G. weinen sie nicht so ser es ist alles gut sie haben einen Jungen er wigt 3 Pfund wier schafen es haben sie keine angs. Nach einer halben stunde nach der geburt hörte ich den ersten schrei das Herz wahr wieder da sie haben in geschlagen 2mal er solte noch mehr schreihen ich weite. Es tat mihr weh und ich wahr so glüklich der kleine wahr ein Junge mit names M.A. alles wahr wieder gut. Er kam in ein Brutkasten und heute ist er ein kreftiger Junge geworden er hat keine scheden dafon bekomen den ich bin imer mit in zu unter suchung gegangen. Es wurde immer in ap stenden Ekage gemacht und gehern Schdröme gemesen. Ich habe also Glük gehabt. …

Schreiben anstelle von Reden

Manchmal ist Schreiben auch für Schulanfänger einfacher als Reden. Marc ist neu in die erste Klasse gekommen, die schon als Vorklasse zusammen war. Er hat Schwierigkeiten, sich einzugliedern und sich an die Rituale und Arbeitsformen zu gewöhnen. Auch zu Hause hat er es außergewöhnlich schwer mit einer alleinstehenden alkoholkranken Mutter.

Während der Pause würgt er Felix. Die Lehrerin (I. Wolf-Weber) ist entsetzt und zornig. Sie gibt Marc deutlich zu verstehen, dass er sich selbst etwas überlegen müsse, um mit Felix wieder ins Reine zu kommen.

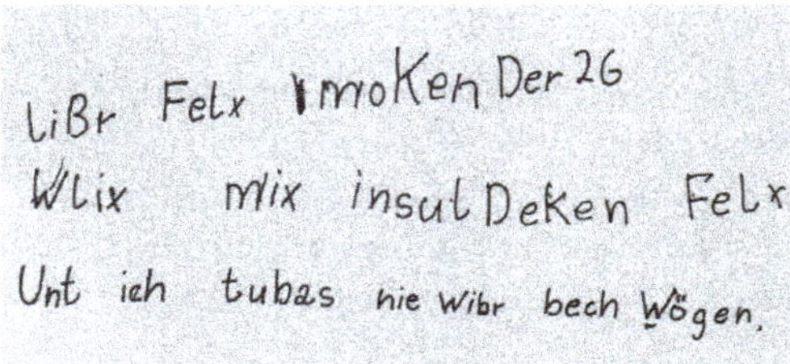

Lieber Felix, morgen der 26. will ich mich entschuldigen, Felix. Und ich tu das nie wieder, dich würgen.

Solche Szenen wiederholen sich. Es gelingt im Verlauf von Klasse 1, Marc zu integrieren. Das ist sicher nicht nur auf das Schreiben zurückzuführen, aber vielleicht hat diese Form, die Marc bisher nur in der Schule als möglich erfahren hat, dazu beigetragen.

Expeditionen in die Welt der Schrift

Solche Texte sind natürlich nur eine Form der Schriftaneignung. Andere Formen, die handwerkliches Rüstzeug und Teilhabe an Funktion und Inhalt von Schrift verbinden, sind – neben sachbezogenen Schreibformen – vor allem unterschiedliche Arten der Lektüre, das Zuhören beim Vorlesen; der Umgang mit Hör-CDs; das Stöbern und Blättern in ganz verschiedenen Arten von Büchern, Bildlexika, Comics (vgl. dazu den Bericht über das Lesetagebuch eines Comiclesers von Bertschi-Kaufmann 2012, 33 ff.), Kinderzeitschriften; das Sprechen über das, was die Kinder gefunden haben – gleichsam „Expeditionen" in die Welt der Schrift.

Wir stellen am Ende dieses Kapitels die Lerngeschichte eines Kindes zur Diskussion, das die Angebote zum „freien Schreiben" für sich nicht genutzt – und andere Formen früher Literacy und elementarer Schriftkultur in der Schule, wie vor allem das Diktieren, vielleicht kaum kennengelernt, aber sich trotzdem bis Ende des ersten Schuljahrs die „Kulturtechnik" angeeignet hat, weil Motivation und Selbstbild bestätigt wurden!

3.6 Andreas wird „entdeckt"

Station 1

Dass Andreas mit dem Lesen mehr Schwierigkeiten als andere Schüler hat, das hat die Lehrerin (I. Wolf-Weber) sehr bald bemerkt. Sie hat damals ein Unterrichtstagebuch geführt. Er gehört von Anfang an zur Gruppe der langsam Lernenden, sie notiert sich am 22.9.: *Alle Kinder einzeln vorlesen lassen und festgestellt, wer schon zusammenziehen kann. Noch nicht: Lesly, Ismail, Banu, Andreas, Joschi, Lennard, Horst, Peter, Ilka, Grete.*

Natürlich sind die Aufgaben ganz einfach: *La, Mo …* Die Lehrerin macht mit diesen elf Kindern während der Förderstunde in zwei Gruppen (je fünf bzw. sechs Kinder) zusätzliche Übungen dazu. Bald darauf können es zwei Kinder aus dieser Gruppe. Und nach den Herbstferien haben viele Kinder gute Fortschritte gemacht.

Andreas kommt nur langsam voran. Anfang Dezember notiert die Lehrerin: *Joschi, Andreas, Ilka, Banu, Ismail, Grete müssen möglichst noch täglich zu zweit üben, damit es flotter geht.*

Zuerst waren es elf Kinder, die langsamer als andere lernten; nach zwei Monaten bedürfen noch sieben zusätzlicher Lernhilfen.

Station 2

Im Schreiben fällt Andreas zunächst weniger auf. Kurz vor Weihnachten diktiert die Lehrerin neun ungeübte Wörter, die als „lautrein" gelten. 15 der 27 Kinder aus der Klasse machen keinen Fehler dabei, auch Andreas nicht, drei haben nur bei den Groß- und Kleinbuchstaben Schwierigkeiten, fünf machen einen Fehler. Zu vier Kindern schreibt die Lehrerin am 20.12.: *Andreas: ohne Fehler, aber langsam und unsicher; Ilka: sehr unsicher; 5 von 9 Wörtern richtig. Beide müssen einzeln üben. Ismail 3 richtig, Grete 1 richtig; beide müssen üben; evtl. zu zweit.*

Station 3

Am 2. April, dem ersten Tag nach den Hamburger Frühjahrsferien, erschrickt die Lehrerin über Andreas. Sie hat den Kindern wieder eine „Kopfgeschichte" diktiert, also eine kurze Abfolge von Sätzen mit Wörtern aus dem Klassenwortschatz, um an Gelerntes anzuknüpfen und Neues vorzubereiten.

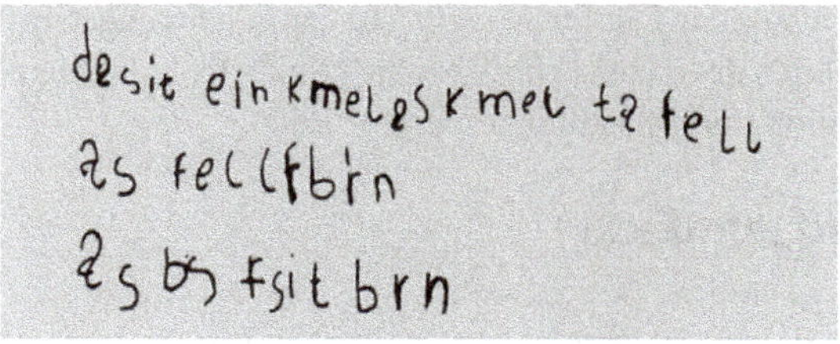

Andreas' Text ist kaum zu lesen. Er schreibt nur *das, ein, fell* richtig. Was hat er denn bisher von Schrift verstanden? Das bestätigt sich zwei Tage später. Andreas schreibt – wie die anderen Kinder – etwas über die Ferien auf: *ein fos gbt – ein Floß gebaut.*

Andreas hat sich einige Wörter aus dem Grundwortschatz gemerkt. Aber seine übrigen Schreibungen sind nur rudimentär. Von diesem Tag an intensiviert die Lehrerin die Lernhilfe für Andreas weiter. Er hat neben den Leseübungen für alle und dem Förderunterricht für einige täglich Gelegenheit, einen kleinen Text für sich zu erlesen und ihn anschließend der Lehrerin oder der Praktikantin vorzulesen. Das heißt, die Lernhilfe erstreckt sich in erster Linie auf das Lesen, weil von größerer Sicherheit in diesem Bereich auch Sicherheit im Schreiben erwartet wird.

Bis zum Ende des Schuljahrs macht Andreas Fortschritte: Einfache Texte kann er nun wirklich selbstständig lesen. Beim Schreiben bleibt er der Schwächste, aber von 60 „Kopfwörtern“ schreibt er immerhin 22 richtig. Begrifflich ist ihm noch manches unklar. Beim Diktieren eines Satzes zählt er auf die ihm aus vielen Übungen bekannte Frage, wie viele Wörter er geschrieben hat, die Buchstaben der bereits geschriebenen Überschrift (vgl. Osburg 2002).

Wenige Tage vor Schuljahrsende sollen sich die Kinder selbst beurteilen. Die Lehrerin gibt ihnen einen Fragebogen; die Kinder sollen Fragen beantworten, nicht etwa bloß ankreuzen. Andreas hat sein positives Selbstbild behalten und schätzt sich auch realistisch ein: *gut und langsam.*

In Klasse 2 erfolgt ein Lehrerwechsel. Andreas muss dieses Schuljahr wiederholen. Danach ist er leistungsmäßig fast durchschnittlich, aber im Sozialverhalten hat er nun große Schwierigkeiten.

Überlegungen zu dieser Lehr-Lern-Geschichte

Obwohl die Lehrerin von Anfang an ungewöhnlich genau die Lernwege der Kinder ihrer Klasse beobachtet und darauf im Unterricht frühzeitig eingeht, bleibt ihr eine lange Zeit verborgen, wie grundlegend Andreas' Schwierigkeit ist. Erst als seine Wörter aus der Bahn geraten, wird die Schwierigkeit offenkundig.

Im Nachhinein ist nicht mehr zu klären, ob es Andreas schon zu Anfang an grundlegender Orientierung über Schrift fehlte und er manches zunächst durch eine besonders gute Merkfähigkeit kompensieren konnte oder ob sich die Vorstellungen, die er sich über Schreibung und Lautung gemacht hatte, erst später, als im zweiten Schulhalbjahr viele neue Informationen zu verarbeiten waren, als unzureichend erwiesen, sodass er sein bisheriges kognitives Schema – etwa zum Zeitpunkt der Frühjahrsferien – aufgeben muss und nun ohne Möglichkeit der Strukturierung fast orientierungslos agiert.

Andreas' Lerngeschichte haben wir auch als Beispiel dafür ausgewählt, wie das Schreiben eines Wortes, das optisch bisher weder beim Lesen noch beim Schreiben vertraut ist, als Rekonstruktion der orthografischen Vorstellung weitreichenden Aufschluss gibt. Andreas hat dazu auch bei etlichen Anlässen zu freiem Schreiben Gelegenheit gehabt, aber er beschränkte sich stets auf das Reproduzieren von Bekanntem. Vielleicht hätte frühe Literacy in der Schule seine Vorstellung davon, worauf es beim Lesen und Schreiben ankommt, verändert, so dass er sich auch von sich aus manchmal ans Erlesen und „Erschreiben" gewagt hätte.

Frühe Literacy

Für uns war die „Entdeckung" von Andreas ein Grund mehr, die **Lernbeobachtung Lesen und Schreiben** auszuarbeiten. Diese systematische Beobachtung hätte früher seine massiven Schwierigkeiten offenbaren können. Vermutlich wären für Andreas anfangs auch Anregungen zur basalen Auseinandersetzung mit Schrift wichtig gewesen, z.B. mit der **Schulanfangsbeobachtung** als Unterrichtsaufgabe und Beobachtungsinstrument (s. S. 75 ff. und Kap. 8). Auch dafür war seine Lerngeschichte ein Anstoß.

▶ ▶ ▶ Entscheidend scheint zu sein, dass Andreas am Ende von Klasse 1 die Phase des Schrifterwerbs gemeistert hat – an Automatisierung fehlt es noch lange. Und vermutlich wird er kein eifriger Leser und Schreiber werden. Nicht weniger bedeutsam für seinen Lernweg ist, dass er Zutrauen in seine Fähigkeiten behalten hat. Dazu hat zweierlei wesentlich beigetragen: Dass er nicht ausgesondert wurde, sondern die Förderung im Klassenunterricht erfolgte (in der Sechser-Gruppe oder als Einzelaufgabe), und dass er sich, besonders im letzten Quartal, als aktiver Lernender selbst erfahren hat, weil er täglich in der Schule für sich allein einen kurzen Text zum Vorlesen vorbereiten musste und nicht die Rolle des bloß auf Hinweise und Hilfestellungen Reagierenden übernehmen konnte. Bei ihm konnte das erste Schuljahr als „Zeit für die Schrift" genutzt werden.

Motivation und Selbstbild

4 Über Schrift

4.1 Einheiten in Sprache und Schrift

Was wir beim Lesen auf dem Papier vorfinden, ist an unsere Sprache gebunden. Die Buchstaben des Alphabets stehen für – Laute, könnte man meinen. Aber so einfach ist das nicht. Man kann dem <a> in *Wal* nicht ansehen, dass es sich beim Lesen von dem <a> in *Wall* unterscheidet, ja geradezu die unterschiedliche Bedeutung der beiden Wörter bestimmt. Man kann dem <e> in *Weg* nicht ansehen, dass es sich beim Lesen von dem <e> in *weg* unterscheidet. Und beim Schreiben haben wir das Problem, dass /a:/ auf mehrere Weise notiert werden kann, meist als <a>, aber manchmal auch als <ah> oder gelegentlich auch als <aa>. Das /i:/ wird meist als <ie> *(Wiese)*, manchmal auch als <ih> oder <i> *(Igel)*, selten als <ieh> geschrieben.

Was wir beim Reden und Zuhören vernehmen, sind nicht Laute. Mit welcher Stimme jemand spricht, ob er das /r/ als Zungen-r oder Rachen-r artikuliert, spielt für unser Verständnis keine Rolle. Wir verstehen auch den, der lispelt. Unsere Aufmerksamkeit beim Reden und Zuhören ist auf die „Laute" gerichtet, die Bedeutungsunterschiede markieren.

Welche lautlichen Merkmale Bedeutungsunterschiede anzeigen, ist von Sprache zu Sprache verschieden. Im Deutschen ist die Länge oder Kürze des Vokals so ein Merkmal, das die unterschiedliche Bedeutung markiert:

/wa:l/ oder /wal/
/mi:te/ oder /mite/
/flo:s/ oder /flos/

Im Spanischen ist das nicht so: So kann ein Spanier, wenn wir ihm diese Wörter einer ihm fremden Sprache vorsprechen, kaum einen Unterschied wahrnehmen, weil das Merkmal Vokalkürze oder -länge in der ihm vertrauten Sprache keine Rolle spielt. Und wir haben große Mühe wahrzunehmen, dass das /k/ wie in *keep* und *cool* im Arabischen einen Bedeutungsunterschied kennzeichnet. Und auch die Aspiration macht uns große Schwierigkeiten – sie markiert im Deutschen keinen Bedeutungsunterschied, wohl aber im Russischen. Und von den Japanern wissen wir, dass sie mit /l/ und /r/ (z. B. bei /ʃa:l/ und /ʃa:r/) sowohl beim Verstehen wie beim Sprechen europäischer Sprachen große Schwierigkeiten haben, weil diese „Laute" in ihrer Sprache eben keinen Bedeutungsunterschied markieren.

Laute und Phoneme

Beim Reden und Zuhören ist unsere Aufmerksamkeit also auf diejenigen Laute gerichtet, die Bedeutungsunterschiede markieren. Das sind die Phoneme. Was in der Rede wahrgenommen wird (aus dem Gesamt der „verfügbaren Information"), ist also eine Abstraktion des Lautlichen (vgl. NEISSER 1979). Wenn Kinder sprechen lernen, eignen sie sich das Phonemsystem dieser Sprache an. Es bestimmt ihr kognitives Schema für die Sprachwahrnehmung und -produktion. Rechtschreibung bezieht sich nicht auf Laute, sondern auf das Phonemsystem, und zwar das der Standardsprache. Die Buchstaben oder Buchstabengruppen, die einem Phonem entsprechen, sind Grapheme.

Ein Verfahren, um Aufschluss über das Phonemsystem einer Sprache zu erhalten, ist die Bildung von „Minimalpaaren" – Wörtern, die sich in nur einem Phonem unterscheiden. Die Tabelle von THOMÉ (2000, 13) enthält eine Übersicht über das Phonemsystem des Deutschen und kennzeichnet zugleich die Grapheme, die statistisch am häufigsten ein Phonem wiedergeben, es sind die Basisgrapheme. Die Orthographeme treten mit geringerer Häufigkeit auf. So wird das /i:/ am häufigsten als <ie> wiedergegeben (Basisgraphem, zu mehr als 80 Prozent für /i:/), viel seltener als <ih>, <i> oder <ieh> (Orthographeme des /i:/). Die Übersicht zeigt auch, dass /x/ bzw. <ch> zwei „Laute" enthält (vgl. *ich* und *ach*), aber sie machen eben keinen Bedeutungsunterschied aus, sondern sind „stellungsbedingte Varianten": nach i, e, ei bzw. a, u, o, au.

Phonem-Graphem-Beziehung

Die Phonem-Graphem-Beziehung ist für Leser wie für Schreiber – und erst recht für Anfänger – deshalb schwierig, weil 40 Phonemen nur 26 Buchstaben (des lateinischen Alphabets) gegenüberstehen. Es müssen also Kombinationen gefunden werden, z. B. das <sch> für /ʃ/, <au> für /au/, das <ng> für /ŋ/. Wichtig für Lehrer zu wissen ist, dass die Langvokale (mit Ausnahme des /i:/) in der Mehrzahl der Schreibungen mit dem einfachen Buchstaben als Basisgraphem wiedergegeben werden. Und dass *Igel* deshalb in der Anlauttabelle ein wenig geeignetes Wort für /i:/ ist.

Die komplizierte Beziehung von Graphemen und Phonemen erklärt sich auch daraus, dass dieses phonologische Prinzip der Schreibung nicht das einzige ist. Die Schreibung markiert auch die bedeutungstragenden Einheiten, die Wortstämme: So wird /ɛ:/ in *Räder* mit <ä> geschrieben, um für den Leser den Zusammenhang mit *Rad* sichtbar zu machen. Und neben diesem morphologischen Prinzip (Stammschreibung) gibt es schließlich noch das grammatische, das vor allem der Markierung der Substantive gilt.

Die wichtigsten Basis- und Orthographeme des Deutschen

Phoneme Basisgrapheme Orthographeme (nach der Häufigkeit sortiert)

Phoneme	Basisgrapheme		Orthographeme							
Vokale										
/a:/	<a>	Tal	<ah>	Wahn	<aa>	Saal				
/e:/	<e>	Weg	<eh>	Reh	<ee>	See				
/i:/	<ie>	Wiese	<ih>	ihr	<i>	Tiger	<ieh>	ziehen		
/o:/	<o>	Ofen	<oh>	Sohn	<oo>	Zoo				
/u:/	<u>	Kuchen	<uh>	Ruhe						
/ɛ:/	<ä>	Käse	<äh>	nähen						
/ø:/	<ö>	Öl	<öh>	verwöhnen						
/y:/	<ü>	über	<üh>	Mühe						
/a/	<a>	alt								
/ə/	<e>	Farbe								
/ɪ/	<i>	mit	<ie>	vierzig						
/ɔ/	<o>	offen								
/ʊ/	<u>	unter								
/ɛ/	<e>	bellt	<ä>	hält						
/œ/	<ö>	öffnen								
/y/	<ü>	Mütze								
/a͜ɪ/	<ei>	Eis	<ai>	Kaiser						
/a͜ʊ/	<au>	Auto								
/ɔ͜ʏ/	<eu>	Leute	<äu>	läuten						
Konsonanten										
/p/	<p>	Post	<b>	Laub	<pp>	Treppe				
/t/	<t>	Teil	<d>	Bild	<tt>	Mitte	<dt>	Stadt	<th>	Thron
/k/	<k>	kalt	<g>	Berg	<ck>	Zweck	<ch>	Chor	<c>	Clown
/s/	<s>	Eis	<ß>	Gruß	<ss>	Kuss				
/f/	<f>	Fenster	<v>	Vogel	<ff>	Schiff	<ph>	Philosophie		
/b/	<b>	Buch	<bb>	Ebbe						
/d/	<d>	Dach	<dd>	Kladde						
/g/	<g>	Gast	<gg>	Egge						
/x/	<ch>	ach/ich	<g>	König						
/z/	<s>	Sonne								
/ʃ/	<sch>	schön	<s>	spielen						
/v/	<w>	Wasser	<v>	Vase						
/r/	<r>	Rad	<rr>	wirr	<rh>	Rhetorik				
/l/	<l>	Lampe	<ll>	schnell						
/m/	<m>	Mond	<mm>	Kamm						
/n/	<n>	Nase	<nn>	Kanne						
/ŋ/	<ng>	Gang	<n>	Bank						
/h/	<h>	Haus								
/j/	<j>	Jäger								
/p͜f/	<pf>	Pfanne								
/k͜s/	<chs>	Lachs	<x>	Hexe						
/t͜s/	<z>	Zahn	<tz>	Katze						

Die wichtigsten Grapheme des Deutschen (THOMÉ 2000, 13)

Noch einige Beispiele dafür, welche Schwierigkeiten die Graphem-Phonem-Korrespondenzen beim Lesen machen: Wer *ist* lesen will und zunächst zu *i:st* kommt, hat es sehr schwer, die Bedeutung zu erschließen. Wer *hängt* lesen will und zunächst zu *hän* kommt, „hängt" mitten im Graphem fest. Er müsste <ng> als Graphem für /ŋ/ erkennen können. Wer *Motor* lesen will und zunächst zu *Mot* kommt, hat es mit der Silbenstruktur schwer. Das gilt auch für den, der bei *altes* zunächst zu *alt-es* kommt.

Silbenstruktur

Grund für die letztgenannten Schwierigkeiten ist, dass die Silbenstruktur des Deutschen mehrere Formationen umfasst (vgl. Augst/Dehn 2013, 30 f., 44) und für die Lesenden an der Schrift schwer zu erkennen ist, wo sie die Silbenfuge setzen können, zumal dann, wenn ihnen ein Wortteil – wie bei *alt-es* – bereits als Morphem vertraut ist.

Schulanfänger verfügen über das Phonemsystem ihrer Herkunftssprache. Das bedeutet, dass die Kinder, die Deutsch als Zweitsprache lernen, in der Regel nicht nur Wortbedeutungen und Satzbau lernen müssen, sondern sich auch die Merkmale dieses Phonemsystems aneignen müssen. Dieses Verfügen über das Phonemsystem ist allerdings der Reflexion kaum zugänglich. Ob dazu die „phonologische Bewusstheit" beitragen könnte, ist bisher nicht erforscht. Die Aufmerksamkeit auf das, was man „hört", taugt jedenfalls nur begrenzt dazu – eher die Frage nach der Bedeutung dessen, um das es geht. Hier kommt der Beschäftigung mit der Schreibung eine zentrale Bedeutung zu, weil man sieht, was gemeint ist. Für Kinder, die einen Dialekt sprechen, ist das Aneignen der Schrift bestimmt von dem Wissen, dass sie nun „nach der Schrift" sprechen lernen.

Das Verfügen über das Phonemsystem unterscheidet sich von dem Verfügen über die Silbenstruktur. Silben sind artikulatorische Einheiten der Rede und – sprachunabhängig – leicht operativ zugänglich. So kann man – mit nur geringen Fehlerquellen – die Silbenzahl eines Satzes bestimmen, der in einer fremden Sprache gesprochen ist. Aus der Schreibung aber ist die Silbenstruktur nicht gleichermaßen „natürlich" zu erschließen. Weil Silben operativ leicht zugänglich sind, können Leseanfänger, wenn sie Schwierigkeiten beim Erlesen eines Wortes haben, Lehrerhilfen, die sich auf die Vorgabe einer Silbe beziehen, in aller Regel gut in ihr weiteres Vorgehen integrieren (s. Kap. 11.1).

4.2 Zwei-Wege-Modell des Schreibens

Wie kommt nun – theoretisch – die richtige Schreibung zustande? Grundlage ist die Wortbedeutung: Rechtschreibung ist keine Lautschrift, sondern „interpretiert die Lautung auf der Basis eines abstrakten Lautschemas", also der Abfolge der Phoneme, und stellt ein „abstraktes Schreibschema" her, das dann Grundlage für die konkrete Schreibung ist (Augst/Dehn 2013, 37 ff.). Das Schreibschema ist nicht mit dem „Wortbild" zu verwechseln, es ist vielmehr ein „inneres Lexikon", das mentale Vernetzungen aus sprachstrukturellem Wissen enthält (Schründer-Lenzen 2009, 63). Das Schreibschema ist mehr als die Abfolge von Graphemen und „orthografischen Elementen", es umfasst auch die lautlichen Entsprechungen und, weil das Modell an der Wortbedeutung orientiert ist, auch die emotionale Bedeutung für den jeweiligen Schreiber. Das Lautschema ist die kognitive Basis für das Verstehen. Was wir als „Einzel-Laute" im Unterricht in Übungen isolieren, ist daraus abgeleitet – und nicht umgekehrt.

Lautschema und Schreibschema

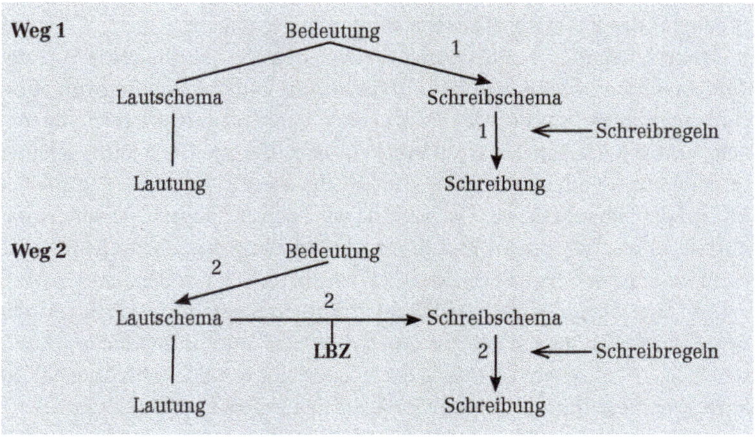

Zwei-Wege-Modell des Schreibens (und Lesens) von Augst

Gerhard Augst geht von der Wortbedeutung aus und begründet von daher ein „Zwei-Wege-Modell" (Augst/Dehn 2013, 45 f.). Bei Weg 1 geht „Speicherung vor Produktion" – wie auch sonst in der Sprache. Es ist das ökonomischste Verfahren. Wenn ein Schreiber ein Wort schreiben will, prüft er also, ob er bereits über das Wort als ganzes oder über Teile davon verfügt, und bringt dieses Schreibschema als konkrete Schreibung aufs Papier. Dabei beachtet er Schreibregeln wie die Großschreibung am Satzanfang. Bei Weg 2 ist kein Schreibschema vorhanden, also muss es der Schreiber erzeugen – vom Lautschema aus über die „Laut-Buchstaben-Zuordnung". Und es gibt Verbindungen zwischen beiden Wegen, wenn z. B. ein aufgeschriebenes Wort noch einmal über die Laut-Buchstaben-Beziehung geprüft wird.

Rechtschreibenlernen „basiert auf impliziten oder expliziten Instruktionen, auf die die so genannten eigenaktiven Tätigkeiten aufbauen" (OSSNER 1998, 5). Diese Formulierung kennzeichnet Konsens und Kontroverse der gegenwärtigen Diskussion gleichermaßen. Als unstrittig gilt, dass die Tätigkeit der Aneignung „innere Regelbildungsprozesse" darstellt (vgl. schon EICHLER 1976). Konsens besteht auch darin, dass diese sich implizit ausbilden – anhand von „Instruktionen", die auch bloß Vorgaben (z. B. als Fibel- oder Grundwortschatz) sein können. Kontrovers dagegen ist, wie sich das Verhältnis von impliziten und expliziten Vorgaben auf den Aneignungsprozess auswirkt. Kontrovers ist insbesondere, welche Funktion der Vermittlung von Einsichten in die Struktur der Schreibung und der Vermittlung orthografischer Regeln zukommt. Kontrovers ist auch, welches die Struktur ist, die für das Rechtschreiblernen am besten geeignet ist.

Kontroversen

OSSNER schlägt als Modellierung die silbenbasierte Orthografie vor, mit dem Argument, dass Silben das „Basiselement in der Beziehung von Sprache zu Sprechen" sind (1998, 7), also auch den Schreibanfängern zugänglich, und dass Silben Struktureinheiten sind, die im Gedächtnis leichter bewältigt werden können als die Laut-Buchstaben-Zuordnung. Ein solches Modell der silbenbasierten Orthografie wird den Anfängern vermittelt, damit sie es als Instrument gleichsam nutzen, beim Rechtschreiben – wie beim Lesenlernen (vgl. RÖBER-SIEKMEYER/TOPHINKE 2002; vgl. BREDEL u. a. 2011).

Das Zwei-Wege-Modell des Rechtschreibens sieht in der Tätigkeit der Schreibenden unterschiedliche Ausrichtungen und individuelle Unterschiede (z. B. in Art und Umfang der Ausbildung von Schreibschemata). Es korrespondiert mit der kognitiven Wahrnehmungstheorie (NEISSER 1979), sofern die Ausbildung kognitiver Schemata nicht nur oder gar in erster Linie von den verfügbaren Informationen des Objekts abhängt, sondern vor allem von den „Erkundungen" des Subjekts, die geleitet sind von den kognitiven Schemata, über die es bereits verfügt. Sie können unter Umständen von den verfügbaren Informationen verändert werden (vgl. AUGST/DEHN 2013, 58 ff.). Wenn zutrifft, dass kognitive Schemata nicht unmittelbar gelehrt werden können, wohl aber ihre Ausbildung provoziert oder zumindest verstärkt werden kann, folgt daraus, dass direkte Instruktion über Strukturen als Bereitstellen eines Instruments nicht besonders lernförderlich ist. Daraus folgt auch, dass der Unterricht von Anfang an die Auseinandersetzung mit Schreibungen befördern muss, weil das die Ausbildung von Schreibschemata befördert (nicht nur eine Analyse des *Sprechens*). Uns erscheint es lerntheoretisch fragwürdig, von Kindern zu erwarten, dass sie beim Lesen oder Schreiben eines Wortes sich zuerst einer Struktur vergewissern und nicht direkt auf Funktion und Bedeutung zugreifen sollen.

Längsschnittuntersuchungen zur orthografischen Entwicklung haben gezeigt, dass Anfänger sich keineswegs ausschließlich an ihrer Artikulation orientieren, sondern dass sie sich – von Anfang an – auch analytisch mit Schrift auseinander setzen (DEHN 1985). Das führt z. B. schon im ersten Schulhalbjahr zu Schreibungen gegen die Lautung, beispielsweise bei *GUD, Kienda, Schranck*. Mit dem Zwei-Wege-Modell kann auch eine Kritik an Lehrgängen wie „Lesen durch Schreiben“ begründet werden, weil Weg 1 dabei systematisch vernachlässigt wird.

4.3 Modell des Leseverständnisses

Wie kommt – theoretisch – das Leseverständnis zustande? Dafür spielen nicht nur die Fähigkeiten des Lesers eine Rolle, sondern auch Text und Kontext. Das interaktive Modell des Leseverständnisses von GIASSON (1999) zeigt, wie beim Lesen die drei Komponenten zusammenwirken: der Text in seiner Form, mit seinem Inhalt, mit der Intention des Autors, die Fähigkeiten des Lesers, sein Wissen, die Prozesse, über die er verfügt, und der Kontext der Aufgabenstellung bzw. der Lesesituation, also die soziale Umgebung, Zeit und Raum. Das Leseverständnis ist eine Funktion dieser Faktoren und ihres Verhältnisses untereinander. Je mehr der Text den Fähigkeiten des Lesers in einem geeigneten Kontext entspricht, desto leichter und besser ist er zu verstehen.

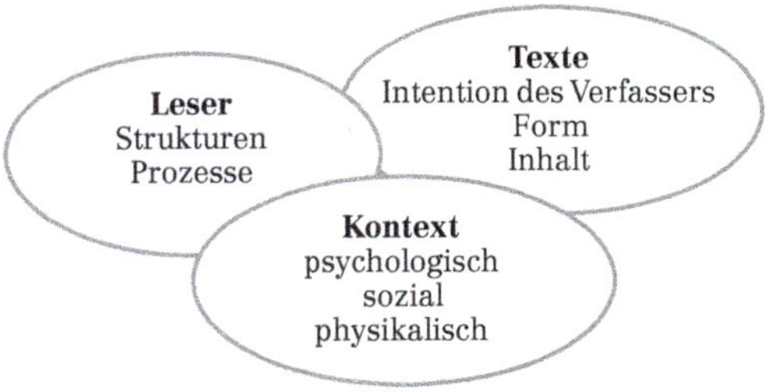

Modell des Leseverständnisses (nach GIASSON *1999)*

Das, was auf dem Papier steht, ist auch für den Anfänger nicht ohne Kontexte. Das Erschließen des Inhalts, der Wortbedeutung, ist zwar von den Strukturen abhängig, über die der Lesende verfügt: von seinem Weltwissen, seinem Sprachwissen und seinem Handlungswissen, von seiner Einstellung gegenüber Welt und Sprache, und von den Prozessen, die er anwenden kann, – aber eben auch von den Kontexten. Dazu gehört die Absicht, mit der er etwas erlesen will, sein Interesse an dem, was da geschrieben steht.

Dazu gehören soziale Bedingungen, wie Verhalten von Mitschülern und Anspruch der Lehrperson, und auch äußere Bedingungen, wie die Zeit, die er für das Lesen hat, der Raum, in dem gelesen wird, Größe und Art der Schrift. Die Prozesse, die beim Erlesen stattfinden, umfassen

- Mikroprozesse: Wiedererkennen von Wörtern (Sichtwortschatz), Lesen
- nach Wortgruppen und Erlesen anhand der Laut-Buchstaben-Zuordnung
- Integrationsprozesse: Nutzen der Verknüpfungen, Folgerungen aufgrund von Schemata
- Makroprozesse: Erkennen der Hauptaussagen, Nutzen des Textaufbaus
- Erarbeitungsprozesse: Vorhersagen treffen, Vorstellungsbilder entwickeln, emotionale Reaktionen, Verknüpfen mit dem Vorwissen, Schlussfolgerungen
- Metakognitive Prozesse: Beurteilen des eigenen Verständnisses und Bearbeiten der Schwierigkeiten (vgl. GIASSON 1999, 18)

Eine Folgerung aus diesem Modell ist, dass das Leseverständnis eine Gesamtheit von Fähigkeiten darstellt, die nicht nacheinander vermittelt werden, sondern als „kontinuierliche Interaktion aller dieser Fähigkeiten“ (ebd.) und dass es darauf ankommt, Silbenbildung, Buchstabieren und Hypothesenbildung zu verbinden.

Für den Anfänger ist das Leseverständnis, wie es in dem Modell dargestellt ist, insofern etwas Besonderes, weil es nicht einfach eine Aufgabe ist, die er als Routine lösen kann. Für den Leseanfänger stellt es ein Problem dar – eine Barriere, die mit den vorhandenen und neu zu erwerbenden Fähigkeiten überwunden werden muss. Das Ziel ist klar vorgegeben: Das, was auf dem Papier (dem Bildschirm) steht, zu verstehen. Es kommt darauf an, sich in Schritten diesem Ziel anzunähern und jeweils zu prüfen, was bereits erreicht ist.

Vermittlung zwischen Erfahrungsgrundlagen, kognitiven Schemata, Operationen und ihrer Koordination

Eine Folgerung aus den bisherigen Kapiteln: Für den Anfangsunterricht im Lesen und Schreiben geht es also darum, zwischen den Erfahrungsgrundlagen, den literalen Praktiken und der literarischen Sozialisation bei Schulanfang, und der Ausbildung kognitiver Schemata von Schrift sowie der Aneignung von Operationen und ihrer Koordination zu vermitteln. Das kann – schon theoretisch – nicht allein mit einer bestimmten Methode (Materialien, Arbeitsformen), einer bestimmten Organisationsform für Unterricht erreicht werden.

Über die Passung von Lernprozess und Unterricht

5

Die Einblicke in den Lernprozess zeigen, dass ein hoch komplexer Vorgang wie der Schriftspracherwerb bereits im Anfangsstadium so etwas wie eine Eigengesetzlichkeit entfaltet:

Beim Lesenlernen gilt das für die materiale Ebene (die Kinder kennen etliche Buchstaben sicher, die noch nicht im Unterricht behandelt sind, beherrschen andererseits nie alle den Buchstabenbestand des Lehrgangs). Es gilt auch für die Teilschritte, die sie beim Erlesen anwenden (abgesehen von der sukzessiven Synthese sind sie zumeist nicht Gegenstand von Unterricht) und vor allem für die Metaverfahren, mit denen sie die einzelnen Teilschritte verknüpfen.

Beim Schreibenlernen gilt das für die Schriftform (auch die Kinder, die im Unterricht Schreibschrift gelernt haben, verwenden bei neuen Aufgabenstellungen die Druckschrift). Die Eigengesetzlichkeit des Schreibenlernens wird vor allem in der Auseinandersetzung mit der eigenen Artikulation deutlich und in der Art, wie diese mit dem visuell Wahrgenommenen verarbeitet wird: Auch wenn Kinder im Unterricht angehalten werden, sich Schreibungen ausschließlich memorierend einzuprägen, orientieren sie sich bei Aufgaben in neuen Kontexten an ihrer Artikulation oder an Vorstellungen von Prinzipien des Rechtschreibens, die sie aus ihren Kenntnissen abstrahiert haben.

Unsere Beobachtungen stellen die verbreitete Vorstellung von der Vorgängigkeit und Dominanz des Lehrens gegenüber dem Lernen durchaus infrage: Natürlich ist schulisches Lernen angeleitetes Lernen, aber der Lernweg des Kindes ist weder in quantitativer noch in qualitativer Hinsicht in erster Linie vom Lehrverfahren bestimmt. Damit jedoch ist die Bedeutung des Lehrers keineswegs eingeschränkt, weder, was die Konzeption der Aufgabenstellungen und die Struktur des Lehrgangs, noch, was die Verständigung mit dem Schüler betrifft. Die Lernwege zeigen ja gerade, in welchem Maße viele Kinder der Hilfestellung bedürfen, allerdings eben nicht nur der unmittelbaren Anleitung durch Demonstration der richtigen Lösung, sondern einer „nachgehenden" Unterstützung, die die Zugriffsweise des Lernenden berücksichtigt, seine Schwierigkeiten kennt und seine Lernfortschritte wertschätzt.

Der Lernweg ist nicht in erster Linie vom Lehrverfahren bestimmt.

Die Eigengesetzlichkeit des Schrifterwerbs betonen, bedeutet aber auch nicht, Lesen- und Schreibenlernen im Unterricht gleichsam als naturwüchsige Vorgänge zu behandeln. Der Schrifterwerb verarbeitet einerseits zwar – wie der primäre Spracherwerb – die vielfältigen Anregungen der Umgebung und der Lernsituationen in der Schule, andererseits ist er aber im Unterschied zu ihm auch auf Instruktion angewiesen, denn – anders als beim Spracherwerb – erfahren die Kinder Schriftgebrauch nicht als existenziell notwendig. Dabei sind Lehren und Lernen nicht einfach analoge Vorgänge, sodass das Lehrverfahren seinerseits nur den Einblicken in den Lernprozess zu folgen brauchte. Wer im Unterricht die Tendenz der Kinder, sich beim Schreiben an der eigenen Artikulation zu orientieren, uneingeschränkt förderte, wie z. B. durch die Aufforderung: *Schreibe, wie du sprichst,* würde den Kindern wichtige Grundsätze der Orthografie vorenthalten.

5.1 „Kognitive Schemata" und die „Zone der nächsten Entwicklung"

Wer nicht weiß, was Lesen und Schreiben für ihn bedeutet, wer noch kein Interesse an Schriftzeichen entwickeln konnte, wird es schwer haben, Lesen und Schreiben zu lernen. Denn die Informationen des Lehrgangs sind Antworten auf Fragen, die ein solcher Lese- und Schreibanfänger noch gar nicht gestellt hat. Und auch die methodisch minutiös ausgearbeiteten Vorübungen zur auditiven und visuellen Analyse, zur Ausbildung der Feinmotorik bleiben in seiner Vorstellung disparat, er wird sie allenfalls mechanisch absolvieren können, solange er noch keinen Begriff von Schrift hat, der seine Aufmerksamkeit richten, seine Tätigkeiten steuern und die Ergebnisse so ordnen könnte, dass daraus neue Fragestellungen entstehen.

Die Wahrnehmung ist von Kategorien und Vorstellungen abhängig.

Der Kognitionspsychologe Ulric Neisser hat ein Modell vom Wahrnehmungszyklus entwickelt. Es zeigt, wie die Wahrnehmung vor allem von dem „Schema", den Kategorien und Vorstellungen, abhängig ist, über das das Subjekt verfügt. Dieses Modell ist inzwischen auch neurobiologisch in seiner Grundaussage bestätigt.

Kognitive Schemata stellen vom Menschen gebildete Strukturen dar, die ihn befähigen, „bestimmte Aspekte seiner Umwelt eher zu bemerken als andere, ja überhaupt irgendetwas zu bemerken" (Neisser). Die Sinne „als Fangarme der Erkenntnis" zu bezeichnen (Neisser) bedeutet zum einen, den konstruktiven Aspekt der Wahrnehmung zu betonen. Es bedeutet zum anderen, das Ineinander von Erfahrung, Begriffen, Vorstellungen, die zur Strukturierung dessen gebraucht werden können, was als Objekt verfügbar ist, in den Blick zu nehmen. Ohne Schemata können die Sinne nichts einfangen.

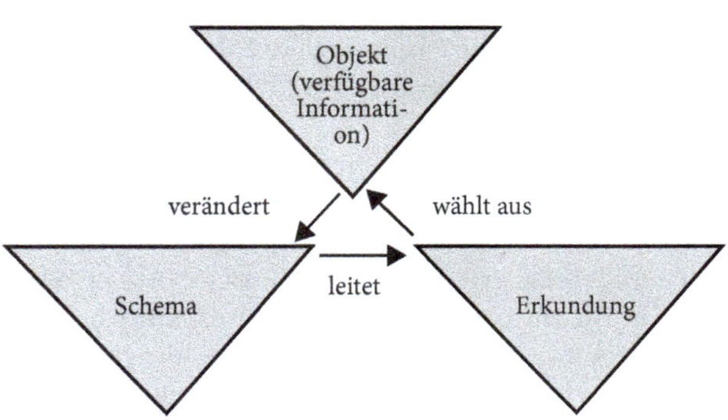

Der Wahrnehmungszyklus (NEISSER *1979, 27)*

Auch Schrifterwerb vollzieht sich als Erweiterung und Differenzierung von Strukturen. Die meisten Schulanfänger verfügen bereits über einfache „kognitive Schemata" (NEISSER 1979) von unserer Schrift. Aber wie bildet sich eine erste umrisshafte Vorstellung, wie lässt sie sich anregen und entfalten? Lernen ist immer vom Entwicklungsstand abhängig:

> *Das Lernen ist nur dann gut, wenn es Schrittmacher der Entwicklung ist. Dann werden dadurch eine ganze Reihe von Funktionen, die sich im Stadium der Reifung befinden und in der Zone der nächsten Entwicklung liegen, geweckt und ins Leben gerufen.* (Wygotski 1969, 242)

Er bezieht sich auch auf den Begriff der „sensitiven Phase" bei MARIA MONTESSORI:

> *Daher ist das Lernen nur dann fruchtbar, wenn es innerhalb einer gewissen, durch die Zone der nächsten Entwicklung bestimmten Periode erfolgt.* (ebd., 243)

Und für den Unterricht fordert er,

> *dass jedes Unterrichtsfach vom Kind stets mehr verlangt, als es im Augenblick geben kann, d. h., dass das Kind in der Schule eine Tätigkeit ausführt, die es zwingt, über sich selbst hinauszuwachsen.* (ebd., 244)

Die Fragen, die sich daraus für die Bedingungen des Unterrichts ergeben, möchten wir erörtern, indem wir uns der Lehr-Lern-Situation der Schule schrittweise nähern. Zunächst ein Beispiel nicht institutionalisierten Lernens, nämlich wie sich bei einem dreijährigen Kind Schrifterfahrungen artikulieren und die „kognitiven Schemata" sich in einer alltäglichen Situation in der „Zone der nächsten Entwicklung" ganz selbstverständlich erweitern. Es ist ein Erlebnis im Wartezimmer einer Zahnarztpraxis, die in einem Vorort mit Werkswohnungen der Kieler Werft liegt.

Wilhelm und Mechthild Dehn sind dort verabredet. Als wir das Wartezimmer betreten, werden wir ungewöhnlich begrüßt. *Frau, Mann*, sagt ein kleiner Junge, der mit seiner Mutter schon wartet. Und so fährt er in der folgenden Stunde fort, alles, was er wahrnimmt, zu klassifizieren. Darein bezieht er die Anwesenden, die ja auch wechseln, mit ein. Als ein zweiter Mann das Wartezimmer betritt, sagt er: *Viele Männer*. Und diese Äußerung wiederholt er später bei der gleichen Konstellation. Auf meine Frage nach seinem Namen antwortet er mit großer Sicherheit: *Zwei Jahre*. Aber ich vermute, dass er wenig später drei Jahre alt wird.

Der Junge ist mit den Utensilien beschäftigt, die in einem kleinen Waschkorb für Kinder bereitgestellt sind: Bauteile aus Plastik und Holz, Bauklötze, Stäbe, Buchstaben aus Plastik. Er beginnt, mit den Bauklötzen einen Zug auf dem Fußboden zu bauen. Zwischendurch schaut er wieder auf, bemerkt die Sonne und erklärt: *Sonne scheint*. Dann weist er mit einer kühnen Geste auf ein kleines Regal, in dem verschiedene Prospekte stehen: *Briefe*.

Der Junge trägt die Elemente, die in dem Waschkorb liegen, zu den einzelnen Wartenden und benennt sie. *Garagendach; Schreiber*, sagt er zu einem längeren Stab. Der Angesprochene ist etwas unsicher, lässt dann das Kind bei dieser Bezeichnung. *Rote Zahl*, sagt er zu einem der großen Plastikbuchstaben. Er wird belehrt. Und sagt es fortan nicht mehr falsch. An den Buchstaben interessiert ihn vor allem die Farbe. *Roter Buchstabe, blauer Buchstabe …* Seine Farbbezeichnungen sind – mit Ausnahme des Rot – ganz unsicher. Stets korrigieren ihn die Wartenden. Und er wiederholt jedes Mal das Richtige von sich aus, macht die Farbangabe jedoch beim nächsten Mal wiederum falsch.

Als die Mutter aufgerufen wird, erklärt er: *Ich bleib hier*. – Eine ungewöhnliche Reaktion bei einem so jungen Kind. Er geht zu einer gerade angekommenen Frau mit einem Bilderbuch, das er vom Tisch geholt hat, und sagt: *Vorlesen*. Aber nicht etwa sie soll es vorlesen. Das macht er selbst, indem er großzügig mehrere Seiten auf einmal umblättert und das jeweils Abgebildete benennt. In rascher Folge „liest" er mehrere Bücher. Schließlich kommt er mit einem Bilderbuch ohne Text auch zu mir. Er „liest" *Wald*. Ich sage: *Aber das ist ja gemalt, nicht geschrieben*. Er macht eine lange Pause. Sieht mich an und erklärt bestimmt: *Doch geschrieben*.

Dann klappt er das Buch zu und wendet sich einer anderen Tätigkeit zu. Er kommt nun auch mit anderen Dingen nicht mehr zu mir. – Dann fällt ihm seine Mutter ein: *Mama kaputt*. Er macht die Tür auf und sucht seine Mutter im Behandlungszimmer, kehrt danach offenbar beruhigt zurück und setzt das alte Spiel, Gegenstände zu bezeichnen, fort. Aber die Bücher rührt er – für diesmal – nicht wieder an.

Der Junge tut seine vielfältigen Schrifterfahrungen ganz selbstverständlich kund. Sie sind eingebettet in Spielaktivitäten und dienen wie diese auch der Kontaktaufnahme. *Briefe, Schreiber, Zahl, Buchstabe, Vorlesen* sind seine Begriffe. Er nimmt Korrekturen willig an, wo sie ihm – wie bei den Farbbezeichnungen – fasslich sind, ohne dass er sie jedoch sogleich verinnerlichen könnte. Die Unterscheidung von gemalt und geschrieben dagegen übersteigt die „Zone der nächsten Entwicklung" bei ihm – er kann sie nicht in sein kognitives Schema integrieren und lehnt sie ab (s. dazu das Gespräch der Vorschulkinder S. 77 ff.). Uns hat diese Situation manches zu bedenken gegeben:

- Nicht alle Kinder haben in so frühem Alter solche Begrifflichkeit ausgebildet. Und wie vielfältig wird dieses Kind seine Schrifterfahrung in den kommenden drei Jahren bis zum Schulanfang erweitern?
- Wie aber sollen es die Kinder ausgleichen, die solche Begriffe erst viel später erwerben, und wie können diejenigen einen Zugang zur Schrift finden, die vor der Schule überhaupt nicht mit Büchern vertraut geworden sind, weil es bei ihnen zu Hause keine gibt (z. B. Andreas, s. S. 59 ff.)?
- Wie kann Unterricht die Ausbildung kognitiver Schemata in Bezug auf Schrift anregen und dabei die Zone der nächsten Entwicklung treffen – für alle Kinder einer Klasse?

Spielräume des Unterrichts

Bevor die Aufgaben des Lehrens unmittelbar in den Blick kommen, sollen die „Zeit für die Schrift" und die „Möglichkeiten zur Anbahnung von Schrifterfahrung" detaillierter gekennzeichnet werden: Es geht darum, wie Kinder einer Vorschulklasse miteinander die Spielräume nutzen, die die Lehrerin ihnen schafft (HANKE 2007). Diese Spielräume des Unterrichts erlauben noch einmal Einblicke in Lernprozesse, und zwar zu einem Zeitpunkt vor Beginn des Schreib- und Leseunterrichts. Sie waren Anstoß für die Entwicklung der **Schulanfangsbeobachtung**.

5.2 Zeit für die Schrift: Schrifterfahrung anbahnen und fokussieren

5.2.1 Die Faszination des Leeren Blattes

Die Lehrerin (Ingeborg Wolf-Weber) legt im zweiten Halbjahr der Vorschulklasse manchmal ein großes weißes Blatt (die Rückseite von Plakaten, etwa DIN A2 oder sogar DIN A1) und einen Stift auf einem Tisch aus, der seitab im Raum steht und nicht als Sitzplatz dient. Kinder dürfen sich darum versammeln, um zu „schreiben". Sie sollen sich auch selbst noch einen Stift mitbringen.

Mehrere Kinder stehen um den Tisch herum. Sie schreiben, was sie schon können: ihren Namen, den der Großmutter (Rosa), USA und HSV kommt vor, auch Kritzelschrift. Beim Schreiben sprechen sie fortwährend. Nachher wird das beschriebene Blatt ausgehängt, verschiedene Kinder gruppieren sich davor und „lesen", was dort geschrieben steht. Das ist auch für Erwachsene nicht einfach. Meist sind die Schreiber selbst dabei.

Einmal im Februar legt die Lehrerin ein etwas kleineres Blatt auf dem Tisch im Gruppenraum aus, für drei oder vier Kinder, und stellt ein Tonaufnahmegerät dazu:

Ich möchte hören, was ihr euch dabei erzählt. Ich muss jetzt ja rüber zu den anderen ...

Und nachher hören sie es gemeinsam an. Insgesamt 13 Kinder „schreiben" in vier Gruppen nacheinander. Jede Gruppe verweilt etwa 20 bis 30 Minuten bei dieser Tätigkeit. Alle Kinder haben geschrieben. Nur ein Kind, ein Mädchen, hat dabei nichts gesagt. – Auf Seite 77 ist ein Ausschnitt aus einem der Gespräche abgedruckt, bei der Auswertung beziehen wir auch die anderen Gespräche mit ein.

Was „schreiben" diese Kinder, die noch gar keinen Schreibunterricht gehabt haben, und welche Schreibideen haben sie?

- Sie schreiben das Naheliegende, nämlich Namen, ihren eigenen und den von Geschwistern, Eltern, Freunden; bekannte Aufschriften und Abkürzungen aus ihrer Umgebung *(Polizei, Taxi, ADAC, CSU)*; einfache Wörter, nämlich *Papa, Mama, Oma, Opa*.

- Aber sie schreiben auch schwierige Wörter, die für sie eine große Bedeutung haben oder die ihnen assoziativ einfallen, z. B. *Elefant*.
- Und: *„einfach Buchstaben"*. Die Gruppen schreiben zwischen 10 und 20 unterschiedliche Buchstaben in Wörtern.

Kooperation und Vergegenständlichung von Sprache

Und worüber sprechen sie dabei? Die Schreibaktivitäten jedes Einzelnen sind fast immer auf die anderen bezogen, als Kundgabe oder Vorschlag einer Schreibidee, als Nachfrage nach der Bedeutung *(Was steht da?)*, als Bitte um Unterstützung oder im Vormachen, als Korrektur oder in der Erklärung und Anweisung.

Ausschnitte aus dem Gespräch der Kinder:

> *Schreib mir noch mal ELEFANT vor. – Du, guck mal, was ich hier geschrieben hab. – Hallo, alter Floh. –*
> *Schreib doch jetzt mal ELEFANT vor! – Mach ich doch schon. Du kannst meinen Namen auch schreiben. Ich bin nämlich dabei* (Christoph). *– O ja. – Hier, hab ich. – Gleich. Ich bin fertig. – Guck mal, hab ich so gemalt. – Warum gemalt? Ich denk geschrieben. Na ja, hab ich auch letztes Mal gesagt …*
> *Was soll das denn sein, für'n Buchstabe? Ja, sieht doch aus wie so'n Stuhl, ne, aber nicht mehr lange. – Ich schreib mal HANSI. HANSI. Kannst du so was eigentlich? – Nein.*
> *Was ist das denn für'n komisches A? – Hansi und Sonsi. Und Samson. – Kannst du das schreiben? – ELEFANT. TELEFANT. Kannst mal gucken. – Muss mal ELEFANT schreiben. Hab ich noch nie gelernt. E-L-E. – Schade, ich hab keinen Zettel dabei. – Für was? – Dann könnt ich mir ELEFANT abschreiben … Was soll das denn für'n Buchstabe sein? Mach den mal richtig. – Ach, so einer …*
> *Ich schreib jetzt auch mal ELEFANT. – Bei mir kannst du abgucken. Bei mir steht ELEFANT. – Na, ich kann das auch schon aus'm Kopf. – Ja, der hat schon bei mir mal abgeguckt. – Mensch, deshalb weiß ich's jetzt. – – TELEFANT. PELEFANT. – Ich will jetzt erst mal mit meine* (!) *ELEFANT fertig werden. – Ich weiß jetzt auch, warum du weiter bist. – Warum? – Weil du größere Buchstaben machst. Aber ich mach' kleinere. So sieht das hübscher aus. – Nein. So sieht das hübscher aus. – Guck mal, wenn man das ganz dicht zusammen macht, sieht das gut aus* (gemeint ist hier die Buchstabenkette).

Nur sehr selten sprechen die Kinder monologisch, für sich. Schrift stellt für diese Kinder im wörtlichen Sinn eine Vergegenständlichung von Sprache (Bosch 1984) dar: *A-M heißt Arm. – So wird doch gar kein ARNE geschrieben.* Schreiben und Sprachspiel sind nicht nur in dieser Gruppe eng miteinander verwandt: *Telefant, Pelefant, Elefant. – Hansi und Sonsi. – Carina ist ein Osterei.* Es erscheint unwahrscheinlich, diesen Befund als zufällige Übereinstimmung zu betrachten. Der Schrift wie dem Sprachspiel haftet in der kindlichen Vorstellung etwas Magisches an; die Wirkung des Geschriebenen erscheint geheimnisvoll, Schrift zu beherrschen, verlockend (vgl. ANDRESEN 2005).

Die Kinder thematisieren außerdem das Lernen und Können. Sie fragen sich wechselseitig, ob sie ein bestimmtes Wort schon schreiben können, weisen andererseits auch Hilfsangebote zurück und erklären, warum sie etwas schon „aus'm Kopf" können, und möchten das Geschriebene gern als Besitz mit nach Hause nehmen *(Hab ich noch nie gelernt ... Schade, ich hab keinen Zettel dabei).* Und: Es gibt in dieser Gruppe auch Äußerungen freundschaftlicher Konkurrenz, im Hinblick auf die Menge des Geschriebenen und seine ästhetische Qualität.

Die Kinder sprechen über Buchstabenformen: Wie sie sich beim Schreiben aus scheinbar Gegenständlichem entwickeln *(wie so'n Stuhl)*; ein Kind beharrt auf der richtigen Form auch dort, wo es den Lautwert nicht kennt *(Mach den mal richtig. Ach, so einer).* Interessant ist, wie unter den Fünf- und Sechsjährigen in diesen Vorschulgruppen noch begriffliche Unsicherheit zwischen Malen und Schreiben besteht *(Warum gemalt? Ich denk geschrieben. Na ja, hab ich auch letztes Mal gesagt).*

Diese Gesprächsausschnitte zeigen, wie Kinder schon vor Schulbeginn bei dem Schreibanlass des „Leeren Blattes" ernsthaft miteinander und voneinander lernen, mit welcher Intensität und Ausdauer sie sprachanalytisch tätig sind.

„Kognitive Klarheit" und lustvolles gemeinsames Tun

Fast immer geht es dabei gelöst zu, nur einmal ist das Gespräch durch den Wissens- und Könnensvorsprung eines Kindes etwas forciert *(Kannst du so was eigentlich?).* So geheimnisvoll Schrift in ihrer Funktion für diese Kinder ist, so deutlich haben alle die Vorstellung, dass sie aus Buchstaben besteht. Was die Buchstaben mit der Wortbedeutung zu tun haben, ahnen etliche wohl erst. Aber das Orientieren an Namen und die wechselseitigen Instruktionen (die übrigens immer für „kognitive Klarheit" – vgl. DOWNING/VALTIN 1984 – sorgen) und die Erfahrung eines lustvollen und erkenntnisreichen gemeinsamen Tuns geben allen Kindern Sicherheit und führen zu einer das jeweilige Können bestätigenden Erfahrung.

5.2.2 Das Rätsel des Memory mit Schrift

Memory spielen (fast) alle Kinder gern, auch weil sie dabei den Erwachsenen zumeist überlegen sind. Das Memory mit Schrift kann wie das einfache Memory gespielt werden. Man muss jeweils *zuerst* eine Karte *ohne Schrift* umdrehen, dann sieht man das Bild und sucht aus den Karten *mit Schrift* die, die dazu passt.

Zuerst muss man immer die nehmen, wo nichts steht. Dann kann man die andere ja suchen … Jeder darf immer nur ein Paar nehmen. Und dann kommt der Nächste dran. … Eine solche und eine mit Schrift. Ihr müsst immer sehen, dass der Strich zu eurem Bauch zeigt. Sonst liegt das Wort verkehrt rum. Und jetzt geh ich zu den anderen.

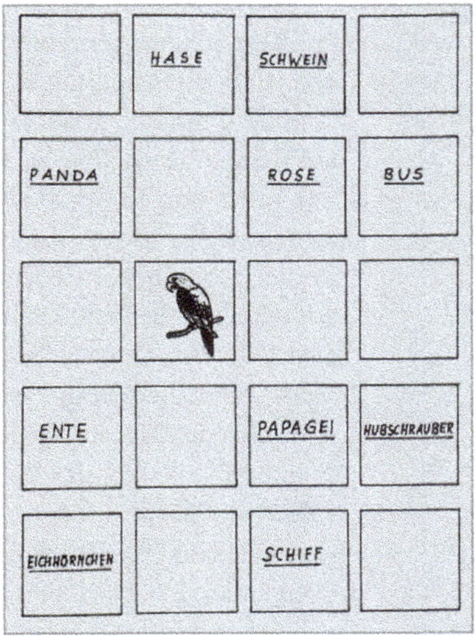

Gruppe 1:
P P, Papa' gei, Papagei. (Singend) Papagei.
– Entweder das oder das.
– P, Pa' pa: g, G. – Nimm mal eins.
– G. G. – Irgendeins.
– Ne.
– Muss eins von den beiden sein.
– Nimm ich das. Oh! Panda.

Gruppe 2:
(1) *Daniel: Br. B. B. Bro:. – Sebastian: Bus.*
(2) *D: Was ist das für'n Buchstabe? – 'n T. – T. Und das? – I. – Und das? – E. – Und das? – E. – Und das? – R.*
S: Rus (lacht).
D: Remel. Esel, Eselohr! Ist'n Eselohr?
S: E. E. E. – D: Eselohr, ne? – S: Passt nicht. Oh, Kadett.
(3) *D: Ich bin, ne! … – S: Ich komm. – D: Nein, ich hab noch nicht …*
D: Du willst ja den Bär finden, ne. Den Bär.
S: Ti:ger, Ti:'ger, Ti: ger. – D: Ist das Tiger? – Ja.
S: Soll ich umdrehn für dich? – Ja. Ja.
(4) (Gemeinsam.) *Sch. Sch. Schwein! Sch. – S: 'n Sch. Sch. Sch. Sch. –*
D: B ist das. – S: 'n Bus … S: Jetzt hab ich ein'
(singend) *Jaju, jaju. Ich bin weg und überall …*
(Skandierend:) *Wie lange dauert das denn nun?!*
– D: Wo ist das Sch: Schwein? Wo ist das Sch:wein? – S: Sch: Schwein ist hier!

Schriftkenntnisse sind zwar nicht Voraussetzung für das Spiel, aber wenn man sich auf die Schrift einlässt, hat man es leichter, die passende Karte zu finden. Die Lehrerin (Ingeborg Wolf-Weber) stellt das Spiel schon seit Weihnachten in der Vorschulklasse zur Verfügung, natürlich mit immer anderen Kartenpaaren. Die Gesprächsausschnitte sind Anfang Juni, also kurz vor Schulanfang, entstanden (s. S. 79).

Die Kinder spielen – ohne die Lehrerin – in wechselnden Zweier-Gruppen. Man kann zwar nicht immer die beiden Sprecher unterscheiden und auch nicht immer ganz eindeutig von den Äußerungen auf die einzelnen Spielaktionen schließen. Aber: Hier entfalten sich Kinder in ihren geistigen, sprachlichen und sozialen Fähigkeiten. Und die Lebendigkeit der Situation ist sogar noch für den Leser der Gesprächsausschnitte spürbar.

Das Memory mit Schrift verändert die Redeweise.

Das Memory mit Schrift verändert die Redeweise der Kinder. Sobald sie ein Kärtchen umgedreht und das Bild erkannt haben, sprechen sie deutlicher und akzentuierter, so als wollten sie ihren eigenen Worten hinterherlauschen, um auf diese Weise einen Hinweis auf den richtigen Schriftzug auf dem anderen Teil des Kartenpaares zu erhalten. Die Kinder sind nicht wie sonst nur an der Bedeutung des Wortes orientiert, sondern auch an seinem Klangkörper, d. h. sie „vergegenständlichen" Sprache (Bosch 1984) in dieser besonderen Form des Sprechens – wie schon bei dem Schreiben auf dem Leeren Blatt. Dabei lösen sie lautliche Elemente aus dem Kontext: *Sch: Schwein.* Und sie spielen mit den Wörtern *Esel – Eselohr. – Hubschrauber. Schubschrauber. U:-bschrauber.* Und alles ist eingebettet in die Aktionen des Memoryspiels: *Ich komm. – Nein ich hab noch nicht.*

„Lesen" vollzieht sich bereits auf dieser Vorstufe als Problemlösen:

- Eine Bildkarte aufdecken und benennen,
- den Klangkörper ausdrücklich wahrnehmen, analysieren und verändern,
- Zeichen auf den Karten mit Schrift suchen, die dem Laut entsprechen,
- Wissen über Buchstabenformen erfragen oder austauschen: *Was ist das für'n Buchstabe?*,
- Vermutungen äußern: *Bus fängt doch mit O an, ne? … Bus. Oh, mit U:! Das darf doch nicht wahr sein. Wo ist das O?*,
- Hypothesen prüfen: *Guck, da ist nämlich kein U* (statt Hubschrauber hatte der Spieler Eichhörnchen aufgedeckt) und
- Ergebnisse beurteilen: *Ente. Oweioweiowei* (statt *Leopard* hatte die Spielerin *Ente* aufgedeckt).

Diese Beobachtung trifft allerdings nicht auf alle Kinder, deren Gespräche wir aufgenommen haben, in gleicher Weise zu. Daniel (Gruppe 2) kommt aus einer ganz schriftfernen häuslichen Umgebung. Aber auch er formuliert Hypothesen: *Du willst den Bär finden, ne? Den Bär.* Sie sind stärker als die der anderen Kinder global auf den Spielkontext bezogen. Aber auch Daniel verändert seine Redeweise, kommt vom Wort auf Einzellaute: *Wo ist das Sch: Schwein?* Und er fragt nach: einzeln nach (fast) allen Buchstaben eines Wortes *(Tiger)*. In Sebastian findet er einen kooperativen Partner, dessen Antworten freundlich sind und der auf jegliche Bevormundung verzichtet. Auch seiner Ungeduld gibt er eher spielerisch Ausdruck.

Selbstkontrolle

Wer die Karte mit Schrift umdreht, sieht, ob seine Vermutung richtig war. Freilich bleibt manches Einzelne ungeklärt, z.B. ob *Mississippidampfer* wirklich mit *E* geschrieben wird. Ob *Bos (Bus)* mit *O* anfängt – das mag für den, der das Kartenpaar findet, geklärt sein, für den anderen ist es das wohl nicht. Wichtiger als diese Klärung ist unseres Erachtens, dass Kinder solche Fragen stellen.

Die Kinder erproben ihr kognitives Schema von Schrift und tauschen sich darüber aus. Aber sie wachsen nicht „über sich selbst hinaus", wie es Wygotski für den Unterricht fordert. Das gilt für die Lernsituation des Leeren Blattes noch mehr als für die des Memory mit Schrift. Die Leeren Blätter, die die Kinder einige Monate später kurz vor Schulanfang beschrieben haben, zeigen verhältnismäßig kleine Lernfortschritte im Vergleich zu denen im Februar. Instruktion und Anleitung ist nun dringend erforderlich.

5.2.3 Vom Sprechen zum Diktieren

Das folgende Beispiel – ebenfalls aus dem letzten Jahr der Vorschulzeit – zeigt so eine didaktisch fokussierte Lernsituation, in der die Kinder „über sich selbst hinauswachsen" können:

Martin hat im November der Vorschulzeit die „Geschichte vom Löwen, der nicht schreiben konnte" (Martin Baltscheit) gehört und kann jetzt der Erwachsenen, der Skriptorin, etwas dazu diktieren (Merklinger 2012, 15ff.):

Der Löwe kann nicht schreiben. Aber du kannst jetzt etwas zur Geschichte vom Löwen schreiben. Ich schreibe es für dich.

Die Situation, etwas zu diktieren, ist neu für ihn. Seinen ersten Satz hat Martin bereits diktiert – gleichsam den Ausgangspunkt des Buches: DER LÖWE KANN NICHT SCHREIBEN. „Jetzt kommt er zur Begegnung des Löwen mit dem Nilpferd; diese Stelle hat ihn besonders beeindruckt." (ebd.)

1. Martin: Wo der Nilpferd das schreiben muss. Wo der Nilpferd, da wo der Nilpferd, dann, dann wo er den in Wasser schmeißt und dann sagt, ich möchte das nicht. Und der ist dann so böse. […]
2. Skriptorin: Das willst du aufschreiben? Was soll ich denn dann genau schreiben? [liest den ersten Satz noch einmal] DER LÖWE KANN NICHT SCHREIBEN. […]
3. Martin: Ähm, das, das, das, das denn, das der schmeißt den doch in Wasser und der Nilpferd, der Nilpferd schreibt das auf.
4. Skriptorin: Hm. Und womit soll ich jetzt anfangen zu schreiben?
5. Martin: Mit dem Nilpferd.
6. Skriptorin: Soll ich schreiben ‚Mit dem Nilpferd'?
7. Martin: Nein. Du musst das dann schreiben, wo, du hast doch, du hattest das doch vorgelesen, dass da so standte mit dem Nilpferd irgendwas. […]
8. Skriptorin: Aber ich möchte ja wissen, was davon in DEINEM Kopf ist und was DU jetzt möchtest, was ich dazu aufschreib'. So wie DU das sagen würdest.
9. Martin: [29 Sek.] Das Nilpferd äh, hat, hat, ha/ das sieht die Frau lesen.
10. Skriptorin: Ok, soll ich anfangen mit ‚Das Nilpferd'?
11. Martin: Hm. [zustimmend]

[Die Skriptorin schreibt: DAS NILPFERD SIEHT DIE FRAU LESEN.]

(Merklinger 2012, 15)

Übergang vom Sprechen zum diktierenden Schreiben

Martin gelingt in dieser Situation der Übergang vom Sprechen zum diktierenden Schreiben, vom situationsgebundenen Sprechen zum dekontextualisierten, wie es die Schrift erfordert! Weil jemand da ist, der die materiellen Prozesse des Schreibens beherrscht, kann er sich auf das Formulieren, das „schriftförmige Sprechen", konzentrieren. Und das ist zugleich eine ungemein große Hürde. Es ist zwar jemand da, zu dem er sprechen kann, aber dieser Jemand ist (nur) die Schreiberin. Für das Kind deutlich sichtbar, weil sie – wie es selbst – am Tisch vor einem Blatt Papier sitzt – mit einem Stift in der Hand. Auch worum es beim Schreiben geht, ist sichtbar, nämlich die Kopie der Figur des Löwen aus dem Buch. Diese Situierung ist die einer Distanzkommunikation – nicht die für mündlichen Austausch. Sie provoziert Schriftlichkeit (vgl. zur Aufgabenstellung ausführlich Dehn 2009) und unterscheidet sich damit vom Diktieren zum selbstgemalten Bild (s. S. 9, 53 und 98 f.).

Martin (November der Vorschulklasse)

Martin gelingt – nach mehreren Ansätzen und Impulsen der Versuchsleiterin und einer langen Pause – der Übergang von der Mündlichkeit zur Schriftlichkeit, er sagt nicht mehr *„Mit dem Nilpferd"*, sondern er diktiert: *„Das Nilpferd sieht die Frau lesen."* Diese Formulierung ist auch ohne Kontext verständlich – für Martin ein Schritt hin zu einem veränderten kognitiven Schema von Schrift.

Die Versuchsleiterin benennt Kriterien, die die Barriere verdeutlichen: was sie denn *genau schreiben soll* – also die Aufmerksamkeit auf das einzelne Wort. Die Frage nach dem Anfang und wie es weitergehen soll – das ist eine Grundfrage des Schreibens: Womit fange ich an? Es ist sichtbar, wie der Text auf dem Papier entsteht, das benennt sie. Und sie fragt nach: *Soll ich schreiben …?* – An Martins Antwort wird deutlich, dass er weiß, dass *„mit dem Nilpferd"* keine schriftliche Formulierung ist. Und die Versuchsleiterin gibt noch einen Anstoß (*in deinem Kopf ist*) und sie wartet – sehr lange:

Passung von Lernprozess und Unterricht

Ein Beispiel für die Passung von Lernprozess und Unterricht, die für das Kind eine Situation schafft, sein kognitives Schema von Schrift grundlegend zu erweitern, und ihm doch auch die Möglichkeit lässt, nicht darauf einzugehen. Bei einer Bestätigung hätte die Skriptorin eben *„Mit dem Nilpferd"* notiert.

> *Es ist das feedback im Sinne der Erfahrungen, die der Lerner mit dem Aneignungsgegenstand macht, nur sie können zu einem Strategiewechsel führen,*

sagt der Sprachdidaktiker Pohl im Hinblick auf die Entwicklung des wissenschaftlichen Schreibens (Pohl 2007, 85). Das gilt auch für die Anfänge. Die

Erfahrungen sind dem Medium geschuldet – und der Fokussierung der Lernsituation auf grundlegende Aspekte des Schreibens durch die erwachsene Schreiberin.

Diktieren als Zugang zu Schriftlichkeit

Die Befunde der Studie von Merklinger (2011, 2012) bestätigen die ungemeine Wirksamkeit dieser Form der Diktiersituation als Zugang zu Schriftlichkeit – im Hinblick:

- auf den „Formaspekt von Sprache"; dazu gehört z. B. das silbische und gedehnte Diktieren, das Nennen einzelner Laute
- auf „wortgenaues Formulieren"; dazu gehört z. B. das Finden einer Schreibidee, das Überarbeiten, das Markieren der Figurenrede
- auf „Schriftzeichen auf dem Papier"; dazu gehört z. B. das Thematisieren einzelner Buchstaben, das der Wortlänge, das Zählen von Zeilen, Wörtern oder Buchstaben
- auf die „Materialität des Schreibens"; dazu gehört z. B. das Nachfragen, warum etwas auf bestimmte Art notiert wird, das Thematisieren der Anordnung auf dem Papier, die Aufforderung zum Vorlesen oder zum Streichen (Merklinger 2011, 100–121).

5.3 Können – Lehren – Lernen

5.3.1 Differenzierung des Materials

Das Memory mit Schrift lässt den Kindern diesen Spielraum. Es eignet sich für Kinder, die schon auf Schrift aufmerksam geworden sind, aber auch für solche, die – wie Daniel – bisher auf Zeichen noch nicht geachtet haben, kaum damit in Berührung gekommen sind. Die Lehrerin verteilt an die Kinderpaare unterschiedlich umfangreiche Memory-Spiele (zwischen 15 und 30 Kartenpaare). Eine spezifischere Differenzierung erscheint zunächst nicht erforderlich. Die Kinder in dieser Vorklasse kennen das Spiel seit mehr als einem halben Jahr. Und sie werden es auch zu Beginn von Klasse 1 noch spielen. Das zeigt, dass sie viel Zeit für die Schrift gebrauchen können.

Namen-Memory

Eine besonders schöne Form des Memory ist das Namen-Memory: Mit Fotos der Kinder aus der Klasse, die man schon in den ersten Schultagen machen kann. Wieder ist eine Karte des Kartenpaares beschriftet. Dieses Memory ist sehr beliebt, weil mit dem Bild jeweils Beziehungen und Empfindungen ins Spiel kommen. Der Einwand, dass etliche Namen schwierig in der Laut-Buchstaben-Zuordnung sind, trägt unseres Erachtens nicht recht. Der soziale Kontext, der mit diesem Spiel betont wird, wiegt das auf.

Klassen mit vielen mehrsprachigen Kindern können auch das **Sprachen-Memory mit Schrift** spielen (**Kopiervorlage 1**, S. 258 ff.; für Türkisch, Englisch, Französisch, Russisch und Spanisch); auf der Bildkarte ist jeweils das deutsche Wort ergänzt; auf der Schriftkarte des Kartenpaares steht auf der Rückseite das Wort in einer anderen Sprache oder Schrift. Zum Beispiel können türkischsprachige Kinder - auch zusammen mit anderssprachigen - dieses Memory spielen: Wenn sie z. B. eine Karte ohne Schrift umdrehen, sehen sie vielleicht Bild und Wort „die Sonne". Dann suchen sie - in ihrer Sprache - güneş - und haben das Kartenpaar.

Sprachen-Memory mit Schrift KV

Wenn es in der Klasse Kinder gibt, die Kroatisch, Portugiesisch oder andere Sprachen sprechen, können ihre Eltern die fraglichen Wörter aufschreiben. Das Sprachen-Memory ist nicht nur für die Kinder der jeweiligen Muttersprache interessant, sondern es regt Sprachbewusstheit auch bei allen anderen Kindern an und lädt zum Vergleich der Schriften und Sprachen ein.

Sprachen-Memory

5.3.2 Fragen beantworten – Anregungen geben – Zusammenhänge klären

Gegen Ende der Vorschulklasse (im Juni), also kurz vor Schulanfang, mehren sich z. B. beim Leeren Blatt die Fragen der Kinder, und die Lehrerin gibt auch ihrerseits ausdrücklich Anregungen zum Schreiben.

Sch (an einen anderen Schüler gerichtet): *Weißt du, wie „Gans“ weitergeschrieben wird?*
Sch: A
L (kommt in den Gruppenraum): *Na, wie geht's euch?*
Sch: Gut
Sch: Frau Wolf, ist das schon richtig, von „Gans“? (Sch hat „GA“ geschrieben.)
L: Gan:s. Der Anfang ist schon mal sehr schön.
L: G und a. Ga:. Du willst Gans schreiben … Gans. Gans.
Sch: N
L: Ja. N. Gans. Und was hörst du zum Schluss?
Sch: S
L: Genau. – Und jetzt hast du Gans geschrieben, wie dein Papa auch Gans schreibt … So steht's in jedem Buch, wie du's geschrieben hast.

Dass die Lehrerin die Kinder ausdrücklich darauf hinweist, sich beim Schreiben an dem zu orientieren, was sie hören, ist nicht ganz unproblematisch. Zu rechtfertigen ist es, weil diesen Kindern gleichzeitig Schrift in vielerlei Formen präsent ist, nicht nur bei dem Memory mit Schrift, auch beim Vorlesen, bei den Namensketten (s. S. 92).

Wichtig ist, dass die richtige Schreibung zum Anlass genommen wird, die Schreibnorm den Kindern fasslich zu machen. Falsche Schreibungen werden zu diesem Zeitpunkt nicht kritisiert – solange die Kinder nicht ausdrücklich danach fragen.

Das folgende Beispiel (Dehn 1994, 123) zeigt eine Lernsituation ein Jahr später, im April von Klasse 1. René hat offensichtlich Probleme mit dem Schreibenlernen – aber er stellt eine Frage: *Steht da Hummel? Oder?*

Die Kinder sollen lesen und/oder schreiben. René hat (zuerst) ein Bild gemalt: einen Baum und drei Blumen. Die Lehrerin schlägt René vor, noch „Rote Tulpe“ dazuzuschreiben. Er lehnt das ab und zeichnet weiter, nämlich die „Biene“. Die Studentin, die am Nebentisch sitzt, unterhält sich mit ihm über diese Biene. Später kommt die Lehrerin wieder an Renés Tisch. Er erklärt ihr, dass das Tier eine Hummel sei. Die Lehrerin fordert René auf, „Hummel“ auf das Blatt zu schreiben. Er solle seine Anlauttabelle zu Hilfe nehmen.

„… René nimmt den Stift und schreibt ein H. Dann lehnt er sich zurück, spricht Humm – m, schreibt ein M, spricht noch einmal das Wort und schreibt ein L (HML). Das alles ging unglaublich schnell. Ich hocke ihm gegenüber am Tisch, er zeigt auf sein Geschriebenes und fragt mich: *Steht da Hummel? Oder?*
Nach kurzem Überlegen zeige ich auf jeden der drei Buchstaben und sage: Dieser Buchstabe ist richtig, dieser auch und dieser auch. Alle drei gehören zu dem Wort Hummel. Aber es fehlen noch welche. – René setzt an, sein Wort durchzustreichen. Ich stoppe ihn: Nein, nein, lass das stehen, wir brauchen das noch! – Ich schreibe auf ein anderes Blatt „HUMMEL", drehe es zu René und sage: Schau mal, so wird Hummel geschrieben. Ich fordere René auf, diejenigen Buchstaben aus dem Wort herauszusuchen, die er schon aufgeschrieben hat. Er zeigt auf das H, das erste M und das L. Jeden gezeigten Buchstaben markiere ich mit einem Punkt, dann sage ich: So und nun schauen wir einmal, welche Buchstaben dir noch fehlen. – René zählt sie auf, d. h. er benennt sie. Ich bestätige und erkläre noch, dass er es nicht hat wissen können, dass Hummel mit zwei M geschrieben wird, dass er sich das aber merken solle. René schreibt nun das Wort auf sein Blatt. Dann geht er zur Lehrerin und zeigt es ihr … Die Lehrerin hängt das Blatt an die Pinnwand zu den Arbeiten der anderen Kinder."

April Klasse 1. Hospitationsprotokoll: Susanne Wagner

Können bestätigen – Lernen herausfordern

Mit ihrem Interesse an der Zeichnung, dem Bestätigen des Richtigen (im Unzureichenden), mit dem Zeigen der vollständigen richtigen Lösung und dem genauen Zuordnen von Richtigem und noch Fehlendem erscheint uns dieses Lehrverhalten der Studentin vorbildlich. Renés Können wird bestätigt und er wird zum Lernen herausgefordert.

Fragen zu stellen, Anregungen zu geben, Zusammenhänge zu klären, das ist in dem folgenden Beispiel, in dem Kinder bei der Suche nach dem Anfangslaut von Ameise nach „K" suchen – „Ameise wie K", ungleich schwieriger. Die drei Mädchen sind in einer Klasse mit 80 % Kindern türkischer Muttersprache – aus einer fast durchgängig türkischsprachigen Umgebung.

Ameise mit K?

Bedia, Gülay und Banu schreiben im November Klasse 1 zu Bildern die entsprechenden Wörter auf. Als Hilfsmittel stehen den Kindern die Anlauttabelle (Lesen durch Schreiben 1987) zur Verfügung und bunte Plastikchips, mit denen sie zur Orientierung an den Buchstaben der Tabelle entlang gleiten können.

Als nächstes Wort ist »Ameise« zu schreiben:

Bedia: Ku, Ku, Keko.
(„Keko" ist ein Spitzname für das Wort „Kurde".)
Sie holt den Chip aus der Plastikhülle heraus (bis jetzt hat sie ihn in der Hülle bewegt) und fährt damit die Tabelle entlang.
Bedia: Ameise K hat? Nein.
Die anderen diskutieren auf Türkisch. Dieses ist leider nicht transkribierbar (≙ ••).
Bedia geht Schritt für Schritt die Tabelle durch. Öfters springt sie von einem Buchstaben zu einem weiter entfernten.
Bedia: (••) mit K?
Auch Gülay fängt an, die Tabelle durchzugehen.
Gülay: Ameise mit K? (••) mit K?
Bedia zu mir: Ameise wie K? Ameise wie K?
St: Nein, Ameise fängt nicht mit K an.

Gülay: Schlange wie K? M-mh. Paket wie K?
Gülay: Schlange wie K? M-mh. Paket wie K? M-mh. Ja! Krokodil wie K. Schoko. 0? 0.
Banu: Gülay. Ameise. Ameise. A!
Gülay (böse): Du weißt nichts, Bedia!
Gülay sucht weiter. Die Förderlehrerin betritt den Raum: Das Gespräch über »Ameise« bricht hier ab.
(Das türkische Wort für „Ameise" ist „karınca".)

November Klasse 1. Transkriptionsprotokoll: Andrea Knels

Die Kinder sollen nach dem Wort Ameise suchen, sie denken an *karınca*. Um das Problem klären zu können, müsste die Studentin um diese Schwierigkeit der mehrsprachigen Kinder wissen und sie vielleicht zunächst nach dem muttersprachlichen Wort fragen (vgl. Dyroff 1996).

5.4 Vielfältige Anregungen zur Orientierung der Kinder

5.4.1 Die Welt der Bücher: Vorlesen, Mitlesen und Selberlesen

Wo keine Bücher stehen, kann man auch nicht zu ihnen greifen. Ein Bücherregal sollte in jedem Kindergarten, jeder Vorschulklasse und in jedem ersten Schuljahr eine Selbstverständlichkeit sein. (Dabei müssen die Bücher nicht Schuleigentum sein, sie können auch von den Kindern und Eltern leihweise zur Verfügung gestellt werden.) Kinder können sich gemeinsam oder allein die Bücher ansehen, sie also zunächst ausschließlich als Bilderbücher verwenden. Die Lehrerin kann aus einem Buch vorlesen, der ganzen Klasse oder einer Gruppe, am besten jeden Tag! In dem einen Fall bezieht sich Schrifterfahrung auf den Inhalt, die spezifische sprachliche Formulierung und Gestaltung von Geschichten, im anderen Fall können die Kinder mit den Augen den geschriebenen Text verfolgen, besonders wenn die Lehrerin oder der Lehrer etwa durch die Handführung die Wahrnehmung der Reihenfolge der Zeichen und den Ablauf des Lesens unterstützt.

Vorlesen – Leseinteressen

Die Kinder werden allmählich zum Selbstlesen angestoßen, indem sie sich Einzelnes merken und mit anderem kombinieren (z.B. verbinden sie bei „Es klopft bei Wanja in der Nacht" den Titel mit Bildern und Stempeln, s. S. 90). Uns scheint bei diesen Anregungen besonders wichtig, dass die Kinder früh Leseinteressen und -haltungen entwickeln, dass die einen sich mehr mit Lexika und Sachbüchern, die anderen sich mehr mit Geschichten oder Märchen beschäftigen können. Dabei sollten den Kindern auch unterschiedliche Medien an die Hand gegeben werden.

5.4.2 Reime, Lieder und Gedichte: Sprachklang und Schrift

Der Umgang mit Schrift (das Leere Blatt, das Memory mit Schrift) scheint Kinder anzuregen, mit Sprache zu spielen, und zwar auch dann, wenn sie – wie die hier beobachteten Kinder – im Unterricht nur wenige Reime und Gedichte kennen gelernt haben. Deshalb empfiehlt es sich, dieser Neigung der Kinder auch im Unterricht zu entsprechen!

In einer anderen Vorschulklasse (I. Schnelle) spielen diese Sprachformen im täglichen Schulleben eine große Rolle: bei den Ritualen, beim Malen und bei Schwungübungen zur Schulung der Feinmotorik, bei Brettspielen, bei denen man an Haltepunkten einen Vers hersagen muss, ehe man mit seinem Stein weiter vorrücken kann.

Und die Lehrerin hat für jedes Kind ein Heft (Format DIN A4) bereitgelegt, in das die Verse eingeklebt werden. Die Kinder verzieren sie oder malen dazu, wie Manuela. Die Blockschrift empfiehlt sich, weil sie den Buchstaben als einzelnes Element am stärksten betont. Damit entspricht sie dem Interesse der Kinder mehr als andere Schriftformen.

Man könnte meinen, das Aufschreiben sei überflüssig, weil die Kinder der Vorklasse die Texte ja doch nicht lesen können.

Anziehungskraft von Schrift

Aber in dieser Form und Funktion übt Schrift eine starke Anziehungskraft auf sie aus: Während einer Hospitation im März bringt mir (M. D.) ein Kind sein Heft, schlägt die Seite vom Schnee auf und spricht den Vers. Mehrere Kinder gruppieren sich um uns, verfolgen das Geschehen und sprechen mit. Dann zeigt Jakob auf die letzten beiden Zeilen: *Lies!* Ich lese sie vor und begleite das Lesen mit dem Finger. Mein Tischnachbar holt eilends sein Heft hervor und versucht sich auch damit. Aber in der letzten Zeile kommt er im Rhythmus zwischen Lesen und Zeigen etwas durcheinander: *Schnee, so weit ich seh.* Ich lese es noch einmal vor. Alle Kinder folgen mit den Augen. Warum möchte Jakob vorgelesen hören, was er selbst unmittelbar vorher aufgesagt hat, und warum reizt der Vorgang Dennis sogleich zur Nachahmung? Das wird sich kaum eindeutig beantworten lassen. Aber die Kinder machen deutlich, wie Schrifterfahrungen auf diese Weise angebahnt werden können.

Wir stellen als **„Abzählverse international“** bereit: Deutsch, Plattdeutsch, Englisch, Russisch, Türkisch, Französisch, Spanisch (**Kopiervorlage 2**, S. 262 f.). Deren Aussprache können die Kinder ggf. von ihren Eltern lernen, und die anderen Kinder sprechen es nach und mit. Die Abzählverse laden ein, weitere zu sammeln!

Abzählverse international KV

5.4.3 Sprechen über Schrift

Kinder ordnen, unterscheiden und vergleichen gern. Das können sie auf vielfältige Weise auch mit geschriebenen Wörtern tun:

> Die Lehrerin (Petra Hüttis-Graff) schreibt vier Wörter an die Tafel, die auf den ersten Blick wenig gemein haben:
> *Tisch – Wolke – Sonne – Bett*
> Die Kinder finden Gemeinsamkeiten und Unterschiede:
> zweisilbige – einsilbige Wörter
> Wörter mit Doppelkonsonant
> Wörter mit o
> Wort mit einem „Dreier“
> nur Wörter mit Kurzvokal
> Anfangsbuchstaben, die gerade – die runde Elemente haben (s. S. 135)
> inhaltliche Zusammengehörigkeit: drinnen – draußen
> …

Der Vorzug dieser Aufgabe ist, dass sie in sich große Differenzierungsmöglichkeiten enthält: Alle Kinder können auf ihrem Niveau mittun. Es gibt viele richtige Beobachtungen, kaum falsche. Täglich als kurzes Ritual eingeführt, schult die Aufgabe Sprachbewusstheit und die Fähigkeit, über Schrift und Schreibung zu sprechen.

5.4.4 Der eigene Name: eine nahe liegende Orientierung

Schon früh in der Vorklasse oder gleich zu Beginn von Klasse 1 ist der eigene Name des Kindes ein selbstverständlicher Anlass für Schrifterfahrungen und eine nahe liegende Orientierung, um erste Einblicke in die Struktur der Schrift zu gewinnen. Er kann als Namensschild ausgeteilt und aufgestellt werden oder am Tischplatz aufgeklebt werden.

Beliebt ist auch das Buchstabenverkaufen. Jedes Kind erhält einen kleinen Pappstreifen mit doppelseitigem Klebestreifen. Die Lehrerin hat einen großen Vorrat von gestempelten Buchstabenstreifen, von denen sie nach Anforderung „verkauft“. Die Kinder heften die Buchstabenmarken, die sie von ihr abfordern, auf der Pappe fest. Angela möchte ein *A* kaufen, Michael ein

Buchstaben kaufen

M. Kurz darauf möchte Angela noch ein *A* kaufen. Die Lehrerin erklärt, das habe sie doch schon getan. Angela: *Ich brauch zwei.*

Namensketten mit Wörtern

Und dann machen sie sich Namensketten. Zu Bild und Namenskärtchen bringt jeder Gegenstände oder Bilder mit, die genauso wie der eigene Name anfangen. Sie werden alle auf dem langen Streifen befestigt. Und damit man auch das Gehörte kontrollieren kann, schreibt die Lehrerin die Wörter jeweils noch dazu. Die optische Präsentation kann gerade für diejenigen, die nicht so recht wissen, warum die Maus nicht mit dem Kopf, sondern mit einem *M* anfangen soll, eine entscheidende Hilfe für die Richtung ihrer Aufmerksamkeit sein (vgl. DOWNING/VALTIN 1984).

Ein anderes Mal bekommt jeder ein Blatt mit einer Nachricht für die Eltern: MORGEN KEIN TURNEN. Die Kinder sollen die Schrift nachspuren und unter jeden Buchstaben, der in ihrem Namen vorkommt, einen Punkt setzen.

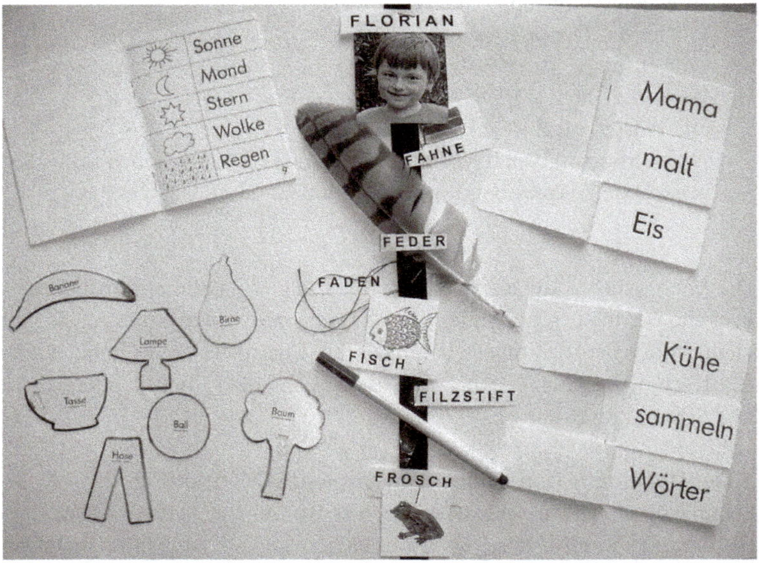

So erklärt sich allmählich bei immer mehr Kindern die Vorstellung von der Funktion der Buchstaben. Sie finden Wiederkehrendes in den Namen der anderen. Nicht jedes Kind kann die Buchstaben bezeichnen, viele helfen sich durch Zeigen: *So einen.*

5.4.5 Wer weiß, was da steht? – Ein Rezept lesen

Die Lehrerin (I. Wolf-Weber) will mit den Kindern der Vorschulklasse Waffeln backen. (Vor Weihnachten haben die Kinder schon Schokoladenbrot und auch Kekse gebacken.) Die Kinder wissen seit mehreren Tagen um dieses Vorhaben. Die erste Halbgruppe soll in der letzten Stunde des Schultages backen.

Die Lehrerin versammelt die Schüler mit ihren Stühlen um sich vor der Tafel.

Hier habe ich das Rezept aufgeschrieben, was wir alles zum Waffelbacken brauchen. Was könnt ihr schon lesen?

Was steht da?

Was steht da? Der erste Schüler ist sich ganz sicher: *Kuchenform*, denn die braucht man ja schließlich zum Backen (allerdings nicht zum Waffelbacken). Aber er kann seinen Vorschlag nicht auf dem Blatt wiederfinden. *Mehl* ist der zweite Vorschlag. Auch hier kann es sich um eine allgemeine Vermutung handeln. Aber ein anderer Schüler findet das Wort oben auf der Tafel:

Weil da M und E und L ist, M:eh:l.

Zucker findet das nächste Kind schnell: *Weil das so anfängt* (gemeint ist das Z).

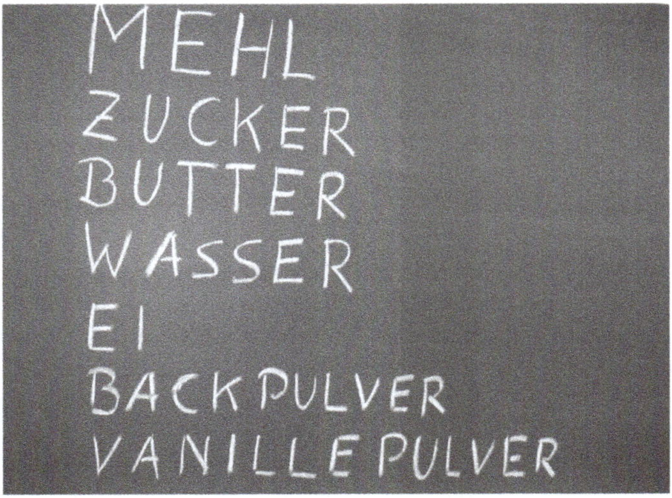

Die Zutaten werden jeweils aus einer Schüssel vorgezeigt. Nun kommt einer zur Tafel und sagt: *Eier*; er zeigt auf *Butter* und liest, begleitet von seinem Finger, langsam: *„EI:-ER?“*. Aber er ist selbst unsicher. Auf die Nachfrage *Steht das da?* erklärt er, *nein, weil kein A dabei ist.*

Später geht es um *Butter* und *Backpulver*. Wo steht denn nun *Butter*? Ein Schüler erklärt:

B-a, Backpulver; B-u (wie bei der U-Bahn) Butter.

Der eine Schüler ist immer noch mit der Suche nach Eiern beschäftigt. *Ich hab EIER entdeckt.*

Er zeigt auf *Vanillezucker*. Dort findet er das *A*, das er sucht.

Aber da ist ja noch was davor, sagt er und geht wiederum auf seinen Platz zurück. Bald darauf kommt er abermals nach vorn, zeigt *Ei*, liest es richtig und sagt: *Weil da nur zwei Buchstaben sind. EI.*

Schließlich geht es noch um *Wasser*. Auch hier kennen die Kinder die beiden Anfangsbuchstaben, sie kommen aber nur auf *Waage*, sodass die Lehrerin das Wort vorliest.

Die Lehrerin notiert noch die Mengenangaben. Dann geht es an das Anrühren des Teiges und das Backen mit den beiden Waffeleisen, die in der Klasse stehen. Ein genüssliches Essen im letzten Teil der Stunde beendet die Schrifterfahrung.

Die meisten Schüler haben sich sehr aktiv an dieser Erkundung von Schrift beteiligt. Aber drei oder vier haben nur – etwas unbeteiligt – zugehört. Das Entdecken der Buchstaben war zu diesem Zeitpunkt (Februar der Vorklasse) noch nicht ihre Sache. Aber eine Anregung war es auch für sie allemal, die Neugier und Entdeckerfreude der anderen zu beobachten, einen Zusammenhang zwischen „Lesen" und Tun zu ahnen. Vielleicht ein Anstoß zur Erweiterung ihres kognitiven Schemas; vielleicht haben sie, ohne sich zu melden, Schriftelemente erkannt, vielleicht haben sie auch eher an den Geschmack der Waffeln gedacht.

Anregen zum Problemlösen

Die Szene aus der Vorschulklasse ist ein Beispiel dafür, wie man Kinder zum Problemlösen anregen kann. Gerade durch die Zurückhaltung der Lehrerin sind die Kinder gefordert, ihre Vorschläge und Zurückweisungen zu belegen. Der Lernweg ist offen, das Lernergebnis fixiert, denn die Kinder brauchen das Rezept, um anschließend Waffeln zu backen. Sie erreichen es in gemeinsamer Anstrengung. Nur einmal liest die Lehrerin das Wort *Wasser* vor, ohne weitere Erkundungsschritte anzuregen. Dass sich ein paar Kinder nicht beteiligt haben, hat auch die Lehrerin wahrgenommen, und sie kann in einer anderen Situation ausdrücklich versuchen, die „Zone der nächsten Entwicklung" gerade dieser Kinder zu erreichen.

Maximen im Spannungsfeld zwischen Lernprozess und Unterricht

Der Lernweg ist offen – das Lernergebnis fixiert.

- im Hinblick auf das Lernergebnis: Das Kind selbst kann mit dem Ergebnis zufrieden sein.
- im Hinblick auf den Lernweg: Festgelegte Lernwege (z. B. Verfahren des Erlesens) sollten nur Angebote sein, nicht aber Vorschriften; denn Lernwege sind stets individuell.

- im Hinblick auf den Umgang mit Fehlern: Das Kind gewinnt Zutrauen in das eigene Vermögen. Es entwickelt seine Lernbereitschaft; es erprobt sich im neuen Lernbereich.
- im Hinblick auf die Interaktion: Das Richtige bestätigen; das Können in den Vordergrund stellen, auch da, wo es ganz schmal ist.

5.5 Ansprüche an den Lese- und Schreiblehrgang

Manche Kinder werden im Rahmen solcher Anregungen im Kindergarten, in der Vorschule oder gleich zu Beginn von Klasse 1 schon lesen und schreiben lernen, weil sie für sich die Elemente, die ihnen dabei begegnen, zu ordnen und zu verarbeiten verstehen. Sie werden ihren Lernweg während des Lehrgangs mühelos fortsetzen, wenn ihnen dabei weiterhin Gelegenheit zum Experimentieren und zur Bestätigung ihres Könnens gegeben wird. Ein ausdrücklicher Lehrgang scheint uns um der vielen anderen willen notwendig, die die Struktur des Lerngegenstandes nicht selbst rekonstruieren. Aber auch sie brauchen weiterhin komplexe Anregungen zur Erweiterung ihrer Erfahrungsgrundlage, damit sie Fragen stellen und Antworten aufnehmen können.

Lehrgang einfach strukturiert, aber nicht rigide

- Der Lehrgang im engeren Sinne sollte einfach strukturiert sein, sodass die Kinder den Lernstoff überschauen können.
  Das bedeutet aber nicht, dass er hierarchisch vom Einfachen zum Schweren angelegt ist. Es ist durchaus möglich, in einem Lehrgang komplexe Lerngegenstände anzubieten. Ein nicht-rigider Lehrgang, was den didaktischen Aufbau betrifft, ist gerade für schwache Schüler wichtig, denn in einem rigiden Lehrgang erfahren sie in jeder Aufgabenstellung ihre Schwäche:
  - Sie können das Behandelte immer noch nicht. Es wird ihretwegen noch einmal wiederholt.
  - Sie sind in der für alle gleich bemessenen Lernzeit stets die langsameren. Alle müssen (mit Geduld oder Ungeduld) auf sie warten.
  - Sie müssen sich ständig im nicht Gekonnten orientieren und sehen sich daher zur Kompensation gedrängt. Das führt schließlich zu ineffektiven Zugriffsweisen und Lernhemmungen oder zu Verhaltensauffälligkeiten.
- Viele Aufgaben können allen Kindern gleichermaßen gestellt werden, wenn gewährleistet ist, dass sie auf unterschiedlichen Niveaus zureichend gelöst werden – auch in der Einschätzung der Kinder.
  Das ist besonders bei vielen Schreibanlässen einfach (vgl. S. 100 ff., 112 ff., 118 ff.). Eine extensive Binnendifferenzierung, die versucht, spezifische Lernangebote für spezielle Lernbedürfnisse bereitzustellen, er-

fordert sowohl in der Vorbereitung wie in der Durchführung einen hohen Organisationsaufwand. Unterricht wird auf diese Weise für Lehrer und Kinder leicht unübersichtlich.

5.6 Standards für guten Unterricht

Dieses Thema mag verwundern, weil derzeit der Standard-Begriff mit der Perspektive auf die Leistungen der Schüler verwendet wird. Forschungsbefunde, Beobachtungen und Unterrichtskonzept, wie sie hier zur Diskussion gestellt sind, zeigen, dass die Qualität (und Quantität) von Lernprozessen in hohem Maße von der Qualität des Unterrichts bestimmt sind, gerade weil der individuelle Lernprozess ein dynamischer Prozess ist und es gilt, in den Lernsituationen der Klasse Heterogenität als Chance zu nutzen.

Guter Unterricht ist ein Unterricht, in dem mehr gelernt als gelehrt wird.

Was also wissen wir über Standards für guten Unterricht? Guter Unterricht ist ein Unterricht, in dem mehr gelernt als gelehrt wird, so fasst Franz E. Weinert die Ergebnisse zusammen (1998). In der Lehr-Lern-Forschung besteht derzeit Konsens über Merkmale wirksamen Unterrichts, die er als Fazit seiner Arbeiten am Max-Planck-Institut für Bildungsforschung in München benennt:

- Effektive Klassenführung
- Sensibilität für affektive Lernvoraussetzungen
- Kognitive Herausforderungen
- Trennung von Lernsituationen und Situationen der Leistungsmessung

Entkoppelung von Lern- und Leistungssituationen

Dass die effektive Klassenführung (dazu gehört die effektive Zeitnutzung, die Arbeitshaltung und Aufmerksamkeit der Schüler) ein wichtiges Merkmal wirksamen Unterrichts ist, wundert nicht. In den neuen Studien von Helmke (vgl. z. B. 2008) hat sie einen zentralen Stellenwert. Brisant erscheint vor allem das zweite Merkmal, die Achtsamkeit – nicht etwa in erster Linie auf die kognitiven Lernvoraussetzungen, sondern auf die emotionale Situation des Lernenden. Das sollte – bei allem Bemühen, die kognitiven Voraussetzungen zu erfassen – beachtet werden. Viele der gegenwärtig praktizierten Beobachtungs- und Diagnoseverfahren laufen Gefahr, die „kognitiven Herausforderungen" für die als schwach eingestuften Lernenden zu reduzieren. Das entspricht jedenfalls nicht den Erkenntnissen über Merkmale wirksamen Unterrichts. Die „Entkoppelung von Lern- und Leistungssituationen" als „Standard" für guten Unterricht zu betonen, scheint gerade angesichts der gegenwärtigen Praxis von Leistungsmessungen wichtig:

Es gibt Schulklassen, in denen permanent eine gespannte Leistungsatmosphäre herrscht, weil der Lehrer jede Frage und jede Antwort der Schüler bewertend kommentiert, sodass es zu keinen entspannten Lernepisoden kommen kann. In diesen Klassen fehlt also zeitweilig jene Atmosphäre des Lernens, in der alle das sichere Gefühl haben, etwas Schwieriges ohne Risiko ausprobieren zu dürfen, aus Fehlern lernen zu können und mit anderen zusammenzuarbeiten.

(Weinert 1998, 16)

Wohlgemerkt, es geht nicht um eine Ablehnung von Leistungsmessung, aber darum, dass sie nicht den täglichen Unterricht bestimmen darf.

In Studien zum schulischen Schrifterwerb werden diese Befunde spezifiziert und ergänzt:

Didaktische Kompetenz der Lehrenden

Im Zentrum steht die „didaktische Kompetenz" der Lehrenden: so der Befund von MEIERS aus 20 Klassen (1998, 105). Dem entsprechen die Befunde aus mehr als 80 Klassen von MAY (2001). Auch MAY betont die effektive Nutzung der Unterrichtszeit, den Vorrang von Interaktionszeit zwischen Lehrer und Schüler bzw. der Schüler untereinander gegenüber Vortrag und Einzelarbeit sowie das „direktive Auftreten" der Lehrperson, ihre Aufmerksamkeit für die Klasse und die differenzierte Zuwendung zu einzelnen Kindern.

Schriftorientierung

Das hat sich auch in unserem BLK-Projekt „Elementare Schriftkultur …" im Vergleich von 20 Klassen wieder gezeigt. Der Lehrgang (Fibel; „Lesen durch Schreiben"; Eigenfibel) spielt demgegenüber eine untergeordnete Rolle. Zentral für den Erfolg ist – als Anbahnung schriftkultureller Erfahrung (literale Praktiken, literarische Sozialisation) – die Schriftorientierung (Kap. 11.2).

Studien zur direkten Analyse von Lernsituationen im Anfangsunterricht und zur Vermittlungstätigkeit der Lehrperson gibt es erst vereinzelt. Eine ist von CLAUDIA OSBURG (2002). Sie zeigt anhand von mehr als 120 transkribierten Szenen, wie das begriffliche Wissen von Schulanfängern entwickelt werden kann. Die Szenen werden gleichermaßen aus der Sicht des Lehrenden und der des Lernenden rekonstruiert, „denn nur aus einer Verbindung dieser beiden Perspektiven kann das interaktive Geschehen im Hinblick auf das Lernen optimiert werden" (OSBURG 2002, 27). Die Qualität der Lehrperson erweist sich darin, wie sie erkennt, dass die Begrifflichkeit des Kindes noch unzureichend ist, und wie sie deshalb die Begriffe, um die es geht, umschreibt und präzisiert und genau das auch von den Kindern verlangt.

6 Schreibunterricht in Klasse 1

6.1 Sprechen und Schreiben

Im September (Klasse 1) hat die Lehrerin (I. Schnelle) mit den Kindern das Bild „Eichhörnchen“ (1512) von Albrecht Dürer betrachtet und darüber gesprochen: *Was ihr seht und was ihr denkt.* Sie hat große Blätter mit Kopien des Bildes vorbereitet. Die Kinder sollen malen, *wo die Eichhörnchen sind*, und dazu schreiben. Sie können ihre Schreibidee auch der Lehrerin diktieren. Das Wort „Eichhörnchen“ steht an der Tafel, mit der Markierung für den „Zweier“ *ch*. Was die Kinder aufs Papier bringen, wird am Schluss der Stunde betrachtet und vorgelesen.

Was ihr seht und was ihr denkt

Jan-Nico bringt die Eichhörnchen, die der Maler ohne jeden Hintergrund zeigt, an sicheren Ort auf den Baum. Sonst ist alles in Bewegung: die Vögel singen, die Äpfel fallen, der Hund zieht an der Leine. Bei den beiden Nüssen ist sogar die Wirbelbewegung beim Fallen angedeutet. Die Schreibaufgabe löst Jan-Nico als Beschriftung des Abgebildeten. Da sieht man, dass sich die Eichhörnchen eine Vorratskammer angelegt haben. Die Schreibungen sind stark an der eigenen Artikulation orientiert *(HONT, … KAMA)* und nahezu vollständig (nur bei *Äpfel* fehlt der zweite Vokal). Notiert ist das ausschließlich in Großbuchstaben.

Schreiben und Malen: Wo die Eichhörnchen sind

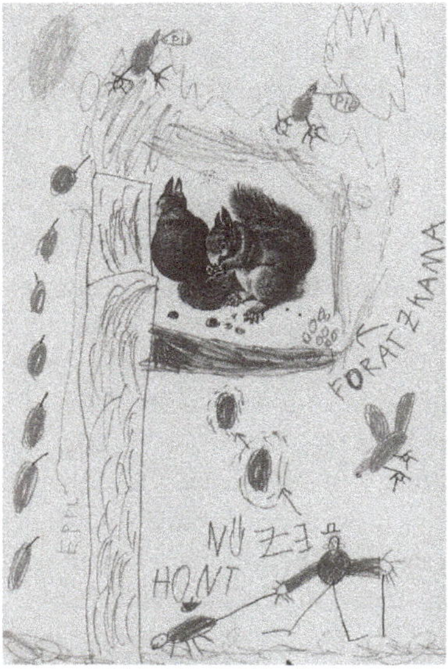

Jan-Nico (September Klasse 1)

Helene (September Klasse 1)

Cavit (September Klasse 1)

Cavit macht von der Möglichkeit Gebrauch, der Lehrerin etwas zu diktieren. Er redet die Eichhörnchen direkt an und bittet sie, in den Baum zu klettern, den er gezeichnet hat. Cavit löst das Problem, dass beim Schreiben kein Gesprächspartner anwesend ist, dadurch, dass er die Figuren direkt anredet, sozusagen als „orale Leser" (WEINHOLD 2000). Damit schafft er zwischen sich – in der Schulklasse – und den Figuren – auf dem Blatt – so etwas wie eine fiktive gemeinsame Situation: auch eine Möglichkeit, die Hürde des Schreibens als Distanzkommunikation zu gestalten! Außerdem hat er noch seinen Namen notiert und das Wort von der Tafel abgeschrieben.

Anrede der Figuren

Helene setzt die Eichhörnchen ins Gras. Auch sie hat das Wort von der Tafel abgeschrieben. Was sie diktiert, ist eine Interpretation des Bildes. Die im Bild des Malers angelegte Spannung zwischen den beiden Figuren deutet sie *(sitzt traurig im Gras, weil …)*. Diese Schreibidee entwickelt sich beim Diktieren: Zunächst gilt die Aussage beiden Tieren *(sitzen im Gras)*. Die Differenzierung ist zuerst nur durch die Verbform *(knabbert)* markiert. Und so hat es die Lehrerin auch aufgeschrieben. Beim Vorlesen des Diktierten fügt Helene dann das Gemeinte *(eins)* selbst hinzu und nutzt damit eine Möglichkeit, die im Schreiben näher liegt als im Sprechen: Man kann wiederholen, was da steht, überlegen und korrigieren (JANTZEN 2012). So verfasst sie einen Text als Gegenüberstellung *(eins – das andere)* und fügt am Schluss die Begründung für ihre Interpretation hinzu: Wir können das „allmähliche Verfertigen der Gedanken beim *Schreiben*" hier gut nachvollziehen.

Überlegen, Wiederholen, Korrigieren

Die Zeichnungen und Schriftstücke der Kinder zeigen ihre Zugänge zu der neuen Tätigkeit, den Übergang vom Sprechen zum Schreiben (vgl.

Andresen 2005): Das Beschriften von Zeichnungen ist nahe liegend. Es ist wie ein gestisches Zeigen – aber mit den Buchstaben des Alphabets. Das kann der Anfangsunterricht bei vielen Gelegenheiten nutzen (s. dazu S. 116). Das Diktieren ist kein einfaches Verschriften des Gesprochenen. Man merkt es den Kindern an, wenn sie das erste Mal etwas diktieren: Sie halten inne, die Wörter sprudeln nicht mehr heraus. Diktieren ist keine Sprech-, sondern eine Schreibsituation.

Die Aufgabenstellung für das Gespräch gibt den Rahmen vor: *Was ihr seht und was ihr denkt.* Es geht nicht nur um Beschreibung, sondern auch um Interpretation. Die Schreibaufgabe ist nicht etwa identisch mit der für das Gespräch. Sie knüpft daran an, dass der Maler die Figuren ohne Kontext präsentiert: *Wo die Eichhörnchen sind.* Damit müssen die Kinder etwas zum Bild hinzutun – als Zeichnung und als geschriebenes Wort. Insofern entspricht diese Aufgabenstellung zu Beginn von Klasse 1 dem Grundsatz der Schreibforschung, dass Schreiben mehr und anderes ist als das bloße Verschriften des Gesprochenen.

Im Folgenden zeigen wir die Momentaufnahme aus einer anderen Klasse – zwei Monate später. Während die Schreibaufgabe im September einer Vorgabe gilt, dem Bild von Dürer, sollen die Kinder nun „frei" schreiben.

6.2 Was Antje, Meike und Christoph mit ihren Texten zu erkennen geben

Im November (Klasse 1) hat die Lehrerin (I. Wolf-Weber) den Kindern zum ersten Mal die Aufgabe gestellt, eine „Geschichte" zu schreiben. Wie gehen die Kinder mit der Aufgabe um, wie können wir ihre Texte lesen und verstehen und wie haben sie begonnen, sich die Rechtschreibung anzueignen?

Antje schreibt eine richtige Geschichte, und zwar geht es um die Handpuppe „Fu". (Sie spielt im Unterricht dieser Kinder keine Rolle, für die gleichaltrigen Kinder der Umgebung aber ist sie die zentrale Fibelfigur – und von daher wohl auch Antje vertraut.) Die Handpuppe wird gesucht – der erste Satz gibt das Thema an (*wo ist Fu*; der Text ist von unten nach oben geschrieben). Der Text enthält keine direkte Antwort auf die Frage, wo Fu denn ist, sondern erzählt nur, wo er sich zuvor aufgehalten hat, nämlich im Auto. Das wollte er kennen lernen. Aber dann hatte er genug *(ABar wollte nejt mea)*. Die kleine Geschichte ohne Ende ist – kognitiv und sprachlich gesehen – eine erstaunliche Leistung, weil sie einen gedanklichen Entwurf schrittweise realisiert. Die Umwandlung vom Gedanken – ohne Gesprächspartner – zum geschriebenen Wort gelingt.

Vom Gedanken zum geschriebenen Wort

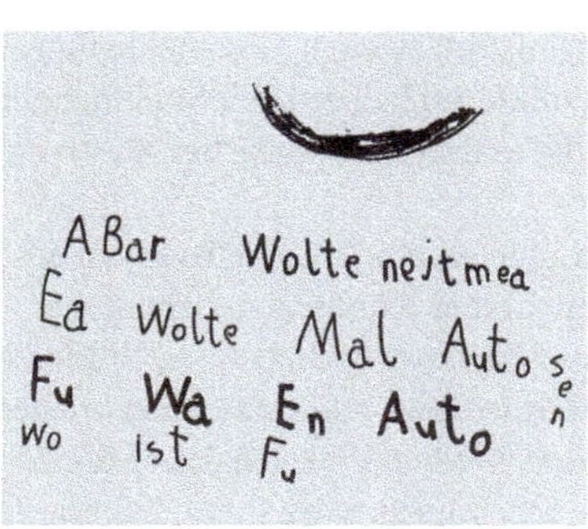

Antje (November Klasse 1)

Meike (November Klasse 1)

Antje verwendet wie auch alle übrigen Kinder der Klasse zu diesem Zeitpunkt die Gemischtantiqua des Schreiblehrgangs. Mit den Buchstabenformen hat sie keine Probleme. Ihre Schreibweise zeigt, dass sie sich bereits die Struktur der Schrift angeeignet hat. Sie ist allerdings noch stark an der eigenen Artikulation ausgerichtet: Fehler entstehen vor allem beim auslautenden (r) und bei (er), das in Norddeutschland nach ɐ hin gesprochen wird. Entweder lässt Antje das (r) ganz weg *(wa)*, oder sie schreibt es als „a" *(mea, Ea)*. Nur bei *ABar* fügt sie zusätzlich noch ein „r" hinzu. Das zeigt, dass sie das Gehörte sehr genau analysiert (vgl. auch „j" statt (ch) in *nejt*). Richtig schreibt sie einfache Wörter, die im Unterricht häufiger vorgekommen sind *(Auto, wo, ist, mal)*, phonematisch korrekt *wolte* und *sen*. Und einmal schreibt sie zwei Wörter in eins (*ABar* = aber er).

Kinder wie Antje bedürfen bei diesem Stand des Schreiblernprozesses der Anleitung, damit sie nicht länger dem Grundsatz folgen „Schreibe, wie du sprichst". In diesem Fall hat die Lehrerin im Schreiblehrgang in den folgenden Tagen und Wochen ausdrücklich Wörter mit dieser Schwierigkeit thematisiert: „Mutter, Bruder, Kater, er, war" und bei Kindern wie Antje besonders auf Festigung Wert gelegt. (Die Kinder haben ihr Schreiben auch sprechend begleitet, aber ihre Artikulation wurde nicht korrigiert; es genügt, wenn sie bei „Mutter" allmählich „er" durch ständigen Bezug zur Schreibung zu hören meinen, obwohl sie weiterhin „modɐ" sprechen.) Übrigens hat Antje diese Lernhilfe angenommen und fortan keinen Fehler dieser Art mehr gemacht.

Meike nutzt das Angebot einer offenen Lernsituation, um gesichertes Können zu reproduzieren. Im Unterschied zu Antje macht Meike keinen Schreibfehler (einmal verwendet sie das Schreibschrift-„l"). Sie gibt ihrem „Werk" einen Rahmen. So will sie vielleicht die einfachen Satzvariationen, die sie eng an ein Muster des Lehrgangs anlehnt, zu einer Geschichte fügen. Die einzelnen Wörter trennt sie durch Punkte auf halber Höhe voneinander ab. Sucht sie sich diese mechanische Hilfe, weil sie sonst unsicher ist, wo die Wortgrenze ist?

Übernahme von Satz-Mustern

Meike bedarf natürlich anderer Lernhilfen als Antje: Sie müssen auf eine vorsichtige Erweiterung des bereits gesicherten Könnens gerichtet sein – also auf eine einfache Vergrößerung des Schreibwortschatzes. Auch Meike sollte in ihrer Leistung bestätigt werden. Allerdings muss sie immer wieder sanfte Anstöße erhalten, Gedachtes aufzuschreiben und sich dabei allmählich von der bloßen Übernahme von Satz-Mustern zu lösen. Wenn sie schließlich eine größere Anzahl von Schreibwörtern beherrscht, ist das vielleicht – in ihrem Selbstverständnis – eine Voraussetzung für konzeptionelles Schreiben, es sollte aber nicht die einzige sein, denn der entscheidende Aspekt liegt in der grundsätzlichen Bereitschaft, zu experimentieren, sich zu erproben – eine wichtige Voraussetzung nicht nur für den Schrifterwerb.

Christoph (November Klasse 1)

Christoph schreibt eine ganze Geschichte darüber auf, wie Pu (der Bär?) gesucht wird. Daran sind der Erzähler, die Großmutter und die Mutter beteiligt: Die Großmutter macht Pu ausfindig und holt ihn dem Erzähler zurück; die Mutter ist der Adressat für den Ausdruck der großen Freude, die der Schreiber zweimal bekundet. Zudem ist der Text durch farbige Verzierungen zwischen den Zeilen optisch erstaunlich differenziert gestaltet.

Auch Christoph wählt die Gemischtantiqua des Lehrgangs. Wie Antje hat er noch Schwierigkeiten mit der Groß- und Kleinschreibung, einmal *(Bistu)* sogar mit der Wortgrenze und einer Buchstabenform *(ich)*. Aber in der Aneignung der Orthografie ist er weit fortgeschritten. Er schreibt Wörter auch entgegen der Artikulation richtig (z. B. *sagt, Turm, runter, spile, im, mit*) und verwendet bereits einmal mit „ie“ die Kennzeichnung der Vokallänge.

Lernhilfen für Christoph können unspezifisch sein, weil er sich die wichtigen Grundlagen des Rechtschreiblernens schon angeeignet hat. Er könnte einen Rechtschreiblehrgang im engeren Sinn bearbeiten. Aber auch im Schreibunterricht der Klasse kann er Anregungen aufnehmen, sofern seine Schreibmotivation weiterentwickelt wird – wie durch solche Aufgaben.

Jeder Schüler kann der Anforderung gerecht werden.

Die drei Texte zeigen nicht nur unterschiedliche Zugriffsweisen für das konzeptionelle Schreiben und das Rechtschreiblernen, sie demonstrieren auch die Spannbreite der Leistungen in dieser Klasse. Unterricht soll allen Kindern einer Klasse und jedem Einzelnen gerecht werden. Wie kann das möglich sein? Besteht die Lösung in differenzierter Binnendifferenzierung? Dieses Beispiel stellt eine offene Aufgabenstellung dar, die das schwierige Problem der Differenzierung auf einfache Weise – jedenfalls für diese Lernsituation – löst: Jeder Schüler kann der Anforderung gerecht werden und, was für den Lernprozess außerordentlich wichtig ist, am Ende selbst mit seinem Ergebnis zufrieden sein. Lernziel und Lernweg sind nicht festgelegt – das bedeutet, dass sich niemand einfach zurücklehnen kann, wenn er einen vorgegebenen Anspruch erfüllt sieht. Diese Art der Offenheit stellt einen hohen Anspruch dar – ohne Sanktionen.

Christoph (Februar Klasse 1)

Die drei Kinder geben uns mit ihren Texten auch zu verstehen, dass ihre Zugriffsweisen durchaus als repräsentativ für andere ähnliche betrachtet werden können und dass die Anregungen, die für sie hilfreich sind, sehr wohl mit einem klar strukturierten Lehrgang vereinbar sind, der wegen seiner Übersichtlichkeit Lehrern und Schülern die Orientierung erleichtert.

„Post für den Tiger" – Briefe schreiben

Wie sich Textschreiben und Rechtschreiben bei den drei Kindern bis zur Mitte des Schuljahrs entwickeln, zeigen ihre Arbeiten zum folgenden Schreibanlass: Im Februar hat die Lehrerin „Post für den Tiger" (Janosch) vorgelesen. Die Einsamkeit und das Gefühl des Verlassenseins, das den kleinen Tiger jedes Mal überfällt, wenn der Bär zum Angeln geht und ihn im Haus allein zurücklässt, kennen die Kinder wohl alle. Den Vorschlag des Tigers, der Bär solle ihm doch schreiben, damit er sich freut und sich nicht in Langeweile und Apathie verliert, aber auch seine Freude über die Post, die der Bär ihm durch einen schnellen Boten, den Hasen, überbringen lässt, können die Kinder intensiv nachvollziehen. Weil es hier nicht in erster Linie um die Handlungsabfolge geht, wirkt es sich auch nicht störend aus, dass ein Viertel der Klasse das Buch bereits kennt.

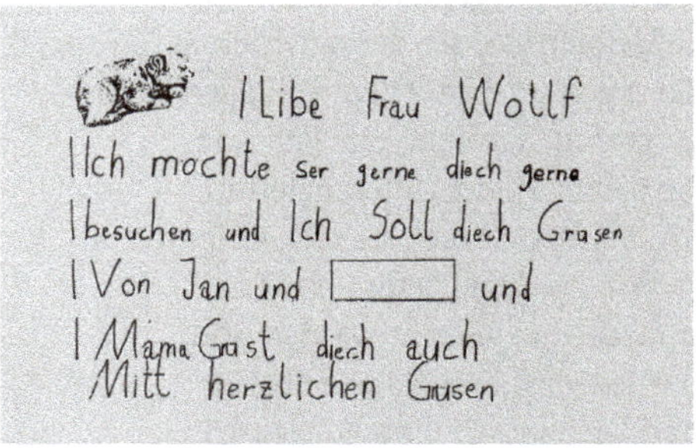
Libe Frau Wollf
Ich mochte ser gerne diech gerne
besuchen und Ich Soll diech Grasen
Von Jan und [ ] und
Mama Grast diech auch
Mitt herzlichen Grusen

Antje (Februar Klasse 1), links

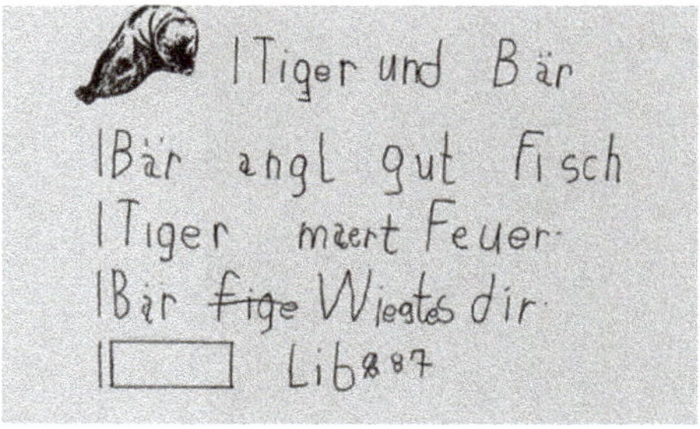
Tiger und Bär
Bär angl gut Fisch
Tiger maert Feuer
Bär ~~fige~~ Wieates dir
[ ] Lib 887

Meike (Februar Klasse 1), rechts

Die Lehrerin bricht das Vorlesen ab, nachdem Bär und Tiger die Rollen getauscht haben und schließlich auf die Idee kommen, auch andere Tiere mit einem Brief zu erfreuen. „*Wir könnten doch auch einmal einen Brief an unsere Tante Gans schreiben. Damit sie sich auch mal freut.*“

Im gemeinsamen Gespräch geht es in dieser Doppelstunde darum, an wen die einzelnen Kinder schreiben möchten, an Figuren aus dem Buch, an die Lehrerin … Der Inhalt der Briefe und die äußere Form wird nicht thematisiert, denn das Ziel des Schreibens, dem Adressaten eine Freude zu machen, hat jeder verstanden und für sich angenommen. Bei diesem Schreibanlass haben alle Kinder einen Brief geschrieben, auch die, die sich – wie Meike – sonst am liebsten auf die einfache Reproduktion beschränken. Die Wörter, nach deren Schreibung die Kinder fragen, schreibt die Lehrerin an die Tafel: *Bär, Tiger, Lieber, ich, für, Buch …*

Antje hat offenbar schon stilistische Briefnormen internalisiert. In der Aneignung der Orthografie hat sie seit November große Fortschritte gemacht (s. oben): Sie schreibt nun phonematisch richtig und bemüht sich schon um orthografische Elemente *(ie, tt, auslautendes d)*.

Meike hat diesmal den Mut zu einem eigenständigen Text: *Tiger und Bär. Bär angel gut Fisch* (als Aufforderung oder Aussage). *Tiger macht Feuer. Bär, wie geht es dir. Meike lieb.* Dabei fällt ihr die Perspektive des Briefes noch schwer. Sie kommt erst am Schluss zur Anrede. Sie hat jetzt angefangen, sich mit der Rechtschreibung auseinander zu setzen.

Christoph wählt eine originelle Perspektive: Er schreibt als Leser an die Figuren des Buches und gestaltet auch den Briefumschlag entsprechend. In der Rechtschreibung beginnt er, sich mit der bezeichneten Länge zu befassen *(sie, lieber,* aber: *libe).*

6.3 Wortschätze für Schreibanfänger

6.3.1 Kriterien für die Auswahl und für Übungsformen

- Wenn der Prozess des Schreibenlernens regelgeleitet erfolgt, muss das Lehrmaterial, d.h. der Schreib- und Lesewortschatz, von Anfang an die wichtigsten Prinzipien der Orthografie repräsentieren, damit die Kinder die Möglichkeit haben, möglichst zutreffende Regeln zu bilden. Dazu eignet sich das **Wörterbuch (Kopiervorlage 3**, S. 264–276). Das bedeutet, bereits zu Beginn neben Wörtern, deren Schreibung dem phonematischen Prinzip folgt, kurze Wörter zu üben, die „orthografische Elemente" enthalten – wie z.B. *Ball, Vater, Hund.* Darüber hinaus sind später einfache Wörter für den Lehrgang auszuwählen, deren Schreibungen dialektbezogene Schwierigkeiten enthalten, z.B. *Turm, Kinder, Leiter* (etwa für Hamburger Anfänger).

Wörterbuch in Klasse 1! KV

- Wenn es zwei Wege zur richtigen Schreibung eines Wortes gibt (s. S. 67), muss im Unterricht von Anfang an die Sicherung eines Grundwortschatzes befördert werden. Auf diese Weise können die Schreibanfänger bei einigen Wörtern die Schreibung früh einfach aus dem Gedächtnis abrufen.
- Wenn eine frühe Sicherheit in einem beschränkten Bereich für den Lernprozess förderlich ist, sollte der Wortschatz des Lehrgangs einen geringen Umfang haben bzw. je nach Leistungsvermögen variieren, sodass auch schwache Schüler Zutrauen gewinnen können.

Grundwortschatz

- Wenn die sprachanalytische Tätigkeit der Kinder beim Schreibenlernen nicht willkürlich, sondern regelgeleitet erfolgt, sollten die Kinder in der ersten Phase des Erwerbs zum konzeptionellen Schreiben ermuntert werden, d.h. der Schreiblehrgang sollte nicht – wie es in der Schulpraxis häufig noch geschieht – auf das Einüben der optisch-motorischen Form beim Abschreiben beschränkt sein. Denn gerade bei offenen Aufgaben zu Vorgaben (wie dem Bild von Dürer) oder bei selbst gewählten Schreibinhalten können die Kinder das Problem der „schriftsprachlichen" Norm allererst erfahren und es für sich definieren.

Zum konzeptionellen Schreiben ermuntern

Das bedeutet freilich nicht, dass die Kinder sich auch inhaltlich alle Gesetzmäßigkeiten der Orthografie selbstständig erarbeiteten. Hier bedarf es der Unterweisung und Lenkung, vermutlich auch der Aneignung von Mustern, z. B. mit dem Wörterbuch (Kopiervorlage S. 264 ff.).

Diese Folgerung steht nur scheinbar im Gegensatz zur vorhergehenden. Denn Lernen und Lehren sind nicht einfach analoge Vorgänge. Sicherheit im als überschaubar eingeschätzten Gelehrten zu gewinnen und zugleich mit den dabei entwickelten „Regeln" zu operieren, ist kein Widerspruch. Und für den Lehrer ergeben sich aus solchen „Spontanschreibungen" im ersten Schuljahr wichtige Aufschlüsse über die Schwierigkeiten seiner Schüler und die sensiblen Phasen ihres Lernprozesses, wenn er ihre Fehler zu „lesen" versteht.

6.3.2 Betonen des kognitiven Aspekts von Anfang an

Eigene Regelbildung – Grundsätze der Orthografie

Der Schreiblehrgang, wie ihn die Lehrerin I. Wolf-Weber praktiziert, geht von einfachen klar strukturierten Wörtern aus *(Uta, Oma, Opa).* Er berücksichtigt aber schon in den ersten Wochen auch Wörter, deren Schreibung nicht einer 1:1-Zuordnung von Laut und Buchstabe folgt (Willi, der Kater der Lehrerin, und Molli, das Meerschweinchen als Klassentier). Auf diese Weise erhalten die Kinder frühzeitig Gelegenheit, sich bei den Regeln, die sie sich über Schrift und Schreiben bilden, an den Grundsätzen der Orthografie zu orientieren, nicht an einer schließlich bloß irreführenden Vereinfachung. Manche der Wörter sind emotional besonders bedeutsam für die Kinder, der Name der Puppe Uta und die beiden Tiernamen. Außerdem haben die Kinder Gelegenheit, eigene Wörter zu schreiben, über deren Schreibung sie sich ganz sicher sind. Das tun sie z. B. ungefragt bei der Wortschatzrolle (s. unten S. 108). Vergleicht man diese Kriterien für die Wortauswahl des Lehrgangs mit den ersten Wörtern, die Kinder auf das Leere Blatt schreiben (s. S. 76), findet man weitreichende Übereinstimmung.

In diesem Jahr ist „Uta" das erste Lese- und auch das erste Schreibwort. (Ein anderes Mal ist es „Linda", der Name einer hübschen alten Puppe.) Uta ist eine kleine bewegliche Stoffpuppe, die meist in einem Korbwagen schläft und die die Kinder sehr schnell in ihr Herz geschlossen haben. Die Kinder schreiben nach wenigen Tagen das Wort als Ganzes und alle Elemente in Gemischtantiqua. Das heißt, sie sollen sich nicht auf das Memorieren beschränken. Die Anordnung von Wort und Element auf dem Schreibblatt macht die Beziehung augenfällig.

Das bedeutet natürlich noch nicht, dass auch jedes Kind diese Verbindung selbst vollzieht, wenn es auf das Blatt, auf dem die Puppe abgebildet ist und „Uta“ steht, viele „t“ schreibt. – Aber so zu denken wird ihm jedenfalls nahe gelegt. – Und von Anfang an schreiben die Kinder die gelernten Wörter auch ohne optische Vorgabe – aus dem Kopf.

Bis zu den Herbstferien lernen die Kinder auf diese Weise zehn Buchstaben kennen (*U, T, A, M, L, P, R, I, O, W* in Groß- und Kleinschreibung). Sie schreiben: *Oma, Opa, malt, Mama, Pu, Ali, Willi, Molli.*

Anwendung des Gelernten

Eine weitere Möglichkeit zur Anwendung des Gelernten sieht so aus: Die Kinder haben als einen der ersten Buchstaben das *M* gelernt, die Merkmale der Form benannt und sie sich durch mehrfaches Nachschreiben eingeprägt. Am Ende dieser Einführungsstunde notieren sie auf einem Blatt immer dann ein *M*, wenn das Wort, das die Lehrerin sagt, mit dem entsprechenden Laut beginnt. Im anderen Fall machen sie einen Strich.

Darüber hinaus erhalten die Kinder früh Gelegenheit, Zeichnungen zu beschriften, ihre eigenen und solche aus dem Sachunterricht. Dabei mischen sich die Schreibformen. Während das Beschriften im Sachunterricht zumeist als Abschreiben vollzogen wird, enthält das Beschriften eigener Zeichnungen bereits Merkmale konzeptionellen Schreibens (s. die Arbeit von Jan-Nico).

Auf diese Weise werden bis Weihnachten in rascher Folge die meisten Buchstaben behandelt. Das frühe Verfügen über eine größere Anzahl von Buchstaben eröffnet mehr Spielräume und macht den Unterricht interessanter. Möglich ist das in dieser Klasse, weil in der vorausgegangenen Vorschulklasse vielfältige Schrifterfahrungen angebahnt sind (s. S. 75–84).

Eine rasche Vermittlung von Wissenselementen ist dann lernproduktiv, wenn jedes Kind grundsätzlich über den Begriff „Buchstabe“ verfügt. Diese Voraussetzung kann mit Hilfe der **Schulanfangsbeobachtung** geprüft – und befördert werden.

Später kommen Wörter hinzu, die spezifische Schwierigkeiten für die Kinder enthalten, die sich auch nach einigen Schulmonaten immer noch vorrangig an ihrer Artikulation orientieren (so wie Jan-Nico in den ersten Wochen) sowie Wörter mit generell größerem Schwierigkeitsgrad (z. B. *sp, ie, er* und Konsonantenhäufungen).

6.3.3 Übungen – Bestätigen des individuellen Lernfortschritts – Stärken der Lernbereitschaft

Für das Üben stehen vielfältige Medien bereit: Die Kinder schreiben Buchstaben und Wörter in ein großes Schreibheft (DIN-A4-Querformat mit einfachen Linien) sowie in kleine Hefte unterschiedlichen Formats und mit verschiedenen Lineaturen.

Täglich schreiben

So wie im Klassenraum zu den einzelnen Buchstaben prägnante Bilder auf großen Karten aufgehängt (zur Anlauttabelle s. S. 140) und allmählich immer mehr Wörter ergänzt werden, schreibt jedes Kind für sich auch ein Wörterheft. Nur einige wenige Wörter sind für alle Kinder verpflichtender Lernstoff, die übrigen werden individuell in unterschiedlichem Ausmaß ergänzt. Alle diese kleinen Hefte werden in der Schule in dem Schuhkarton aufbewahrt, den jedes Kind unter seinem Tisch für die Schulutensilien hat. Nach Hause nehmen die Kinder nur die großen Schreibhefte mit. Sie schreiben täglich zu Hause und in der Schule.

Immer wieder gibt die Lehrerin den Kindern ausdrücklich Gelegenheit, den zunächst für alle gemeinsamen Lernstoff des Lehrgangs individuell zu bearbeiten und zu sichern, d.h. also auch in unterschiedlichem Umfang und mit verschiedenen Zugriffsweisen. Damit soll gewährleistet sein, dass das einzelne Kind Zutrauen zu sich selbst behält.

Wortschatzrolle

Gerade bei einem begrenzten Lehrgangswortschatz können die Kinder in größeren Abständen in ein Heft, das normalerweise in der (Wort-)Schatztruhe liegt, die Wörter aufschreiben, in deren Schreibung sie sich sicher fühlen. Ein anderes Medium ist die Wortschatzrolle (aus goldfarbenem Karton, der sich als Streifen geschnitten von selbst rollt und nach Belieben durch Klebestreifen verlängert werden kann). Einige Kinder schreiben viele Wörter, andere weniger. Für alle aber wird, und das ist entscheidend, der eigene Lernzuwachs im Laufe der Zeit augenfällig. – Auch bei solchem Aufschreiben machen die Kinder Fehler, sie sollten sie selbst in dem betreffenden Wort verbessern.

„Meine Mama mag Mäuse"

Immer wieder können Verknüpfungen gefunden werden zwischen dem verbindlichen Wortschatz und individuellen Erweiterungen: Die Lehrerin (S. Andersen) hat die Klasse vor einer noch leeren Plakatwand versammelt (November Klasse 1, vgl. Dehn/Hüttis-Graff 2000). Sie beginnt mit einem den Kindern bekannten Vers: *Meine Mama mag Mäuse – ich mag Bücher. Was magst du?* Die Kinder nennen Tätigkeiten und Gegenstände. Die Lehrerin notiert ICH MAG … auf der Plakatwand – mit lebhaftem Austausch der Kinder über die Schreibweise. Einzelne Kinder schreiben dazu, was sie mögen, oder sie stempeln das Gemeinte.

Die Lehrerin stellt für alle die Aufgabe: *Ihr habt so viele Dinge aufgezählt, die ihr mögt, und wir haben festgestellt, einige mögen Line, Bären, Schule oder auch Esssachen ... Jetzt möchte ich, dass ihr fünf Sachen aufschreibt, die ihr mögt. Und jedes Mal sollst du wieder schreiben ICH MAG ... Versuch von dem Wort zu schreiben, was du schon weißt, zumindest den ersten Buchstaben, vielleicht noch mehr. Wer dann mit seinem Blatt zufrieden ist, dann kleben wir das hier rum (Plakatwand) und gucken nachher gemeinsam an: Was unsere Klasse 1a jetzt insgesamt mag.*

Auch Nadine, die es mit dem Schreibenlernen nicht leicht hat, liest in der Schlussrunde vor, was sie geschrieben hat.

Sie hat eine gute Kombination von Bild und Schrift bei dem ihr wichtigen Wort *Fledermaus* gefunden.

Nadine (November Klasse 1)

Solche Aufgabenstellungen lassen sich – mit einigen Veränderungen – auch auf andere Unterrichtsbedingungen übertragen. Bei jedem Schreiblehrgang kann der Unterricht – durch Gespräche über die Schreibungen und das „Erschreiben“ von Wörtern – die kognitive Leistung in den Vordergrund rücken. Und auch die Erfahrung des persönlichen Leistungsfortschritts lässt sich überall anbahnen mit Verfahren wie den beschriebenen. Die Wortauswahl dagegen lässt sich bei fertigen Schreiblehrgängen nur in geringerem Umfang verändern.

Interesse der Kinder am Richtigschreiben

Entscheidend ist, dass die Kinder am Richtigschreiben selbst interessiert sind. Diese Lernbereitschaft wird schon bei der Anbahnung von Schrifterfahrung entwickelt und gefestigt durch die Art der Verständigung zwischen der Lehrerin und den Schülern bei offenen Aufgabenstellungen (*Frau Wolf, ist das schon richtig, von „Gans“?*, S. 86). Also gerade nicht dadurch, dass forciert versucht wird, Fehler um jeden Preis zu vermeiden, sondern indem das jeweils Richtige bestätigt und bei noch unzureichenden Ergebnissen die Leistung des Schreibanfängers anerkannt wird und – im Rahmen der Möglichkeiten des Kindes – Anstöße zum Rechtschreiblernen gegeben werden.

Überhaupt sind Rechtschreibgespräche lernproduktiv, bei richtig – wie bei falsch geschriebenen Wörtern: *Was findest du schwer an dem Wort? Wie hast du dir gemerkt, dass … so geschrieben wird?* Ein täglich praktiziertes Ritual kann das sein, es dauert nur wenige Minuten: Drei Kinder stellen jeweils ein Wort an der Tafel vor, das sie gerade gelernt haben, dessen Schreibung sie schwierig finden, und zeigen, was daran schwer ist. Manchmal kann auch die Lehrerin ein Wort zur Diskussion stellen. Nahe liegend ist die Unterscheidung von Merkwörtern – Denkwörtern.

Im zweiten Halbjahr von Klasse 1 erweitert sich der Basiswortschatz der Klasse. Unter den Übungen des Rechtschreiblehrgangs ist das Abschreiben und Aufschreiben weiterhin wichtig. Aber diese Übungen müssen nach wie vor pädagogisch und didaktisch als Schreibanlässe legitimiert sein, also auch einem Anspruch genügen, der über die Erweiterung des Rechtschreibkönnens hinausgeht. Das ist mit Aufgaben zu gewährleisten, die die Kinder zum Nachdenken anhalten. Häufig sind sie mit Leseaufgaben verbunden:

Wörterbuch

Zu einem Kernpunkt des Schreiblehrgangs im zweiten Halbjahr hat sich das Wörterbuch (s. Kopiervorlage, S. 264 ff.) entwickelt. Die Anregung dazu kam von einem Jungen, der beim Geschichtenschreiben stets ein Büchlein hervorholte, in das er neben einige eingeklebte Bilder die Bezeichnungen geschrieben hatte, und eifrig darin nach der richtigen Schreibung fahndete.

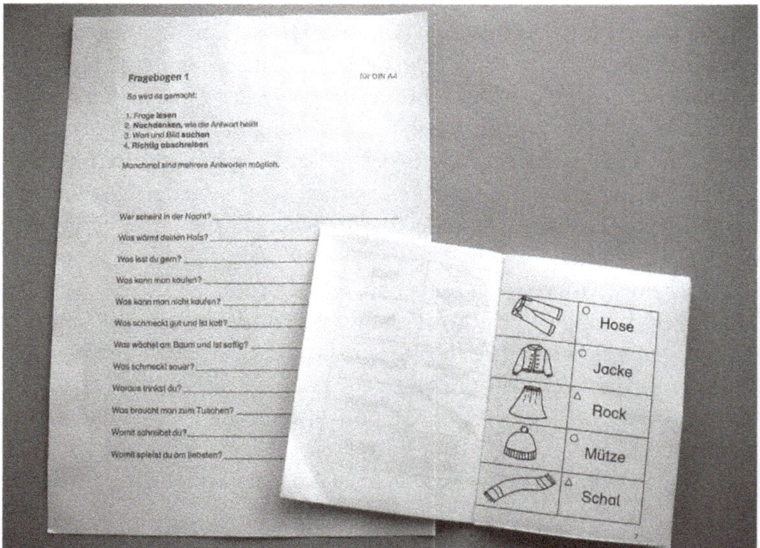

Ein ähnliches Heft mit 16 Seiten stellt die Lehrerin (I. Wolf-Weber) für jedes Kind her. In diesem Wörterbuch stehen inhaltlich geordnet auf jeder Seite fünf Begriffe: mehrfach sind es Tiere, im Übrigen z. B. Lebensmittel, Körperteile, Kleidung und Verkehr. Die Kinder können die Oberbegriffe selbst benennen (was im Haus ist; was man essen kann ...). Gerade für die Kinder anderer Herkunftssprache sind auch Symbole für die Artikel eingetragen.

Fragebögen KV

Das Wörterbuch zu lesen ist einfach. Wie der Erfinder, so blättern fast alle anderen Kinder gern darin. Und die Schreibaufgaben dazu? Sie stehen auf **Fragebögen** (s. **Kopiervorlage 3**, S. 272 ff.), d. h. die Kinder müssen lesen und nachdenken, bevor sie schreiben. Das Vorgehen ist genau benannt:

1. Frage **lesen**
2. **Nachdenken**, wie die Antwort heißt
3. Wort und Bild **suchen**
4. **Richtig abschreiben**

Die Fragen können sich auf die Inhalte richten *(Was braucht man im Haus, wenn es dunkel ist)* oder auch auf die Schreibungen *(Suche Wörter mit „ck“)*. Ähnliche Arbeitsblätter werden neben anderen Aufgaben bis zum Schuljahresende immer wieder verwendet. Was die Kinder daran fasziniert, ist vermutlich nicht nur der Gebrauch des kleinen Wörterbuchs, sondern der Anspruch der Aufgaben und die Selbstständigkeit, die sie erlauben. Jedes Kind bestimmt das Tempo und den Umfang der Aufgabe selbst.

Später können die Kinder die Wörter auch alphabetisch ordnen – dazu brauchen sie Kopien der Bilder und Wörter. Sie legen die Wörter in alphabetischer Reihenfolge hin, schreiben sie in ein neues Heft ab und kleben vielleicht auch die ausgeschnittenen Bilder dazu. Diese Arbeit bereitet den Gebrauch des Wörterbuchs als Nachschlagewerk in Klasse 2 vor.

Das Tafelspiel

Eine weitere gute Übungsform ist das Tafelspiel (I. Wolf-Weber). Dazu gehören mindestens 24 Karten. Auf der Vorderseite ist die Abbildung; bei dem geschriebenen Wort darunter fehlen Buchstaben, die den Kindern als „schwer“ gelten. Auf der Rückseite steht das ganze Wort geschrieben. Besonders geeignet ist es für Kinder, die noch Schwierigkeiten mit dem Schreiben haben, insbesondere damit, sich ihre Schwierigkeiten einzugestehen. Wenn sie Experten für das Spiel sind, die Karte in der Hand haben und sich einen Partner suchen, der das gesuchte Wort an die Tafel schreibt, können sie im genauen Vergleich mit der Rückseite entscheiden, ob das Wort richtig geschrieben ist. Sonst muss eben „gewischt“ werden. Jeweils nach fünf Wörtern wird die Rolle getauscht. Wenn diese Kinder dann selbst „wischen“ müssen, haben sie doch die Erfahrung gemacht, dass es beim Partner auch so war. Und sind anschließend gleich wieder selbst Experte.

Das Tafelspiel: Wissen ist Macht!

6.4 Verbindung von Rechtschreiben und Textschreiben

6.4.1 Anregen zum Textschreiben – allmähliches Verknüpfen mit dem Rechtschreiblehrgang

Eigene Erlebnisse sind häufig die ersten Themen früher Geschichten der Kinder. Nahe liegend ist für sie zunächst, ihre Bilder zu erläutern, mit kurzen Kommentaren, oder auch, indem sie der Lehrerin oder dem Lehrer zu ihrem Bild etwas diktieren, was diese stellvertretend aufschreiben.

Erlebnisse aufschreiben

Hanno schreibt eine ganze Reihe einzelner Erlebnisse auf, die er mit Tieren zu Hause hatte (s. auch S. 58). Noch stehen sie ziemlich unverbunden nebeneinander. (Nur der erklärende Satz *Mohrle ist unsere Katze* ist ein verbindendes Element, auch für die Orientierung des Lesers.)

Geschichten hören und dazu schreiben

Eine andere Möglichkeit, Kinder zum Textschreiben anzuregen, ist das Vorlesen. Die Lehrerin (G. Welge) liest nach den Weihnachtsferien in Klasse 1 aus der Schulzeitung Texte vor, die Kinder aus einer dritten Klasse geschrieben haben (Welge 1996). Die Anfänger sind verwundert: *Das haben Kinder geschrieben?* Die Lehrerin versichert: *Ja, und ich bin ganz sicher, dass ihr auch Geschichten schreiben werdet.* Dazu ist an den kommenden Tagen als Alternative zur Arbeit mit dem Wörterbuch Gelegenheit. Die Geschichten werden jeweils am Ende des Schultages vorgelesen – ein Anreiz für die, die noch nicht mit dem Schreiben begonnen haben, es zu versuchen.

Tills Text lässt deutlich Anklänge an die Geschichten aus der Schulzeitung erkennen. Er schreibt gleich eine ganze Serie solcher Geheimnis-Texte. Das Schreiben zu Vorgaben fällt den Kindern leichter als das Formulieren eigener Erlebnisse (s. die Texte von Hanno und Till, vgl. ANDRESEN 2009, 102). Wenn es ihnen überlassen ist, was sie mit der Vorgabe tun, haben sie einen sprachlich gefassten Inhalt, also eine Bedeutungsstruktur präsent, etwas, an dem sie sich abarbeiten können. Sie können die Struktur übernehmen oder variieren, sie können einzelne Wendungen übernehmen oder modifizieren, sie können einen Akzent setzen – sie haben also Gestaltungsmaterial zur Verfügung. Und sie nutzen diese Spielräume. So haben die Texte, die als offene Aufgabenstellungen zu Vorgaben entstehen, fast immer einen inneren Zusammenhang. Sie enthalten oft einen komplexeren Satzbau als die Formulierungen zu Selbst-Erlebtem (s. DEHN/MERKLINGER/SCHÜLER 2011; vgl. POMPE 2012).

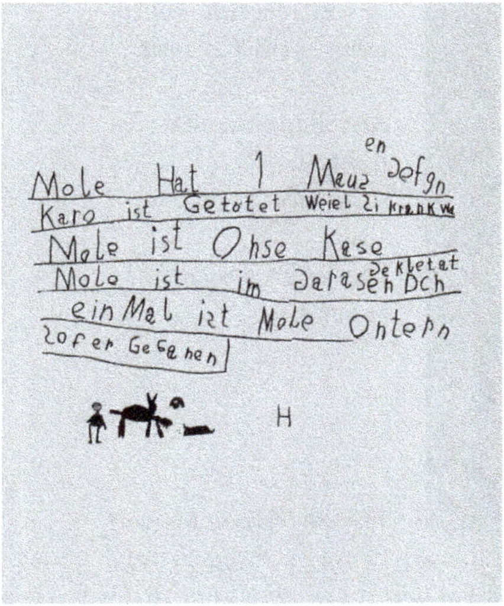

Hanno (Januar Klasse 1)

Mohrle hat eine Maus eingefangen.
Karo ist getötet, weil sie krank war.
Mohrle ist unsere Katze.
Mohrle ist im (auf das) Garagendach
geklettert. Einmal ist Mohrle
unters Sofa gegangen.

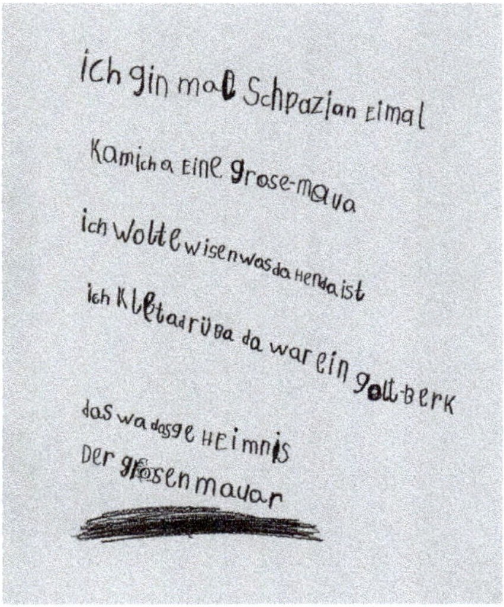

Till (Januar Klasse 1)

Ich ging mal spazieren. Einmal
kam ich an eine große Mauer.
Ich wollte wissen, was dahinter ist.
Ich kletterte darüber: Da war ein
Goldberg. Das war das Geheimnis
der großen Mauer.

Zum Bilderbuch schreiben

Dafür noch ein Beispiel aus der Klasse von S. Andersen: Die Kinder haben das Bilderbuch „Riesen-Geschichte und Mause-Märchen“ (Annegert Fuchshuber) gehört. Drei Schreibblätter liegen bereit – mit Kopien unterschiedlicher Szenen aus dem Buch. Die Kinder sollen eins auswählen zu der Aufgabe: *Schreibe auf, was dir wichtig ist.*

Yasemin hat den wesentlichen Inhalt des Buches in der Gegenüberstellung der Figuren zusammengefasst: ... *vor allem Angst* ... *vor nichts Angst,* noch mit der Pointe, dass die Maus Rosinchen *auch nicht vor Riesen* (wie Bartolo) Angst hat. Die „Schnittstelle“ ist mit *aber* markiert. Und der Text endet – wie das Buch – versöhnlich: *Die beiden passen zusammen.*

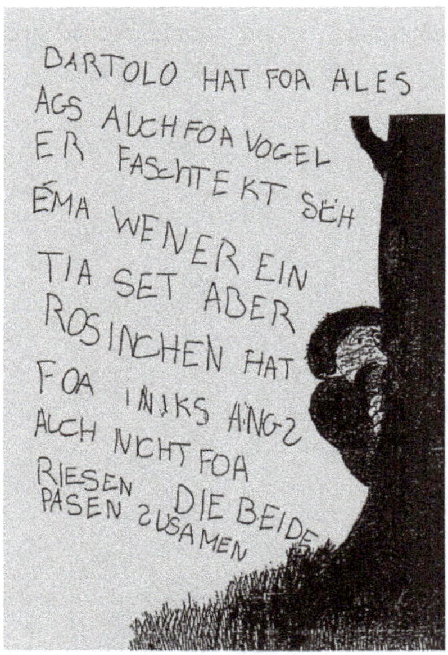

Bartolo hat vor allem Angst.
Auch vor Vögeln.
Er versteckt sich immer,
wenn er ein Tier sieht.

Aber Rosinchen hat vor
nichts Angst.
Auch nicht vor Riesen.

Die beiden passen
zusammen.

Yasemin (Februar Klasse 1)

Schreibe auf, was dir wichtig ist.

Die harmlos klingende Aufgabe: *Schreibe auf, was dir wichtig ist,* fordert von den Schreibanfängern, dass sie aus dem Komplex des Vorgelesenen etwas auswählen und es auf dem Papier formulieren. Sie können sich beschreibend oder wiederholend auf die Vorgabe beziehen oder etwas akzentuieren oder es auch umgestalten. Ganz selten nur entstehen dabei unverbundene Texte. Diese frühen Aufgaben zum Textschreiben knüpfen an die Erfahrungen mit Geschichten (vorgelesenen und in Film und Fernsehen bzw. in Computerspielen gesehenen) an, korrespondieren also mit dem Niveau der literarischen Sozialisation, ohne es einzuschränken auf das, was auch schon orthografisch richtig geschrieben werden kann. Andererseits bringen sie die Schreibanfänger in vielfache Entscheidungssituationen, so kann sich – in Verbindung mit dem kognitiv ausgerichteten Rechtschreibunterricht – eine Fragehaltung bei den Schreibanfängern ausbilden: *Wie schreibt man – wie wird … geschrieben*, an die der Rechtschreibunterricht anknüpfen kann.

Schreibanfänger wissen wohl von Anfang an, dass ihre Schreibungen nicht richtig sind. Sie merken, dass die Lehrerin ihre Geschichten manchmal nur mit Mühe lesen kann. Aber diese Erfahrungen müssen sich erst konkretisieren. Bei dieser Akzentuierung des Textschreibens werden schreibmotorische und orthografische Fehler in den ersten Monaten toleriert, aber das Kind wird zum Fragen aufgefordert.

Wie schreibt man …?

Die lernpsychologische These, Fehler seien zu vermeiden, weil sie sich einprägen, hat sich bisher für die Erwerbsphase nicht bestätigen lassen (vgl. SCHRÜNDER-LENZEN 2009, 81 ff.). Die Notwendigkeit, beim konzeptionellen Schreiben vom gedachten Wort zu seiner Schreibung zu finden, macht den Schreibanfängern das Problem der orthografischen Norm erfahrbar, sodass sie die Lerngegenstände des Schreiblehrgangs aufmerksamer aufnehmen und handhaben können.

Und die Lehrerin kann Gelegenheiten zur Orientierung an der orthografischen Norm immer wieder anbieten, mit Hilfe kleiner Wörterzettel:

Gelegenheiten zur Orientierung an der orthografischen Norm – beim Textschreiben!

Wenn ihr jetzt eure Geschichte schreibt, bleib ich hier sitzen, und ich hab ganz viele kleine Papiere bei mir und 'nen Stift. Und wenn einer ein Wort nicht weiß, dann kommt er zu mir. Und wenn hier schon einer steht, dann stellt er sich dahinter. Und dann schreib ich euch das Wort auf. Dann wisst ihr, wie's richtig geht, den Wörterzettel könnt ihr mit an euren Platz nehmen.

Zu Anfang nehmen wenige Kinder dieses Angebot in Anspruch. Nach einigen Wochen allerdings ist die richtige Schreibung für etliche zum Problem geworden: Sie fragen die Lehrerin, sie holen sich untereinander Rat und überlegen selbst. Genau dies, Schreibschwierigkeiten überhaupt zu erkennen ist im späteren Rechtschreibunterricht ein zentrales Problem: Wir behandeln „Fälle", erklären Regeln, die Kinder wiederholen und üben alles brav, aber wenn sie das scheinbar Vermittelte anwenden sollen, bei eigenen Texten oder in nicht vorbereiteten Diktaten, schreiben sie drauflos und machen immer wieder viele Fehler.

Gerade darauf kommt es an, dass die Kinder ein persönliches Interesse am Richtigschreiben entwickeln und viele Erfahrungen sammeln, wie sie das spezifisch Schwierige bearbeiten und bewältigen können, und zwar beim konzeptionellen Schreiben, nicht nur in eigens für das Richtigschreiben präparierten Schulsituationen: nicht unter dem Zwang des Fehlervermeidens, sondern aus der Erfahrung, dass es unterschiedliche Lösungen gibt, aber nur eine normgerechte. Wenn die Kinder dieses Interesse beim Schreibenlernen, beim Textschreiben, entdeckt haben, kann es auch ausdrücklich herausgefordert werden.

6.4.2 Rechtschriftliches Vorbereiten von Schreibanlässen – Korrigieren von Texten

Im Vergleich zu Texten, die eigene Erlebnisse enthalten oder literarische Anregungen verarbeiten, ist der thematische Rahmen beim dokumentarischen Schreiben sehr viel enger begrenzt, sodass er rechtschriftlich leichter vorbereitet werden kann.

Wo es um das Formulieren und Festhalten von Erkenntnissen aus dem Sachunterricht geht, liegt es nahe, auch auf eine normgerechte Schreibung hinzuwirken: Die wichtigsten Begriffe werden, auch zur Stützung des Gedächtnisses, zuvor an der Tafel festgehalten. Beim Schreiben orientieren sich die Kinder daran. Themen sind z. B. die Beschreibung eines Tieres, die von Freund oder Freundin.

Ein ähnlicher Schreibanlass ist die Collage zum Selbstportrait. Es kann leicht zu einem Projekt „Ich und die anderen“ erweitert werden.

Benennen und Beschriften

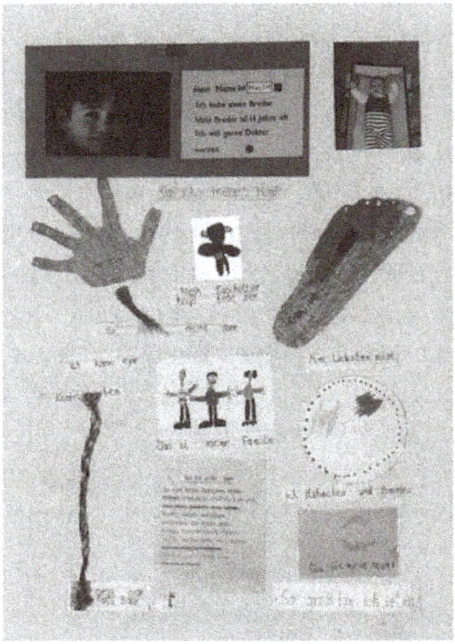

Selbstporträt

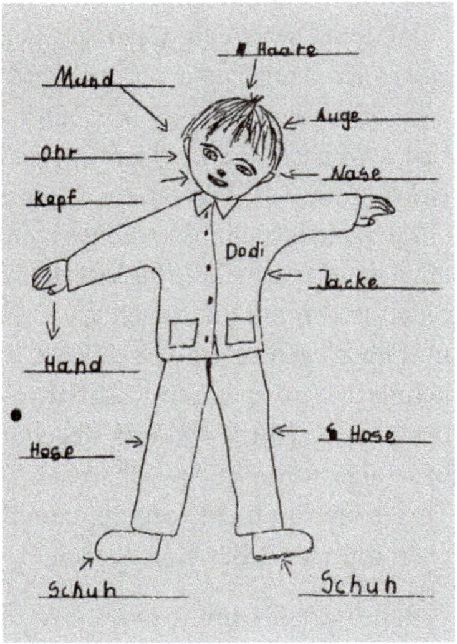

Beschriften; Anna (Mai Klasse 1)

Die Akzentuierung des orthografischen Aspekts ist noch deutlicher, wenn es um das Beschriften von Zeichnungen und Fotos geht, die die Lehrerin hergestellt und verteilt hat.

Anna, die schwächste Schülerin dieser Klasse, füllt das Arbeitsblatt im Verlauf von drei Wochen immer wieder aus, ohne dass jemand sie dazu auffordert. Sie schreibt diese Wörter schließlich ganz ohne Vorlage richtig und beherrscht sie auch noch zu Schuljahresende, nachdem sie sich längere Zeit nicht mehr damit beschäftigt hatte. Hier hat offenbar Erfolgsgewissheit als Schreibmotivation gedient. Andere Themen, die sich für das Beschriften eignen, sind z. B.: der Apfelbaum, einzelne Tiere (Hund, Pferd, Kuh, Hahn, Kamel, Löwe …), das Auto, das Schaufenster eines Spielwarenladens, eine Gartenansicht, das Kinderzimmer.

Zum Korrigieren eigener Texte hat sich im Rahmen des Modellversuchs „Elementare Schriftkultur" das folgende Verfahren bewährt: *Unterpunkten des Richtigen als Selbstkontrolle.* Es ist gleichermaßen für den Anfangsunterricht und für den Umgang mit lang anhaltenden Schwierigkeiten beim Rechtschreiblernen in späteren Schuljahren geeignet. Ziel ist, das Richtige zu bestätigen, den Lernenden zu Selbstkorrektur und Rechtschreibbewusstheit anzuhalten.

Unterpunkten des Richtigen als orthografische Selbstkontrolle

Lars hat – wie Till und andere Kinder – angeregt von den Schülertexten aus der Schulzeitung selbst einen Text verfasst. *Alles richtig?*, fragt er die Lehrerin (G. Welge). Sie schreibt seinen Text noch einmal auf und dann vergleichen sie die Schreibungen. Lars spricht über seine Überlegungen beim Schreiben und macht unter jeden Buchstaben, den er richtig geschrieben hat, einen Punkt. Für dieses Mal ist der Vergleich zu umfangreich. Er möchte dann doch lieber noch eine Geschichte schreiben. Das Verfahren wird später fortgesetzt.

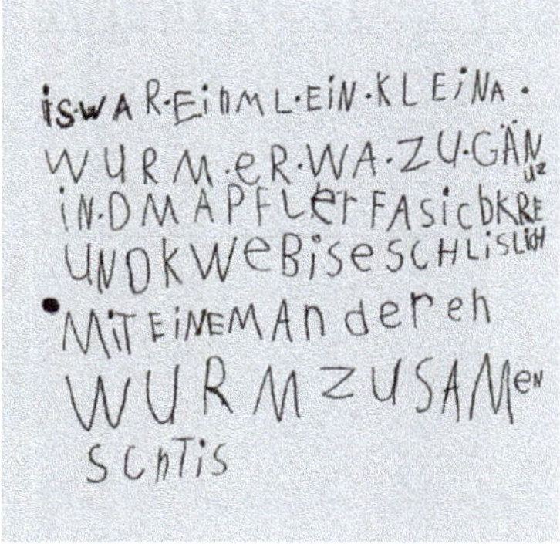

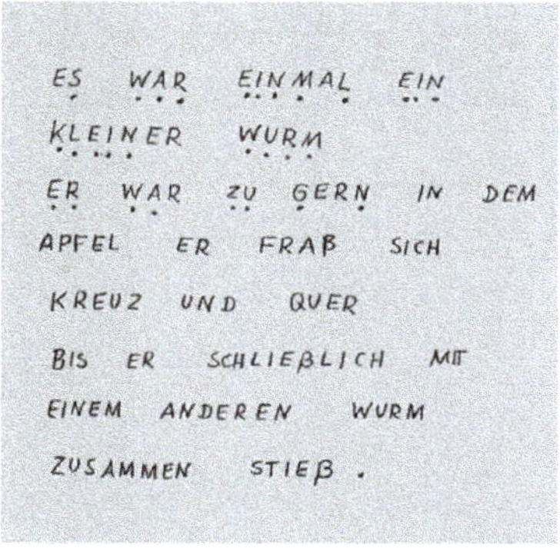

Unterpunkten des Richtigen als orthografische Selbstkontrolle; Lars (Januar Klasse 1)

Diese Selbstkontrolle erfordert Genauigkeit, unterstreicht das Richtige und die Bedeutung des Richtigschreibens und gibt Anlass über das Fehlende nachzudenken und zu sprechen (*ich vergesse immer das „ie“* – so die Erkenntnis eines Schülers aus Klasse 3 mit lang anhaltenden Schwierigkeiten).

6.5 Ergebnisse des Schreibunterrichts

Offene Aufgabenstellungen, wie sie hier für das Textschreiben vorgestellt sind, lassen immer wieder die Frage aufkommen, ob die Kinder, die so zu arbeiten angeregt werden, auch im Hinblick auf die Rechtschreibung genug lernen. Dazu die folgenden Einblicke in eine Klasse, in der ca. 30 % der Kinder mehrsprachig sind.

Die Lehrerin (I. Schnelle) hat der Klasse 1 im Mai die Geschichte **„Der Turm zu Babel“** erzählt und ihr auch das Bild von Pieter Brueghel d. Ä. gezeigt (vgl. DEHN/MERKLINGER/SCHÜLER 2011; **Kopiervorlage 4**, S. 277).

Lehrererzählung: Der Turm zu Babel KV

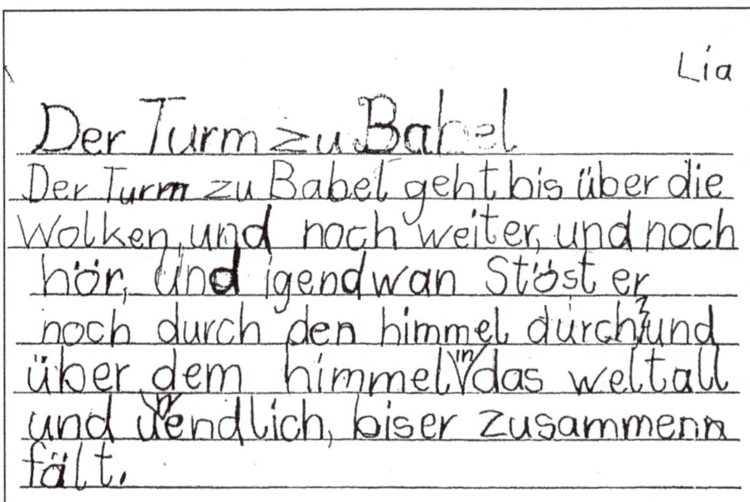
Lia

Der Turm zu Babel

Der Turm zu Babel geht bis über die Wolken, und noch weiter, und noch hör, und igendwan Stöst er noch durch den himmel durch und über dem himmel in das weltall und endlich, biser zusammen fält.

Lia

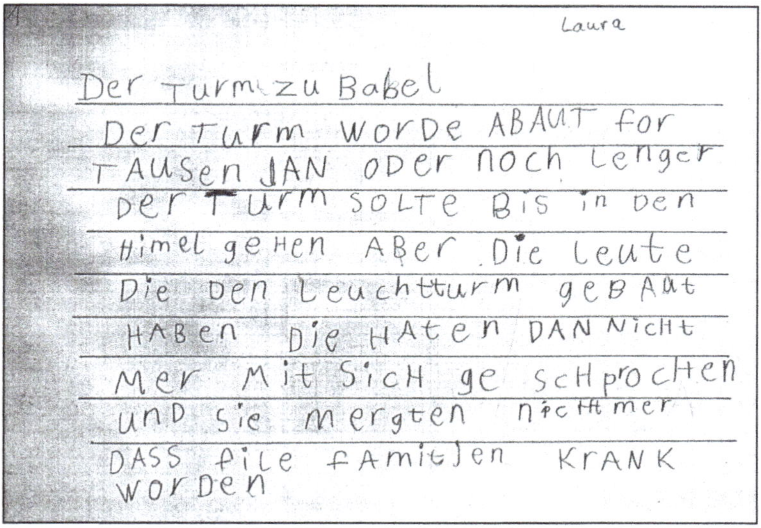

Laura

Der Turm zu Babel

Der Turm worDe ABAUT for
TAUSen JAN oDer noch Lenger
Der Turm SOLTE Bis in Den
Himel geHen ABer Die Leute
Die Den Leuchtturm geBAUt
HABen Die HAten DAN NicHt
Mer Mit SicH ge SchprocHen
unD Sie mergten nicHt mer
DASS file fAmitJen KrANK
worDen

Laura

Heute sollst du dir Gedanken machen über den Turm zu Babel, deine Gedanken aufschreiben. Später malen die Kinder den Turm. Ihre Arbeiten (in Wort – als Reinschrift vom Computer – und Bild) werden zusammen mit dem Gemälde von Brueghel auf dem Elternabend ausgestellt.

Die Schülerarbeiten zeigen die Heterogenität der Leistungen beim Textschreiben und Rechtschreiben in einer Klasse (zu den Umschriften der Texte aller Kinder und zu weiteren Originalen sowie zu den Texten dieser Kinder aus Klasse 4 vgl. Dehn/Merklinger/Schüler 2011, 152 ff., 199–207):

Heterogenität der Leistungen

Lia und Mohamed thematisieren das Unerhörte dieses Turms. Mohamed formuliert seine Frage nach dem Warum zweimal, gibt auch eine Antwort *(Weil das im Himmel ankommen will)* – aber letztlich bleibt es doch unbegreiflich. Lias Text gibt diesem Unerhörten eine sprachliche Gestalt: *Wolken – Himmel – Weltall – unendlich.* Das sind die Vorstellungsbereiche, aber sie fasst das vermessene Vorhaben auch mit Verben und Partikeln: *geht bis über – noch weiter – noch höher – stößt durch – über dem Himmel – bis er zusammenfällt.*

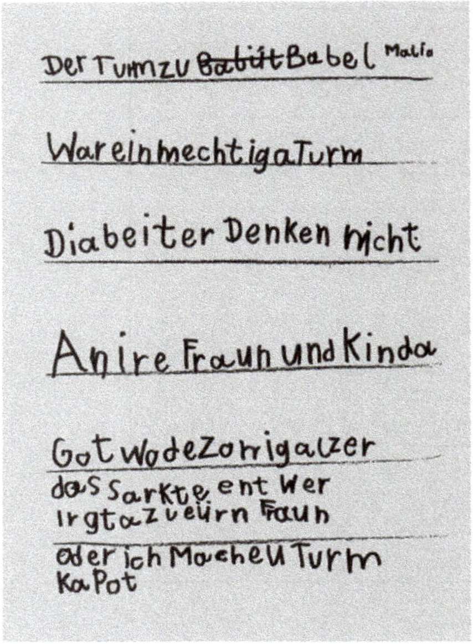

Malia

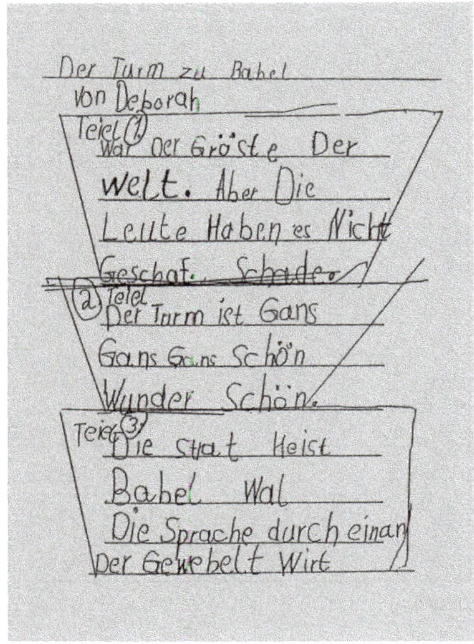

Deborah

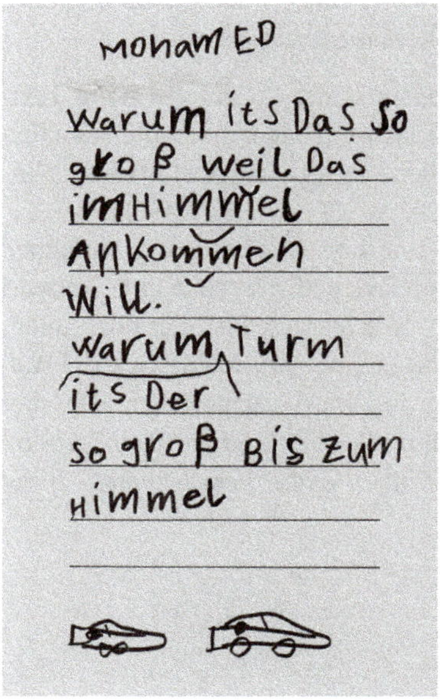

Mohamed

Mit dieser letzten Wendung benennt sie den Schlusspunkt des Geschehens. Ihr Text entspricht nicht den Erwartungen an Sprachformen von Kindern der ersten Klasse. Die Bildkraft könnte auch die eines Jugendlichen oder Erwachsenen sein. Interessant ist, ihre Formulierungen mit denen aus der Lehrererzählung zu vergleichen (s. Kopiervorlage S. 277): So kann man nachvollziehen, wie sich ihre Vorstellungen gebildet haben, denen sie mit dem Text eine Gestalt gegeben hat.

Mohameds und Lias Text sind orthografisch weitgehend richtig: Mohamed hat die Schreibung mehrerer Wörter nachgefragt. Die Schreibung *its* (statt ist) macht einen stutzig. Lia macht – abgesehen von der Groß- und Kleinschreibung – überhaupt nur wenige Fehler *(hör, irgendwan, stöst, …fält)*. Das Rechtschreibkönnen der beiden Kinder ist freilich, was den Umfang des Wortschatzes betrifft, sehr unterschiedlich weit fortgeschritten.

Laura und Malia berichten von dem Geschehen. An Lauras Text ist gut zu erkennen, über welche Schreibungen sie als Grundwortschatz verfügt *(oder, noch, bis, in, den, gehen, aber, die, krank …)*, und welche sie produzieren muss (s. Zwei-Wege-Modell des Schreibens, S. 67). Die erschreibt sie sich in starker Anlehnung an ihre Artikulation *(worde, geschprochen, familjen …)*. Das gilt auch für Malia – mit dem Unterschied, dass ihr Grundwortschatz offenbar kleiner ist. Gegen Ende des Textes verwischen nicht nur die Wortgrenzen beim Schreiben, sondern auch die Zuordnung von Wort und Schreibung (*sarkte* statt *sah, sagte er*).

Deborah gliedert ihren Text in drei Teile: der erste gilt der Handlung – und einem Kommentar (schade), der zweite der Schönheit des Turms, der dritte erklärt den Namen des Turms. Auch bei ihr ist gut die Diskrepanz erkennbar zwischen Lehrgangswörtern, deren Schreibung sie beherrscht, und der Produktion von Schreibungen, die an der Artikulation orientiert sind *(Teiel, wal, gewebelt …)*.

Alle Kinder haben zu der Erzählung geschrieben.

Diese Schülertexte sind verglichen mit den Erwartungen an Texte aus Klasse 1 so ungewöhnlich wie der Schreibanlass. Alle Kinder haben zu der Lehrererzählung geschrieben. Die Geschichte ist mythisch-archaisch, sie steht gleichermaßen in der Bibel wie im Koran und behandelt ein Thema, das auch jungen Kindern in der Erfahrung zugänglich ist: Selbstüberschätzung – hier gesteigert als Hybris. Die Geschichte kann Staunen und Schrecken auslösen. Sie enthält eine Moral. Aber man kann sie auch eher informativ aufnehmen, als Bestandteil kulturellen Erbes. So wie die Lehrerin sie erzählt hat, knüpft sie an Erfahrungen der Kinder mit Türmen an, sie ruft Vorstellungen und innere Bilder hervor. So kann jedes Kind etwas von dem Inhalt und der sprachlichen Form auswählen und variieren. Es macht die Erfahrung, dass es etwas zu sagen hat, das interessiert. Auch dies ist eine Aufgabe, die bereits innere Differenzierung enthält und einen hohen Anspruch – ohne Sanktionen.

Jedes Kind kann etwas von dem Inhalt und der sprachlichen Form auswählen und variieren.

Das Rechtschreibkönnen ist kein Hindernis für diese dichten und zum Teil ziemlich langen Texte; im Gegenteil: Die Kinder haben einmal mehr die Gelegenheit, Gekonntes anzuwenden, Schreibungen zu erproben und Fragen zum Richtigschreiben zu stellen. An sie kann der Lehrgang ebenso anknüpfen wie an die Schwierigkeiten, die sich an den Texten beobachten lassen. Auf diese Weise kommt es nicht dazu, dass Unterricht Antworten auf Fragen gibt, die sich für die Kinder noch gar nicht stellen.

Aufgaben zum Textschreiben umfassen neben dem Aufschreiben von Selbst-Erlebtem, dem Beschriften und dem dokumentarischen Schreiben auch das Schreiben zu Vorgaben als einem Fundus (vgl. zu Bildern als Vorgabe KOHL 2005):

- Bild von Dürer (s. S. 98 f.)
- Vorlesen von Texten älterer Schüler aus der Schülerzeitung (s. S. 112 f.)
- Vorlesen von Kinderbüchern (s. S. 113 f.)
- Lehrererzählung (s. S. 118, S. 277)

Wie beim Rechtschreiblernen können die Anfänger auch beim Textschreiben zunächst unterschiedliche und vielfältige Erfahrungen machen – in einem durch Vorgaben strukturierten Feld. Eine Ausdifferenzierung, vor allem nach Textsorten, und das Einlösen des Anspruchs ausreichender Explizitheit des Schreibens (vgl. dagegen den Text von Malia) ist Thema der folgenden Schuljahre – entsprechend dem Ausgang vom Komplexen zum Differenzierten, vom Unvollkommenen zum Vollkommeneren (s. These 4, S. 13).

6.6 Zum Umgang mit Fehlern: Episoden

Die Fehler der Kinder sind eine Herausforderung für Lehrerin und Lehrer. Wie wir damit umgehen, hängt von den Lernvoraussetzungen des Kindes, von der Lernsituation (Klassen-, Gruppen- oder Einzelunterricht), vom Zeitpunkt im Lernprozess, von der Art des Fehlers und von unserer Toleranz ab. Rezepte sind gefährlich und greifen zu kurz, aber Beispiele für mögliches Lehrerverhalten können vielleicht Anregungen geben.

Gelegenheit zur Selbstkorrektur

Am Schluss der Stunde sollen die Kinder (Februar Klasse 1) Wortkarten auf ihrem Tisch zu einem Text ordnen und diesen in ihr Heft abschreiben. Birte zeigt ihre Arbeit der Lehrerin (D. Arp):

> Oma will Reis kochen.
> Im Haus ist keine Milch.
> Oma ruft Uta.
> Uta soll Milch holen.

Birte hat das *h* bei *holen* fast wie ein *n* geschrieben. Die Lehrerin bittet sie, den Text selbst vorzulesen. Birte liest – ohne Stocken.

Da sagt die Lehrerin: *Darf ich noch eine Sache sagen? Das sieht fast aus bei mir wie'n „n"* (zeigt). *Was ist da los, Birte?*

(Die Schülerin erklärt:) *Der Strich ist zu klein. – Machst es noch in Ordnung? – Ja.*

Regel als Begründung

Eine Schülerin schreibt *naein* an die Tafel (Dezember Klasse 1). Die Lehrerin sagt: *A und e vertragen sich überhaupt nicht und stehen deswegen nicht zusammen.*

Daniel fragt nach

Daniel soll *Leine* schreiben (Mai Klasse 1). Er schreibt *L i n e.*

> *D.: Fehlt da was?*
> *L.: Leine. Ja.*
> *D.: L:ei:ne, Leine.*
> *Daniel schreibt L ei n e.*
> *L.: Genau, das „ei".*

Präsentation des Richtigen – Beschränken der Korrektur

Janina hat geschrieben (Januar Klasse 1): *Elefant wont in Afrika. Löwe wont auch in Afrika. Di Schlange wont auch in Afrika ...* (eine ganze Seite).

Sie macht noch mehr Fehler, vor allem bei der Großschreibung. Die Lehrerin schreibt daneben groß und deutlich und mit zwei verschiedenen Farben *wohnt* und *die*. Janina schreibt noch eine Seite zum Thema mit dem Computer. Diese beiden Wörter schreibt sie nun immer richtig.

Patrick hat eine Indianergeschichte geschrieben. Darin geht es um ein Pferd *(fert; fet)*. Das Wort kommt mehrmals vor. Die Lehrerin schreibt auf einem gesonderten Blatt das Wort richtig auf, Patrick schreibt es siebenmal ab und zeichnet noch ein Pferd dazu. Bei seiner nächsten Indianergeschichte ist *Pferd* immer richtig geschrieben.

7 Leseunterricht in Klasse 1

7.1 Wege zum richtigen Erlesen von Wörtern

Wie gehen Leseanfänger vor, wenn sie ein neues Wort erlesen? Wie können wir sie im Unterricht dabei unterstützen und sie dazu anleiten?

Claudia soll im November das Wort „*rosa*" lesen. Es steht im Kontext von Satz und Bild *Uta malt ein rosa Rad.* Sie liest: *ro, rosanes, ro, rosa.*

Segmentieren – Sinnerwartung – Kontrolle

Sie teilt sich als Erstes die Aufgabe auf und reduziert damit die Schwierigkeit. Im zweiten Schritt formuliert sie eine Sinnerwartung, die auf ihren Sprachgebrauch bezogen ist *(rosanes)*. Im dritten Schritt geht sie zurück an ihren Ausgangspunkt. Daraus kann man schließen, dass sie selbst eine Diskrepanz bemerkt hat zwischen der optischen Vorgabe und ihrer eigenen Formulierung. Im vierten Schritt erliest sie das Wort richtig. – In der Kombination zwischen der Wahrnehmung und dem Strukturieren der optischen Vorgabe, dem Verbinden eines Teilergebnisses mit der Spracherfahrung sowie dem Prüfen und Korrigieren der Sinnerwartung erweist sich dieser Prozess des Erlesens als komplexe Denkleistung.

Die Zugriffsweise anderer Leseanfänger, die von sich aus, also ohne Hilfe des Lehrers, das Wort *rosa* im November erlesen, ist schlichter. Gleichwohl können auch diese Prozesse als gelungene Problemlösevorgänge betrachtet werden: Einige gehen – wie Claudia – vom Wortteil aus (übrigens nicht immer vom ersten!) und kommen schon im zweiten Schritt zum Ergebnis *(ro, rosa; (sa), rosa)*; einige versuchen sich sogleich mit dem Wort als Ganzem, indem sie sich mit gedehntem oder silbischem Lesen die lautliche Struktur und die Bedeutung erschließen *(ro:s:a; r:o:'s:a)*, manchmal auch, nachdem ein erster Entwurf sich bei der internen Kontrolle als falsch erwiesen hat *(r:a:d, r:o:'s:a, rosa)*. Und eine dritte Gruppe geht vom einzelnen Buchstaben aus, meistens beginnen die Kinder mit dem ersten:

1. *r-o, r-o, s-a, sa' a, r, rosa*
2. *r, ro, ros, ro, a, rosa*
3. *r, ro-s, a, rosa*
4. *das 'n r:; das 'n u* (L. korrigiert o), *o:, das 'n s und das 'n a, sa:, rosa*
5. *r-o heißt ro, rosa*
6. *r-o-s-a, rosa*
7. *r, rosa*

Die Formen solcher sukzessiven Synthese sind sehr vielfältig. Nicht immer werden alle Buchstaben benannt. Auch die Zugriffsweise, die die Synthese in den Mittelpunkt stellt, enthält Kontrollvorgänge und entsprechend Rückgriffe (1., 2.) und wird durch Sinnerwartung strukturiert und verkürzt (5., 7.); meistens beginnen die Kinder mit der ersten Silbe, manchmal auch mit der zweiten (1., 4.).

Leseanfänger, die – mit welchem Verfahren auch immer – ein Wort wie *rosa* im November selbstständig erlesen können, werden gute Fortschritte in ihrem Zugriff auf Schrift machen, denn bei jedem Wort, das sie erlesen, lernen sie Neues oder festigen schon Gekonntes. Das haben Untersuchungen zum Schrifterwerb bestätigt (s. S. 29 ff.). Diese haben auch gezeigt, dass die Zugriffsweise der Leseanfänger individuell verschieden ist und sich im Verlauf des Lernprozesses verändert.

Im Vergleich zur Vielfalt, mit der die Kinder beim Erlesen vorgehen, ist unser methodisches Repertoire im Unterricht ziemlich einförmig und verkürzt; häufig nicht nur auf ein einziges Verfahren eingeschränkt, sondern sogar einschränkend. Eine Eingrenzung des Lehrverfahrens ist in Gefahr, das Ziel der Unterweisung zu verfehlen. Denn: Lesen ist auf Sinnverständnis, Informationsgewinn, Horizonterweiterung gerichtet. Das Entschlüsseln der Schrift ist nur auf der Grundlage der Sprachbeherrschung möglich und setzt voraus, dass das Vorgegebene in seiner Bedeutung auf das schon Erfahrene bezogen wird. Das heißt, strukturell ist Lesen auf die Sinnerwartung und – im Stadium des Erwerbs – auch auf die Artikulation angewiesen. Beim Lesen Fortgeschrittener wird deutlich, wie die Sinnerwartung die Verarbeitung der Vorgaben verkürzen kann und somit zusammen mit der Kontrolle die Grundlage für ein effektives Vorgehen darstellt.

Komplexität der Denkvorgänge beim Erlesen

Solcher Einblick in die Komplexität der Denkvorgänge beim Erlesen kann nun nicht bedeuten, dass das Lehrverfahren den Denkspuren des Anfängers im Einzelnen folgen solle oder dass wir versuchen müssten, den individuell unterschiedlichen Akzentuierungen mit Differenzierungsmaßnahmen zu entsprechen. Wohl aber, dass der Leseunterricht den Kindern Wege für unterschiedliche Zugriffsweisen eröffnet, nicht dem Einzelnen einen Lösungsweg vorschreibt, sondern ihn in seinem Verfahren unterstützt. Lesenlernen als Problemlösevorgang zu betrachten, ist neuerdings durch die internationalen Studien PISA und IGLU bestätigt: Für den Unterrichtenden geht es darum, eine „Schwierigkeit" des Lerngegenstandes dem Vermögen der Lernenden gemäß so herauszustellen, dass sie bei deren Bewältigung ihr Können erweitern.

7.2 Wege zum Textlesen

Es gilt eine Lesemethode zu erarbeiten, die

Lesen als Problemlöseprozess

> *[…] das Lesen vom Anfangsunterricht an als Problemlöseprozess auffasst […], bei dem sich das Kind verschiedenster Vorgehensweisen bedienen muss (Kenntnis der Buchstaben-Laut-Korrespondenzen, Gesamtkontext der Geschichte usw.), um den Sinn zu erschließen. […] Lesen (wird) nicht mehr betrachtet […] als Gesamtheit von Fähigkeiten, die nacheinander vermittelt werden müssen, sondern als Integration all dieser Fähigkeiten im Dienste des Verstehens.*
>
> (Giasson 1999, 53)

Für das Erlesen des Wortes wie für das Textlesen bedeutet das, in Analogie zum Problemlösen (s. Kap. 2.2) Fragen wie diesen zu folgen:

Fragen für das Problemlösen	**Fragen für das Erlesen eines Wortes**
Warum geht es eigentlich nicht?	Steht das da?
Was habe ich erreicht?	Habe ich das richtig verstanden?
Was fehlt mir?	Was muss ich noch klären?
Wonach müsste ich fragen?	Welches Wissen fehlt mir?

Mit den beiden ersten Fragen wird die Sinnerwartung zum Impuls gebenden Faktor, verbunden mit der Kontrolle.

Bei den folgenden Fragen an fortgeschrittenere Leser (die sie sich natürlich auch selbst stellen können) ist der Ausgangspunkt das jeweils Bekannte *(Was kennst du schon?)* und das Benennen der Schwierigkeit *(Was findest du schwer?)*, also eine Einschätzung der Aufgabe – von Anfang an.

Bezogen auf Wort oder Satz	**Bezogen auf den Text**
Was kennst du schon?	Um was könnte es gehen? Was kennst du schon?
Was findest du schwer?	Was ist neu?
Was möchtest du wissen? Wie fängst du an? Wie könnte das Wort heißen? Steht das da? Was ist so ähnlich wie …? Woher kennst du das Wort?	Was möchtest du wissen? Was findest du an dem Text interessant? Warum findest du ihn nicht interessant? Einen wichtigen Satz heraussuchen, ihn mit eigenen Worten formulieren. Was fällt dir dazu ein? In wenigen Worten das Wichtige zusammenfassen.

Mit diesen Fragen ist – wie im Modell von GIASSON (1999, 74) – die Interaktion zwischen Text und Leser betont. Es geht eben nicht darum, den Text als etwas gleichsam Äußerliches zu erschließen, sondern sich beim Lesen zu ihm in Beziehung zu setzen, um ihn zu verstehen. Der Kontext muss – psychologisch, sozial und physisch – dazu einladen, also Interesse stützen, eine entspannte angstfreie Atmosphäre schaffen, gute räumliche Bedingungen bereithalten, ausreichend Zeit gewähren.

Nach diesem Modell sind Situationen nicht lernproduktiv, in denen es vor allem um das Vermeiden von Fehlern und um die Lesegeschwindigkeit geht. Der Blick auf das Lesenlernen als Problemlösen ermöglicht eine differenzierte Betrachtung des Fehlers. So kommt es vor allem darauf an, die einzelnen Teilschritte auf das Ziel beziehen zu können. Die Stringenz des Vorgehens steht im Vordergrund. Das schließt stets eine Selbst-Bewertung des Erreichten ein. Demgegenüber kann unzureichende Buchstabenkenntnis kompensiert werden. Die Fähigkeit zur Synthese allerdings ist eine unabdingbare Voraussetzung für das Lesenlernen. Sie kann nicht durch Instruktion vermittelt, wohl aber angebahnt werden. Eine gute Möglichkeit dafür ist das Schreiben – als Notieren einzelner Elemente in linearer Folge auf dem Papier, also beim Rechtschreibenlernen.

Stringenz des Vorgehens

Wenn wir solche Fragen den Kindern stellen und sie anhalten, sie selbst zu stellen, dann sollte dabei immer der Inhalt des Lesens Zielpunkt der Aktionen sein. Es geht nicht um ein Strategie-Training als solches.

Vielleicht haben wir bis jetzt Lesen als „geistige Handlung" methodisch immer noch zu wenig bedacht. Das gilt vor allem für die Leseanfänger, die lang anhaltende Schwierigkeiten bei der Schriftaneignung haben, und es hat weitreichende Konsequenzen für die Konzeption von Förderung und Lernhilfe. Dann ist der Unterschied zwischen dem offenen Unterricht und dem Frontalunterricht nicht mehr so groß.

Für die Unterrichtsgestaltung bedeutet das, Schrift als Herausforderung zu präsentieren, als Schwierigkeit, die die Kinder mit Schritten des Problemlösens bewältigen können: nämlich im Formulieren und Prüfen von Hypothesen, im Bilden und Kombinieren von Teilschritten auf das vorgegebene Ziel hin. Dieser Anspruch gilt stets – gleich welchen Lehrgang wir verwenden.

7.3 Leseaufgaben als Herausforderung: Einführung in die Struktur der Schrift

7.3.1 Differenzierung in der Aufgabe: Die Tierkarten

Die Lehrerin (I. Wolf-Weber) hat aus Kalendern und Katalogen farbige Tierbilder ausgeschnitten, sie auf Karten (15 x 13 cm) geklebt, diese beschriftet und mit Folie unempfindlich gemacht.

Zu den Tierkarten gehören heimische und fremdländische Tiere, Hahn und Huhn ebenso wie Leopard und Löwe, Kamel und Panda. Die Lehrerin zeigt die Karten einzeln vor, die Kinder benennen das Tier und tauschen Wissen und Erfahrungen aus. Das geschieht am Ende der Vorschulklasse und zu Beginn von Klasse 1 eine Zeit lang fast täglich. Gelegentlich äußert sich auch eine Schülerin über das darunter geschriebene Wort, indem sie es mit anderen Wörtern vergleicht *(Das ist länger als ...)* oder einzelne Buchstaben hervorhebt *(Der ist auch bei meinem Namen; der ist auch bei ...)*. Dadurch dass manche Tiere mit dem gleichen Buchstaben beginnen (Adler, Affe, Amsel; Maus, Maulwurf; Kamel, Krokodil), werden immer mehr Kinder auf die Schriftzeichen aufmerksam. Allmählich erhöht die Lehrerin die Anzahl der Karten (40 bis 50 insgesamt); und gelegentlich deckt sie das Bild mit der Hand zu, zeigt nur noch die Schrift. Damit verstärken sich die Äußerungen über die Wortstruktur, aber auch dadurch, dass Verwechslungskonflikte *(Maulwurf, Maus/Frosch, Fledermaus)* nun häufiger provoziert werden. Die Lehrerin beschränkt sich darauf, Richtiges zu bestätigen, Falsches zu korrigieren und Fragen zu beantworten. Darüber hinaus gibt sie von sich aus keine Instruktionen.

Die Tierkarten, die hier als Medium in gemeinsamen Lernsituationen eingeführt sind – im Frontalunterricht, allerdings ohne ausdrückliche Lenkung der Art, wie sich die Kinder damit beschäftigen, und der Ergebnisse, zu denen sie kommen –, werden von den Kindern zunehmend als Lerngegenstand in offenen Unterrichtszeiten angenommen (z. B. im Anschluss an Stillarbeiten).

Herausforderung zur Auseinandersetzung mit Schrift

Die Kinder mögen die Tierkarten, weil sie an Tieren ein großes Interesse haben und weil die Gestaltung der Karten sie anspricht. Die Karten stellen eine Herausforderung zur Auseinandersetzung mit Schrift dar, denn sie legen es nahe, Wissen zu aktualisieren und anzuwenden, Fragen zu stellen und – soweit das möglich ist – gemeinsam Fragwürdiges zu erkunden sowie Wissen und Können zu erweitern.

Einige Wochen später beginnt der eigentliche Lehrgang mit der ausdrücklichen Einführung von Buchstaben. Die Tierkarten werden nun seltener im Unterricht thematisiert, aber die Kinder wenden sich ihnen einzeln oder in Gruppen immer noch intensiv zu. Vermutlich regt sie der Leselehrgang seinerseits zu weiteren Erkundungen mit den Tierkarten an. So ist es wohl zu verstehen, dass die Lehrerin sie für den wesentlichen Antrieb zum Lesenlernen in diesem Jahr hält.

7.3.2 Präsentation einer Schwierigkeit: LEO und OLE

Der Lehrer (vgl. GIESE 1985, 159 sowie mündliche Mitteilungen von GIESE) hat am ersten Schultag Namenskärtchen in Blockschrift verteilt. Zu Beginn jedes Schultags holen die Kinder, der Lehrer und der Löwe LEO, eine Handpuppe, die im Unterricht mancherlei Aufgaben übernimmt, ihr Schild von der Fensterbank. Auch dabei gibt es wie bei den Tierkarten Verwechslungskonflikte; Äußerungen über Schrift, woran man das eigene Schild und das der Nachbarn erkennt; aber auch darüber, wer fehlt (dessen Schild bleibt ja stehen). So haben die Namenskärtchen zudem eine soziale Funktion. Die Kinder lernen den eigenen Namen und auch die einiger anderer Kinder zu schreiben. Die Kinder haben alle mehrere kleine Wortkarten mit Namen zur Verfügung, darunter ist stets LEO, der Name der Handpuppe. – Zu Beginn des Jahres kann in dieser Klasse noch niemand lesen.

Eines Morgens steht zum Schluss noch ein Namensschild in der Fensterbank, OLE. Zunächst herrscht Verwunderung. Der Lehrer erklärt, das sei der Name eines Jungen, von dem sie in den folgenden Wochen viele Geschichten lesen würden.

Die Kinder möchten gern wissen, wie er heißt. Aber die Vermutung, es handle sich auch um LEO, erweist sich rasch als falsch. Der Lehrer wartet ab und gibt den Kindern Gelegenheit, das Rätsel zu lösen. Die Kinder dürfen die Wortkarte LEO zerschneiden. Alle sind einzeln und zu mehreren damit beschäftigt, den Namen des Neuen herauszufinden. Nach etwa 8 bis 10 Minuten sagt eine Schülerin: *Der Neue heißt OLE*. Der Lehrer bestätigt: *Das habt ihr gut herausgefunden*, schreibt OLE an die Tafel und beginnt mit einem neuen Unterrichtsthema. Erst am nächsten Tag fragt er die Schülerin, wie sie denn den Namen herausgefunden habe.

Wie heißt der Neue?

Der Lehrer stellt ein *Problem: Wie heißt der Neue?* Die Kinder verfügen über Mittel, es zu lösen (die Bestandteile des Namensschildes von LEO), und sie erhalten Gelegenheit, Lösungsschritte im Hantieren mit Buchstabenkarten auszuprobieren. Die Lösungen werden jeweils sogleich von den anderen und vom Lehrer beurteilt. Als eine Schülerin die richtige Lösung gefunden hat, bewertet der Lehrer das als gemeinsame Leistung. Der Spannungsbogen ist für diesmal gelöst. Es erscheint mir lernpsychologisch klug, die Rekonstruktion des Lösungsweges erst am folgenden Tag zum Thema zu machen. So hat jedes Kind Zeit, für sich noch einmal darüber nachzudenken, wie man von LEO auf OLE kommt. Am nächsten Tag kann das Beschreiben des Lösungswegs wiederum als Bewältigen einer „Schwierigkeit" initiiert werden. Dabei wird es sicher darauf ankommen, dass die Kinder bei der Beschreibung ihre Sprache finden, dass der Lehrer sich zurückhält, ein Verfahren als Norm vorzumachen, dass er alternative Formulierungen zulässt.

Indem der Lehrer diese Schwierigkeit (LEO – OLE) präsentiert, verlangt er von den Kindern mehrere analytische Akte und den Vorgang der Synthese. Sie müssen vom Wort LEO auf die einzelnen Elemente schließen und sie neu zusammenfügen, sie müssen vergleichen, verallgemeinern und übertragen, kombinieren und prüfen.

Wenn die Kinder herausgefordert sind, solche geistigen Kräfte zu mobilisieren, wie sie sie bei der Schriftaneignung brauchen (siehe die unterschiedlichen Wege zum richtigen Erlesen eines Wortes), und sich darüber austauschen, erproben sie selbst Verfahren, die für das Lesenlernen als Problemlösevorgang entscheidend sind. Gerade zu Beginn des schulischen Schrifterwerbs kann so die Lernmotivation erhalten und geweckt werden.

7.3.3 Methodische „Engführung"

Das dritte Beispiel für eine Einführung in die Struktur der Schrift, bei der die Leseaufgabe als Herausforderung an die Schüler initiiert wird, ist stärker als die beiden anderen sachstrukturell bestimmt:

Buchstaben haben, wenn sie einzeln oder wie *sch* oder *ei* als Gruppe ein Phonem wiedergeben, die Funktion der Bedeutungsunterscheidung. Das gilt für alle Positionen im Wort: ***T**uch* – ***B**uch*, *B**u**ch* – *B**a**uch*, ***B**auch* – ***R**auch*, *Rau**ch*** – *Rau**m***.

Bildung von Minimalpaaren

Das linguistische Verfahren, um die bedeutungsunterscheidenden Elemente zu gewinnen, ist das Austauschen, die Bildung von Minimalpaaren. Es erscheint auch unter lernpsychologischem Gesichtspunkt geeignet: Die Kinder erhalten Gelegenheit, im handelnden Vollzug die Funktion der Buchstaben zu erfahren, beim Schreiben.

Voraussetzung dafür ist, dass (fast) alle Kinder verstehen, dass geschriebene Wörter aus Buchstaben bestehen und dass sich die Wortbedeutung ändert, wenn man einen austauscht; d. h., dass einem solchen methodisch ausgearbeiteten Anstoß viele Gelegenheiten zu individueller Schrifterfahrung vorausgegangen sind.

Zudem kann das Austauschen eines Elements auch als ein Verfahren zur Synthese aufgegriffen werden. Es ist vermutlich für den Lernenden einfacher als die vollständige Synthese eines ganzen Wortes: *Tonne – Sonne; Taste – Tante; Mast – Mist*. Die Kinder können die Nützlichkeit des Verfahrens sinnfällig erfahren (vgl. – mit Bezug auf die Tobi-Fibel – Schründer-Lenzen 2009, 109).

Interesse wecken und Fragen provozieren

Die pädagogischen und didaktischen Gesichtspunkte, die diese drei Beispiele für eine Einführung in die Struktur der Schrift leiten, sollten einander nicht ausschließen, sondern ergänzen: Zu Beginn des schulischen Schrifterwerbs erscheinen offene Aufgabenstellungen besonders geeignet, Interesse zu wecken und Fragen zu provozieren – wie die Tierkarten oder auch die Namen der Kinder. Sie folgen am stärksten der Maxime „Vom Unvollkommenen zum Vollkommeneren". Später – und immer wieder einmal – kann die Lehrerin/der Lehrer spezifische Schwierigkeiten präsentieren *(OLE – LEO)*, deren Lösung Aktivitäten fördert, die die Kinder zum Schrifterwerb brauchen. Und schließlich können und sollten den Kindern Einsichten durch eine methodische „Engführung" von Lerngegenstand und Tätigkeit nahe gelegt werden *(Tonne – Sonne)*.

Spezifische Schwierigkeiten präsentieren

Wichtig ist, dass es daneben beständig offene Lernsituationen gibt und dass das direkt Vermittelte nicht zu rasch als gelernt und gekonnt für einen darauf folgenden Lernschritt vorausgesetzt wird. Das wäre im Hinblick auf die Komplexität und Sprunghaftigkeit des Aneignungsprozesses nicht zu rechtfertigen und könnte sich für langsame Lerner als Hemmung auswirken, besonders weil die Erfahrung, etwas Gelehrtes und dann als gekonnt Vorausgesetztes nicht zu beherrschen, ihr Selbstvertrauen schmälert.

7.4 Wissen und Können als Voraussetzung für Problemlösen

Lesenlernen als Problemlösevorgang setzt nicht nur die Erweiterung und Koordinierung von Fähigkeiten voraus, über die das Kind bereits verfügt, sondern auch die Ausbildung spezifischen Wissens und Könnens. Eine Erweiterung der Wissensbestände (z. B. Buchstabenkenntnis) und die Entwicklung der Begrifflichkeit (Wort, Buchstabe, Laut, Schrift, Lesen, Schreiben) erfolgt nicht nur als Instruktion, sondern auch informell im Gespräch. Dabei ist Achtsamkeit auf die Begriffsbildung der Kinder geboten (vgl. Osburg 2002).

Aber viele Kinder bedürfen außerdem direkter Anstöße, und einige Voraussetzungen, wie die Vermittlung der Buchstabenkenntnis, können eher durch ausdrückliche Instruktion vermittelt werden. Andere, wie die Fähigkeit zur Synthese, sind direkter Unterweisung nur schwer zugänglich. Hier kann Unterricht nur Anregungen geben. Im Folgenden werden ausgewählte Möglichkeiten vorgestellt, im Unterricht zentrale Voraussetzungen für das Lesenlernen zu entwickeln, und zwar unabhängig von den verwendeten Lesematerialien. Im Lernprozess des Kindes erweitern sich diese Bereiche des Wissens und Könnens, die hier nacheinander dargestellt werden müssen, durchaus nebeneinander. Deshalb sollten sie im Unterricht auch nebeneinander eventuell mit unterschiedlichem Nachdruck und in unterschiedlichem Ausmaß – je nach dem Stand der Lesefähigkeit – angeboten werden. Die Übungen und Anregungen haben nur Sinn, wenn das Kind bereits grundlegende Erfahrungen mit Schrift gesammelt hat (vgl. Kap. 3). Sonst müsste zumindest begleitend solcher Umgang in der Schule nachzuholen versucht werden.

Zentrale Voraussetzungen für das Lesenlernen entwickeln

7.4.1 Übungen zur „Vergegenständlichung von Sprache" in der Schrift

Welches Wort ist länger?

Bosch (1984) hat als Erster mit Untersuchungen zum kindlichen Lernprozess gezeigt, welche Schwierigkeiten Leseanfänger noch haben, das Wort nicht als Eigenschaft oder Abbild der Bedeutung zu begreifen. So erscheint vielen Kindern das Wort *Kuh* länger als das Wort *klitzeklein*. Die für das Lesen notwendige Fähigkeit, das gesprochene und vor allem das geschriebene Wort losgelöst von seiner Bedeutung betrachten und damit umgehen zu können, wird durch Lernsituationen wie das Leere Blatt und das Memory mit Schrift angeregt. Ausdrücklich aufmerksam machen können wir die Kinder, wenn sie Wörter auf ihre Länge hin vergleichen:

Das geschriebene Wort lösgelöst von seiner Bedeutung betrachten

Paarweise zeichnet die Lehrerin Gegenstände an die Tafel, bei denen Wortbedeutung und Wortlänge einander entgegengesetzt sind.

Die Kinder benennen die Gegenstände und vergleichen ihre Größe.

Jetzt kommt etwas Schweres. Ihr sollt herausfinden, welches Wort länger ist. Das könnt ihr hören.

Die Kinder sprechen die Wörter vor sich hin. Ein Schüler meldet sich:

Man kann das auch selber merken, wie viel Puste man braucht. Er spricht *Streichholzschachtel* und *Tisch* und deutet mit einer gleichmäßigen Bewegung der Hand, am Mund beginnend, die Sprechdauer an.

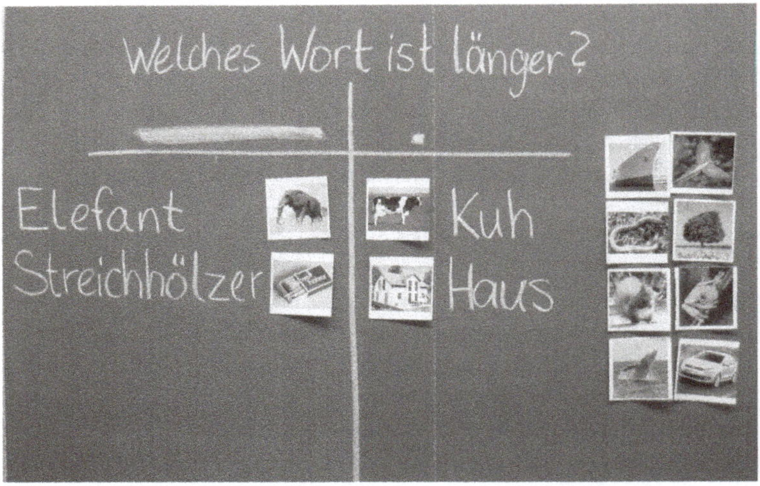

Da man jedoch auch kurze Wörter mit „viel Puste" sprechen kann, zeichnet die Lehrerin • und ⊠ für Kürze und Länge. Zum Vergleich hilft auch das Klatschen.

Nachdem die Klasse solche Übungen mehrfach an der Tafel gemacht hat, bearbeiten die Kinder sie auch schriftlich.

Wie sehen die Buchstaben aus?

Aus der Kognitionspsychologie wissen wir, dass optische Formen nicht als Muster, als Schablonen gelernt werden, sondern aufgrund einer Merkmalsanalyse (Neisser 1974). Deshalb regen wir die Kinder – noch vor Beginn eines expliziten Lehrgangs – an, Buchstaben auf ihre Merkmale hin zu betrachten (wir beschränken uns dabei auf die Großbuchstaben; die Fragestellung ist grundsätzlich aber auch auf Gemischtantiqua zu übertragen): **Wie sehen die Buchstaben aus? (Kopiervorlage 5**, S. 278 f.).

Wie sehen die Buchstaben aus? KV

Welche Buchstaben enthalten nur gerade Elemente, welche nur runde, und welche enthalten sowohl gerade als auch runde Elemente? Das wird an einem Tafelbild erörtert. Danach ordnen die Kinder Buchstaben diesen Kategorien zu und markieren außerdem diejenigen, die sie schon kennen. Das gibt für den Lehrer manchen Aufschluss.

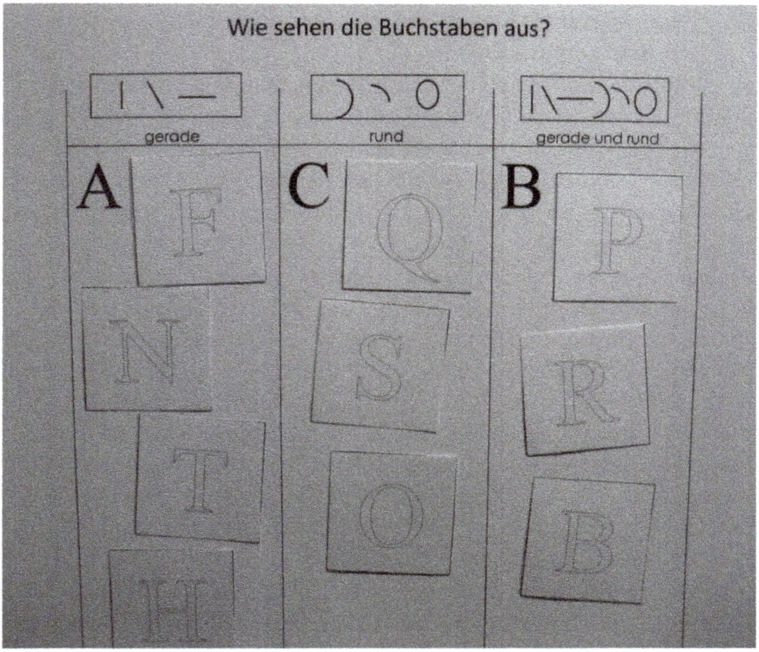

Ich sehe was, was du nicht siehst, das fängt mit … an!
Bereits bei den Lernsituationen zur Anbahnung von Schrifterfahrung haben die Kinder mehrfach Gelegenheit gehabt, lautliche Strukturen und Schriftbilder zu vergleichen, insbesondere auf ihren Anfang hin (Namensketten). Das bekannte Spiel *Ich sehe was, was du nicht siehst, das …* wird modifiziert und auf Anfangslaute oder auch Silben bezogen: *… das fängt mit „M" an.* Wenn das Rätsel gelöst ist, schreibt die Lehrerin das Wort an die Tafel und markiert den ersten Buchstaben.

Phonematische Bewusstheit als kognitives Problem

Denjenigen Kindern, die solche lautliche Analyse nicht leisten können, ist kaum mit Hörübungen zu helfen, denn die so genannte phonematische Differenzierungsschwäche ist meist ein kognitives Problem, keine Frage genauen Hörens: Diese Kinder wissen nicht, worauf sie ihre Aufmerksamkeit richten sollen, weil sie noch keine entsprechenden kognitiven Schemata ausgebildet haben. *Hund* fängt für sie wohl eher mit der Schnauze als mit einem *H* an. Um diesen Kindern den Zugang zur Fragestellung zu erleichtern, sollten wir zur Orientierung stets auch Schrift präsentieren, also den einzelnen Buchstaben oder auch das ganze Wort, freilich ohne dabei zugleich die Beherrschung dieser Elemente anzustreben. Ein Training jedenfalls macht erst Sinn, wenn der Lernende verstanden hat, worum es geht.

7.4.2 Übungen zur Präzisierung und Kontrolle der Sinnerwartung: Ist Raten denn erlaubt?

Sinnerwartung als Operation beim Erlesen ist das Pendant zum Sinnverständnis als dem Ziel des Lesens. Ihre Bedeutung für den Lesevorgang des geübten Lesers ist unstrittig. Je exakter und flexibler er aus den bereits gewonnenen Informationen auf die folgenden schließen und je präziser er seine Hypothesen an den optischen Vorgaben prüfen kann, umso effektiver ist sein Vorgehen (vgl. v. Wedel-Wolff 2003, Dehn 2012). Auch für den Leseanfänger ist es hilfreich, wenn er mit Sinnerwartungen operieren kann. Das heißt, wenn er lernt, Hypothesen über die Wortbedeutung und den Textsinn zu formulieren und zu prüfen, weil auch er auf diese Weise den für ihn so außerordentlich langwierigen Vorgang des Erlesens strukturieren und verkürzen kann.

Hypothesen formulieren und prüfen

Nicht darum geht es, „blindes Raten" zu tolerieren, sondern darum, kontrolliert zu raten. Übungen dazu betreffen die Makrostruktur des Vorgehens. Es ist selbstverständlich, dass der Bezug auf den Sinn von Texten und auf die Wortbedeutung nicht nur einzelne Übungen bestimmt, sondern ein Prinzip des Leseunterrichts darstellt:

- Das Lesen sollte auch im Anfangsunterricht nicht nur als Übung praktiziert, sondern – wie das Schreiben – den Kindern als komplexe Tätigkeit erfahrbar werden, wenn der Lehrer Geschichten, Verse, Bilderbücher vorliest (oder auch fortgeschrittene Anfänger, die sich darauf vorbereitet haben). Das Zuhören kann nicht nur die Lust am Lesen vergrößern, besondere Leseinteressen (z. B. an Sachbüchern oder an Märchen) entwickeln, sondern es macht auch vertraut mit schriftsprachlichen Besonderheiten von Satzbau, Wortwahl und Textformen und unterstützt auf solche Weise die Ausbildung einer schriftspezifischen Sinnerwartung.
- Der Bezug auf den Sinn verändert auch den Umgang mit Lesefehlern des Kindes. Statt seine Aufmerksamkeit auf formale Merkmale des Wortes zu richten, lenken wir sie auf das Sinnverständnis und zeigen unsererseits inhaltliches Interesse, wenn wir Fehler kommentieren oder nach dem Verständnis des Satzes fragen, dafür zwei Beispiele:
  Die Lehrerin hat Wortkarten, Buchstaben- und Silbenkarten überall im Raum verteilt (November). Die Kinder sollen diese Karten großen Bildern zuordnen, die auf dem Fußboden liegen. Die Lehrerin geht zu einzelnen Schülern. Fabian liest: *Ro:-k, Ro:k, Ro:, Ro::k.* Die Lehrerin nimmt diese „Wortvorgestalt" auf: *Ro:k, was könnte denn wohl ein Ro:k sein?* Fabian findet die Wortbedeutung und kann die Wortkarte dem Bild zuordnen.
  Die Kinder lesen eine Geschichte über den Zirkusbesuch, den sie mit eini-

gen Müttern, Großeltern sowie etlichen Geschwistern gemacht haben (Januar). Im Text sind die Teilnehmer untereinander aufgeführt *(34 Kinder, 7 Mütter, 3 Omas ...)*. Statt *34 Kinder* liest Thomas *34 Mütter*. Die Lehrerin weist ihn zunächst auf die richtige Zeile hin: *Ne, das würd' ich nicht sagen, du bist erst hier oben.* Thomas verbessert sich. *Wär ja 'n Mütterausflug, wenn ich mit 34 Müttern gegangen wäre.* Beide lachen.

Wiederholen des Satzanfangs als Lesehilfe

Bei langwierigen Vorgängen des Erlesens, bei denen der Leseanfänger leicht die Orientierung am Sinn verliert, hilft es ihm häufig, wenn die Lehrerin den Anfang des Satzes einfach wiederholt.

Sobald die Phase des Erwerbs in die der Automatisierung der Aktivitäten übergeht, kann sich der Lehrer mit der Korrektur falsch gelesener Wörter zurückhalten, weil er auf diese Weise – das kindliche Interesse am Inhalt des Gelesenen vorausgesetzt – die kontrollierende Funktion des Sinnverständnisses unterstützt und das Kind darin bestärkt, sich selbst zu prüfen und zu verbessern. So kann es (Selbst-)Sicherheit gewinnen.

Wie könnte das Wort heißen? Heißt es so?

Aber die Sinnerwartung kann auch durch spezifische Übungen geschult werden: *Wie könnte das Wort heißen – heißt es so?*

- Die Lehrerin liest ein Bilderbuch vor; gelegentlich hält sie inne – ihre Stimme bleibt in der Schwebe –, und die Kinder ergänzen das folgende Wort oder mehrere. Sie bestätigt alle Vorschläge, wenn sie syntaktisch und semantisch akzeptabel sind, und liest dann weiter. Wenn die Kinder schon ein wenig im Lehrgang fortgeschritten sind, können sie ihre Erwartungen selbst am Text prüfen.
  In der methodisch ausgearbeiteten Form sind solche Kernwörter zuvor durch aufklappbare Blättchen (kleine haftende Merkzettel) kaschiert. Als Kernwörter sind Satzschlüsse geeignet oder Glieder in Reihen *(Bruder und Schwester, Vater und ...)* oder andere stark konventionalisierte Kombinationen auch am Satzanfang *(Er schlief lange. Am ...)*. Wichtig im Umgang mit den kindlichen Äußerungen ist, dass nicht nur das faktisch Richtige, sondern auch das semantisch und syntaktisch Mögliche bestätigt wird und immer wieder die Gelegenheit geboten wird, die Erwartung an der Schrift zu prüfen.
- Als schriftliche Form kann die Übung so aussehen:
  - Lena und Max ....
  - Anna .... Schule.
  - Lena und Max .... Auto.
  - .... Anna.
  - .... malen.

Eine weitere Steigerung des Schwierigkeitsgrads, das Formulieren von Hypothesen und ihre Prüfung:

- Lena und Max ___ ____ ____ ____ .
- Lena und Max m____ ein r____ ____.
- Lena und Max malen ein ro__ Hau_.
- Lena und Max malen ein rotes Haus.

• Die Sinnerwartung kann auch beim Erlesen von Einzelwörtern präzisiert und geprüft werden, sofern ein inhaltlicher oder bildlicher Kontext gegeben wird. Die Kinder wissen z. B., dass die Wörter zum Bereich „Essen" gehören. Mit zunehmender optischer Information werden die Möglichkeiten eingeschränkt:
S_____ → *Salat, Soße, Salz, Salami, Salmi, Sirup, Senf, Sellerie …*
Sa____ → *Salat, Salz, Sahne, Salami, Salmi*
Salat
Die Informationen können sich statt auf Buchstaben auch auf die Wortstruktur beziehen (hier sind es Silben):
B M → *Brot, Brei, Bier*
B M M → *Butter, Bonbons*
B M M M → *Banane*

Wer bekommt das Bild? KV

Eine Bildkarte *(Tanne)* wird auf den Tisch gelegt, jeweils drei Kinder müssen untereinander ausmachen, wer die richtige Wortkarte hat *(Tonne, Tanne, Tante)* und das Bild bekommt: **Wer bekommt das Bild? (Kopiervorlage 6**, S. 280 ff.).

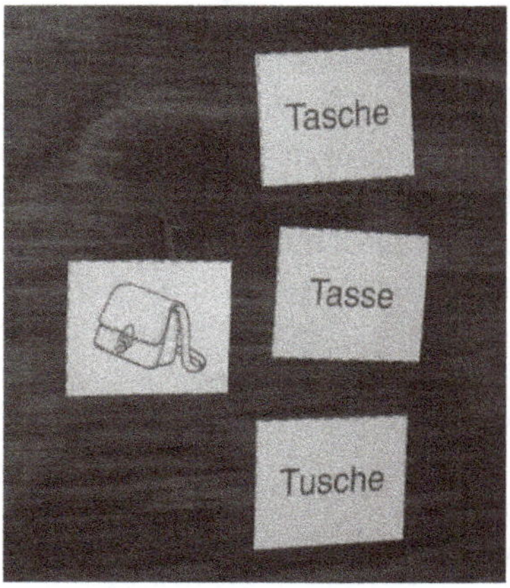

Wer bekommt das Bild? Ich kann dir das beweisen.

Diese Übung zeichnet sich dadurch aus, dass sie Sinnerwartung und Kontrolle in einen sozialen Kontext einbettet. Bei dem Spiel möchte jedes Kind gern das Bild bekommen. Die Übung provoziert Auseinandersetzungen unter den Schülern:
Ich kann dir das beweisen. Das Bild gehört zu meinem Wort: Bei mir steht ...; bei dir ist ein ...
Weitere geeignete Wortgruppen: *Buch*, Bach, Brot; *Rosen*, Rasen, Raben; *Schüssel*, Schlüssel, Schimmel; *Wagen*, Wogen, Wiege.

7.4.3 Übungen zur Buchstabenkenntnis

Weil hierzu alle Lehrgänge viele Übungen bereitstellen, beschränken wir uns an dieser Stelle darauf, wichtige Grundsätze vorzustellen. Wenn die Fibel im Einzelfall im Widerspruch zu diesen Prinzipien steht, sollte man die Übungen bei der unterrichtlichen Vermittlung entsprechend modifizieren:

Buchstabenbegriff als Voraussetzung für Übungen

- Voraussetzung für die Übungen zur Buchstabenkenntnis ist, dass die Kinder einen zutreffenden Begriff Buchstabe entwickelt haben.
- Übungen zur Buchstabenkenntnis sollten stets die optische Gestalt mit dem gemeinten Laut verbinden (sehen, wissen, sprechen, hören) und den einzelnen Buchstaben nach der Isolierung sogleich wieder in das Wort einfügen. Übungen, die den visuellen (oder lautlichen) Aspekt isolieren, sind wenig sinnvoll.
- Bei der Einführung der Buchstaben sollten lernpsychologische Ergebnisse berücksichtigt werden:
  - Weil die Transferleistung größer ist, wenn schon in der ersten Phase variable Buchstabe-Laut-Beziehungen gelernt werden, sollten z. B. Zeichen für Vokale durchaus schon zu Beginn vermittelt werden.
  - Optisch oder akustisch ähnliche Buchstaben/Laute sollten nicht unmittelbar nacheinander eingeführt werden, weil daraus Lernhemmungen entstehen können (Ranschburg 1905). Beispielsweise sollten *t – f, W – M, u – n* (optisch); *u – o, i – e, w – f* (akustisch) nicht in kurzer Aufeinanderfolge behandelt werden. Wenn die Kinder allerdings bereits über ein differenziertes und gesichertes kognitives Schema verfügen, können Verwechslungskonflikte durchaus lernförderlich sein. (Weil diese Voraussetzung bei den Kindern einer Klasse zu ganz verschiedenen Zeitpunkten gegeben ist, ist es problematisch, solche Verwechslungskonflikte im Lehrgang zu präsentieren.)

Übersicht über den Lernstoff erleichtert die Orientierung.

- Die Übersicht über den Lernstoff erleichtert den Kindern die Orientierung und ermöglicht ihnen einen eigenständigen Zugriff. Ein Medium dafür ist eine Anlauttabelle. (In den letzten Jahren ist das Buchstabentor aus dem Lehrgang von Reichen „Lesen durch Schreiben" besonders bekannt geworden.) Sie erlaubt zudem die selbstständige Erweiterung der Buchstabenkenntnis.

Eine solche Tabelle hat zwei Vorzüge: Sie stellt dem Kind schon zu Beginn des Unterrichts das gesamte materiale Wissen zur Verfügung und verhindert so, dass Kinder die Anzahl der Buchstaben für unendlich halten oder glauben, sie müssten noch immer mehr Wörter lernen. Außerdem ermöglicht die Anordnung im offenen Oval, dass man in einer durchgehenden Bewegung leicht die gesuchte Information findet.

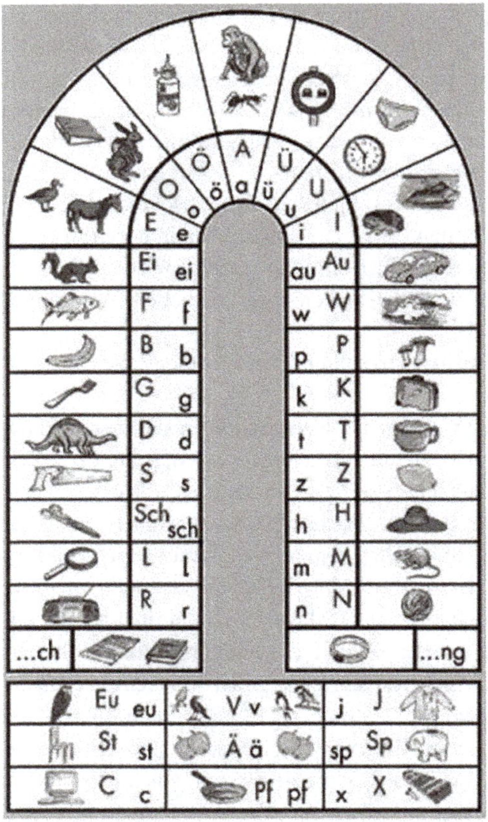

Zudem kann das Kind seine besonderen Schwierigkeiten, zum Beispiel die Verwechslung bestimmter Buchstaben, in der Tabelle markieren, die Wörter dazu schreiben. Allerdings sollten (m) und (n) wie andere ähnliche

Buchstaben und Laute möglichst weit voneinander entfernt sein und geübt werden, um solche Verwechslungen nicht zu provozieren. Problematisch am Gebrauch von Anlauttabellen ist, dass sie suggerieren, man könnte wirklich „schreiben, wie man spricht“ (vgl. zur Kritik SCHRÜNDER-LENZEN 2009, 67–80, OSBURG 1998).

Die folgende Aufgabe zur Analyse der Lautposition im Wort (P. HÜTTIS-GRAFF) verbindet die Aufmerksamkeit auf das, was das Kind hört, mit dem, was es weiß.

Wo ist *M* oder *m*? Was ist noch im Wort?
Kontrolle mit dem Lösungszettel

Lautanalyse: Differenzierung in der Aufgabe – Exploration und Selbstkontrolle

Zudem enthält die Aufgabe Spielraum für Differenzierung und Exploration. Während das eine Kind den Buchstaben an der richtigen Stelle auf dem Strich platziert, schreibt ein anderes das ganze Wort auf. Beide kontrollieren ihr Ergebnis mit einem Lösungszettel. Er gibt Anreize, bei weiteren Aufgaben noch mehr aufzuschreiben – und selbst zu kontrollieren.

7.4.4 Anregungen zur Synthese

Von keinem der vielen Verfahren, die den Kindern zur Synthese angeboten werden, kann man behaupten, es gewährleiste die Aneignung dieser Fähigkeit. Sie setzt offenbar in besonderem Maße die Aktivität des Lernenden voraus. Wenn wir Anregungen zur Synthese geben wollen, haben wir dafür mehrere Möglichkeiten. Eine Vereinfachung stellt der Austausch nur eines Buchstabens dar (s. oben *Tonne – Sonne*). Auch das Schreiben und Diktieren (mit begleitendem Sprechen) kann unterstützend wirken. Die Kinder formulieren ihre Schwierigkeit mit der Synthese öfter so: *Man muss die Buchstaben schnell sagen.* Aber das gelingt ihnen dennoch häufig nicht. Eine Lehrform stellt die Verbindung der Elemente als sichtbare Bewegung dar: Buchstabenkarten werden zueinander geschoben und gerollt. Eine andere

Austausch eines Buchstabens

Schreiben und Diktieren

Verbinden als sichtbare Bewegung

Form lässt das Kind diese Verbindung in der Bewegung selbst vollziehen: als Nacheinander von Lautgebärden oder indem das Kind mit einer Vokalkarte in der Hand auf Teppichfliesen mit Konsonantenmarkierung hüpft oder überhaupt im Hüpfen und Sprechen, zunächst von einer Fliese zur anderen – dann gleichzeitig mit beiden Füßen.

Lehrformen, die wie die zuletzt genannten die Kinder die Synthese in der Bewegung selbst vollziehen lassen, sind bei lang anhaltenden Lernhemmungen in diesem Bereich in der Sonderpädagogik erprobt und häufig erfolgreich. Wenn Kinder Schwierigkeiten mit dem Erwerb der Synthesefähigkeit haben, ist es gelegentlich auch hilfreich, diese Schwierigkeit eine Zeit lang so wenig wie möglich zu beachten. Denn in manchem Fall verstärkt das Bemühen des Lehrers um intensive Intervention die Lernhemmung sogar – das gilt auch für andere Bereiche des Wissens und Könnens.

Zwar verliert das Kind die Fähigkeit zur Synthese nicht mehr, wenn es sie einmal erworben hat. Allerdings können schwierige Wörter unüberwindliche Hindernisse darstellen. Schwierig sind, das haben besonders Beobachtungen der Zugriffsweisen von jugendlichen und erwachsenen Teilnehmern in Alphabetisierungskursen gezeigt, Wörter nicht nur wegen ihrer Länge oder wegen Konsonantenhäufungen, sondern vor allem, wenn sie semantisch oder syntaktisch vom Leser nicht erwartet werden oder nicht zu seinem Wortschatz gehören. So waren in einem Text *Schrecksekunde* und *schwindelfrei* viel leichter zu erlesen als *angeblich, ausgiebig* und sogar *dagegen*.

Das ist wiederum ein Argument für ein Lehrgangskonzept, welches die Teilfähigkeiten des Schrifterwerbs als sprachliche Aktivitäten begreift und Übungen zur Synthese mit der Sinnerwartung verknüpft.

7.4.5 Anregungen zur Strukturierung des Wortes

Erzeugung der Makrostruktur

In Untersuchungen zum Lernprozess hat sich gezeigt, dass der Fähigkeit des Leseanfängers, das Wort zu strukturieren, eine besondere Bedeutung zukommt (Dehn 1984, May 1986). Sie betrifft – wie die Entwicklung und Kontrolle der Sinnerwartung – die Erzeugung der Makrostruktur. Vorgaben und Anregungen zur Strukturierung können den Leseanfänger leicht verwirren, weil sie seinem Konzept widersprechen oder weil sie dem spezifischen Wort nicht angemessen sind:

In Klasse 1 (Dezember) möchte die Lehrerin mit Hilfe des Klatschens die silbische Gliederung des Wortes vermitteln. Die Kinder sollen auf dem Tisch diese Gliederung mit Buchstabenkarten wiedergeben. Es geht um *Salat*. Für die Lehrerin und die meisten Kinder ist es ganz einfach: *Sa-lat*. Tina hat *Sal-at* gelegt und ist sich ihrer Sache sicher. Die Lehrerin sieht den „Fehler" und klatscht noch einmal, extra für Tina. Die legt nach längerem Zögern *Sa-l-at*. Die Lehrerin ihrerseits ist nun irritiert und korrigiert schließlich die Buchstaben selbst: *Sa-lat*. Tina ist verunsichert, weil sie den Vorgang nicht verstanden hat.

Die Leiterin im Alphabetisierungskurs betont – wie viele Lehrerinnen und Lehrer in Klasse 1 – stets die sukzessive Synthese aller einzelnen Elemente, um dem „blinden Raten" möglichst vorzubeugen. Ein Kursteilnehmer hat das Verfahren schließlich übernommen, obwohl es ihm anfangs sehr schwer fiel. Bei dem Wort *Futter* jedoch erweist sich die Einheit *Fu:*, die er bildet, als großes Hindernis für das Erlesen. Ähnlich ergeht es anderen Teilnehmern, als die Leiterin eine Übung zum Wortaufbau so anbietet: *t, tr, tri, trin …* (Leserin und Leser mögen selbst das Artikulieren versuchen.) Andere Strukturierungen sind in dieser Situation hilfreich und werden von den Teilnehmern angenommen: *t, tr, trink, trinken; b, br, bring, bringen*.

Individuelle Akzentuierungen zulassen und zugleich wortspezifisch verfahren

Die Art der Strukturierung muss also in Übungsformen sehr flexibel gehandhabt werden. Sie muss zum einen individuelle Akzentuierungen zulassen, zum anderen wortspezifisch sein: Sie kann Silben als artikulatorische Einheiten *(Na-se)*, Signalgruppen als Sprech-Schreib-Muster *(F-utt-er)* oder Morpheme, Wortbausteine, die selbst Bedeutung tragen *(Ver-käuf-er-in)*, berücksichtigen. Nahe liegend ist auch die Differenzierung des Wortes nach Vokal und Konsonant (vgl. Elkonin 1967): Vokale als die silbentragenden Elemente können durch Farbe im Schriftbild oder – nur sie – durch Lautgebärden bei der Artikulation zur Unterstützung des Lese- oder Schreibvorgangs hervorgehoben werden.

Silbe – Signalgruppe – Morphem – Vokal und Konsonant

Übungen zur Strukturierung sind – wenn sie zugleich individuelle Akzentuierungen und wortspezifische Besonderheiten berücksichtigen sollen – besonders geeignet für Kinder, sich untereinander und mit dem Lehrer über ihre Vorgehensweise auszutauschen: bei Wörtern, die zu erlesen schwer fällt, oder bei der Korrektur von Fehlern. Das gilt für beide Formen, in die solche Übungen gefasst werden können, als Aufforderung zum Strukturieren oder als vom Lehrer vorgegebene Strukturierung, z. B. beim Wortaufbau.

Was kennst du – was möchtest du wissen?

Die Gliederung eines Wortes nach Bekanntem und Unbekanntem ist so einfach wie nützlich, weil das Kind bei sich selbst beginnen und sich der Verständigung über Schwierigkeiten – mit anderen Kindern und/oder mit dem Lehrer – öffnen soll. Wichtig dabei scheint uns zu sein, dass die Reaktionen des Kindes auch als subjektive Einschätzungen respektiert werden und schwache Lerner nicht sogleich auf die bereits im Lehrgang behandelten Buchstaben verwiesen werden. Denn damit würde ihnen nur ein Misserfolg bestätigt, aber keine Lerngelegenheit gewährt.

- Eine frühe Möglichkeit, Schrift im Hinblick auf schon Bekanntes zu gliedern, ergibt sich schon am Schulanfang: Die Kinder können bei vielen Gelegenheiten die Buchstaben, die auch in ihrem Namen vorkommen (oder: die sie schon benennen können), mit einem Punkt markieren.
- Später können die Kinder auch Lesetexte entsprechend gliedern, bevor sie mit dem lauten Lesen beginnen: Sie unterstreichen die Wörter, die sie sofort lesen können (ohne zu überlegen), und bei den schwierigen Wörtern markieren sie die Buchstaben, die sie kennen. Unter Umständen können sie danach schon erste Vermutungen über den Textinhalt austauschen, die dann beim Erlesen geprüft werden.

Reimspiel – Betonen wiederkehrender Bausteine

Eine Variation einfacher Wort-Bild-Zuordnung ist dieses Reimspiel. Wichtig dabei ist, dass die Kinder die Wortkarten nicht nur nach optischen Merkmalen dem Bild zuordnen, sondern die Reimwörter auch lesen. Eine Möglichkeit zur Selbstkontrolle ist ein kleines Bild auf der Rückseite der Karten mit den Reimwörtern, also bei Substantiven.

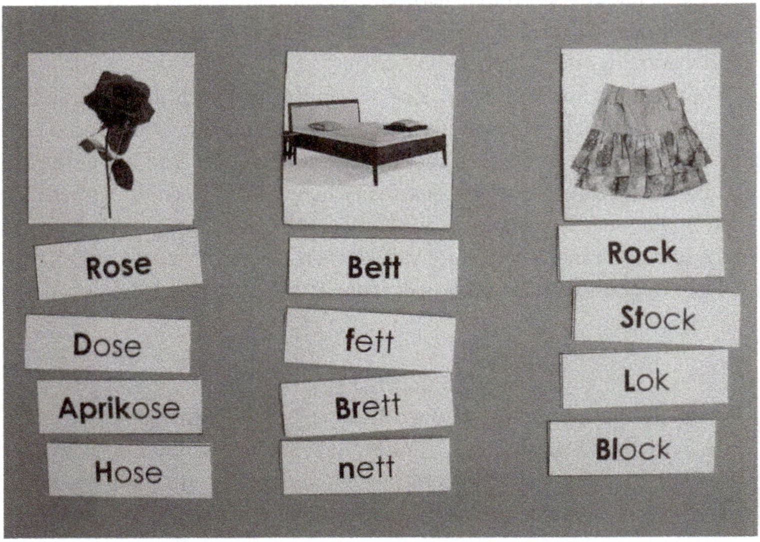

Wortaufbau – wortspezifisch

- Besonders bei Wörtern von der Struktur Konsonant – Vokal – Konsonant – Vokal (eventuell – Konsonant) ist das Verfahren, mit den beiden ersten Buchstaben zu beginnen, erfolgversprechend. Denn dieser Teilschritt präzisiert die Sinnerwartung weitgehend *(Ro-..., Re-...). Nimm zwei*, diese Faustregel wird von den Kindern leicht übernommen, weil der Nutzen der Regel augenscheinlich erfahren wird, jedenfalls bei Wörtern dieser Bauart. Im Hinblick auf die Aktivität des Lernenden erscheint es nicht gerechtfertigt, das Wortmaterial des Lehrgangs zunächst auf solche Wörter zu beschränken. Insofern ist die Verfahrensregel nur mit Umsicht anzuwenden. (Wenn die Kinder selbst Einsicht in die Konsonant-Vokal-Struktur des Wortes gewinnen, wie bei Elkonins Methode, 1967, können sie eine solche Faustregel leichter handhaben.)
- Die im Unterricht so verbreiteten Übungen zum Wortaufbau sollten wortspezifisch, nicht wie bisher meistens einfach buchstabenweise erfolgen, damit die Leseanfänger allmählich lernen, auch unpräparierte Wörter entsprechend leseökonomisch zu gliedern.
  Gerade bei Übungen zum Wortaufbau sollte stets auch die Sinnerwartung einbezogen sein. Neben dem streng sukzessiven Aufbau nach Buchstaben und Buchstabengruppen, also nach Graphemen *(B, Bau, Baum)* sollten Endungen, Silben, Signalgruppen und – später – Morpheme betont werden (auch nach dem Sprachgefühl):

sukzessive Synthese:	L Lö Löw Löwe D Da Dach	k kau kauf kaufen k kau kauf kauft
nach Silben als artikulatorischen Einheiten	Do-se (D-o-se) Re-gen (R-e-gen) Wol-ke (W-ol-ke) Bru-der (Br-u-der) bla-sen (bl-a-sen) trei-ben (tr-ei-ben)	
	Wenn man hier *d, g, b, s* für sich einführt, erscheinen sie als silbenauslautend und führen zu irreführenden Artikulationen.	
nach Signalgruppen als Sprech-Schreib-Muster	tr-ink-en w-ink-en	R-ock St-ock
	K-ann-e T-ann-e	B-all W-all St-all
	T-isch F-isch	
	B-uch T-uch	

Silbe und Signalgruppe scheinen der Zugriffsweise des Kindes in der Phase des Erwerbs zu entsprechen. Eine Gliederung nach Morphemen als Wortbausteinen finden die Kinder von sich aus nur ausnahmsweise. Sie verspricht unterstützende Wirkung vor allem bei der Aneignung der Orthografie. Als Strukturierungshilfe erscheint sie erst gerechtfertigt, wenn die Kinder im Verlauf der Automatisierung Einblick in dieses Prinzip gewinnen: *Verkäuferin* z. B. schreibt man leichter richtig, wenn man daran denkt, dass es zu ihrem Beruf *(er – in)* gehört, etwas zu *ver*kaufen, was einer *kaufen* möchte (Klasse 2 und später).

7.5 Sprechen über Verfahren – (Selbst-)Sicherheit gewinnen

Die Bedeutung, die das Sprechen über die Vorgehensweise für das Lernen hat, ist unstrittig (vgl. z. B. GALPERIN 1969). Aber sind denn Schulanfänger überhaupt zu solchen Äußerungen fähig? Ansätze dazu lassen sich beobachten (vgl. HÜTTIS 1988). Dabei ist die Unterscheidung zwischen dem operativen Verfügen (im Vollzug) und dem analytischen Verfügen (beim Sprechen) über Begriffe und Verfahren wichtig. Und vermutlich gibt es noch eine dritte Form, nämlich in der Lerngruppe die Operationen sprechend zu begleiten (z. B. bei dem Spiel: *Wer bekommt das Bild?*, S. 138 f.).

Besonders in der Phase des Schrifterwerbs, in der die meisten Kinder ihr Wissen und Können rasch erweitern (nach etwa 4 bis 6 Schulmonaten), geben sie ziemlich differenziert Aufschluss über ihre Vorgehensweise.

Vorstellungen der Kinder von der Aufgabe

- *Was tust du, wenn du ein Wort nicht gleich lesen kannst?*
  Heino: *Denn denk ich nach, wie das heißen kann. Und denn les ich die Buchstaben zusammen.*
- *Wie hast du das rausgekriegt?*
  Gabi: *Weil ich mir das überleg, wie das heißen kann. Weil ich das in der Schule gelernt habe. Weil die Lehrerin uns das vormacht … Ich sag mir die Wörter so vor, und dann weiß ich, wie d. h., weil ich die Buchstaben kenn'.*
- *Wenn du ein ganz neues Wort siehst, was machst du dann?*
  Julian: *Dann überleg ich erstmal, und dann muss ich die Buchstaben vor mich hinsprechen.*
- *Und wenn du ein Wort nicht rauskriegst, was machst du dann?*
  Dann muss ich weiterlesen. Dann muss ich das nochmal lesen.
- *Wie machst du das, wenn du liest?*
  Michael: *Das Wort mir immer vorsagen, und dann hör ich mir immer an, welche Buchstaben da drin sind.*

Die Kinder betonen zu diesem Zeitpunkt bei analytischen Äußerungen von sich aus den Zusammenhang von Denken *(weil ich mir das überleg'; denk ich nach, wie das heißen kann)*, Sprechen *(das Wort mir immer vorsagen)* und Wissen *(weil ich die Buchstaben kenn')*. Auffällig ist, wie sehr sie die Tätigkeiten auf sich selbst beziehen: *Ich sag mir die Wörter so vor; hör ich mir immer an; muss ich die Buchstaben vor mich hinsprechen; weil ich mir das überleg'*. Wenn die Kinder den personalen, den reflexiven Aspekt dieses Erwerbs so in den Vordergrund stellen, dann kann das auch als ein Indiz dafür verstanden werden, dass Gefährdungen und Hemmungen beim Schrifterwerb so häufig die Person in ihrem Selbstverständnis treffen und dass es wichtig für sie ist, Sicherheit zu gewinnen – so begrenzt der Bereich dafür auch sein mag.

Zu Schulanfang sind die Vorstellungen der Kinder von der Aufgabe, die sich ihnen mit dem Lesen und Schreiben stellt, noch viel stärker auf äußere Dinge bezogen, sie antworten mit einer Körperhaltung, stellen die Bedeutung des Lehrers sehr heraus, betonen die Wichtigkeit der Übung.

In den Gesprächen, die die Vorschulkinder beim Schreiben auf dem Leeren Blatt geführt haben (s. S. 76 ff.), haben wir gesehen, dass sie in der Lernsituation untereinander schon sehr früh Merkmale der Schrift und das Lernen selbst zum Thema machen und ihr Tun sprechend begleiten. Und auch später kommentieren sie untereinander die Schreibungen und den Schreibvorgang (s. S. 19 f.). Gegen Ende des Schuljahrs aber fällt es ihnen schwerer, solche Fragen zu beantworten. Ihre Auskünfte sind dann eher blass und abstrakt. Ein Grund dafür, dass sie die Operationen nicht mehr benennen mögen, mag darin bestehen, dass sie für die Kinder im Zuge der fortgeschrittenen Automatisierung nicht mehr wichtig sind und deshalb auch analytisch (im Sprechen darüber) kaum mehr zugänglich.

Sprechen über Verfahren unterstützt die Selbstkontrolle.

Die Vorgänge beim Erlesen kann das Kind – prinzipiell – selbst an der Vorlage prüfen; das Sprechen darüber unterstützt die Selbstkontrolle. Das Erlesen eines Wortes ist eben mit dem Entwerfen, Prüfen, gegebenenfalls Korrigieren von Teilschritten und ihrer Kombination ein ausgeprägter Denkvorgang (Lösen einer Schwierigkeit, eines Problems). Beim *Aufschreiben* dagegen ist das Kind in stärkerem Maße auf sein Wissen angewiesen und zunächst auf die Fähigkeit, das Wort in der Vorstellung lautlich zu reproduzieren und zu gliedern. Die Richtigkeit der Einzelschritte kann es nicht sofort, sondern erst im Nachhinein prüfen – bei der Re-Konstruktion der Laut-Buchstaben-Zuordnung oder in der Kontrolle des Schreibschemas (s. das Zwei-Wege-Modell des Schreibens, S. 66 ff.). Das Sprechen über die Vorgehensweise kann im Unterricht vielfältig thematisiert werden, beim

Schreiben: ein Wort zur Diskussion stellen *(Was ist schwer daran, wie hast du es dir gemerkt?)*, beim Lesen Fragen wie die folgenden anregen: *Was findest du schwer? – Wie merkst du dir das Wort/den Buchstaben? Wie kannst du diese Wörter unterscheiden? – Versuch noch mal, das Wort anders rauszukriegen! Wie hast du das rausgekriegt?– Was tust du (tut ihr), wenn du (ihr) ein Wort nicht gleich rauskriegst (rauskriegt)? – Kennst du ein Wort, das so ähnlich geschrieben wird ...? – Das kannst du mir beweisen.*

Das sollte im Erwerbsstadium nicht als Verfahrensregel vermittelt werden, sondern Anregung für die Kinder bleiben. Im Kopf von Lehrerin und Lehrer sind solche Verfahrensregeln für das Erlesen nützlich. Aber sie sollten sie nicht zur Regelung individueller Leseprozesse verwenden. – Wir erinnern an die vielen verschiedenen Wege zum richtigen Erlesen eines Wortes, die die Kinder benutzen (S.31, S. 124, S. 292f.). Zwei Beispiele für Lerngelegenheiten:

Beispiel 1 – Sukzessive Synthese als Erklärung:
Die Lehrerin (D. Arp) hat Wortkarten verteilt (Februar), die zuerst einzeln gelesen, dann zu Sätzen und schließlich zu einem Text zusammengefügt werden. Stefanie liest statt *kochen kommen: Oma will kommen.* Andere Kinder korrigieren: *Oma will Reis kochen.* Nachdem mit dem Vorlesen des fertigen Satzes ein Einschnitt gegeben ist, nimmt die Lehrerin die Wortkarte noch einmal in die Hand: *Das kann nicht kommen heißen, sagt Sven.* Petra will es erklären: *Nee, d.h. k und o, ko, heißt ko* (kurz gesprochen). Die Lehrerin bittet sie nach vorn. Petra liest, indem sie sukzessiv synthetisiert.

Beispiel 2 – Planung vom Ziel her – Sicherheit gewinnen:
David hat ein Puzzle mit nur wenigen Teilen vor sich liegen, ist aber hilflos, als er es zusammenfügen soll (Vorschulklasse, November). Die Lehrerin gibt ihm eine wichtige Hilfestellung: Sie setzt das Puzzle rasch zusammen und entfernt dann ein Teil daraus; David setzt es richtig an seinen Platz zurück.Im Folgenden arbeitet er sich stückweise voran. Er nimmt zwei Teile aus dem fertigen Puzzle und setzt sie zurück. So fährt er fort, bis er es schließlich schafft, alle Teile richtig zusammenzufügen. – Für ihn ist das ein großes Erfolgserlebnis. Von diesem Tag an puzzelt David eine Zeit lang fast täglich, um dieses Erfolgserlebnis zu wiederholen.

Das Puzzle stellt für David ein Problem dar. Die Lehrerin zeigt ihm, wie er es vom Ziel her lösen kann. Wir können das beim Lesenlehren auch versuchen: das Austauschen eines Elements aus einem vertrauten Wort ist eine

Möglichkeit *(Tonne – Sonne)*. Eine andere besteht darin, die Schwierigkeit zunächst einmal auszuklammern, indem man weiterliest und dann zu dem Wort zurückkehrt; in Julians Formulierung: *Dann muss ich weiterlesen: Dann muss ich das nochmal lesen.*

7.6 Leseanlässe und Lernhilfen: Episoden

Die folgenden Beispiele und Szenen aus dem Unterricht sind als Anregung zu verstehen, Erfahrungen, Wünsche und Vorstellungen der Leser zu klären. Sie sollen Möglichkeiten veranschaulichen, wie sich wichtige Prinzipien des Leseunterrichts verwirklichen lassen, aber auch: welche Widerstände, auch in der Person, dem immer wieder entgegenstehen.

- Leseanlässe als (lösbare) Schwierigkeiten formulieren und die Kinder anleiten, sie auch so zu bearbeiten.
- In der Aufgabenstellung wie bei der Lernhilfe das Kind nicht überfordern; die Erfahrung des Gelingens und Könnens ist wichtig für seine weitere Lernbereitschaft.
- Das Kind Sicherheit gewinnen lassen durch Gelegenheit zur Selbstkontrolle.
- In der Vermittlung von Verfahren die strukturierende Funktion der Sinnerwartung angemessen berücksichtigen.
- Die Korrektur eines Lesefehlers sollte legitimiert sein:
  - aus dem Fehler (ob die Korrektur für das Weiterlesen unerlässlich ist oder auch später erfolgen kann; unter Umständen als Selbstkorrektur),
  - im Hinblick auf das Kind (was es schon kann, was es in der Situation aufnehmen kann),
  - im Hinblick auf die Unterrichtssituation (Einzel-, Gruppen-, Klassensituation; Stellenwert im didaktischen Vorhaben).

Lesehilfe: Laut und Silbe

Die Klasse war im Zirkus. Davon berichtet der Lesetext (Januar Klasse 1): ... *Katrin hatte Pech. Ihr fiel der Anorak zwischen die Bretter. Kurz vor der Pause bekam sie ihn wieder ...* Die Kinder sollen das Ergebnis ihrer Lektüre einzeln „abliefern“, den Text also der Lehrerin oder der Praktikantin vorlesen.

Ingo	Lehrerin
	Ihr fiel der Anorak …
(zwi)	ja …
zwi:sch, sch	ja, zwi (kurzes i gesprochen).
zsch, zwischen	Wie heißt das Wort?
di:, die Br:'e,	
Bret' er, Bretter	Wo fiel der Anorak hin?
un- die Bretter	Bretter ist richtig, aber wie heißt nochmal dieses Wort hier? Dies etwas komplizierte?
zwi:	Du musst nicht i: langes i: sagen, sondern i, zwi (betont kurzes i gesprochen)
zwischen	ja!
zwischen	

Lesehilfe: die Tonaufnahme

Simon, der noch zu Beginn von Klasse 3 große Schwierigkeiten mit dem Lesen hat, nimmt – auf Anregung der Lehrerin – zu Hause sein Lesen auf. In der Schule vergleicht er Text und Aufnahme. Das ist für ihn eine entspannte Situation, weil das Vergleichen viel leichter ist als das Vorlesen. Es ist wohl kaum zu entscheiden, was zu den erheblichen Lesefortschritten geführt hat: Ob Simon endlich Sicherheit gewinnt durch die Notwendigkeit, sich selbst zu kontrollieren und zu korrigieren, und welchen Anteil daran die Faszination des Umgangs mit dem Medium gehabt hat.

Lernhilfe oder Lernhemmung?

Manfred sitzt am Tisch. Vor ihm liegt ein Blatt. Das soll er lesen. Jedes Kind aus dieser 2. Klasse hat so ein Blatt bekommen. Die Lehrerin hat für jedes Kind etwas anderes aufgeschrieben, nämlich, was es in dieser Stunde tun soll. Die Lehrerin steht neben Manfred, beugt sich über den Tisch und zeigt mit ihrem Finger auf das Geschriebene. Manfred folgt ihrem Finger und liest langsam synthetisierend: *Setze dich allein an einen Tisch …* Die Lehrerin fragt ihn, ob er es verstanden hat. Manfred verneint. Da liest ihm die Lehrerin den Satz noch einmal vor. Jetzt versteht ihn Manfred.

Lesen und Handeln sind für Manfred – wie für viele Schüler – getrennte Bereiche. Das Blatt ist für ihn wie eine Textaufgabe im Rechenbuch. Ist das auch innere Abwehr gegen Schrift? Warum begleitet die Lehrerin sein Lesen mit dem Finger? Warum fragt sie überhaupt, ob er das Gelesene verstanden hat?

Damit hebt sie die Funktion der Selbstkontrolle, die ihr Blatt haben könnte, auf. Und: Warum schreibt sie zuerst etwas auf, wenn sie es nachher selbst vorliest? Dann wäre eine mündliche Aufforderung einfacher.

Manfred lernt: Schreiben ist eigentlich ein Umweg. Und: Man braucht sich nicht anzustrengen. Die Lehrerin hilft unbedingt und in jedem Fall.

Kathrins Kommentar

Die Kinder sollen eine Malanweisung ausführen (Februar). Kathrin hat zunächst das Segel grün malen wollen. Auf die Rückseite des Blattes schreibt sie einen Kommentar. Die Reihenfolge der Zeilen entspricht nicht der Konvention.

Der Text lautet: *Frau Wolf, ich habe mich vergriffen (Fagifn) bei dem Segel.* Kathrin hat einen grünen Strich gezeichnet.

Male ein rotes Segelboot.
Es hat einen braunen Mast.
Sein Segel ist gelb.
Auf der Fahne ist eine Sonne.
Im Boot sitzt ein Kind.
Im Wasser schwimmen drei Fische.
Am Himmel steht ein Stern.
Schreib deinen Namen in das Segelboot.

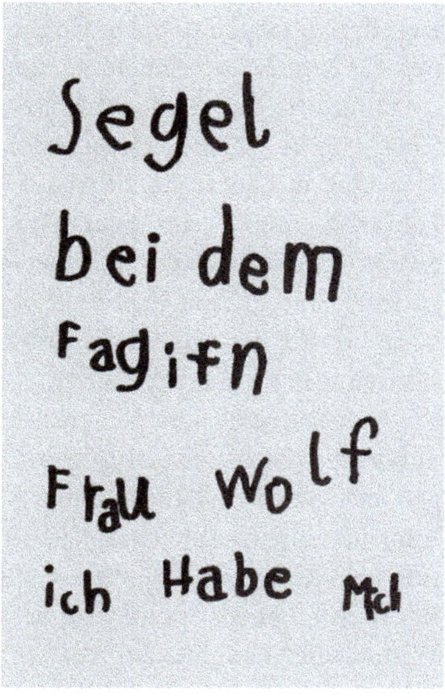

8 Beobachten als didaktische Aufgabe

Petra Hüttis-Graff

8.1 Beobachtung – Diagnose – Test

Der Bedarf für Lerndiagnosen in der Schule ist gestiegen. Sie dienen zur Erhebung von aktuellen Lern(entwicklungs)ständen und zur Überprüfung einzelner Leistungen, aber auch als Grundlage für bildungspolitische Entscheidungen und – durch die internationalen Vergleichsstudien seit 2000 verstärkt – dem Ziel, die Schulleistungen in Deutschland deutlich zu verbessern, nicht nur im oberen, sondern auch im unteren Bereich. Ob und inwiefern das durch Bildungsstandards erreicht werden kann, soll hier nicht erörtert werden.

Wenn Lehrkräfte sich von aktuellen Lern(entwicklungs)ständen und Leistungen im Anfangsunterricht selbst ein Bild machen wollen, steht ihnen eine große Vielfalt von Beobachtungsinstrumenten (vgl. hierzu Hüttis-Graff 2008, Schmid-Barkow 2009, Ulich/Mayr 2003 und 2006) und standardisierten Tests (s. Voss/Blatt 2005, Jansen 2008, Metze 2005) zur Verfügung. Bei der Auswahl kommt es für den Unterricht darauf an, die jeweiligen Vorzüge der Verfahren zu nutzen, ohne doch die Haltung aufzugeben, das Können der Kinder wahrzunehmen und daran anzuknüpfen.

Testverfahren: Vorzüge und Grenzen

Standardisierte Testverfahren haben den Vorzug, die Leistung eines Kindes im Vergleich zu einer großen Gruppe zu sehen, bei standardisierten Tests sind das zwischen 1000 und 3000 Kindern. Auf diese Weise können Lehrkräfte ihren – normalerweise – auf die einzelne Klasse, die einzelne Schule eingeschränkten Blick erweitern. Standardisierte Tests erlauben auch, die durchschnittliche Leistung der ganzen Klasse mit dieser Stichprobe, an der der Test „geeicht" worden ist, zu vergleichen oder Übergangsentscheidungen zu überprüfen.

Testinstrumente überprüfen das Vorliegen oder Fehlen theoretisch für notwendig erachteter Leistungen. Das Ergebnis hängt also von dem jeweiligen fachwissenschaftlichen Modell über den Gegenstand ab: z. B. Lesen als Informationsentnahme bei PISA und IGLU oder als Bedeutungskonstruktion (z. B. Goodman 1976, Wieler 1997, v. Wedel-Wolff 2003, Schulz 2012b); Rechtschreiben als sprachanalytische Tätigkeit (Augst/Dehn 2013) oder als Wissen über Graphematik (Bredel u. a. 2011). Betrachtet man Lernen als stufenweisen Erwerb kognitiver Teilkompetenzen (Klieme u. a. 2003), die dann miteinander verbunden werden, lassen sich diese zwar messen. Dem individuellen Lerner werden Testverfahren jedoch nicht immer gerecht:

„Ein Verharren auf einem Entwicklungsstufenmodell ist […] nicht geeignet, die komplexen Lernprozesse zu erfassen, die Kinder in der frühen Phase der Literalitätsentwicklung nach und nach in den Griff zu bekommen trachten" (SCHMID-BARKOW 2009, 204). Wenn man Lernen als konstruktiven Prozess versteht (s. S. 72), gibt es verschiedene Wege zum Können. Dabei können Fehler sogar Indiz für fortgeschrittenes Lernen sein, wie die Entwicklung der Kommasetzung und der V-Schreibung zeigt (s. AUGST/DEHN 2013). Auch die bis in die 1970er Jahre übliche Sicht aus der Perspektive des Schriftkundigen berücksichtigt die Perspektive der Schriftlerner nicht, da „die Logik des Gegenstandes nicht immer der Psycho-Logik der Lernenden entspricht, weil Kinder ihren Lerngegenstand aktiv konstruieren und sich dabei bestimmte Hypothesen bilden oder Problemlösungsversuche unternehmen, die manchmal dem Lerngegenstand nicht angemessen sind" (VALTIN 2001, 48).

Zudem wissen wir inzwischen, dass die **Prognose von Lernentwicklungen** riskant ist: zum einen entsprechen Lernverläufe oft nicht bekannten Stufenmodellen (BRÜGELMANN 2005a, 148) und zum anderen sind vermeintliche Lernvoraussetzungen oft nicht hinreichend als Bestimmung für ein Risiko des Lernens. So erwies sich in verschiedenen Studien, dass das BISC (Bielefelder Screening zur Früherkennung von Lese-Rechtschreibschwierigkeiten), eines der Vorzeigeinstrumente zur Früherkennung von Lernschwierigkeiten, diese nicht immer vorhersagen konnte, insbesondere nicht für einzelne Schüler. Und andere Langzeitstudien zeigen zahlreiche wider Erwarten erfolgreiche Entwicklungen: So waren nach BRÜGELMANN (2005b) in einer Studie über 80% einer ermittelten Risikogruppe „erfolgreich". Als Erklärung dafür wird genannt, dass solche Prognosen den (sozialen) Kontext sowie die emotionale und motivationale Lage der Lerner vernachlässigen. Als entscheidender Unterschied zwischen erfolgreichen und stagnierenden Schriftlernern hat sich nicht ihr mehr oder weniger vollständiges Wissen oder Können erwiesen, sondern ihr unterschiedliches Umgehen damit in der konkreten Lernsituation (MAY 1986). Erworbenes Wissen kann träge bleiben (NEUWEG 1999), also nicht handlungswirksam werden, wenn es unverbunden ist, wenn es an der Prozeduralisierung mangelt oder wenn der Anwendungskontext unklar ist.

Lernprognosen sind riskant. !

Von Tests **Hinweise zur Optimierung des Lehrens und Lernens** zu erwarten, ist umstritten, haben doch Tests üblicherweise folgende Merkmale:

- Die Überprüfung erfolgt unabhängig vom Unterricht.
- Jeder Schüler bearbeitet die Aufgabe(n) allein – ob im Gruppen- oder Einzeltest.

Die Leistungsmessung ist mithin nicht Teil des Lehr-Lern-Prozesses: Welche Perspektive der Lerner auf den Gegenstand richtet und wie er sich Neues aneignet, also sein Lernen selbst, sind nicht Gegenstand von Tests. Testergebnisse zeigen kaum Ansatzpunkte für das Lernen der Kinder im Unterricht, sie weisen jedoch auf Kinder mit extrem schwachen oder starken oder unerwarteten Leistungen hin, die es genauer in den Blick zu nehmen gilt.

Will man individuelle Lernmöglichkeiten insbesondere dieser Kinder erschließen, um passende Lernbedingungen im Unterricht gestalten zu können, gilt es den Lerner systematisch und wiederholt zu beobachten und sich mit dem Kind über das Lernen zu verständigen, auch damit es seine Fähigkeiten zur Selbsteinschätzung entwickeln kann (Bartnitzky u. a. 2005). Dafür gibt es drei **probate Beobachtungsmöglichkeiten,** die Schulanfänger weder belasten (wie z. B. zahllose Teildiagnosen) noch überfordern (wie z. B. Selbsteinschätzungsbögen):

Formen des Beobachtens am Schulanfang

- **Beobachtung im Unterrichtsalltag:** Dazu bedarf es eines theoretisch geleiteten Blicks auf das (gelingende) Lernen eines Kindes (z. B. Ulich/Mayr 2003 und 2006).
- **Der fremde Blick**: Wenn man als Lehrer gerade bei ungewöhnlichen Lernern immer nur dasselbe sieht, zumeist die Schwierigkeiten des Kindes, ist der fremde Blick eines Kollegen ein Ausweg aus der festgefahrenen Wahrnehmung. Im Austausch mit ihm und seinem Blick auf ein Arbeitsprodukt des Kindes oder dessen Verhalten im Unterricht kann man neue Aspekte des kindlichen Lernens entdecken und unter Umständen sogleich gemeinsam Perspektiven für das Lehren entwickeln.
- **Erschließende Beobachtung**: Um Einblick in das individuelle kindliche Lernen zu gewinnen, braucht es eine vorstrukturierte Aufgabe, die vielfältige Zugriffe der Kinder herausfordert und zugleich verdichtete Lernchancen enthält, sowie eine auf das Können des Kindes gerichtete Haltung des teilnehmenden Beobachters.

Im Zentrum dieses Buches steht das „erschließende Beobachten" – und die Passung von Lernen und Lehren. Dafür bieten wir die Instrumente der **Schulanfangsbeobachtung** und der **Lernbeobachtung** Schreiben und Lesen in Klasse 1 an. Sie sind als produktive Überforderungssituationen für die Kinder konzipiert und ermöglichen Ihnen als Beobachter auf ökonomische Weise differenzierte Einblicke in frühe Lernprozesse.

8.2 Erschließendes Beobachten

Ziel des erschließenden Beobachtens ist, Ansatzpunkte dafür zu finden, wie das individuelle Lernen der Kinder im Unterricht aufgegriffen und bestmöglich unterstützt werden kann. Gerade im Hinblick auf Kinder, denen das Lernen schwer fällt oder die bereits besondere Zugänge zur Schrift gefunden haben, ist es wichtig, aufmerksam zu werden für ihre Lernweisen und Erfahrungen, um mit ihnen im Unterricht zusammen arbeiten zu können. Das betrifft ihr kognitives Schema von Inhalt und Struktur der Schrift, das zu individuellen Zugriffsweisen führt, ihre „Zone der nächsten Entwicklung" (Wygotski 1974) und ihre Möglichkeiten, diese zu erreichen. Dazu gehört die Wahrnehmung ihrer emotionalen und sozialen Situation sowie der Funktion, die sie selbst dem Schrifterwerb beimessen.

Dies alles kann nur dann wahrgenommen werden, wenn die Beobachtung nicht nur vergangenen Lernprozessen gilt, sondern wenn die Beobachtungsaufgabe selbst eigenständiges Lernen ermöglicht oder gar provoziert. Die Beobachtungssituation ist dann zugleich Lernchance für das Kind.

8.2.1 Beobachtungsaufgaben als verdichtete Lernchancen

Vier Merkmale zeichnen Aufgaben aus, die zugleich komplexe Beobachtungen und verschiedene Lernformen ermöglichen:

Vorstrukturierte Aufgaben zum Lernen und Beobachten zugleich

- **Sinnvoller Umgang mit Schrift:** Die Aufgabe legt funktionalen Schriftgebrauch nahe, ist jedoch auch offen dafür, die Schrift nicht zu beachten – so kann der Beobachter erkennen, inwiefern die Schrift Sinn für das Kind macht.
- **Offenheit für unterschiedliches Wissen und Können:** Die Aufgabe lässt offen, auf welche Aspekte des Gegenstands Kinder ihre Aufmerksamkeit richten und wie sie mit Schrift umgehen – so kann der Beobachter z. B. visuelle, motorische und ästhetische Zugriffe auf Schrift oder auch metasprachliche Zugriffe auf Sprache erkennen.
- **Inhaltliche und strukturelle Komplexität:** Die Aufgabe spiegelt die Komplexität der Schrift wider, damit Lerner Anknüpfungspunkte und Differenzierungsmöglichkeiten für verschiedene kognitive Schemata von Schrift haben – so kann der Beobachter das kognitive Schema des Kindes von Schrift erschließen.
- **Vielfältige Lernmöglichkeiten:** Die Aufgabe kann allein, in Kooperation mit dem selbst gewählten Partner oder in Auseinandersetzung mit dessen Sichtweise oder durch Nachahmung bearbeitet werden, so dass das Kind vielfältige Impulse für Erkundungsprozesse und Spielräume zum Lernen hat – so kann der Beobachter erkennen, wie das Kind gut lernen kann.

Damit diese Qualitäten des erschließenden Beobachtens zum Tragen kommen, werden die Aufgaben der Schulanfangsbeobachtung von zwei Kindern, die sich für diese Aufgabe ausgewählt haben, gemeinsam bearbeitet. Da Kinder dabei voneinander lernen können und vieles im Austausch zur Sprache bringen, kann dies *während der Aufgabenbearbeitung* beobachtet werden (s. hierzu Interaktionen während des Schreibens (S. 79) oder beim Memoryspielen S. 186, zur Analyse hilft eine Tonaufnahme z. B. mit dem Handy) – die Analyse ihres Produkts allein würde die Erkenntnismöglichkeiten des Beobachters leichtfertig beschränken und „enthält notgedrungen hohe spekulative Anteile" (Schmid-Barkow 2009, 198).

Damit der Beobachter die subjektive Perspektive des Kindes auf Schrift und Sprache wahrnehmen und rekonstruieren kann, braucht er selbst ein differenziertes kognitives Schema zur Wahrnehmung auch von ungewöhnlichen oder spezifischen Zugängen zur Schrift. Neben einer solchen „Beobachtungslandkarte" (s. S. 168 und S. 169) ist eine Haltung zentral, die das Können des Kindes anerkennt und als Ausgangspunkt für sein Lernen im Unterricht (ernst) nimmt.

8.2.2 Die drei Fragen

Aufmerksam sein für das Interesse und die Lern- und Schrifterfahrungen des Kindes

Beim erschließenden Beobachten kommt es darauf an, aufmerksam zu sein für den (subjektiven) Blick des Kindes auf Schrift und Sprache, für die Bedeutung, die Schriftgebrauch und -erwerb für das Kind haben sowie für sein Lernen in der Beobachtungssituation. Denn für die Beobachtung und Entwicklung von Lernhilfen ist zentral, wie die Lehrperson das wahrnimmt, was ein Kind oft nur mit Andeutungen zu verstehen gibt. Um eine solche Haltung einzunehmen, haben sich die folgenden Fragen bewährt:

- Was kann das Kind schon?
- Was muss es noch lernen?
- Was kann es als Nächstes lernen?

Die erste Frage lenkt die Aufmerksamkeit auf das Können des Kindes in Bezug auf seine Zugriffsweisen, sein Verständnis von Schrift und seine Möglichkeiten zum Lernen. Dieses Können wahrzunehmen ist nicht immer leicht, gerade wenn die Mängel und Schwächen so sehr ins Auge fallen. Umso mehr bedarf es dieses Vorsatzes, denn nur, wenn das Können des Kindes erschlossen werden kann und wenn es Wertschätzung innerhalb der Klasse erfährt, kann das Kind seinem höchsten Vermögen entsprechend lernen.

Die zweite Frage nimmt die Spanne zwischen dem Können des Kindes und der umfassenden Zielvorstellung in den Blick. Die gängige Auffassung, die Lehrerin müsse das Kind dort abholen, wo es steht, darf nicht dazu führen, dass das Lehren nur noch dem Lernen des Kindes folgt und die Leistungserwartung so herabgesetzt wird, dass das Kind aufgrund fehlender Orientierungsmöglichkeiten und Herausforderungen um weiterführende Zugriffsweisen auf den Lerngegenstand betrogen wird.

Die Beobachtung des Könnens vor dem Hintergrund der Zielvorstellung führt drittens zu einem Entwurf für das Anspruchsniveau, zu Hypothesen darüber, was das Kind als Nächstes lernen kann. Hilfreich hierfür ist die Beantwortung der ergänzenden Frage: *Wie lernt das Kind?* Sie lenkt die Aufmerksamkeit auf das Lern- und Problemlöseverhalten und damit auf die ganze Person, denn für das Lernen sind nicht nur kognitive, sondern auch emotionale und soziale Faktoren bedeutsam. Die Möglichkeiten des Lernens, die das Kind in der Beobachtungssituation ergreift, können dann im Unterricht weitergeführt werden.

Die Zone der nächsten Entwicklung in den Blick nehmen

Bei der erschließenden Beobachtung versteht die Lehrerin sich selbst auch als Lernende: Sie überprüft nicht etwas, das sie (richtig) weiß, sondern sucht zu verstehen, wie das Kind lernt. Mit dieser Haltung richtet die Lehrperson ihre Aufmerksamkeit beim Beobachten auf die Potenziale, das Können des Kindes und darauf, was, wie und woraufhin es lernt. Sie setzt damit auf die Strukturierungskraft jedes Kindes, was seinen Lernprozess betrifft. Ein solcher Blick macht das Beobachtete als Grundlage für Lernen, als Können wahrnehmbar. Von dort aus erst können – in der Spannung zu einer Zielvorstellung – begründete Hypothesen darüber aufgestellt werden, wie eine Passung von Lernen und Lehren gelingen und das Kind zu seinem besten Vermögen herausgefordert werden kann.

8.2.3 Auf die Haltung kommt es an!

Wie entscheidend die Haltung des Beobachters ist, zeigt das Beispiel von Masod. Er erhält in der 4. Schulwoche die Aufgabe, gemeinsam mit seinem Partner Tobias auf einem großen Leeren Blatt zu schreiben – was sie möchten (zur Aufgabe s. S. 172).

Situation: Masod und Tobias schreiben

Während Masod das Leere Blatt unten beginnend gestaltet, benennt er Buchstaben häufig als Zahlen. Wie sein Nachbar Tobias schreibt er einige Buchstaben von nahe liegenden Wortkarten ab (z. B. *UCH* von BUCH), er sucht dabei „neue" Buchstaben. Wie Tobias fragt Masod den Beobachter anschließend, was er gemalt und geschrieben habe. Diese Beobachtungen können Lehrer in verschiedener Weise wahrnehmen:

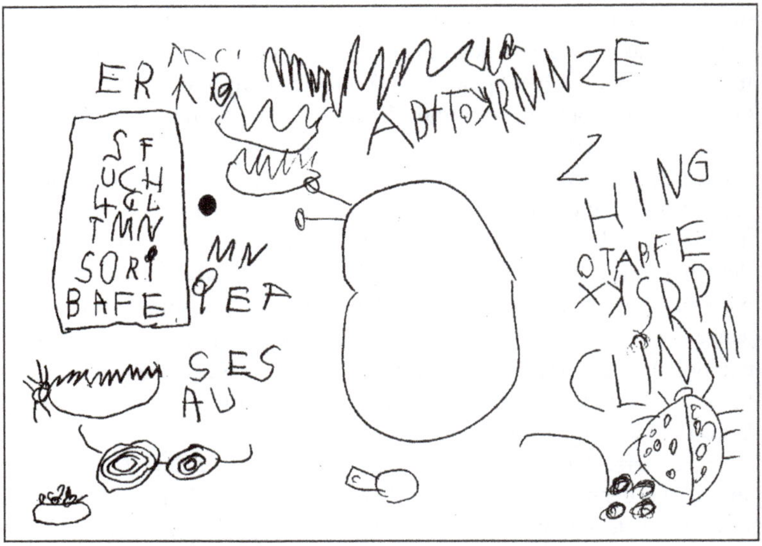

Das Leere Blatt von Masod (links) und Tobias

Der prüfende Blick

Vor dem Hintergrund präziser Vorstellungen darüber, welche Lernvoraussetzungen für den Schrifterwerb erforderlich sind und wie Lernen erfolgreich sein kann, stellt ein Beobachter fest:

- Masod kann Buchstaben und Zahlen nicht unterscheiden,
- er schreibt nicht selbstständig, sondern ahmt Tobias nur nach und
- malt die Buchstabenformen ab, ohne ihre Funktion zu beachten.

Die Erwartung bestimmter Lernvoraussetzungen kann den Blick für das Können verstellen.

Eine solche Überprüfung an äußeren Normen des Betrachters lenkt die Aufmerksamkeit darauf, was das Kind noch nicht kann und weiß. Diese Sichtweise hat jedoch mit dem Lerner selbst, mit der von ihm gebildeten Perspektive auf Schrift nicht viel zu tun, erkennt sie doch nicht an, dass Masods bisherige Erfahrungen mit Schrift und Lernen Grundlage auch für seinen weiteren Schrifterwerb in der Schule sind.

Wird das Kind bei einer derartigen Überprüfung erwarteter Leistungen zum Objekt der Betrachtung, liegt es nahe, seine Defizite durch geeignete Lehr-Maßnahmen zu beheben: Masod würde dann beispielsweise zuerst alle Buchstaben schreiben und richtig bezeichnen lernen, er würde Übungen zur Schreibrichtung machen, bevor er schließlich auch Wörter lernen würde. Für das Lernen grundlegende und ihm noch fremde Erfahrungen mit der bedeutungstragenden Funktion der Schrift und mit persönlich sinnvollem Schriftgebrauch würde er dann also erst spät machen können. Wer den Schrifterwerb mit solchen Übungen und Wissensbausteinen sukzessive aufbaut, missversteht ihn als Kulturtechnik – eine Enkulturation in die Welt der Schrift aber erfordert eine andere Haltung des Beobachters.

Der erschließende Blick auf das Können

Die Perspektive des Kindes rekonstruieren

Sucht man Masods Zugänge zu Schrift aus seiner Perspektive zu rekonstruieren, kann man sein Können anerkennen:

- Masod kennt einige Buchstaben und kann in etwa seinen Namen schreiben. Die Buchstabenvollständigkeit und -reihenfolge sowie die Schreibrichtung sind ihm jedoch noch nicht wichtig.
- Masod ist aktiv, sein Verhalten wirkt sicher, das Produkt ist wohl sortiert und ordentlich (Zeilen, Einrahmung).
- Er sammelt auf Anregung von Tobias viele verschiedene Buchstaben, richtet sein Augenmerk auf die vielfältigen Schriftzeichen in seiner Umgebung (Karten, Nachbar). Buchstaben und Zahlen trennt er dabei nicht – er würde wohl lieber Zahlen schreiben.
- Er erfährt von Tobias, dass Geschriebenes etwas bedeutet, und ist interessiert, wie die Studentin seine Zeichen versteht und bezeichnet. Für Masod war Schrift bisher nur als Form auf dem Papier interessant, nun hat er das Entziffern-Lassen vom Partner aufgegriffen und vom Malen auf die Schrift übertragen. Damit hat er vielleicht erstmals Erfahrungen mit der bedeutungstragenden Funktion von Schrift gesammelt.

Als Beobachter etwas über das Schriftlernen des Kindes lernen

Diese konstruktive Beobachtungshaltung ist theoretisch geleitet und orientiert sich zugleich am Blick des Kindes. Sie nimmt Masods sorgfältigen Arbeitsstil wahr, sein Sachwissen und sein Verständnis von Schrift und Lernen. Die Merkmale und das Inventar der Schrift, auf die Masod seine Aufmerksamkeit richtet, seine kooperative und imitierende Lernweise, mit der er sich analog zum Bild die inhaltliche Dimension der Schrift erschließt, sowie sein im Malen deutliches Ausdrucksbedürfnis ermöglichen begründete Hypothesen darüber, was und wie Masod als Nächstes lernen kann.

8.3 Entwicklung von Lernhilfen

8.3.1 Können – Lehren – Lernen

Anfangsunterricht kann immer am Können anknüpfen.

Weil jeder Vorschüler bereits Erfahrungen mit Schrift und Schriftgebrauch gemacht hat – freilich sehr unterschiedliche –, kann Anfangsunterricht immer am Können der Kinder anknüpfen. Unterricht ist auf die Veränderung der kognitiven Schemata gerichtet (s. S. 72), aber sie sind direkter Instruktion nicht ohne weiteres zugänglich. Wir können jedoch Objekte, Aufgaben, Materialien bereitstellen und soziale Lernsituationen vorbereiten, die die Kinder zu Erkundungen auffordern, sodass sie dabei auf Unstimmigkeiten stoßen und ihre Schemata verändern können. Wir können ihre Neugier wecken, Probleme präsentieren und Fragen anregen, d. h. wir können Lernkontexte schaffen, in denen das Lernen für die Kinder bedeutsam ist. Lernhilfen wenden sich also an das Lernen-Wollen, denn Lernen kann das Kind nur selbst.

Kognitive Schemata und Teilleistungsstörungen

Wahrnehmen und Lernen

Diese Auffassung von dem Verhältnis von Können, Lehren und Lernen begründet zugleich Vorsicht gegenüber der Diagnose von so genannten Teilleistungsstörungen: Wenn ein Schulanfänger z. B. nicht die Anlaute von Wörtern unterscheiden kann, so muss bedacht werden, ob das zutreffend als auditive Diskriminierungsschwäche interpretiert werden kann oder ob er überhaupt über kognitive Schemata verfügt, mit Sprache unabhängig vom Inhalt umzugehen. Wenn eine Schreibanfängerin sich z. B. die im Unterricht eingeführten Buchstaben nicht merken kann, gilt es zu prüfen, ob sie überhaupt über einen Begriff von Buchstabe verfügt.

Auch für Förderung und Lernhilfen hat diese Perspektive auf Wahrnehmen und Lernen erhebliche Auswirkungen. Statt etwa die Diskriminierungs- oder Merkfähigkeit zu schulen, also vermeintliche Defizite womöglich noch unabhängig vom Gegenstand Schrift beheben zu wollen, gälte es, Erfahrungen mit der Struktur und Funktion von Schrift und ihrem Gebrauch in der Klasse anzuregen.

Lernkontexte für implizites Lernen

Impulse zum Lernen geben

Betrachtet man das Kind als Subjekt seines Schrifthandelns, als aktiven Lerner, orientiert sich die Suche nach Lernhilfen an *seiner* Perspektive auf Schrift, an seinen *Interessen* und seinen Lern*möglichkeiten.* Lernhilfen sind dann nicht Vorgabe eines (vermeintlich sicheren) Lernwegs, sondern Angebote, die die Orientierung des Kindes stärken, die zur Veränderung des kognitiven Schemas anregen und mit denen es sein spezifisches Können auch in der Klasse nutzen und vielfach sichern kann – in Situationen, die für das Kind selbst bedeutsam sind und in denen es seine spezifischen Lernmöglichkeiten nutzen kann. Die Potenziale von Schulanfängern liegen dabei vor allem im beiläufigen, impliziten Lernen, weniger in bewussten Formen der Aneignung (s. HASSELHORN 2005).

Lernbaustellen als Zone der nächsten Entwicklung

Beim Beobachten werden auch Lernbaustellen des Kindes sichtbar, die auf seine Zone der nächsten Entwicklung verweisen, beispielsweise wenn es

- etwas erprobt, also z. B. dasselbe unterschiedlich schreibt: *ZIGE* und *ZIEGE*,
- sich eine Hypothese bestätigen lässt: *Wird MUND mit d geschrieben?*
- Rückmeldung einfordert: *Ist RAETA so richtig?* oder die unsichere Stelle markiert,
- z. B. *GUD* schreibt, also wie bei *GELD* nicht die wahrnehmbare Auslautverhärtung –t notiert, sondern das –d übergeneralisiert (zur Übergeneralisierung bei Schreibanfängern als Anzeichen für Lernprozesse s. AUGST/DEHN 2013, 188).

In solchen Fällen braucht das Kind Sicherheit in diesem Phänomen: Solche Lehrhilfen sollten Klarheiten schaffen – also beispielsweise viele Erfahrungen mit dem Endungs-d ermöglichen. Es könnte solche Wörter in Büchern sammeln und abschreiben, von der Verlängerung das kurze Wort bilden, für das Kind wichtige oder von ihm häufig gebrauchte Wörter mit –d verlängern, damit es sich (implizit) eigene Regeln bilden und eine Strategie entwickeln kann. Erst danach sollte es Ausnahmen lernen oder Verwechslungskonflikte zwischen –t und –d entscheiden, da ähnliche Phoneme nach RANSCHBURG (1905) in frühen Phasen der Aneignung den Erwerb hemmen können.

Sinnvollen Schriftgebrauch und Übung verbinden

Im Unterschied zur (sukzessiven) Sicherung von fehlenden Voraussetzungen leiten sich aus einem Blick auf das Können und die Lernbaustellen sowie auf vom Kind genutzte Lerngelegenheiten vollkommen andere **Lernhilfen für Masod** ab:

- Masod braucht soziale Lernsituationen, in denen er sich an seinem Partner orientieren kann (z. B. Memory mit Schrift, S. 79; Wer bekommt das Bild? S. 138 und Kopiervorlage 6 S. 280–283). Dazu gehören auch Schreibaufgaben, die Vergleich und Austausch provozieren (z. B. Aufgaben zum Malen und Beschriften, s. S. 99, 108, 116).

- Besonders intensive und vielfältige Schrifterfahrungen werden beim Diktieren zu einer geliebten Hör-, Buch- oder Film-Geschichte herausgefordert (s. S. 53; s. MERKLINGER 2012): Gerade weil die Zeichen dabei so langsam aufs Papier kommen, weil der Erwachsene beim Aufschreiben so deutlich mitspricht und weil er mit dem Text das Ausdrucksbedürfnis des Lerners ernst nimmt und die vielfältigen Texte der Kinder in der Klasse vorliest, könnte Masod dabei aufmerksam werden beispielsweise auf die Schreibrichtung und die Textanordnung auf dem Blatt sowie auf die Korrespondenz von Sprache und Schrift, gerade wenn er darin wie Yasemin „seine“ Buchstaben markiert (s. S. 9f.).
- Um Masods Aufmerksamkeit für die Zeichen aufzugreifen, sollte er sich mit Buchstaben beschäftigen, die er kennt: Er könnte diese Buchstaben markieren in Texten, die er gut kennt: in Reimen und Liedern (s. S. 90), in seinem Telefonbuch mit Namen und Telefonnummern seiner Freunde (dabei kann er zugleich Buchstaben und Zahlen unterscheiden lernen).

Erfahrungsräume mit Schrift und Schriftgebrauch

- Damit Masod Orientierung findet bei der Differenzierung seiner kognitiven Schemata von „Buchstabe“ und „Zahl“, sollte die Lehrkraft im Unterricht die Begriffe Zahl/zählen und rechnen und Buchstabe/schreiben und lesen sowie auch Bild/malen präzise verwenden – am besten in wiederkehrenden Situationen im Unterrichtsalltag (z.B. bei der täglichen Orientierung über Datum und Tagesplan an der Tafel). Und Masod könnte Wörter, die ihm wichtig sind, zur Sicherung und als Anreiz zur Exploration wiederholt in verschiedenen Kontexten schreiben (seinen Namen im Rahmen der Arbeitsorganisation und als Plakat oder Schmuck, s. S. 91 f.; in seinem Geschichtenheft wie Yasemin s. S. 9f.).

Diese Lehrhaltung erkennt an, dass jedes Kind eigenständig lernt und sein Lernen selbst in der Hand hat; zugleich beansprucht sie eine pädagogische Lenkung im Unterricht, verstanden als Strukturierung des (sozialen und emotionalen) Kontextes (und gerade nicht als Reduzierung des Lerngegenstands auf bestimmte Lerninhalte oder als sukzessive Vermittlung einzelner Wissensbestandteile). Welches Lernangebot das Kind letztlich zur Veränderung seiner Wirklichkeitskonstruktion, seines kognitiven Schemas von Schrift und Schriftgebrauch veranlassen, kann nicht vorausgesagt werden. Das Lernen bleibt ihm überlassen – Unterricht schafft dafür optimale Bedingungen.

8.3.2 Beobachten als didaktische Aufgabe

Voraussetzung für eine gezielte Unterstützung der Lerner ist, Räume zum regelmäßigen Beobachten zu schaffen, d. h. auch einzuüben und zu ritualisieren (z. B. 10 Minuten täglich zur selben Uhrzeit an einem bestimmten Tisch, während die anderen Kinder selbstständig arbeiten), sowie eine erschließende Haltung beim Beobachten zu entwickeln. Wir stellen Ihnen für das systematische Beobachten folgende Verfahren vor.

8.4 Übersicht: Schulanfangsbeobachtung – Lernbeobachtung

Schulanfangsbeobachtung	September	Das Leere Blatt Memory mit Schrift Buchstabenkenntnis Reimen	*zwei Kinder schreiben auf einem großen Papier* *zwei Kinder spielen das Memory mit zehn Kartenpaaren* *als bekannt herausgesuchte Buchstaben nach Diktat schreiben* *vorgesprochene Reime beenden*
Lernbeobachtung	November	Schreiben Lesen	*Sofa, Mund, Limonade, Turm, Reiter, Kinderwagen – und ein Lieblingswort* *(Uta malt ein) rosa Rad.* zwei Wörter im Text zum Bild
	Januar	Schreiben Lesen	*Sofa, Mund, Limonade, Turm, Reiter, Kinderwagen – und ein Lieblingswort* *(Olaf) hat (ein) altes Auto.* *(Der) Motor (ist) zu laut.* sechs Wörter im Text zum Bild
	Mai	Schreiben Lesen	*Sofa, Mund, Limonade, Turm, Reiter, Kinderwagen – und ein Lieblingswort* *Susi will zu den Küken am See.* *Sie nimmt Futter mit.* *Die eine Ente hat schon kleine Küken.* *Die andere Ente brütet noch die Eier aus.* Text ohne Bild.

9 Die Schulanfangsbeobachtung

Petra Hüttis-Graff

9.1 Konzeption und Aufbau

9.1.1 Schulanfang: das Lernen herausfordern und beobachten

Schulanfänger befinden sich bereits auf ganz unterschiedlichen Wegen zur Schrift – weder beginnt ihr Schrifterwerb erst in der Schule (Ramseger 2008) noch befinden sie sich nur auf unterschiedlichen (kognitiven) Niveaus (Brügelmann 2005a, 148). Damit jedes Kind in der Schule an seine Erfahrungen mit Schrift und Schriftgebrauch anknüpfen kann, sollte die Schule von Anfang an als Raum für Schriftlichkeit erfahrbar werden. Dies ist ein besonders wichtiger Impuls für jene Kinder, die vor der Schule nur wenig Aufmerksamkeit auf Schrift gerichtet haben, die nicht wissen, warum Lesen und Schreiben für sie wichtig sein kann. Andererseits gilt es schon in den ersten Schulwochen die individuellen Perspektiven der Kinder auf Schrift und ihre Lernmöglichkeiten zu erschließen, denn nur dann können wir verhindern, dass wir die Schulanfänger unter- oder überfordern.

Damit die Kinder sogleich einen Anfang für ihr schulisches (Schrift)Lernen finden können, gilt es beiden Ansprüchen zugleich gerecht zu werden. Hierfür braucht es Aufgaben, die sowohl die individuellen kindlichen Zugänge zu Schrift herausfordern als auch der Lehrkraft Einblicke in den Lernstand und die -potenziale der Kinder geben.

Das Besondere der Schulanfangsbeobachtung

Die Schulanfangsbeobachtung gilt dem Beobachten und Lernen zugleich. Sie ermöglicht Ihnen von Anfang an der Heterogenität Ihrer Klasse gerecht zu werden, weil Sie die Kinder und (!) ihre Lernausgangslagen schon sehr früh sehr genau kennen lernen. Und sie ist kein Zusatz zum Unterricht, sondern selbst Unterricht und zugleich knüpfen die Aufgaben an die vorschulischen Lernerfahrungen der Kinder an. Denn die Aufgaben sind nicht zugeschnitten auf bestimmte Anforderungen, sondern sie lassen Spielräume – auch im wörtlichen Sinne – für eigenständige Lösungen. Sie bieten Lernimpulse für jedes Kind und sind angelegt auf das Erleben von Anerkennung, Bestätigung und auch von Widerspruch, auf Erfahrungen damit, welchen Sinn Schrift für den Anderen macht. Dazu tragen insbesondere die sorgfältige Strukturierung der Aufgaben und die Tatsache bei, dass die Aufgaben das *Leere Blatt* und das *Memory mit Schrift* jeweils von zwei Kindern gemeinsam bearbeitet werden.

Eigenständiges Lernen herausfordern und beobachten

9.1.2 Komplexe Aufgaben: Ansprüche und Freiräume

Die Strukturierung der Aufgaben

Die Aufgaben stellen hohe Anforderungen an die Schulanfänger und reduzieren nicht die Komplexität der Schrift(struktur). Dennoch empfinden Kinder sie nicht als Überforderung,

- weil zwei Kinder die Aufgaben gemeinsam bearbeiten,
- weil es keine richtigen oder falschen Lösungen gibt,
- weil jedes Kind seine eigenen Zugriffe auf Schrift entfalten kann und
- weil sie auch ohne Schrifterfahrung zur eigenen Zufriedenheit bearbeitet werden können.

Ließe man hingegen die Kinder einzeln arbeiten und würde nur das Produkt begutachten (s. FÜSSENICH/LÖFFLER 2005, 9), wären die im Austausch liegende Entlastung und die Lernmöglichkeiten reduziert. Auch hätte der Schriftgebrauch kaum Bedeutung für das Kind, weil die Aufgabe lediglich das bereits Gelernte überprüfen würde. In Einzelarbeit gäbe das Leere Blatt mithin kaum Einblick in Lernprozesse, es wäre ein Instrument zur Leistungsmessung.

Das Leere Blatt

Dass zwei Schulanfänger zusammen auf einem großen Blatt schreiben sollen, ist bei aller Unerhörtheit für die Kinder zugleich vertraut, kennen sie doch solche Situationen des Austauschs aus der Zeit vor der Schule und werden hier wie dort auch keine spezifischen Ansprüche an sie gestellt. Sie können schreiben, was sie möchten, und so ihre eigenen Zugriffe entfalten und sich austauschen. Das macht die Aufgabe für die Kinder persönlich sinnvoll.

In der Schule zusammen schreiben dürfen, was man möchte

Das Memory mit Schrift

Memory kennen und lieben die meisten Kinder. Beim **Memory mit Schrift** (**Kopiervorlage 7**, S. 284) ist eine Karte von jedem Paar auf der Rückseite beschriftet. Kinder können es wie bisher spielen – orientiert sich jedoch ein Kind bei der Suche nach der passenden Karte an der Schrift, steigert es sei-

Mit Schrift das Spiel gewinnen und Einblicke in eine unbekannte Welt

ne Gewinnchancen (deshalb sollten die Spieler sich auch beständig abwechseln). Zugleich übt dies einen Lernsog auf das andere Kind aus. Beobachtbar wird, woran Kinder sich orientieren und was und wie sie miteinander lernen (s. S. 181 ff.).

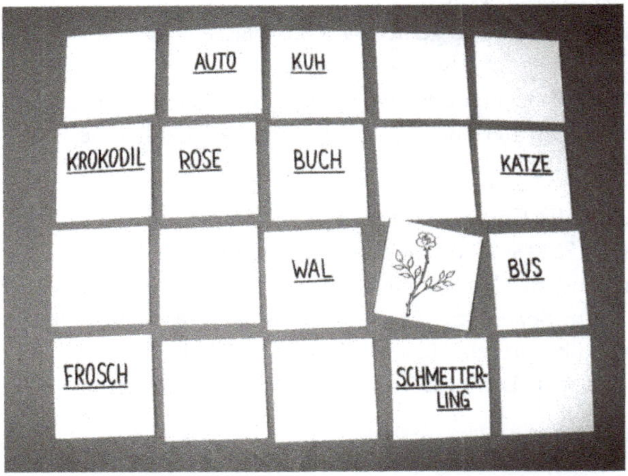

Schulanfangsbeobachtung: Memory mit Schrift KV

Das Memory enthält nur zehn Kartenpaare, um die Beobachtungszeit zu begrenzen. Die Bilder und Wörter sind so ausgewählt, dass die Kinder bereits Gelerntes anwenden und Neues hinzulernen können und der Beobachter maximale Beobachtungsmöglichkeiten hat. Denn das Material repräsentiert die komplexe Beziehung der Schrift zur gesprochenen Sprache:

Vorstrukturierung verdichteter Chancen zum Lernen und Beobachten

- Die Länge einiger Wörter widerspricht der Größe des bezeichneten Gegenstands (z. B. bei Kuh, Schmetterling): dies weist Kinder auf die Phonemorientierung der Schrift hin, auf die Parallelität von akustischer und optischer Folge.
- Einige Bilder sind mit einem anderen Begriff beschriftet als viele Kinder zunächst erwarten (vor allem Rose – Blume und Wal – Fisch – Blauwal). Sie können so merken: Schrift bezeichnet das Bild eindeutig.
- Einige Wörter haben gleiche Anfangsbuchstaben (Kuh, Krokodil, Katze sowie Buch und Bus), sodass Kinder beim Spiel merken können: Es reicht nicht aus, nur den Anlaut zu analysieren oder sich den ersten Buchstaben zu merken.

Wären beide Karten auf der Rückseite beschriftet, würden optische Vergleiche ausreichen, ohne die Funktion oder den Inhalt der Schrift beachten zu müssen: Es wäre dann irrelevant, dass die Schrift das umseitige Bild bezeichnet und dass man zu der abgebildeten Blume auch Rose schreiben kann. Und es wäre nicht überraschend, welche oder wie viele Buchstaben zu einem Bild geschrieben sind, also zu bemerken, welchen Prinzipien die Schriftstruktur folgt. Gerade weil nur eine der beiden Karten beschriftet ist, werden die Kinder herausgefordert, nach einer Beziehung zwischen der Schrift und dem Bild zu suchen.

9.1.3 Beobachtungslandkarte

Was wir an Lernständen und -fortschritten wahrnehmen, hängt ab von unserer Haltung und den kognitiven Schemata, die unsere Erkundungen leiten. Ziel der Beobachtungslandkarte ist, ein breites Spektrum für die Beobachtung am Schulanfang bereitzustellen, das das Können in den Fokus bringt. Die abgebildeten, sich überschneidenden Kategorien werden nebenstehend erläutert und ihr Gebrauch in Kap. 9.2 und 9.3 exemplarisch beim Leeren Blatt und Memoryspielen gezeigt.

Für die spätere Unterrichtsgestaltung ist es wichtig zu beobachten, wie das Kind auf die anspruchsvollen Aufgaben reagiert, denn Sie erkennen daran, welche Schrifterfahrungen es bereits gemacht hat oder ob ihm die Schrift möglicherweise noch fremd ist. Unterricht kann dann anschließend gezielt vorhandene Erfahrungen aufgreifen und verbreitern, also beispielsweise Impulse zur Erweiterung des Buchstabenbegriffs geben – das ist wichtiger als die Erweiterung der Buchstabenkenntnis. Damit Sie Unterrichtsangebote machen können, die die kognitiven, emotionalen und sozialen Lernmöglichkeiten der Kinder aufgreifen, sind Beobachtungen *während* der Aufgabenbearbeitung unerlässlich. Sie können daraus auch Hinweise für methodische Entscheidungen im Unterricht gewinnen, beispielsweise für Unterrichtsgespräche oder die Gestaltung von Teamarbeit.

Erschließendes Beobachten braucht eine differenzierte Beobachtungslandkarte.

Kinder sind nicht allein unterschiedlich weit im Schriftspracherwerb, sie gehen auch ganz unterschiedliche Wege zur Schrift: Während manche Kinder auditiv-experimentierende Zugriffe zeigen und lautierend schreiben (s. 4: Vergegenständlichung der Sprache), orientieren andere sich vornehmlich visuell-memorierend: Sie gehen von der Schrift aus (s. 5). Dass ein Kind sich an der Form seiner Sprache orientieren kann (und nicht wie bisher nur am Inhalt), ist ein wesentlicher Meilenstein für den Schrifterwerb. In der Auseinandersetzung mit Schrift kann es diesen Zugriff differenzieren, durch die Verbindung von Hören, Lesen, Schreiben, Denken und Sprechen. Insofern gilt es am Schulanfang den primären Zugriff des Kindes aufzugreifen und diese Erfahrungen zu vertiefen, damit es auf dieser Basis zunehmend andere Zugriffe integrieren kann.

te für den Schulanfang

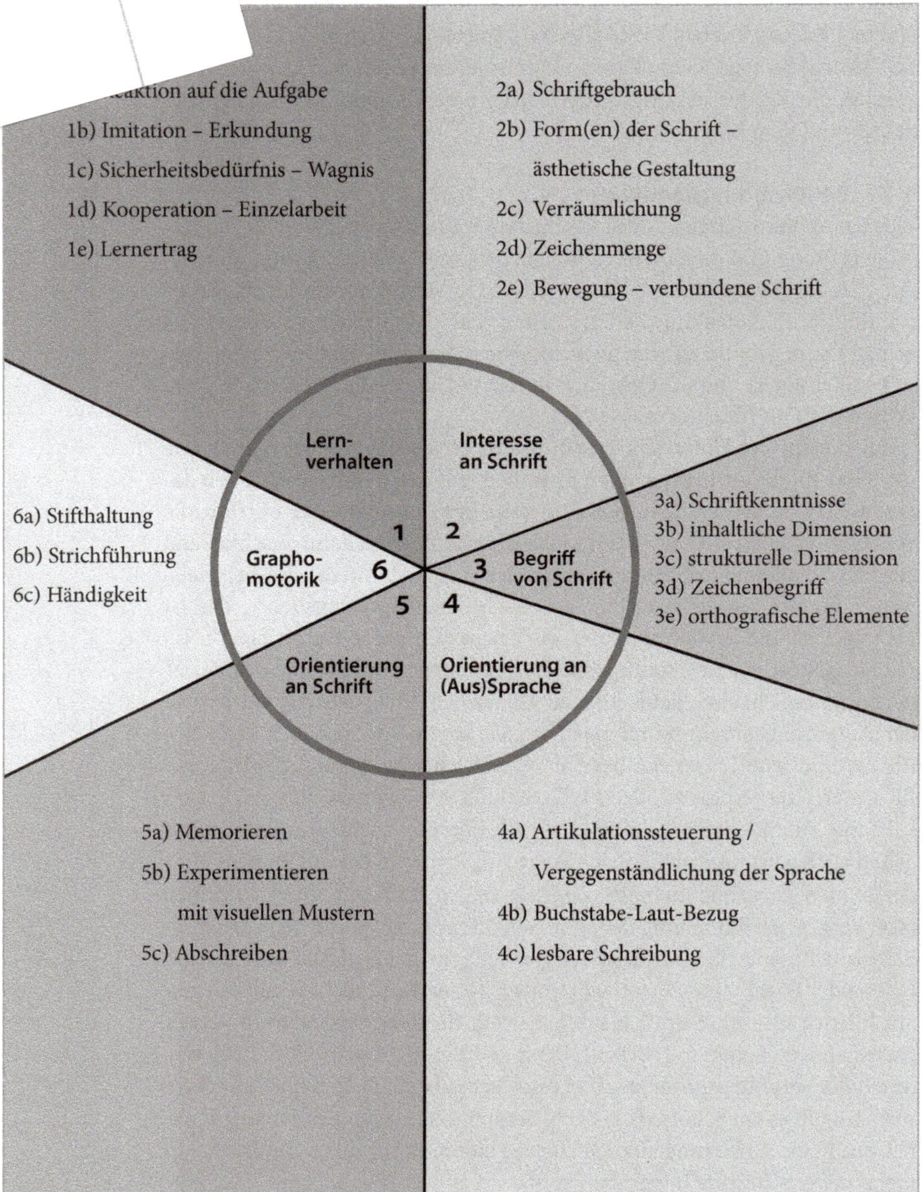

(1) Lernverhalten: Wie geht das Kind mit der Aufgabe um?

a) *Reaktion auf die Aufgabe:* Fängt es gleich an, beobachtet es erst das andere Kind, w Anforderung von sich, sucht es Hilfe, fragt es nach, wendet es sich anderem zu od

b) *Imitation – Erkundung:* Wie lernt das Kind? Imitiert es Verhalten von Schriftkundigen? Welches? Reproduziert es schulisches oder privates Wissen? Verbindet es diese Erfahrungen? Erkundet es Schrift und ihren Gebrauch? Zeigt es Freude, Ausdauer, Sorgfalt, Tempo?

c) *Sicherheitsbedürfnis – Wagnis:* Ist es auf Richtigkeit ausgerichtet oder wagt es (auch), Neues zu erproben? Wie geht es mit Schwierigkeiten und Fehlern um? Wie schätzt es sein Können ein?

d) *Kooperation – Einzelarbeit:* Wie nutzt es die Partnersituation? Zeigt es Interesse für das Tun des anderen? Macht es Vorschläge oder greift welche auf? Arbeitet es allein oder stört es sogar?

e) *Lernertrag:* Was lernt das Kind während der Bearbeitung? Welche Gelingensbedingungen ermöglichen dies?

(2) Interesse an Schrift: Welchen Sinn macht die Schrift für das Kind? Worauf richtet es seine Aufmerksamkeit?

a) *Schriftgebrauch:* Wozu gebraucht es Schrift? Demonstriert es sein Können?

b) Beachtet es *Form(en)* der Schrift oder die (ästhetische) Gestaltung?

c) *Verräumlichung:* Wie ordnet es die Zeichen auf dem Blatt an?

d) *Menge der Zeichen:* Beschäftigt es sich mit der Zeichenmenge?

e) Ist es an *Bewegung* mit dem Stift auf dem Papier und *verbundener Schrift* interessiert?

(3) Begriff von Schrift: Welches kognitive Schema hat das Kind von Schrift?

a) *Schriftkenntnisse:* Welche Buchstaben und Wörter kennt es?

b) *Inhaltliche Dimension:* Versteht es Schrift als Fixierung von Gemeintem?

c) *Strukturelle Dimension:* Welchen Einblick hat es in die Parallelität von Sprache und Schrift? In die Graphem-Phonem-Korrespondenz?

d) *Zeichenbegriff:* Welches Symbolverständnis zeigt es? Welchen Begriff hat es von Buchstaben?

e) *Orthografische Elemente:* (Inwiefern) Geht sein Schriftbegriff über das Alphabetische hinaus?

(4) Orientierung an (Aus)Sprache: (Inwiefern) Kann es seine Aufmerksamkeit auf die Sprachform richten? (Vergegenständlichung der Sprache)

a) *Artikulationssteuerung:* Verändert es beim Schriftgebrauch sein Sprechen?

b) *Buchstabe-Laut-Bezug:* Stellt es Bezüge zwischen Schrift und Sprache her (z. B. Vorlesen lassen)?

c) *Lesbare Schreibungen:* Orientiert es sich an irrelevanten Merkmalen der Artikulation, am gedehnten Sprechen, Dialekt oder an der Artikulationsstelle?

(5) Orientierung an Schrift: (Inwiefern) Macht das Kind die Schrift zum Gegenstand seiner Aufmerksamkeit?

a) *Memorieren:* Merkt es sich Wörter oder will es das?

b) *Experimentieren mit visuellen Mustern:* Beachtet es bestimmte Formen und Zeichenfolgen?

c) *Abschreiben:* Kopiert es Schrift aus dem Raum oder vom anderen?

(6) Graphomotorik

a) Wie ist die *Haltung von Stift* und Körper beim Schreiben?

b) Wie ist die *Strichführung* auf dem Papier?

c) *Händigkeit*

Die Graphomotorik kann spezielle Lernhilfen nahelegen, z. B. besonderes Schreibwerkzeug, einen bestimmten Sitzplatz, spezifische Aufgabentypen.

9.1.4 Soziale Kontexte: Chancen für das Beobachten

Die Vorteile der sozialen Lernsituation für das Beobachten sind:

1. Sie sparen mit der gleichzeitigen Beobachtung von zwei Kindern Zeit – nach einiger Übung können Sie beim Leeren Blatt auch zwei oder drei Paare gleichzeitig an zusammen gestellten Tischen beobachten. (Mehr als sechs Kinder gleichzeitig zu beobachten ist nicht ratsam, da Sie dann nicht mehr beobachten können, was die einzelnen tun.)

Direkt beobachten, wie Kinder zusammen lernen können

2. Kinder arbeiten im Erwerb von sich aus äußerst kooperativ, dies erleichtert ihnen die Bewältigung der Aufgabe – Sie dürfen nur keine Konkurrenzsituation entstehen lassen! Und Sie brauchen dann auch nicht sogleich das Malen als Erleichterung der Aufgabe anbieten, das ja auch Ihr eigentliches Interesse verschleiern würde.
3. Die Kinder können miteinander arbeiten (und sind nicht auf Ihre Hilfe angewiesen), wie es auch im Unterricht wichtig ist. Dass Sie nicht mit einem Kind arbeiten, hat zwei Vorteile: Sie können sich ganz auf das Beobachten konzentrieren. Und Sie verhindern, dass Kinder Sie als unglaubwürdig einschätzen, wenn Sie so tun würden, als ob Sie nicht lesen oder schreiben könnten (s. Füssenich/Löffler 2005, 9).
4. Sie können das individuelle Lernpotenzial leicht erkennen, weil die zwei Kinder sich handlungsbegleitend über ihr Tun austauschen.

Das gemeinsame Bearbeiten der Aufgaben ist also nicht nur für die Kinder entlastend und lernwirksamer, sondern auch ertragreicher für Sie als Beobachterin: Sie lernen Ihre Schulanfänger sogleich gut kennen und Sie erhalten mit der Schulanfangsbeobachtung wichtige Hinweise für die inhaltliche *und* die methodische Gestaltung Ihres Unterrichts – auch in anderen Fächern. Wie aber lässt sich dieses Beobachten im Schulalltag organisieren?

9.1.5 Zeitpunkt und Organisation der Beobachtungen

Am sinnvollsten ist es, die Schulanfangsbeobachtung in den ersten Schulwochen durchzuführen, damit Sie sogleich Einblick gewinnen, welche Schrifterfahrungen Ihre Kinder in die Schule mitbringen. Im Unterschied zu anderen Beobachtungsverfahren erhalten Sie mit dem *Leeren Blatt* in der Regel bereits mit *einer* Aufgabe entscheidende Aufschlüsse über die Heterogenität der Klasse und die Lernausgangslage und -potenziale jedes Kindes. So können Sie die Passung von Lernen und Lehren optimal gestalten. Und mit dem *Leeren Blatt* steht von Anfang an das Schreiben und Lernen im Mittelpunkt Ihres Unterrichts.

Wenn Kinder beim *Leeren Blatt* zeigen, dass sie bereits lesen und schreiben können, können Sie auf die Beobachtung ihres Memoryspielens verzichten. Mit dem *Memory mit Schrift* beobachten Sie stärker grundlegende Fähigkeiten für den Schrifterwerb: inwiefern Kinder ihre Aufmerksamkeit auf die Form der Sprache (unabhängig von ihrem Inhalt) richten können und die Funktion der Beschriftung erkennen. Auch wenn das individuelle Können bei Einzelnen noch so schmal ist, können Sie weitere Ansatzpunkte für das Lernen mit den zusätzlichen Aufgaben finden: zum *Buchstabenbegriff* des Kindes (s. S. 190) und zu seinen intuitiven Möglichkeiten für das *Spiel mit Sprache* (s. S. 192).

Signale für den Bedarf unterschiedlichster Lernangebote

Die Schulanfangsbeobachtung gibt entscheidende Signale dafür, welchen Kindern Ihr Unterricht noch grundlegende Erfahrungen zur Orientierung in Schrift ermöglichen sollte: Dies sind die Schulanfänger,

Hinweise auf besondere Lernwege als Hilfe für die Unterrichtsgestaltung

- die auf dem Leeren Blatt (außer ihrem Namen) nichts schreiben,
- die die Schrift beim Memory nicht nutzen,
- die nur einen Buchstaben nach Diktat richtig schreiben und
- die keinen vorgesprochenen Reim strukturorientiert beenden.

Zugleich werden die Kinder deutlich, die ungewöhnliche Wege zur Schrift verfolgen oder die schon weiterführendere Angebote als die meisten Mitschüler brauchen.

Organisation im Unterricht

Eine ungestörte Beobachtungssituation lässt sich nicht nur in einem Nebenraum oder kurz vor oder nach dem gemeinsamen Unterricht schaffen. Es zahlt sich langfristig aus, wenn Sie von Anfang an mit der Klasse üben, dass die Kinder sich mit bestimmten Aufgaben allein beschäftigen und untereinander helfen können, so dass Sie eine kurze Zeit an einem separaten Tisch in der Klasse wenige Kinder beobachten können. Bewährt hat es sich, dazu ein Symbol wie ein bestimmtes Tier oder ein Stopp-Schild als Zeichen dafür aufzustellen, dass Sie jetzt gerade nicht gestört werden dürfen und die Kinder gegebenenfalls zunächst andere Kinder fragen oder auf Hilfe warten müssen. Das kann gelingen, wenn jedes Kind einmal in diesen Genuss kommen kann, dass Sie sich gezielt Zeit für es nehmen.

Wie direktes Beobachten im Schulalltag möglich ist

Da sich die Kinder selbstständig mit dem *Leeren Blatt* und dem *Memory mit Schrift* beschäftigen, haben Sie Raum und Zeit, die Kinder währenddessen ausschließlich zu beobachten. Dabei sollten Sie sich über die Bedeutung Ihrer Beobachtungshaltung bewusst sein (s. S. 157): Sie sind dann nicht

Prüfende oder Lehrende und auch nicht Mitspielerin. Ihre Beobachtungshaltung wird den Kindern deutlich, wenn Sie sich z. B. nur in die Nähe und nicht direkt zu ihnen an den Tisch setzen. Und wenn Sie nach dem Stellen der Aufgabe sogleich mit Ihren Notizen beginnen, vielleicht mit den Worten: „mitschreiben, damit ich es hinterher lesen kann und nicht vergesse".

Anders ist die Beobachtungssituation bei den zusätzlichen Aufgaben zum *Reimen* und zur *Buchstabenkenntnis*. Hier leiten Sie die Aufgaben direkt für ein einzelnes Kind an und machen vor allem anschließend Notizen.

9.2 Das Leere Blatt

Wozu gebrauchen Kinder Schrift?

9.2.1 Aufgabe und Durchführung

Bei der Aufgabe des *Leeren Blattes* handelt es sich um ein weißes DIN-A2- oder DIN-A3-Blatt, auf das zwei Kinder gleichzeitig schreiben sollen. Nachdem sich zwei Kinder als Partner gefunden haben, jeweils einen Lieblingsstift (möglichst in unterschiedlichen Farben) ausgesucht und sich nebeneinander gesetzt haben, stellen Sie folgende Aufgabe:

Das Leere Blatt – eine Aufgabe für alle Kinder

Ich habe hier ein großes Blatt für euch beide zusammen. Eure Aufgabe ist es, auf dem Blatt zu schreiben – alles, was ihr möchtet.

Häufig fragt ein Kind zurück, ob es auch malen könne. Sie wiederholen dann noch einmal den Anspruch: Schreib zuerst; später kannst du noch malen. Würden Sie sofort auch zum Malen auffordern, wäre die Aufgabe beliebig und würde Ihr eigentliches Interesse verschleiern. Wenn ein Kind nicht anfängt zu schreiben, warten Sie erst einmal ab, damit es möglichst doch einen eigenen Zugriff suchen oder sich beim Partner orientieren kann. Wenn sich auch nach einiger Zeit nichts tut, können Sie höchstens vorschlagen, den eigenen Namen aufzuschreiben. Denn es ist wichtig, dass Sie sich als Beobachtende zurückhalten und während des Schreibprozesses keine konkreten Vorschläge machen, damit jedes Kind einen eigenen Zugang zu Schrift finden und zeigen kann.

Beobachten erfordert eine andere Haltung als Lehren.

Selbstverständlich können Sie auf Fragen der Kinder antworten, denn gerade, was sie fragen und wie sie mit Ihrer Antwort umgehen, ist ja aufschlussreich für Sie: Werden Sie gebeten, eine Buchstabenfolge auf dem Leeren Blatt vorzulesen, erkennen Sie das Interesse des Kindes an der lautlichen Entsprechung von Schrift und Sprache. Fragt das Kind danach, wie ein Wort geschrieben wird, ersehen Sie daraus sein Bedürfnis nach Richtigem, nach Sicherheit, nach Nachahmung als Lernmöglichkeit: Sie sollten ihm das Wort separat aufschreiben.

Wenn die Kinder fertig mit dem Schreiben sind, können Sie sie durchaus auch fragen, was sie geschrieben haben. Sie verlassen dann zwar ihre Beobachterrolle, erhalten aber Aufschluss darüber, ob ein Kind schon lesen kann, sodass Sie ggf. auf das Memory verzichten können.

9.2.2 Beobachten mit der Landkarte: Beispiele

Situation 1: Wie Arif und Erdal schreiben

Arif und Erdal beginnen sogleich zu malen und sprechen sich dabei ab (1d: kooperatives Lernen). Nachdem Arif seinen Vor- und Familiennamen in den Mercedes geschrieben hat (3a/5a: Schriftkenntnisse), beschriftet er das Gemalte auf Türkisch und Deutsch (2a/2c: Beschriftung neben dem Bild mit Übersetzung): güneş/Sonne, araba/Auto, ev/Haus, adam/Mann. Auch Erdal schreibt seinen Namen auf (3a/5a: Schriftkenntnis) und kopiert dann andere Wortpaare vom Nachbarn (5c: Abschreiben).

Die türkischen Schulanfänger Arif und Erdal kooperieren

Potenziale mehrsprachiger Schreibanfänger wahrnehmen – und spezifische Anforderungen

Arif verfügt über ein differenziertes kognitives Schema von Schrift (3). Zur fast vollständigen Verschriftung der lautierten Wörter (4a/4c: lesbare Schreibungen in Großbuchstaben) greift er dabei stets auf die türkischen Phonem-Graphem-Korrespondenzen zurück (3c: türkische Sprach- und Schriftkenntnisse, deutsche Sprachkenntnisse): *Z* für das stimmhafte /z/ in Sonne, Ş für /ʃ/. Aufgrund seines kognitiven Schemas von der türkischen Schriftstruktur hat er für den im Türkischen unbekannten Diphthong /aʊ/ kein festes Zeichen in dem Wort „Haus“. Und er verschriftet „Mann“ als Zweisilber mit dem im Türkischen typischen <I> ohne Punkt als vokalischen Wortabschluss: *MANI* (im Unterschied zu *ARİF*) (5b: Experimentieren mit türkischer Silbenstruktur).

Während Arif mit deutschen Texten oder einer deutschen Anlauttabelle die deutsche Schriftstruktur erkunden könnte (Schriftorientierung), muss Erdal Schrift noch grundlegend erforschen: Das Wortpaar *EV/HAUS* gebraucht er nicht zum Beschriften (2c: Paaranordnung, aber nicht neben dem gemalten Haus), er ist weniger sicher in der Buchstabenform des G und N bzw. nicht aufs türkische Alphabet bezogen (S statt Ş) (3a: Schriftkenntnisse weniger differenziert) und kann noch nicht lautieren (4: Vergegenständlichung der Sprache eventuell beim Memory provozier- und beobachtbar?).

Situation 2: Wie Frank und Benjamin schreiben

Frank und Benjamin malen sogleich Häuser. Benjamin versieht sein Hochhaus sorgfältig mit Zeilen (2c: schultypische Verräumlichung der Wörter) und schreibt darauf Wörter: lautierend (4a/4b: *AFI*/Affe, *E3EE*/Esel, *AFL*/Apfel) und aus dem Gedächtnis (5a: *BENJAMIN, OPA* und *OMA*). Das karierte Haus beschriftet er mit dem Firmenzeichen M (2a/2b: Schriftkenntnis und -gebrauch aus dem Alltag).

Frank drängt Benjamin an den Rand – und lernt schnell

Frank ist währenddessen immer wieder aufgesprungen, um seinen aus der Hosentasche gezogenen Fallschirm zu erproben und zu malen (1b: Lernverhalten wenig auf die Aufgabe bezogen). Nachdem Benjamin seine Wörter vorliest (Er kann lesen!), schreibt Frank schnell drei Buchstabenfolgen groß auf und lässt sie sich auch vorlesen (1b/1d: Greift Verhalten des anderen auf). Mit seinem Schreiben bedrängt er den Nachbarn (2e/6: große Motorik; 2c: großer Platzbedarf), unterstreicht dann eine Zeile (2b: Verräumlichung und Abgrenzung von Schrift und Bild). Als der Beobachter „Nmamnkvv…" liest, ist Frank überrascht, dass das V wie F klingt (4b: Erkennt Buchstabe-Laut-Bezug). Voller Eifer schreibt Frank sogleich seinen Namen neu und vollständig: *VRANK* (1b: Selbstständige Anwendung des Prinzips!). Und er lässt sich weiter auf Schrift ein (1e: Er profitiert vom emsigen Nachbarn), schreibt unten gespeicherte oder abgeschriebene Wörter *OMA, OPA* (5a: visuell-memorierender Zugriff) und imitiert wie Benjamin

Lernchancen erkennen, auch wenn Schwierigkeiten dominant erscheinen

Schreibschrift-Schwünge (1b: Imitation von beobachtetem Verhalten, 2e: verbundene Schrift).

Während Benjamin selbstständig schreiben und auch arbeiten kann, braucht Frank Anregungen von anderen, um sich der Schrift zuzuwenden. Bei aller Unruhe kann er beobachtetes Verhalten und neue Informationen dann schnell aufnehmen und transferieren.

Ausschnitte aus Leeren Blättern

Abschließend soll die Vielfalt der Lernerperspektiven, die Heterogenität am Schulanfang noch an Ausschnitten aus drei anderen Leeren Blättern verdeutlicht werden:

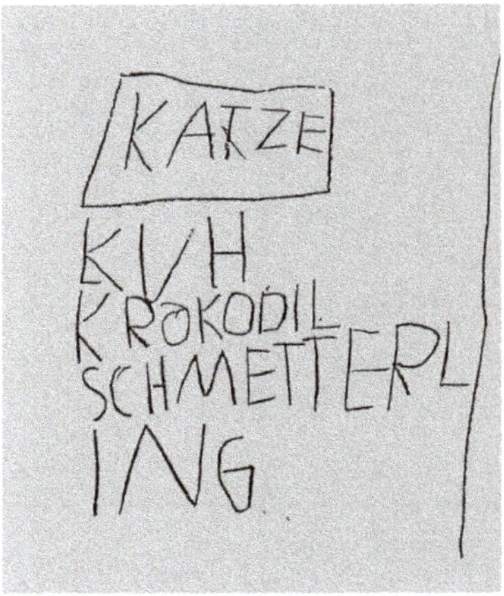

Jens' auditiver Zugriff

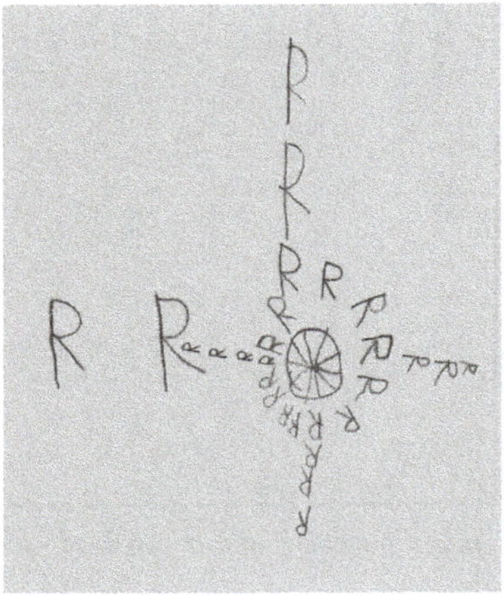

Joys ästhetischer Zugriff

Während Joy auf ihrer Blatthälfte mit einigen Buchstabenformen (3a) ästhetische Gebilde erstellt, schreibt Jens von den herumliegenden Memorykarten ganze Wörter genau ab (5c) – als Liste mit Umrandung (2c). Jens sucht mit dem Abschreiben einen sicheren Weg (1c) und kann von den Karten zugleich die inhaltliche Funktion der Schrift erfassen (3b). Beide Kinder haben jedoch noch nicht verstanden, dass die Schriftfolge die zeitliche Lautfolge räumlich wiedergibt, dass das vermutlich von der Anlauttabelle bekannte Rad mit dem Laut /r/ anfängt, die Katze mit dem Laut /k/; sie nähern sich auf anderen Wegen der Schrift. Joy geht mit der angebotenen Anlauttabelle bildlich gestaltend um, für Jens ist Schreiben Kopieren von Zeichenfolgen. Unterricht sollte diese unterschiedlichen Lernwege aufgreifen und durch vielfältige Erfahrungen mit Schrift und Schriftgebrauch zur

Ungewöhnliche Lernwege erkennen und zielführend stärken

Differenzierung anregen – und zugleich weit fortgeschrittenen Lernern wie Elias Herausforderungen bieten:

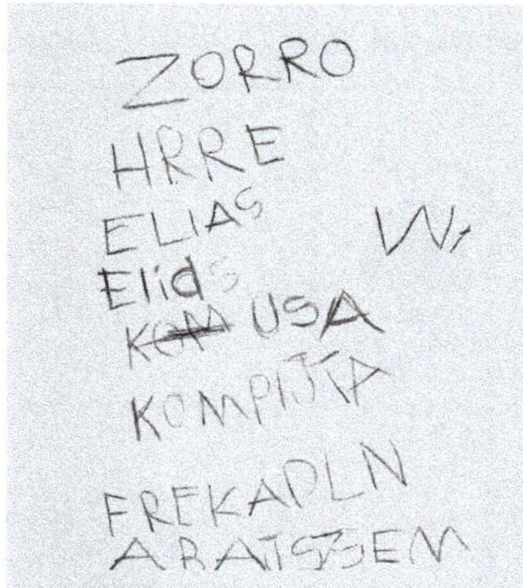

Visuelle und auditiv-experimentierende Zugriffe von Elias

Elias hat bereits strukturelle und inhaltliche Bezüge zwischen Sprache und Schrift verstanden (3b/3c/3d) und verfügt über umfangreiche Schriftkenntnisse (3a): Er listet (2c; auch Durchstreichen) nicht nur eine Abkürzung (*USA*) und geübte Wörter sicher in Groß- und Kleinbuchstaben auf (3a: *ELIAS Elias;* 5a: Memorieren), sondern erschreibt sich auch selbstständig lautierend komplexe Wörter (4c: lesbare Schreibungen von Computer bis Arbeitszimmer). Wie beim vermutlich gespeicherten Wort *ZORRO* verwendet er auch bei „Haare“ das orthografische Element *RR* (3e: Experimentieren mit othografischen Phänomenen/ Übergeneralisierung). Im Unterschied zu Joy und Jens braucht Elias keine grundlegende Orientierung oder aufwändigen Lautierübungen mehr, vielmehr sollten seine Zugriffe z. B. durch für ihn sinnvolle Schreibanlässe genutzt und durch Aufgaben zur Schriftorientierung differenziert werden (z. B. Wortschatzarbeit mit dem Wörterbuch S. 105, 110).

9.2.3 Vivian und Emine: Beispiele für die Entwicklung von Lernhilfen

Beobachten macht nur dann Sinn, wenn daraus konkrete Hinweise für die Gestaltung des Unterrichts und das Angebot spezieller Lernhilfen für einzelne Kinder abgeleitet werden können. Dass die Schulanfangsbeobachtung genau dies ermöglicht, wird nun anhand des Leeren Blattes von Vivian und Emine gezeigt.

Situation 3: Wie Vivian und Emine schreiben

Das Leere Blatt als Spielraum für Schreibanfänger

Nachdem Vivian und Emine (3. Schulwoche) eine Trennlinie in der Mitte gezogen haben (1: gute Arbeitsorganisation), schreibt Emine rechts Wörter, malt das Gemeinte daneben und liest es vor (2c/3b: Beschriftung). Vivian guckt ihr zunächst zu und fängt dann mit dem *ABCD* und ihrem Namen an (1a/1b: Orientierung am Nachbarn; 3a: Memorieren). Dann nimmt sie mehrere Stifte in eine Hand (2c/2e/6b: Spuren auf dem Papier, Bewegung), schlägt vor, mit geschlossenen Augen zu schreiben und auch ganz klein (1b: Imitation von Schreibverhalten; 5b: Schriftform im Blick), und hilft Emine beim Malen des Affen (1d). Zum Schluss erschreibt Emine sich lautierend das Wort *TUNFÖS* (Thunfisch, 4b/4c: lesbare Schreibung).

Kooperation trotz erheblicher Leistungsunterschiede

Was kann Vivian schon?

Die Faszination der Spuren auf dem Blatt

Vivian kennt den Anfang des Alphabets, ihren Namen und einige andere Buchstaben (3a/2c: Zeilennorm). Sie malt gern und selbstbewusst (1b), beobachtet genau den Schriftgebrauch ihrer Nachbarin, lässt sich von ihr zum Schreiben inspirieren (6a) und weiß ihr zu helfen (1b). Ihren Blick richtet sie besonders auf Gestaltungen mit Buchstaben und mit Grundformen (Geraden, Kreise als Grundformen), auf große und kleine Bewegungen (2b/2e). Sie regt die Imitationen des Schreibens an (1b/1d) und zeigt dabei, dass sie Druckschrift von Schreibschrift unterscheiden kann (3d). Schreiben ist für sie Wiedergabe von Gemerktem und bildnerisches Mittel zum Selbstausdruck (3).

Was muss Vivian noch lernen?

Vivian braucht vermutlich noch grundlegende Erfahrungen damit, dass Schrift Bedeutungen festhält und damit Ausdruck für Gemeintes sein kann (3b: inhaltliche Dimension). Solche Erfahrungen stellen eine wichtige Voraussetzung dafür dar, sich mit der Beziehung von Schrift und Sprache, von Buchstaben und Lauten zu beschäftigen (3c).

Was kann Vivian als Nächstes lernen?

Schreibaufgaben sollten Vivian in ihrem ästhetischen Zugriff bestätigen (und räumlich nicht beschränken). Wenn Buchstaben eingeführt werden, wäre es hilfreich für sie, wenn jedes Kind der Klasse dazu ein großes Blatt bekäme mit der Aufgabe, diesen Buchstaben vielfach zu schreiben: in verschiedenen Größen und Farben, verziert, möglichst eckig oder möglichst rund etc.

Die ästhetische Gestaltung ihres eigenen Namens z.B. für die Titelseite eines besonderen Heftes würde ihr Bewegungsinteresse mit der inhaltlichen Bedeutung des Schreibens verbinden. Damit Vivian erfahren kann, dass es beim Schreiben darum geht, die eigenen Gedanken genau festzuhalten, könnte sie beispielsweise ihrer Lehrerin etwas diktieren, das für die Klasse wichtig ist (z.B. Beschriften und Gestalten eines Bilder- oder Tierbuches oder Plakates; zur Lernwirksamkeit des Diktierens s. S. 12 und MERKLINGER 2012) oder wie die anderen aufschreiben, was sie mag (s. Schreibanlass „Ich mag …“ S. 108). Zudem braucht sie Sicherheit und Erfolge im Schreiben ihr wichtiger Wörter (s. Kopiervorlage 3: Wörterbuch mit Fragebögen; s. auch LEßMANN 2007).

Kontexte und Angebote zur Verbreiterung und Differenzierung von Vivians Schrifterfahrungen

Auch im Umgang mit Büchern können grundlegende literale Erfahrungen angebahnt werden, gerade wenn sie Betroffenheit provozieren, Kontexte des Schriftgebrauchs erfahrbar machen und sich als Anlässe für freies Schreiben sowie Diktieren anbieten. So ermöglicht das Bilderbuch „Die Geschichte vom Löwen, der nicht schreiben konnte“ (BALTSCHEIT 2002) Kindern Erfahrungen mit der persönlichen Bedeutung von Schrift anhand der literarischen Figur: Der Löwe möchte einen Brief an eine Löwin verfassen und ist mit den Briefen, die andere Tiere für ihn schreiben, nicht einverstanden: *So etwas hätte ich doch nie geschrieben!* Das ist Impuls für ihn, selbst schreiben zu lernen – und für die Kinder, ihm schreibend (bzw. diktierend, s. S. 81) zu helfen (s. HÜTTIS-GRAFF 2012a).

Für Vivian ist Zusammenarbeit mit anderen Kindern in der Auseinandersetzung mit Schrift anregend. So würde sie vom alltäglichen Schriftgebrauch in der Klasse profitieren: von gemeinsamen Lernspielen mit Schrift (Memorys, s. S. 84), z.B. vom Auswendiglernen und gemeinsamen Lesen von Reimen und Liedern in der Klasse (s. Abzählverse international, S. 262–263 oder HÜTTIS-GRAFF 2005) oder wenn sie älteren Kindern etwas zu ihren Bildern diktiert (s. S. 81 und MERKLINGER 2012, 108).

Vivians Interesse an unterschiedlichen Spuren auf dem Papier wird um deren inhaltliche Bedeutung erweitert im Buch „Die Königin der Farben“ (Bauer 2012). Es zeigt beispielhaft, dass verschiedene Linien unterschiedliche Gefühle ausdrücken können: Sowohl die Farben als auch die unterschiedlichen Strichführungen in diesem Buch legen Kindern nahe, verschiedene Ausdrucksmöglichkeiten mit dem Stift auf dem Papier selbst zu erproben – unterstützt durch das Hören der Musikstücke zu den Farben auf der dazugehörigen CD.

Was kann Emine schon?

Emine ist sicher im Schreiben, kann gemerkte und neue Wörter in Großbuchstaben schreiben (3, 4, 5a) und kennt die Funktion der Beschriftung von Bildern (2a/2c). Sie nimmt Hilfe beim Malen an (1d), ist motiviert zum Schreiben und Lesen (1a/1b) und greift neue Anregungen ihrer Partnerin auf, erprobt unterschiedliche Schriftgrößen (1d: Kooperation). Manche Wörter hat sie sich gemerkt (z. B. den Namen *JOY*; 5a), andere erschreibt sie sich selbstständig und phonematisch oft vollständig – das zeigen die Wörter *AFE* (Affe) und *TUNFÖS* (Thunfisch) –, orientiert an ihrer hamburgischen Artikulation (*TUNFÖS*; 4c). Sie verfügt über die Graphem-Phonem-Korrespondenzen des Deutschen und – sie spricht Türkisch als Muttersprache – auch über das türkische Graphem <Ş> für das Phonem /ʃ/ (*TUNFÖŞ*) und das türkische <İ> für das /iː/ (s. z. B. *İNUSA, ANGELİKA*; 3a). Ihre Trennung von *BAUM* und *KROKODIL* zeigt, dass sie über einen Wortbegriff verfügt (3d).

Was muss Emine noch lernen?

Emine muss ihre Erfahrungen mit dem schriftlichen Ausdruck von Gedachtem vertiefen, indem sie nicht nur Bilder mit Einzelwörtern beschriftet. Zudem muss sie noch Kleinbuchstaben lernen und orthografisch richtiges Schreiben – auch die Abgrenzung zum Türkischen.

Was kann Emine als Nächstes lernen?

Schriftorientierung als Anregung für Erkundungen

Emine braucht keine Fibel, keine sukzessive Buchstabeneinführung und keine Anlauttabelle, sondern interessante Angebote zum Schreiben, auch von Texten. So könnte sie für die Klasse zum Buchstaben der Woche Rätsel, Zungenbrecher oder Quatschsätze erfinden oder eine Geschichte zu einer literarischen Figur mit diesem Buchstaben oder eine Fantasiegeschichte aufschreiben (z. B. Wie das K in die Klasse kam). Zur Differenzierung des Rechtschreibens braucht sie Schriftorientierung: Sie könnte zur Auseinandersetzung mit orthografischen Phänomenen angeregt werden (z. B. Doppelkonsonanten): wichtige Wörter aus ihren Texten richtig schreiben üben (z. B. Musterwort Affe für <ff>; s. Wörterklinik nach LEẞMANN 2007), Wörter zu orthografischen Phänomenen sammeln (z. B. Doppelkonsonanten), Grundwortschatzarbeit mit dem Wörterbuch (s. Kopiervorlage 3, S. 264–276) und die Unterscheidung vom türkischen Schriftsystem mit dem türkischen Memoryspiel (s. Kopiervorlage 1, S. 258–259) oder internationalen Abzählversen (Kopiervorlage 2, S. 262–263). Dabei würde sie auch mit Kleinbuchstaben vertraut. Mit einem Memory mit Schrift könnte man beobachten, inwieweit sie ungeübte Wörter lesen kann, und ihr dann passendes Lesefutter geben (Lesehefte, Bilderbücher o. Ä.).

9.3 Memory mit Schrift

Hilft die Schrift zum Gewinnen?

Das Memory mit Schrift entfaltet einen starken Lernsog – und kann auch ohne Schriftbeachtung gespielt werden.

9.3.1 Aufgabe und Durchführung

Für diese Beobachtungssituation brauchen Sie die 20 Memorykarten (zehn Paare, s. **Kopiervorlage 7**, S. 284), bei denen jeweils eine Rückseite von jedem Kartenpaar in unterstrichenen Großantiqua beschriftet wird. Weil eine gute Partnerschaft Grundlage ist für die soziale Lernsituation, fragen Sie am besten ein Kind, mit wem es gerne Memory spielen möchte. Dann setzen Sie sie nebeneinander an einen Tisch, damit beide die geschriebenen Wörter richtig herum sehen können.

Sie breiten die Karten gemeinsam vor den Kindern aus, sodass die Bilder des Memorys nicht sichtbar sind – *Karten mit dem Strich zum Bauch* –, und stellen dann die Aufgabe wie folgt:

Memory mit Schrift – Beobachtungsaufgabe für *viele* Kinder
Ihr kennt doch Memory, oder? Ich habe hier ein neues Memory für euch. Da steht was drauf. Mal sehen, ob euch das hilft, dass da was draufsteht, und was ihr macht. Zwei Karten mit gleichem Bild gehören immer zusammen. Neu ist: Erst nehmt ihr eine Karte ohne Schrift und dann eine mit Schrift. Dann kommt der andere dran, auch wenn einer ein richtiges Paar gefunden hat. Erst eine Karte ohne Schrift und dann eine mit Schrift.
Das Spiel wird pro Kinderpaar zweimal gespielt.

Schulanfangsbeobachtung: Memory mit Schrift KV

Beim Memory können Sie immer nur ein Kinderpaar zur Zeit beobachten und parallel Ihre Beobachtungen notieren. Da die Regel, immer erst eine Karte ohne Schrift und dann eine mit Schrift aufzudecken, entscheidend für die Nutzung von Lernchancen ist, können Sie die Kinder *bis zu dreimal* an diese Regel erinnern. Wenn ein Kind dann immer noch ohne diese Regel spielt, lassen Sie es gewähren. Sie als Beobachterin wissen dann, dass dem Kind die Funktion der Schrift für das Spiel noch nicht wichtig ist (2a in der Beobachtungslandkarte). Umso aufschlussreicher ist es für Sie, wenn dieses Kind einige Tage oder Wochen später oder mit einem anderen Spielpartner die Schrift zu nutzen sucht.

Aus der Distanz mehr beobachten als durch Nachfragen

Wenn ein Kind Sie z. B. fragt *Steht da Krokodil?*, erkennen Sie, dass es weiß, dass die Schrift die Bilder bezeichnet (2a/2c) und dass es ein großes Sicherheitsbedürfnis hat (1c). Am besten reagieren Sie mit einem ausweichenden Achselzucken und vermerken dieses Interesse des Kindes. Anders ist es, wenn ein Kind Sie fragt, wie ein Buchstabe aussieht. Wenn z. B. ein Kind die Karte mit dem Wort Krokodil sucht und sagt: *K, K, K wie sieht nochmal das K aus?* und sich dabei an Sie wendet, spricht nichts dagegen, ihm das K auf einen Zettel aufzuschreiben. Sie wissen durch diese Frage viel über die Kenntnisse des Kindes (3a) und seine Lernaktivität (1b). Zudem wird das Kind mit seiner Frage ernst genommen und lernt vielleicht etwas hinzu.

Gerade beim Memory mit Schrift ist es sehr verführerisch, die beobachtende Rolle zu verlassen und die Kinder z. B. zu fragen, warum sie gerade eine bestimmte Karte umgedreht haben oder woher sie wussten, wo die Rose ist. Aber es empfiehlt sich, beim ersten Spiel wirklich *nur zu beobachten.*

Unsere Videoaufnahmen haben gezeigt, dass eine Lehrkraft, die zu den Kindern in den Nebenraum kommt und fragt, wie sie eine Karte gefunden haben, das Spielverhalten gravierend beeinflusst: Die Kinder „verstummen" (1d), sie sprechen nicht mehr gedehnt (4a) und zeigen damit ihre Zugriffsweise weniger deutlich. Entscheidend ist zudem, wie die Kinder mit Schrift umgehen, und nicht, was ihnen davon bewusst ist. Dies ist vielleicht nur das, was sie glauben, sagen zu sollen. Außerdem sind die Situation und das Material so vorstrukturiert – durch die Auswahl der Karten und die Aufgabenstellung –, dass Sie aus dem Spielverhalten ebenso viel ersehen können. Insbesondere der Austausch der Kinder untereinander, ihre Irrtümer und auch, wie und woraufhin eins seine Strategie ändert, gibt Ihnen entscheidende Hinweise.

Einblick in implizite Lernprozesse der Kinder gewinnen

Nur wenn ein Kind von sich aus gar nichts äußert, aber z. B. zielsicher die richtigen Karten mit Schrift umdreht, erfahren Sie beim Beobachten möglicherweise nichts darüber, wie das Kind die Schrift genutzt hat oder ob es vielleicht einfach schon liest. In einem solchen Fall spricht nichts dagegen, die Kinder nach dem zweiten Spiel einmal nach ihrem Vorgehen zu fragen.

9.3.2 Spezifische Beobachtungen mit der Landkarte

Das Memory ergänzt die Beobachtungen beim Leeren Blatt: Wenn Sie das Memoryspielen zur Sicherheit mit dem Handy aufnehmen, können Sie Ihre während des Spielens gemachten Notizen ggf. anschließend noch einmal absichern. Für das Spiel ist nicht allein das schriftspezifische Können wichtig, gerade emotionale und soziale Faktoren sowie allgemeine Problemlösestrategien haben sich als bedeutsam erwiesen.

(2) Interesse an Schrift: Wie geht das Kind mit der Aufgabe um?

Manche Kinder wissen sogleich, dass die Schrift das umseitige Bild beschriftet, und erkennen die Bedeutung der Schrift für das Gewinnen: *Ich kann eben schon' bisschen lesen, hab ich 'n Vorteil!* (Niko) Andere bemerken dies erst im Verlauf des Spiels: *Steht das da drauf?* Und Hendrik bittet Niko inständig, ohne Lesen zu spielen: Niko: *Maus Ma ma* – Hendrik: *Hör auf!* – Niko: *Ohne Lesen kann ich nicht!*

Es ist dabei unwichtig, ob die Orientierung an Schrift Erfolg hat oder nicht, denn es geht um das Erkundungsverhalten. Auch für das Lesen haben sich solche Suchstrategien vielfach als wichtig herausgestellt – sie können beim Memoryspielen genau beobachtet werden.

Erkennt das Kind die Schrift als Hilfe zum Gewinnen?

Wenn ein Kind trotz günstiger Gelegenheiten (durch Ihre dreimalige Aufforderung *Erst ohne Schrift, dann mit Schrift!* oder durch den Partner oder das Material) die Schrift nicht als Hilfe zum Gewinnen erkennt (3) und zu nutzen versucht (2a) oder wenn es nur mechanisch stets erst eine Karte ohne Schrift umdreht (1c), dann braucht es im Unterricht zahlreiche anregende Gelegenheiten, um die Bedeutung der Schrift für sich selbst zu erfahren und eine grundlegende Orientierung im Umgang mit Schrift zu finden – gerade wenn es auch auf dem Leeren Blatt kaum etwas geschrieben hat.

(3) Begriff von Schrift

Manche Kinder wissen sogleich, dass die Schrift das umseitige Bild bezeichnet (3b). Sie suchen nicht mehr nach dem richtigen Bild, sondern nach dem richtigen Wort. Aber in Äußerungen wie *Da weiß ich doch, wo die Biene ist* (Kind dreht die Wespe um) zeigt der Artikel zum Nomen die Suche nach dem Bild; dem gegenüber weist *Katze, wo ist Katze?* darauf, dass das gesprochene Wort Gegenstand der Aufmerksamkeit ist. Auch wenn Kinder zum Wal-Bild bei den Wörtern KROKODIL oder SCHMETTERLING suchen, orientieren sie sich an der Bedeutung (3c Schriftbegriff: großes Tier = langes Wort). Sie brauchen noch viele Anregungen zur Vergegenständlichung von Sprache (4), bevor sie beispielsweise eine Anlauttabelle nutzen können.

Im Spiel grundlegende Orientierung über Schrift finden

(4) Orientierung an (Aus)Sprache: (Inwiefern) Kann das Kind seine Aufmerksamkeit auf die Form der Sprache richten?

Entscheidend für die Suche nach dem richtigen Wort ist weniger der Umfang der Buchstabenkenntnis (Niko erklärt: *sch ist immer das eS – sch.*) – eine geringe Buchstabenkenntnis können Kinder nämlich ggf. durch das Spiel selbst erweitern. Wichtiger ist, dass Kinder Sprache zum Gegenstand der Betrachtung machen können. *Die Orientierung an der Wortlänge* oder *das gedehnte Sprechen* sind frühe Möglichkeiten für eine solche Orientierung an der Sprachform (4a).

Welche Einheiten der Sprache nutzen Kinder und wie (willkürlich) gelingt es ihnen? Hierfür ein Beispiel:

> Hendrik dreht „Buch" um.
> Frederick: *B*
> Hendrik: *Bu! Bur, Burse, hahaha (lacht).*
> Frederick: *B, B, B. Da hinten ist noch ein B!*
> Hendrik verneint und dreht die falsche Karte um.

Hendrik orientiert sich an der Silbe (*Bu*), er macht damit ein Sprachspiel mit der Artikulationsstelle des ch (Bur, Burse) (4a) und nimmt Fredericks Hilfe nicht an (1d). Die Isolierung der artikulatorischen Einheit und das unwillkürliche Spiel mit Sprache gilt es im Unterricht aufzugreifen und bezogen auf Laute als für die Schrift relevante Einheiten zu entwickeln.

Wie Anfänger die Sprache als Gegenstand betrachten lernen

Frederick gelingt bereits eine *Orientierung an Lauten* als kognitiven Einheiten und er kennt auch den dazugehörigen Buchstaben (4b). Er verfügt damit über weitreichende Fähigkeiten für den Schrifterwerb. Bei den Bildern *Kuh* oder *Krokodil* oder *Katze* sowie *Buch* oder *Bus* ist nicht nur die Analyse der Explosivlaute /k/ und /b/ schwierig. Frederick muss sich zwischen mehreren Wörtern mit gleichem Anfangsbuchstaben entscheiden: *Nehm ich das oder das?* Durch diesen Verwechslungskonflikt wird er provoziert (1e), sein kognitives Schema von Schrift zu erweitern (s. S. 72), d.h. seine Sprache weiter lautlich zu durchgliedern (4b) oder weitere Merkmale der Wörter auf den Karten zu beachten: *Bei Kuh ist kein a bei!*

(5) Orientierung an Schrift: (Inwiefern) Macht das Kind die Schrift zum Gegenstand seiner Aufmerksamkeit?

Gerade im zweiten Spiel können Kinder visuelle Stärken zeigen: durch Memorieren (5a) oder die Erkundung visueller Merkmale (5b). Während Hendrik wie im herkömmlichen Memory versucht, sich an die Lage der Karte zu erinnern: *Ah* (dreht Karte um), *wo war das denn?*, orientiert Konstantin sich bereits an Merkmalen der Schrift: *Ich hab mir das A vorne gemerkt.*

Wie Kinder die Schrift erkunden

Niko untersucht vor dem Umdrehen die Schrift auf den Karten genau: *Maus – Ist hier noch etwas mit M?*, andere betrachten anschließend die Struktur der gewonnenen Wörter.

Mit Ihren Notizen haben Sie eine Grundlage für die Entwicklung von spezifischen Lernhilfen. Dies soll nun an zwei Kindern beispielhaft demonstriert; lesen Sie hierzu zunächst den Spielverlauf auf S. 186.

9.3.3 Sonja und Chris: Beispiele für die Entwicklung von Lernhilfen

Was kann Sonja schon?

Sonja kennt die bezeichnende Funktion der Schrift (3b) und kann das gesprochene Wort zum Gegenstand ihrer Betrachtung machen und gesprochene und geschriebene Wörter gezielt analysieren (4, 5). Dabei orientiert sie sich am Anlaut (*Katze – Da muss ich das K finden.*) und bei Konsonantenhäufungen am zweiten (*Blume – L; Krokodil – R*) und ordnet den isolierten Lauten Buchstaben (4b) zu. Sie kennt viele Buchstabenformen und deren lautliche Entsprechung (3a), sie nennt Laute und nicht Buchstabennamen (3d).

Sonja und Chris: Beispiele für die Entwicklung von Lernhilfen

Der Spielverlauf: Vier Ausschnitte

1. Sonja deckt das Bild von der *Katze* auf, isoliert den Anlaut und sucht den entsprechenden Buchstaben. Chris weist sie mehrfach darauf hin, einfach irgendeine Karte umzudrehen.

Sonja: *Katze. – Da muss ich das K finden.*
Lehrer: *Mmh.*
Sonja: *Wo ist das K K K K K?*
Chris: *Du kannst ja jetzt irgendwo einen nehmen.*
Sonja: *Ist das das Richtige? – Katze?*
Lehrer: *Hmm.*
Chris: *Du kannst das hochnehmen, trotzdem! Kannst du auch!*

2. Sonja deckt das Bild der *Rose* auf, spricht das Wort *Blume* gedehnt und isoliert die Anfangslaute. Chris nimmt davon das *L* auf und zeigt auf eine Karte.

Sonja: *Oh! Blu:me. B. Bl:*
Chris zeigt auf eine Karte.
Chris: *L. Die!*
Sonja verneint: *Das ist nicht das L!*

3. Sonja deckt das Bild vom *Krokodil* auf. Beide Kinder isolieren den Anlaut und die erste Silbe. Sonja entscheidet sich aufgrund des zweiten Lautes für die richtige Karte.

Sonja: *Oh, Krokodil.*
Beide lautieren: *K K Kro K Kro*
Sonja: *Da kommt glaub ich R, ne!?*

4. Chris deckt beim 2. Spiel das Bild der *Kuh* auf und isoliert von sich aus den Anlaut. Sonja zeigt auf zwei mögliche Karten: *KUH* und *KATZE*. Chris folgert daraus, dass der beiden Wörtern gemeinsame Buchstabe das *K* sei und vergewissert sich.

Chris: *K K*
Sonja zeigt auf KUH und KATZE.
Sonja: *Du musst jetzt diese oder diese aufdecken.*
Chris: *Diese oder diese?*
Sonja: *Ja.*
Chris: *K. Ist das K?*

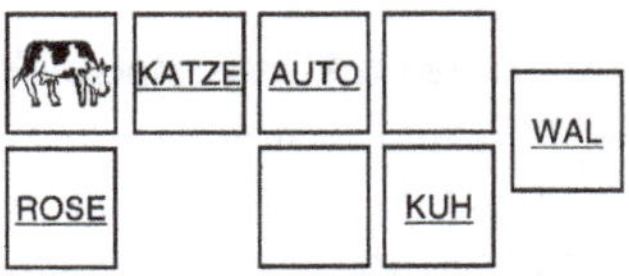

Sonja zeigt besondere soziale Fähigkeiten (1d): Sie hilft Chris, ohne die Lösung vorzugeben, indem sie zwei mögliche Karten mit K zeigt. Sie macht (unwillkürlich) die Lautanalyse vor und zeigt, dass Nachfragen wichtig ist. Damit ist sie als Mitspielerin für Chris äußerst lernwirksam darin, eine Orientierung an Schrift beim Memoryspiel zu finden. Partnerarbeit scheint eine geeignete Lernform für sie zu sein.

Was muss Sonja noch lernen?

Sonja muss vermutlich noch Lesen lernen – beim Memory geht sie stets von der Lautanalyse der Sprache aus. Ihre Sprachanalyse muss sie noch präzise sequenziell vornehmen lernen.

Was kann Sonja als Nächstes lernen?

Weiterführende Angebote für eine fortgeschrittene Anfängerin finden

Bei dieser guten Lernausgangslage könnte Sonja schon am Schulanfang Anregungen zum Schreiben eigener Texte erhalten (s. S. 98 ff., Dehn u. a. 2011), die zur weiteren Durchdringung der Sprache verhelfen. Vermutlich braucht sie dazu keine Anlauttabelle, da sie sicher in der Graphem-Phonem-Korrespondenz und den Formen der (Groß)Buchstaben ist. Für ihre Sicherheit im Schreiben, zur Beförderung der Lautanalyse und als Impuls für die weitere Erforschung der Schriftstruktur könnte sie auf einer letzten Heftseite eine eigene Liste mit für ihr Schreiben wichtigen Wörtern anlegen (zur Schriftorientierung s. S. 242; ggf. auch Wörterbucharbeit). Bei Lautierübungen sollte sie nicht auf den Anlaut beschränkt werden (s. S. 141). Zur Differenzierung ihrer Lautanalyse könnte sie weitere Memorys (auch mit Verwechslungskonflikten), anspruchsvolle Varianten von „Wer bekommt das Bild?“ (s. Kopiervorlage 6, S. 282–283) oder das Tafelspiel (s. S. 112) spielen.

Was kann Chris schon?

Vielleicht wird Chris in dieser Spielsituation erstmalig auf Schrift aufmerksam (1e). Er lernt viel im Verlauf des Spiels: dass die Schrift nützlich ist zum Gewinnen (2a), dass sie das umseitige Bild bezeichnet (3b) und dass Buchstaben Laute abbilden (3d). Und er hört, dass Sonja die Wörter gedehnt ausspricht, um die Laute zu isolieren (4a). Daran wird deutlich, dass er noch viele weitere Gelegenheiten braucht, um den persönlichen Sinn der Schrift zu erfahren (2a), seine ersten Zugriffe zu festigen und zu erweitern sowie eine grundlegende Orientierung im Umgang mit Schrift zu sichern.

Chris wird aufmerksam auf Schrift, indem er sich an seiner Partnerin orientiert, sie in ihrem Umgang mit Schrift nachahmt (1b/1d). Dabei wird in Szene 4 deutlich, dass er ihre Hilfen nicht nur einfach übernimmt, sondern sie als Anlass nimmt, die Schrift zu erkunden: Er schließt selbstständig auf das K (1b).

Was muss Chris noch lernen?
Chris muss eine grundlegende Orientierung zur Aneignung der Schrift finden: welchen Sinn das Lesen und Schreiben für ihn machen kann. Erst dann wird er Angebote des Unterrichts (z. B. zur Buchstabenkenntnis) nicht nur memorierend abarbeiten, sondern auch verstehen (zum Buchstabenbegriff s. S. 189) und ein eigenes Interesse am Schrifterwerb entwickeln und sich mit der Schriftstruktur aktiv auseinander setzen.

Was kann Chris als Nächstes lernen?
Für Chris sind Gelegenheiten zur *gemeinsamen* Auseinandersetzung mit Sprache und Schrift unerlässlich, da Material allein wahrscheinlich nicht ausreicht, ihm genügend Lernimpulse zu geben. Damit er weiter die persönliche Bedeutung der Schrift erfahren und ihre Struktur erforschen kann, erscheint eine Beschäftigung mit dem eigenen Namen und den Namen der anderen Kinder sinnvoll für ihn (s. S. 91 ff.). Zudem sollte die Schriftkultur in der Klasse seine Interessen aufgreifen (wie den Schwan von Ramazan, s. S. 8 f.). Außerdem könnte er Gelegenheiten erhalten, der Lehrkraft etwas Bedeutsames zu diktieren, und sich anschließend mit der Schrift weiter beschäftigen, indem er das Geschriebene „liest", bekannte Buchstaben darin farbig markiert oder nachspurt und das Blatt gestaltet (s. Yasemin S. 9 f.; s. das Reimheft S. 90 f.).

Passende Angebote zur grundlegenden Orientierung über Schrift machen

Zudem eignen sich für ihn alle Lernspiele, die mit anderen gespielt werden, z. B. einfache Memorys mit Schrift (mit den Kindernamen oder aus herkömmlichen Memorys; s. S. 79 f.), das Spiel „Wer bekommt das Bild?" mit leicht zu unterscheidenden Wörtern (s. Kopiervorlage 6, S. 280) oder die Schatzkiste, in der Gegenstände und Schildchen dafür gesammelt werden, die bei der Präsentation der Schätze einander zuzuordnen sind (s. S. 106, 188). Außerdem könnte Chris z. B. zur Erweiterung und Festigung der visuellen Merkmale der Buchstaben in Partnerarbeit mit Buchstabenformen hantieren, sie sortieren, Bildern zuordnen und schreiben (s. S. 134 und Kopiervorlage 5, S. 278–279). Bei alledem braucht er Schriftkultur in der Klasse: vielfältigen Umgang mit Büchern beim Vorlesen, gemeinsames Lesen in Bilderbüchern, auch mit parallelem Anhören des Hörbuchs (s. Hüttis-Graff 2012b).

9.4 Diagnose des Könnens

9.4.1 Buchstabenkenntnis: Die Aufgabe

Damit Unterricht an das Können gerade derjenigen Kinder anknüpfen kann, die bei der Schulanfangsbeobachtung auf dem Leeren Blatt kaum etwas geschrieben haben, ist es wichtig, ihre Buchstabenkenntnis und ihren Buchstabenbegriff zu kennen. Es geht dabei um den Zusammenhang zwischen Kenntnis, Gebrauch und Begriff von Buchstaben. Genauer: Welche Buchstaben kennen Schulanfänger, die sie auch willkürlich produzieren können? Auf welche Vorstellungen von der Schrift verweisen ihre Bezeichnungen der Buchstaben? Das ist mehr als die Anzahl der bekannten Buchstaben zu erheben und zu wissen, denn sie ist nur ein Anzeichen für das Ausmaß technischer Schrifterfahrung vor der Schule. Es geht hier auch nicht darum, ob Kinder Buchstaben von anderen Zeichen unterscheiden oder Embleme wiedererkennen können.

Kenntnis, Gebrauch und Begriff von Buchstaben

Buchstabenkenntnis – Aufgabe für einzelne Kinder

1. Legen Sie dem Kind etwa 30 Buchstabenkarten vor, auf denen alle Großbuchstaben des Alphabets und auch einige häufige Kleinbuchstaben wie d, t, i, e und r in Druckschrift einzeln abgebildet sind. Stellen Sie dazu folgende Aufgaben:
Welche kennst du? Welcher ist das?
2. Die Karten, die das Kind als bekannt herausgesucht hat, diktieren Sie ihm anschließend entsprechend der Bezeichnung (Laut oder Buchstabenname), die es selbst für den Buchstaben gewählt hatte:
Schreib mal ein …!

Welche Buchstaben kennen Schulanfänger?

Generell sind Schulanfängern Großbuchstaben häufiger bekannt als Kleinbuchstaben. Im Durchschnitt kennen sie etwa die Hälfte der vorgelegten Großbuchstaben (vgl. Dehn/Hüttis-Graff 2002). Erstaunlicherweise kennen Schulanfänger die Buchstaben des eigenen Namens jedoch nicht eher als andere Buchstaben. Schon in der 3. Schulwoche beeinflussen hingegen die mit dem Lehrgang eingeführten Buchstaben ihre Buchstabenkenntnis deutlich. Im BLK-Modellversuch „Elementare Schriftkultur" (vgl. Behörde für Schule, Jugend und Berufsbildung 1996) können jedoch selbst in der 7. Schulwoche noch 6 % der Schulanfänger keinen einzigen Buchstaben heraussuchen, bezeichnen und aufschreiben – vor allem in den Klassen, die sogleich *alle* Buchstaben verfügbar machen, z. B. mit einer Anlauttabelle.

Wie Kinder einen Buchstabenbegriff entwickeln können

Ohne Kenntnis einiger Buchstaben können Kinder keinen adäquaten Buchstabenbegriff entwickeln und damit auch keine Einsicht in die Struktur der Schrift erlangen. Es ist im Blick auf diese Schulanfänger nun ganz wichtig, im Unterricht zu erreichen, dass diese Kinder ihre Aufmerksamkeit auf Schrift richten, die Art der Zeichen erkunden sowie Erfahrungen damit machen, dass Schrift Gemeintes oder Gemaltes wiedergibt (s. Kap. 5).

9.4.2 Die Auswertung: Der Begriff von Schrift

Zur Auswertung der Buchstabenaufgabe (s. Klassenliste S. 290) ist es nicht bei allen Kindern wichtig, ihre Buchstabenkenntnis vollständig zu notieren. Bei Kindern, die schon viele oder nahezu alle Buchstaben kennen und/oder nach Diktat richtig aufschreiben, reicht diese Information. Sie wissen dann, dass sie dies im Unterricht nicht mehr lange üben müssen, sondern weiterführende Aufgaben zum Schreiben brauchen – dabei eignen sie sich die fehlenden Buchstaben selbst an.

Schreiben Sie Ihre Beobachtungen zu den Kindern, die noch keinen oder nur einen Buchstaben kennen und deren Vorstellung von der Schrift noch undifferenziert ist, besonders genau auf! Denn dies ist ein Signal dafür, diesen Kindern für sie persönlich wichtige Erfahrungen mit Schrift im Unterricht zu erschließen und zu bestärken (s. Yasemin und Ramazan S. 8 ff.). Wir möchten Ihnen nun unterschiedliche Lernausgangslagen und mögliche Lernhilfen aufzeigen: welcher Weg zur Schrift beim erschließenden Beobachten sichtbar wird und wie er für den schulischen Schrifterwerb produktiv genutzt werden kann.

Auf welche Vorstellungen von der Schrift verweisen die Bezeichnungen der Buchstaben?

Während die Anzahl der bekannten Buchstaben nur den Umfang der Schrifterfahrung vor der Schule anzeigt, verrät die Art, wie Kinder Buchstaben bezeichnen, ihr kognitives Schema von Schrift. Folgende Vorstellungen von Schrift werden erkennbar:

Buchstabe als Laut: Viele Kinder nennen den Laut eines Buchstabens und nennen dazu häufig ein Wort, in dem der Buchstabe vorkommt. Dabei verweisen Äußerungen wie *S wie Sonne* auf Hilfestellungen der Kinder, wie sie auch bei Buchstabentabellen und in Lehrgängen vorkommen. Ob diese Kinder sich diese Zuordnungen oder die in der Schule gewünschte Sprechweise lediglich gemerkt oder aber den phonematischen Bezug zwischen Schrift und Sprache schon verstanden haben, erkennt man daran, ob sie auch Anlaute anderer Wörter isolieren oder weitere Wörter mit demselben Anlaut finden können.

Buchstabennamen: Wenn Kinder die Namen von Buchstaben nennen (A, Be, Ce, De, ...), ist offen, ob sie zugleich auch ihre lautliche Funktion kennen. Für den Unterricht gilt es, im Blick zu haben, dass diese Kinder ihr Vorwissen über Buchstabenbezeichnungen verknüpfen können mit dem Unterrichtsangebot und nicht meinen, (der Laut) T sei etwas anderes als (der Buchstabenname) Te.

Buchstabe als Silbe: Manche Schulanfänger nennen beim Bezeichnen der Buchstaben Silben: *Ka wie Kamel* und *Timo mit Ti*. Sie beziehen sich damit auf sprechmotorische Einheiten der Sprache (phonologische Bewusstheit) und haben Laute als kleinste bedeutungsunterscheidende Einheiten der Sprache noch nicht im Blick, die ja kognitive und nicht akustische Einheiten sind (phonematische Bewusstheit). Anlauttabellen könnten diese Kinder noch nicht benutzen, sie sind zunächst auf Erfahrungen zur weiteren Differenzierung ihrer sprachlichen Bewusstheit angewiesen. Entsprechende Anregungen zur Analyse von Lauten haben sich vor allem in Kombination mit den entsprechenden Buchstaben als förderlich für das spätere Lesen und Rechtschreiben erwiesen: Schrift strukturiert die Wahrnehmung von Sprache (s. Kap. 5.4.3 Sprechen über Schrift; s. Kopiervorlagen 1, 2, 3 und 6 im Anhang). Solche Verbindungen zwischen Hören, Sehen und Nachdenken über Schrift und Sprache lassen sich schon in der Vorschule nahe legen (Hüttis-Graff 2005).

Aus Beobachtungen den Buchstabenbegriff des Kindes erschließen

Buchstabe als Wort, als Form oder als „Eigentum": Nur wenige Schulanfänger setzen einzelne Buchstaben mit ganzen Wörtern gleich: *Vau wie ein Vogel* oder *U wie U-Bahn*. Unsere Schriftzeichen sind für sie Repräsentanten für Begriffe, Schrift ist für sie eine Bilderschrift wie das Chinesische.

Einige Kinder grenzen Schrift nicht von zweidimensionalen Formen ab: Das X bezeichnen sie als *Kreuz*, das i als *Strich mit 'nem Punkt*. Oder sie unterscheiden Buchstaben nicht von mathematischen Zeichen: Z bezeichnen sie als 2, das e als 9. Malen und Schreiben ist für diese Kinder dasselbe. Wieder andere personalisieren Buchstaben: *So wird meine OMA geschrieben*. Oder behandeln sie wie Eigentum: *Der gehört meinem Freund Olaf.*

Diese Schulanfänger verfügen noch nicht über einen tragfähigen Buchstabenbegriff. Dies ist ein Signal für mögliche Schwierigkeiten, das im Anfangsunterricht Angebotene annehmen zu können. Wie kann Unterricht solche singulären Erfahrungen mit Schrift aufgreifen und verbreitern?

Für den Übergang zur Schrift brauchen diese Kinder Aufgaben mit Bild und Schrift, die Unterschiede zwischen Bild und Schrift, zwischen Person und Zeichen erfahrbar machen. Solche grundlegenden Schrifterfahrungen machen Kinder beim Diktieren und sie werden auch in sozialen Lernsituationen wie beim Leeren Blatt oder Memory mit Schrift ermöglicht (s. Kap. 5.2), weil Widersprüche zum Erwarteten sichtbar werden können, die den Austausch über Schriftzeichen provozieren. Weitere Aufgaben und soziale Kontexte für die Anbahnung von Schrifterfahrung sind: der eigene Name und seine Buchstaben (s. S. 91 ff.), Rezeptlesen (s. S. 92 f.), die Auseinandersetzung mit der Form von Buchstaben (s. S. 135). Kinder mit einem unzureichenden Buchstabenbegriff brauchen in der Auseinandersetzung mit Geschriebenem vielfältige Impulse für Entdeckungen, damit sie ihr kognitives Schema von Schrift differenzieren können. Gerade diese Kinder sind auch angewiesen auf eindeutige Begrifflichkeiten, die Sie als Lehrende im Unterricht prägen: Bilder malt oder zeichnet man, mit Zahlen rechnet man und mit Buchstaben schreibt man Wörter und Namen – Buchstaben werden also nicht gemalt.

9.4.3 Reimen: Die Aufgabe

Für den Schrifterwerb ist es wichtig, dass Kinder ihre Aufmerksamkeit auf die Struktur der Sprache, auf ihre Form, auf Sprache als Gegenstand an sich richten – nicht auf die Situation, die Intention und den Inhalt des Gesprochenen. Schon vor der Schulzeit nutzen Kinder die lautliche Seite der Sprache: in Liedern und Reimen, in Kniereitern, bei Abzählversen und beim Sprachspiel. Sie spielen dabei spontan mit Sprache, allein oder auch miteinander. Daran können Kinder anknüpfen, wenn Sie sie nach dem Buchstabendiktat auffordern, Reime zu bilden.

Reimen – Aufgabe für einzelne Kinder

Jetzt machen wir ein Spiel. Ich fang an und du machst weiter.

Ohne den Begriff „reimen" kennen zu müssen, werden die Schüler durch Ihr rhythmisiertes Vorsprechen und die offensichtliche Leerstelle implizit herausgefordert, die folgenden unvollständigen Reime fortzusetzen:

	gelingt	gelingt nicht
1. *Ene mene muppe,* *ich wünsche mir 'ne …*		
2. *Schnari schniri schnase,* *du bist gleich …*		
3. *Morgens früh um sechs* *kommt die kleine …*		
4. *Ong drong dreoka* *lämbo lämbo …*		
5. *Schnibbeldi schnabbeldi schnause,* *ich will gleich …*		

Sprachspiel als Basis für phonologische Bewusstheit

Das Besondere dieser Aufgabe ist, dass es nicht nur *eine* richtige Lösung gibt und es hier wie beim Sprachspiel nicht darauf ankommt, dass das Gesprochene Sinn ergibt. Was zählt, ist die strukturelle Fortführung der Vorgabe. Diese Offenheit des Ergebnisses und die Einbindung in rhythmisches Vorsprechen stehen im Gegensatz zu bekannten Reimaufgaben, die explizit zum Reimen auffordern: z. B. aus vorgegebenen Bildern die sich reimenden Paare zusammenzulegen oder zu entscheiden, ob sich zwei vorgesprochene Wörter reimen oder nicht. Sind diese Aufgaben analytisch auf Überprüfung angelegt (richtig/falsch), geht es bei der erschließenden Beobachtung darum, den Gebrauch von Sprache und die – auch unwillkürliche – Sprachgestaltung anzuregen und zu erschließen. Im Fokus ist nicht die Einsicht in die Phonologie der Sprache als Anzeichen für sprachliche Bewusstheit, sondern die Orientierung des eigenen Sprechens an der rhythmischen und lautlichen Struktur der Vorgabe – als frühes Anzeichen für die Vergegenständlichung von Sprache (Bosch 1984, s. S. 49).

9.4.4 Die Auswertung: Vergegenständlichung von Sprache

Sie können sogleich mitschreiben, wie ein Kind die Reime beendet, oder aber es mit dem Handy aufnehmen. Die Spielräume der Aufgabe werden in den vielfältigen, bedeutungstragenden und sinnleeren Fortführungen der Reime deutlich – beim 4. Reim also z. B. *wunderbar, ist nicht da* oder *Hamburga*, aber auch *zeoka, kendoka, teoma* oder *popopa*. Für die Auswertung ist im Blick auf den Schrifterwerb nur entscheidend, ob das Kind sich allein am Inhalt oder auch schon an der Struktur des Reims orientieren kann. Im BLK-Modellversuch zeigten 87 % der Kinder, dass sie bei dieser Aufgabe mindestens einmal ihre Aufmerksamkeit auf die sprachliche Form richten können, also Sprache als Gegenstand an sich gebrauchen.

Die Vielfalt der Reimfähigkeiten

Viele Schriftanfänger tun sich mit dem Reimen leichter als mancher erwachsene Schriftkundige: als rein orale Sprecher sind sie nicht wie Schriftkundige durch eine „formale“ oder orthografische Hürde der Schrift im Reimen eingeschränkt. Am Beispiel des vierten, magisch wirkenden, sinnleeren Reimes *Ong drong dreoka, lämbo lämbo …* sei dies aufgezeigt (s. Dehn/Hüttis-Graff 2002).

Die Übersicht zeigt gelingende Reime: alle sind an der Struktur von Sprache orientiert, unabhängig davon, ob sie auch inhaltlich eine Bedeutung haben.

Ong drong dreoka
lämbo lämbo …

Formen gelingender Reime			
dreisilbige Endreime		zweisilbige Binnenreime	einsilbige Abzählschlüsse
struktur- und inhaltsorientiert	struktur-orientiert		
Er ist da	*zeoka*	*rämbo*	*da*
wunderbar	*weoka*	*lämbo*	*ha*
Hoppssassa	*deoka …*	*främbo*	*za*
Gar nix da	*kendoka*	*hämbo …*	*läm*
Zaubera	*umboka*	*zängo*	*ro*
Kasper da	*tremboka …*	*ombo*	*wosch*
Ist nicht da	*teoma*	*pädo pädo*	*kaptsch*
Mamama	*preopa*	*ondro brembo*	
Ist doch klar	*leopa …*		
Seehund klar	*katzena*		
Hamburga	*bumbada*		
Hexenscha	*krankrana …*		

Kann das Kind sich an der Form der Sprache orientieren?

Orientierung an der Struktur der Sprache gelingt: Neben den besonders häufigen (dreisilbigen) Endreimen bilden Kinder auch (zweisilbige) Binnenreime wie *rämbo, zängo, lämbolämbo* oder *pändopändo*. Auf literale Erfahrungen mit der Struktur von Abzählreimen verweisen überraschende, einsilbige, lautlich freie Schlüsse, wie *wosch, ta* oder *ro*. Insofern zählen sie auch zu den gelingenden Reimen.

Orientierung an der Struktur der Sprache gelingt nicht: Das Reimen gelingt nicht, wenn Kinder sich ausschließlich am Inhalt orientieren – und nicht an Reim und Rhythmus der Vorgabe. Sie beenden den 4. Reim beispielsweise mit *geht in die Schule* oder *hokuspokus*. Diese Kinder brauchen in der Schule zahlreiche Anregungen dafür, dass sie ihre Aufmerksamkeit auf die Struktur der Sprache richten lernen (s. Kap. 5).

Manchen Kindern gelingt schon eine rhythmische Orientierung – allerdings ohne lautliche Entsprechung; Beispiele hierfür sind dreisilbige Fortführungen wie *füroham, koroko* und *pimbombom*. Auch diese Kinder können ihre Aufmerksamkeit noch zu wenig auf die Struktur der Sprache richten.

Die Struktur der Sprache in den Blick rücken

Eine wichtige Lernhilfe für Kinder, die noch nicht reimen können, sind vielfältige Erfahrungen mit Abzählversen, Reimen, Liedern und Zungenbrechern in der Klasse: Das bedeutet für Sie, immer wieder Gelegenheiten zum Abzählen und zum rhythmischen Klatschen aufzugreifen und zu schaffen (s. Kap. 5.4.2).

Viel wirksamer noch können Sie die Vergegenständlichung der Sprache unterstützen, wenn Sie die Form des Gesprochenen mit Schrift sichtbar machen, z. B.:

- Wörter hinsichtlich ihrer Länge vergleichen (s. S. 134),
- Lieder, Reime und Zungenbrecher auch aufschreiben und damit „lesbar" machen (s. 90; Abzählverse international Kopiervorlage 2, S. 262–263). Zur Unterstützung können optische Auffälligkeiten gemeinsam in diesen Texten markiert (Reime, Wiederholungen, besondere Buchstaben, Silben) und das Markierte beim Sprechen betont werden, sodass der Bezug zum Gesprochenen offenkundig wird.
- Kinder diktieren eigene Texte und „lesen" sie vor, markieren darin ihnen bekannte Schriftzeichen (s. S. 81 ff. und Yasemin S. 9 f.).

Aufmerksamkeit für die Sprachform wecken

Es geht also darum, Kinder auf die so flüchtige Struktur der Sprache aufmerksam zu machen, indem man von ihrem mündlich Gekonnten ausgeht und es aufschreibt. In der Schrift sind wesentliche Sprachstrukturen sichtbar: Das Verfolgen der Zeilen mit dem Finger oder mit den Augen, das Erkennen von wiederholten Wörtern und markierten Buchstaben bestärkt die Aufmerksamkeit für die Sprache als Gegenstand (Bosch 1984). Angesichts der Schrift verändern Kinder also ihr Sprechen, sie artikulieren die Verse willkürlicher. Indem Kinder anhand der aufgeschriebenen Texte dem Bezug zwischen dem Gesprochenen und dem Geschriebenen nachgehen, entfalten sie also nicht nur ihr kognitives Schema von Schrift, sondern zugleich auch ihre Sprachbewusstheit. Denn die immer wieder und auch lange zu betrachtende Schriftstruktur ist wie eine Folie, die die Kinder in der Wahrnehmung der so schwer greifbaren Formaspekte der Sprache unterstützt – und zwar zielgerichtet auf die für den Schrifterwerb wesentlichen Merkmale.

10 Die Lernbeobachtung in Klasse 1

10.1 Konzeption und Aufbau

10.1.1 Beobachtungen im Unterricht

Beobachtungen zum Lernprozess unserer Klasse und einzelner Kinder können wir jederzeit anstellen: wenn die Kinder schriftliche Aufgaben lösen, wenn sie sich am Unterrichtsgeschehen beteiligen, wenn sie sich selbst Ziele setzen, Arbeitsmittel auswählen und ihre Ergebnisse kommentieren.

Alle Kinder machen Lernfortschritte, aber der Lernzuwachs und die Lernausgangslagen sind sehr unterschiedlich; und die Kinder beschreiten – auch wenn es einen gemeinsamen Lehrgang gibt – unterschiedliche Wege.

Alle Kinder müssen Schwierigkeiten im Lernprozess bewältigen. Lernschwierigkeiten gehören zu allen Lernprozessen dazu, also auch zum Schriftspracherwerb: Die Kinder erweitern und verändern ihre Zugriffsweise beim Lesen und auch beim Schreiben und ihre Vorstellungen darüber, wie Schrift funktioniert, immer wieder, weil sie sie auf ihre neuen Lernerfahrungen beziehen. Dabei sind Fehler unausweichlich, vor allem wenn sich die Kinder an neuen Aufgaben erproben, die einen Transfer des bisher Angeeigneten erfordern.

10.1.2 „Qualität" der Fehler

Fehler sind nicht bloß falsch.

Fehler sind nicht bloß falsch. Sie geben Einblick in die geistige Arbeit des Kindes bei der fortschreitenden Schriftaneignung:

Wer *R* schreibt und damit seinen *Rauhaardackel* meint, hat schon viel von Schrift verstanden, nämlich dass bestimmte Zeichen die Laute wiedergeben. Wer *HDL* für *Hundeleine* schreibt, gibt darüber hinaus bereits eine Lautfolge entsprechend der Chronologie wieder, nämlich die Anfänge der ersten drei Silben. Wer aber *kdsP* schreibt und damit *Badewasser* meint, hat von der Struktur der Schrift bloß diffuse Vorstellungen. Die ersten beiden Schreibungen sind als „regelgeleitet" erkennbar, für die letzte Schreibung *(kdsP)* können wir nicht nachvollziehen, wie sie zustande gekommen ist.

Beim Lesen verhält es sich ähnlich wie beim Schreiben, allerdings mit dem wichtigen Unterschied, dass das Lesen, weil das Ziel auf dem Papier zu sehen ist, auch dem Anfänger stets erlaubt, sein Ergebnis als Zwischenergebnis an der Vorlage zu überprüfen. Wer statt *Der Motor ist zu laut* liest *Der Motor ist kaputt*, hat verstanden, dass Lesen Sinnverstehen bedeutet. Wer *Der Motor ist zu lahm* liest, hat darüber hinaus auch optische Merkmale der Textvorlage – allerdings ungenau – berücksichtigt. Wer jedoch statt *laut fula* liest, hat offenbar noch keinen Zugang zur Entschlüsselung gefunden.

Mit ihren Fehlern geben uns die Kinder selbst ein Instrument an die Hand, mit dem wir ihren Lernprozess im Anfangsunterricht systematisch beobachten können. Dabei geht es nicht darum, das Richtigschreiben als Ziel aus dem Auge zu verlieren, sondern darum, den Prozess der Aneignung des Lesens und Schreibens angemessen fördern zu können:

Fehler als Beobachtungsinstrument

- im Blick auf den Lernprozess: Was kann das Kind schon?
- im Blick auf den Anspruch des Lerngegenstandes: Was muss es noch lernen?
- im Blick auf didaktisch-methodische Entscheidungen: Was kann es als Nächstes lernen? Was will es als Nächstes lernen?

10.1.3 Systematische Lernbeobachtung Klasse 1

Die systematische **Lernbeobachtung Klasse 1**, die im Folgenden vorgestellt wird (s. Überblick, S. 163; s. Kopiervorlagen, S. 285 ff.), erfasst die spezifischen Zugriffsweisen der Kinder und ermöglicht , Einblicke in ihre Lernentwicklung zu nehmen sowie ihre Schwierigkeiten zu kennzeichnen und Lernhilfen zu entwickeln. Ziel der systematischen Lernbeobachtung ist, Kinder mit lang anhaltenden Lernschwierigkeiten frühzeitiger und sicherer als bisher zu erkennen, damit wir sie so gut wie irgend möglich zur Auseinandersetzung mit Schrift anregen und sie bei der Aneignung unterstützen. So können wir den fatalen Folgen einer unzureichenden Schriftaneignung für die schulische und die persönliche Entwicklung vorbeugen.

Mit Hilfe des Instruments der systematischen Lernbeobachtung können wir aber auch weit fortgeschrittene Schulanfänger, die sich ja manchmal in den ersten Unterrichtsmonaten nicht zu erkennen geben und nur brav das jeweils Verlangte ausführen oder sogar verhaltensauffällig werden, entdecken und angemessen fördern. Und natürlich können wir uns auch Einblicke in die Lernwege aller übrigen Kinder mit ihren spezifischen Hemmnissen und plötzlichen Fortschritten verschaffen.

Dazu ist es notwendig zu erkunden, wie die Kinder beim Lesen und Schreiben vorgehen und was sie sich bisher über die Prinzipien der Schrift wirklich angeeignet haben. Das heißt, dass die Aufgaben zum Lesen und Schreiben schwerer sein müssen, als es dem Stand des Lehrgangs entspricht. Denn sonst prüfen wir bei manchen Kindern nur die Gedächtnisleistung, mit der sie Unterrichtsinhalte reproduzieren. Gerade Kinder, die sich – mit großer Anstrengung und/oder einer guten Merkfähigkeit – hauptsächlich auf das Erinnern von Wortbildern stützen, täuschen uns häufig eine (zu) lange Zeit über ihre Lernentwicklung, bis die erhöhten Anforderungen in Klasse 3 und 4 oder gar in der weiterführenden Schule die Möglichkeiten mechanischer Reproduktion übersteigen und offenkundig werden lassen, dass die Kinder der Aneignung der Rechtschreibung auf diese Weise ausgewichen sind. Die Lernbeobachtung ist also eine „Überforderungssituation", um die Lern- und Transfermöglichkeiten der Kinder sichtbar zu machen. Es kommt bei der Lernbeobachtung nicht in erster Linie auf die richtige Lösung an, sondern darauf, wie die Kinder die Aufgaben anpacken und wie sie ihre Lösungswege im Verlauf der Zeit verändern. Das heißt, dass wir die Lernbeobachtung mehrmals durchführen, und zwar im November, Januar und Mai. Darüber hinaus können wir sie – und zwar insbesondere die Schreibaufgaben – ein weiteres Mal durchführen, kurz vor Schuljahresende, oder auch zusätzlich zwischen Januar und Mai. Bei Kindern mit langanhaltenden Schwierigkeiten bleibt die Lernbeobachtung Schreiben auch darüber aussagekräftig und zeigt Lernfortschritte an (vgl. zur Heterogenität der Lernentwicklungen Christensen/Dehn 2012).

Produktive Überforderungssituation

Der entscheidende Unterschied der Lernbeobachtung gegenüber allen Arten von Testverfahren, informellen Lernerfolgskontrollen wie standardisierten Schulleistungstests, besteht darin, dass es bei der Lernbeobachtung in erster Linie um qualitative Merkmale von Lernprozessen und um die Art der Zugriffsweise der Kinder geht: Der vorrangige Maßstab ist der individuelle Lernfortschritt, erst in zweiter Linie die allgemeine Norm.

Qualitative Merkmale von Lernprozessen

10.1.4 Schreibaufgaben

Die Aufgaben der **Lernbeobachtung Schreiben** (**Kopiervorlage 8**, S. 285 f.) sind im November, Januar und Mai identisch. Neben den vorgegebenen Wörtern können die Kinder ein Wort eigener Wahl aufschreiben. Auf diese Weise kann die Entwicklung der Strategien bei der Aneignung der Rechtschreibung sehr gut deutlich werden – und auch der Zuwachs an Rechtschreibkönnen im Sinne richtiger Schreibungen. Die Wörter dürfen noch nicht im Unterricht behandelt sein (s. Liste der Ersatzwörter S. 286).

Wörter noch nicht im Unterricht behandelt

Die Wörter sind nach Länge, Konsonant-Vokal-Struktur und nach der Beziehung zwischen Artikulation und Schreibung so ausgewählt, dass die Versuche des Kindes Aufschluss geben über die kognitive Vorstellung, die es sich von dem Wort machen kann, und über die Art und den Grad seines Schrifterwerbs:

- In welchem Ausmaß kann das Kind das Wort lautlich strukturieren? Das wird z. B. offenbar, wenn man die Schreibung eines langen und eines kurzen Wortes vergleicht *(Sofa – Limonade)*.

- In welchem Ausmaß gelingt die Zuordnung von Schriftzeichen zu Lauten? Dazu ist das Erinnern von Schriftzeichen Voraussetzung (zum Schreiben von noch nicht behandelten = unbekannten Buchstaben s. unten).
- In welchem Ausmaß berücksichtigt das Kind Prinzipien der Schreibung, also das phonemisch-alphabetische Prinzip *(Turm – Kinderwagen)*; oder orientiert es sich noch vorwiegend oder ausschließlich am Verschriften seiner eigenen Artikulation *(Toam – Kendawagn)*?
- In welchem Ausmaß erprobt es bereits „orthografische Elemente" *(Sofer, Munnt, Kienderwagen)*, zeigt also, dass es Einsichten aus der Auseinandersetzung mit Schrift verallgemeinert. Das ist zu diesem frühen Zeitpunkt im Aneignungsprozess insbesondere an Übergeneralisierungen zu erkennen.
- In welchem Ausmaß folgt das Kind dem morphematischen Prinzip, also der Stammschreibung: Dafür haben wir in der Lernbeobachtung Schreiben nur das Wort *Mund* ausgewählt. Dieses Prinzip der Orthografie wird als letztes angeeignet. Es spielt in Leistungsermittlungen ab Klasse 2 eine bedeutende Rolle (s. z. B. die Hamburger Schreibprobe HSP). In der Lernbeobachtung Schreiben Klasse 1 wird *Mund* dem „Umgang mit orthografischen Elementen" zugeordnet.

Die Schreibaufgabe November enthält in jedem Fall auch Buchstaben, die noch nicht im Unterricht behandelt sind. In vielen Untersuchungen zum Lernprozess hat sich gezeigt, dass die Tatsache, ob ein Buchstabe bereits behandelt ist oder nicht, für die Anforderungen der Aufgabenstellung eine eher untergeordnete Rolle spielt (s. S. 25 ff.). Entsprechende Nachfragen der Kinder sollen individuell beantwortet werden. Zudem kann jeder Lehrer für seine Kinder eine exakte Unterscheidung zwischen bereits behandelten und noch nicht behandelten Buchstaben treffen und diese Aussagen anhand der Aufgaben der Lernbeobachtung prüfen.

10.1.5 Leseaufgaben

Die Aufgaben der **Lernbeobachtung Lesen (Kopiervorlage 9**, S. 287 ff.) sind so konzipiert, dass die Kinder von der ersten Lernbeobachtung an alle Verfahren des Erlesens nutzen können: Stets geht es um Sinnverständnis; stets wird die Fähigkeit zur Synthese und zur Gliederung der Wörter sowie zur Integration dieser Teilprozesse genau erfasst, und die Lesewörter stellen gestufte Anforderungen dazu dar.

Für November und Januar werden ausdrücklich Elemente des Leselehrgangs aufgenommen, Namen von Fibelfiguren *(Uta)* und das Wort *Auto*. Für diese beiden Lernbeobachtungen ist ein umfassender Kontext durch ein Bild gegeben. Zugleich ist jedoch sichergestellt, dass die Lösungen nicht einfach erraten werden können. So ist statt *Rad* das Wort *Fahrrad* für die Kinder beim Lesen gebräuchlicher. Statt *zu laut* ist die Vermutung *kaputt* nahe liegend. Auf diese Weise können wir erkunden, ob und inwieweit die Kinder ihre eigenen Entwürfe und Erwartungen am optisch Vorgegebenen kontrollieren.

Die Leseaufgabe für Mai verzichtet auf einen bildlich dargestellten Zusammenhang, weil der Text selbst vielfache Bezüge enthält, die die Kinder beim Erlesen nutzen können: *Susi – Sie; Küken – See – Futter; nimmt – mit; die eine Ente – die andere Ente; hat kleine Küken – brütet Eier aus; schon – noch.* (Alternativ zu *Küken* kann das Wort *Enten* verwendet werden. Es ist zwar begrifflich etwas einfacher als *Küken*, hat aber eine seltene Konsonant-Vokal-Struktur und ist deshalb für viele Kinder schwer zu erlesen.)

Es hat sich für diese 3. Lernbeobachtung Lesen bewährt, dass die Kinder den Text einzeln auf einen Tonträger, vielleicht auf dem Handy aufnehmen (im Gruppenraum, auf dem Flur). Sie als Lehrperson können ihn dann zu Hause oder auch in der Schule gemeinsam mit einzelnen Kindern abhören.

Ob das Kind den Sinn des Gelesenen versteht, ergibt sich fast immer aus der Art, wie es Wort und Satz erliest. Sonst kann man individuell nachfragen, beispielsweise: *Wo will Susi hin? Was nimmt sie mit?* Die Antworten sollten inhaltsbezogen akzeptiert werden: *zum See, zu den Enten, zu den Küken, zum Strand …* sind auf die erste Frage gleichermaßen akzeptabel wie *Futter, Brot …* auf die zweite Frage.

Leseaufgaben noch nicht im Unterricht behandelt

Wie bei der Lernbeobachtung Schreiben dürfen die Leseaufgaben noch nicht im Unterricht behandelt sein. Es geht darum, aus der Art, wie die Kinder das Wort, den Satz, den Text erlesen, Aufschluss über ihre Zugriffsweisen zu erhalten, insbesondere:

- In welchem Ausmaß kann das Kind Buchstaben benennen und diese Kenntnis für das Erlesen nutzen (*r – o, ro*)?
- In welchem Ausmaß findet das Kind Teilschritte zum Erlesen; in welchem Ausmaß verfügt es über die Synthese und kann das Wort strukturieren *(mo –, mo – t – or, Motor)*?
- Vor allem: In welchem Ausmaß kann es diese Teilschritte, das, was es bereits erarbeitet hat, auf das Wort, um das es geht, integrieren *(der mo:, Mist! mo:, mot' to:r, Motor)*?

- In welchem Ausmaß fungiert die Sinnerwartung und die Kontrolle der Sinnerwartung als Steuerung des gesamten Prozesses *(Fahrrad, ne: R:a:d)*?
- In welchem Ausmaß kann es detaillierte Hilfen erbitten, Fragen stellen und diese Hilfen auch annehmen *(ro:, den kenn ich nicht, ros:a:)*?

10.1.6 Termine

Der Termin für die **1. Lernbeobachtung** (November) ist so gewählt, dass bereits nach wenigen Schulmonaten ein systematischer Einblick ermöglicht wird. Zum einen können wir auf diese Weise „Überflieger" sicher erkennen; zum anderen haben wir für die besonders langsam Lernenden einen frühen Vergleichspunkt für ihre individuellen Lernfortschritte oder auch ihr anhaltendes Ausweichen vor der Auseinandersetzung mit Schrift. In Bundesländern mit spätem Schulbeginn kann die 1. Lernbeobachtung auch Anfang Dezember durchgeführt werden. Wichtig ist aber, dass dies vor Weihnachten geschieht. In den Weihnachtsferien findet bei den Aneignungsprozessen der meisten Kinder so etwas wie ein Lernplateau statt.

Die **2. Lernbeobachtung** (Januar) gibt uns bereits wichtige Hinweise auf die Art der Lernhilfen, mit der wir die schwachen Lese- und Schreibanfänger unterstützen sollten. Zu diesem Zeitpunkt geben Kinder, die lang anhaltende Lernschwierigkeiten zu bewältigen haben, ihre Probleme sehr deutlich zu erkennen. Bei den meisten Kindern hat die Weihnachtszeit als Lernplateau eine Sicherung und Konsolidierung des Gelernten und einen oft sprunghaften Lernfortschritt bewirkt. Bei den Lese- und Schreibanfängern mit Schwierigkeiten in der grundlegenden Orientierung beginnt jetzt allerdings häufig eine Phase, in der sie bereits Gekonntes wieder vergessen, weil sie noch keine Struktur erworben haben, um die nun immer größere Menge der Informationen zu ordnen (s. den Wahrnehmungszyklus, S. 72 f.). In diesem Fall ist das ein Hinweis dafür, dass wir bei den Lernhilfen unser Augenmerk auf die Ausbildung kognitiver Schemata richten müssen, nicht nur auf das Üben von Details.

Die **3. Lernbeobachtung** (Mai) zeigt für diese Schülergruppe, wer nun im Schriftspracherwerb so weit fortgeschritten ist, dass weitere spezifische Hilfen überflüssig sind. In vielen Fällen jedoch wird es wichtig sein, Lernhilfen noch mindestens im ersten Quartal von Klasse 2 fortzusetzen.

10.2 Lernbeobachtung Schreiben

10.2.1 Durchführung

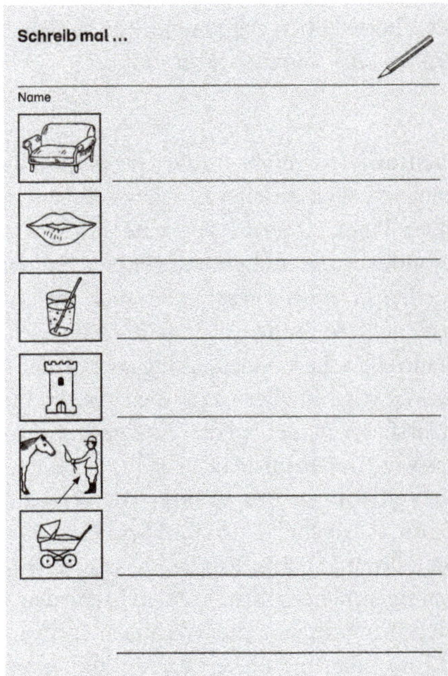

Beginnen Sie mit den Schreibaufgaben (s. Kopiervorlage 8, S. 285) und lassen Sie alle Schüler der Klasse schreiben. Sie können dazu zwei Halbgruppen bilden (10 bis 15 Kinder) oder während der Stillarbeitsphasen innerhalb eines Tages die Schreibaufgaben mit einigen Schülern durchführen. Dabei muss gewährleistet sein, dass die Schreibaufgabe noch für jede Gruppe neu ist. Die Möglichkeit der Gruppenbildung erweist sich zumeist für Mai als unnötig. Während der langjährigen Erprobung und Anwendung der Lernbeobachtung wurden in den meisten Klassen ohnehin schon von November an durchgängig Halbgruppen gebildet. Viele haben die Lernbeobachtung auch mit der ganzen Klasse durchgeführt.

Schreiben November

Führen Sie die Schreibaufgabe so ein, dass die Kinder Spaß am Suchen nach der richtigen Schreibung haben. Die Kinder sollen sich keinesfalls unter Druck gesetzt fühlen. Mit der Verbreitung des freien Schreibens bereits in Klasse 1 ist diese Aufgabenstellung für viele Klassen gar nicht ungewöhnlich. Allerdings sollen ja diesmal alle dieselben Wörter schreiben.

Wörter in normaler Sprechform artikulieren

Sie sollten die Wörter in normaler Sprechform artikulieren, nicht besonders akzentuiert. Die Kinder müssen nur genau wissen, um welche Wortbedeutung es sich handelt. Die einzelnen Wörter können mehrmals wiederholt werden, bevor die Kinder sich dann jedes in seinem eigenen Tempo an das Schreiben machen. Und wenn dann schließlich doch einzelne Kinder *Lippen* statt *Mund* schreiben oder *Pferd* statt *Reiter*, können Sie diese Schreibungen trotzdem nach den Kategorien auswerten (s. unten).

Lernbeobachtung Schreiben – Aufgabe für alle Kinder
Heute sollt (dürft) ihr einmal (wieder) Wörter schreiben, die wir noch nicht geübt haben. Ich kann daraus sehen, was ihr schon alles gelernt habt, und auch, was wir noch gut üben müssen.
Wir machen solche Schreibaufgaben noch öfter – nach Weihnachten und auch im nächsten Sommer. Dann geb' ich euch wieder, was ihr jetzt schreibt. Und ihr könnt selbst sehen, was ihr dazugelernt habt.
Hier ist das Blatt zum Schreiben.
Sie teilen das Blatt aus und sagen, indem Sie Ihr Blatt hochhalten:
Hier oben steht: Schreib mal ...
Und hier sind sechs Bilder. Dahinter ist immer ein Strich. Da sollt ihr schreiben.
In der 1. Reihe schreibt ihr „Sofa". Das seht ihr auf dem Bild.
In der 2. Reihe schreibt ihr „Mund".
In der 3. Reihe schreibt ihr „Limonade". Die trinkt man. „Limonade".
In der 4. Reihe schreibt ihr „Turm". Den seht ihr ja auf dem Bild. „Turm".
In der 5. Reihe schreibt ihr „Reiter".
In der 6. Reihe schreibt ihr „Kinderwagen".
Und hier unten könnt ihr noch euer Lieblingswort schreiben.
So, jetzt sagen wir die Wörter nochmal zusammen: Sofa, Mund ...

Und wenn ihr etwas wissen möchtet, dann meldet ihr euch leise. Und ich komm' zu euch.
Aber erst mal probiert selbst, wie die Schreibaufgabe geht. Ihr habt genug Zeit, die Wörter jetzt aufzuschreiben.
Wer fertig ist, macht ... (Aufgabe aus dem Unterricht)

Ausreichend Zeit geben

Geben Sie ausreichend Zeit, bis (fast) alle Kinder fertig sind. Wenn Kinder Fragen stellen nach einzelnen Buchstaben, können Sie diese individuell beantworten, indem Sie den Buchstaben mit einer anderen Farbe (z. B. Grün) auf das Blatt (nicht in das Wort) schreiben. Denn die entscheidende Leistung besteht in der Identifikation des Elements und in der Platzierung im Wort. Demgegenüber ist die gedächtnismäßige Reproduktion des optischen Zeichens eher zweitrangig.

Schreiben Januar – Mai

Im Januar und Mai können Sie die Kinder an die frühere Schreibaufgabe erinnern. Sie können – beispielsweise – sagen:

Damals habt ihr Wörter geschrieben, die wir noch gar nicht geübt hatten. Wisst ihr noch? Ich kann daraus sehen, was ihr schon gelernt habt und was wir noch gut üben müssen.

(Nachher zeig' ich euch die Wörter, die ihr vor Weihnachten/im Winter geschrieben habt. Dann könnt ihr gleich selbst sehen, was ihr jetzt schon dazugelernt habt.)

Alle übrigen Bedingungen können Sie unverändert beibehalten.

10.2.2 Auswertung: Zahl der richtigen Buchstaben

Sie können die Schreibungen der Kinder auf zwei verschiedene Arten auswerten, möglichst nacheinander, **Lernbeobachtung Schreiben (Kopiervorlage 11**, S. 291):

- indem Sie die Zahl der richtigen Buchstaben feststellen,
- indem Sie die Zugriffsweise des Kindes nach Kategorien bewerten.

Die erste Art des Auswertens ist einfacher zu handhaben; die zweite hat den Vorteil, dass sie weit größeren Aufschluss gewährt über spezifische Schwierigkeiten und Fortschritte.

Zählen Sie die richtigen Buchstaben der Schreibungen (zu den Begriffen Graphem und Buchstabe s. S. 63 ff.). Der „Zweier" *ei* in *Reiter* wird ebenfalls als Einheit (= 1) gezählt.

Wenn ein richtiger Buchstabe allerdings an falscher Stelle auftaucht, wird er nicht mitgezählt. Die Schriftart (Schreib- bzw. Druckschrift, auch im Wort gemischt) und die Groß- und Kleinschreibung (auch mitten im Wort) werden nicht gewertet.

Sofa:	4	*Turm:*	4
Mund:	4	*Reiter:*	5 (4 Buchstaben + 1 „Zweier")
Limonade:	8	*Kinderwagen:*	11

Beispiele:

M	**u**	**n**	**d**	
M	o	n	t:	2
M	u	nn	d:	3
M		N	t:	2

L	**i**	**m**	**o**	**n**	**a**	**d**	**e**	
L	i		o		a		:	4
L	e	m	o		a	n	e:	5
L		m				D	e:	4

Falsche (z. B. achsengespiegelte) Buchstaben*formen* werden extra (in Klammern) mitgezählt.

Beispiele:

Яaeiter:	3 (+ 1)	Reiɟa:	2 (+ 1)
kendrMaGeꞃ:	7 (+ 2)	Keꞃwar:	3 (+ 1)

Für die Betrachtung des individuellen Lernstandes ist es durchaus sinnvoll, auch abweichende Buchstabenformen zu den richtigen Buchstaben zu rechnen, sofern Sie davon ausgehen können, dass das Kind mit Sicherheit den betreffenden Buchstaben meint. Ebenso werden auch die Buchstaben, nach deren Form die Kinder gefragt und die Sie auf dem Blatt notiert haben, in Klammern mitgezählt.

Die Lernbeobachtung Schreiben umfasst 36 Buchstaben (35 Buchstaben und 1 Buchstabengruppe/„Zweier").

10.2.3 Auswertung: Art der Zugriffsweise

Die folgenden Kategorien beziehen sich auf die Art, wie sich das Kind einen Zugang zur Schrift erschließt, und auf das Ausmaß seiner Schriftaneignung. Die Kategorien sind in erster Linie daran orientiert, ob das Kind beim Schreiben überhaupt regelgeleitet verfährt, und erst in zweiter Linie an der orthografischen Norm. Regelgeleitet heißt nicht, dass das Kind eine Regel nennen könnte. Gemeint ist, dass die Struktur seines Vorgehens nachvollziehbar – eben nicht diffus ist (vgl. dazu ausführlich S. 35 ff.).

Verfährt das Kind regelgeleitet?

Kategorie –: Keine Verschriftung

Das Kind hat *nichts geschrieben*. Es hat sich der Aufgabe verweigert oder es hat etwas gezeichnet.

Kategorie 0: Diffuse Schreibung

Die Schreibung gilt als *diffus*, wenn sie nicht als regelgeleitet erkennbar ist. Das Kind hat offenbar die Beziehung zwischen Lautung und Schreibung noch nicht verstanden. Es können durchaus einzelne richtige Buchstaben vorkommen (die Kinder haben sich einzelne Buchstaben gemerkt, kennen aber ihre Funktion nicht): Die Struktur als Ganze ist diffus.

Beispiele:

LF (Sofa)	*MoAiam (Mund)*
4OMO (Limonade)	*LENIFP (Limonade)*

Kategorie 1: Rudimentäre Schreibung

Die Schreibung gilt als *rudimentär*, wenn weniger als zwei Drittel der Buchstaben als regelgeleitet erkennbar sind. Das Kind hat die Beziehung zwischen Laut und Schreibung verstanden, kann aber die lautliche Struktur nur fragmentarisch notieren: „Skelettschreibung". Nicht alle Buchstaben sind richtig, aber alle sind als regelgeleitet erkennbar. Das heißt, wir können die Überlegungen und Orientierungen, die zum Notieren des Buchstabens geführt haben, nachvollziehen (z. B. *e* statt *i*, *o* statt *u*, *t* statt *d*, *m* statt *n*).

Beispiele:

S (*Sofa*: auf den Wortanfang beschränkt)
OA (*Sofa*: nur die Vokale sind verschriftet)
LMN (*Limonade*: Betonen der ersten drei Silbenanfänge)
LET (*Limonade*: Verwechslung e:i, t:d)

Es ist nicht immer ganz einfach, eine Schreibung sicher als diffus oder als rudimentär zu klassifizieren. Hilfreich dafür ist, die Schreibung des Kindes der richtigen Schreibung zuzuordnen. Dabei wird auch die Reihenfolge der Buchstaben beurteilt. Gelegentlich fügen Kinder im Stadium des Schrifterwerbs Buchstaben, die ihnen später einfallen, einfach den schon gefundenen hinzu, ohne deren Stellung im Wort in ihrer Schreibung zu beachten (z. B. *LoaM*).

Beispiele:

	S	*o*	*f*	*a*	*M*	*u*	*n*	*d*	*L*	*i*	*m*	*o*	*n*	*a*	*d*	*e*
rudimentär	*S*				*M*				*L*		*M*		*N*			
		O		*A*	*M*			*t*	*L*	*I*		*O*		*A*		
					M		*n*		*L*	*E*					*T*	
									L			*o*		*a*		*M*
diffus		*L*		*F*		*M*	*o*	*A*		*4*	*O*	*M*	*O*			
	S	*O*	*[*	*O*		*iam*			*L*	*E*	*N*	*I*	*F*	*P*		
									t					*A*		

Ob das Kind schon rudimentär schreibt oder das Wort bloß diffus notieren kann, ist für die *Passung der Lernhilfen* von großer Bedeutung. Denn im ersten Fall geht es darum, eine Zugriffsweise zu differenzieren; im zweiten muss versucht werden, die grundlegende Orientierung anzubahnen, da hier Übungen noch kaum Erfolg versprechen. Vielmehr muss es darum gehen, dass die Lernbereitschaft entwickelt, das Selbstvertrauen gestärkt und vielfältige Erfahrungen mit Schrift ermöglicht werden, sodass das Kind provoziert ist, sich mit der Beziehung zwischen Laut und Schreibung auseinander zu setzen; vgl. zum kognitiven Schema, S. 72 f.).

Kategorie 2: Bessere Schreibungen

Diese Kategorie 2 umfasst unterschiedliche Zugriffsweisen:

- Die Ausrichtung an irrelevanten Aspekten der eigenen Artikulation *(Mont, Raeta)*; sie führt nicht zu richtigen Schreibungen.
- Die Ausrichtung an dem phonematisch-alphabetischen Prinzip der Rechtschreibung *(Munt, Limonade)*; die meisten Wörter der Lernbeobachtung können auf diese Weise orthografisch korrekt geschrieben werden: *Sofa, Turm, Limonade, Reiter, Kinderwagen.*
- Den Umgang mit „orthografischen Elementen" *(Munnd, Sova)*; *Mund* kann mit dieser Zugriffsweise orthografisch korrekt geschrieben werden.

Zu Kategorie 2 gehören auch Schreibungen, die zwar vollständiger sind als die rudimentären, bei denen aber noch einige Elemente fehlen. Die Unterscheidung zwischen rudimentär und besser ist also auch quantitativ: Wenn mehr als zwei Drittel der Buchstaben als regelgeleitet erkennbar sind, gilt die Schreibung als „besser".

Mit dem Wort *Mund* ist auch ein Zugriff auf morphematisches Schreiben gegeben. Es hat sich bei den Erprobungen und den inzwischen langjährigen Erfahrungen gezeigt, dass es in Klasse 1 schwer ist, mit einiger Sicherheit auf diese Zugriffsweise zu schließen. Die Schreibanfänger operieren eine ganze Zeit lang eher mit „orthografischen Elementen". Sie haben etwas an der Schrift beobachtet und verallgemeinern dies bei der Schreibung eines neuen Wortes, manchmal als Übergeneralisierung falsch oder eben auch als orthografisch korrekte Schreibung.

Beispiele:

	Sofa	**Mund**	**Limonade**
vollständiger, aber Elemente fehlen	OFA SO A	Mu t Mo d	Li on d Lim nade
an der Artikulation orientiert/irrelevant	sofHA	Mont Mond	Lemonade
phonematisch richtig	Sofa	Munt	Limonade
Umgang mit orthografischen Elementen	sofer sova	Munnd Muntt	Lie monade
orthografisch richtig	Sofa	Mund	Limonade

Und so können Sie vorgehen, um die Zugriffsweise zu ermitteln:

- Prüfen Sie zuerst, ob das Kind überhaupt geschrieben hat oder nicht (Kategorie: – oder Kategorie: 0, 1, 2),
- Prüfen Sie im zweiten Schritt, ob die Schreibung als regelgeleitet erkennbar ist oder nicht (Kategorie: 0 oder Kategorie: 1, 2)
- Prüfen Sie im dritten Schritt, ob die Schreibung rudimentär oder besser ist (Kategorie: 1 oder Kategorie: 2)
- Prüfen Sie sodann die Zugriffsweise der „besseren" Schreibungen
  2a: an der eigenen Artikulation orientiert (falsch: *Toam, Raeta*)
  2b: phonematisch-alphabetische Orientierung (richtig: *Sofa*, falsch: *Munt*)
  2c: Umgang mit orthografischen Elementen (richtig: *Mund*, falsch: *Munnt*)

Im Mai können Sie auch die orthografisch korrekten Wörter zählen. Das ist wichtig, wenn es darum geht, den individuellen Lernfortschritt der Kinder in den Blick zu nehmen *(Was kann das Kind schon?)* und ihn in Bezug zu dem Anspruch des Lehrgangs zu setzen *(Was muss es noch lernen?)* und zu didaktisch-methodischen Entscheidungen *(Was kann es als Nächstes lernen?)*; siehe die Beispiele für Lernentwicklungen und Lernhilfen.

Aufschlussreich ist, Kindern mit langanhaltenden Schwierigkeiten die Lernbeobachtung Schreiben auch im Verlauf der nächsten Schuljahre so lange zu geben, bis sie alle Wörter richtig schreiben, manchmal über den Beginn von Klasse 3 hinaus (Christensen/Dehn 2012).

10.2.4 Signale für lang anhaltende Schwierigkeiten und Lernhilfen

Die Befunde zum Schreiblernprozess einzelner Kinder und der ganzen Klasse, die Sie auf diese Weise gewonnen haben, müssen vorsichtig interpretiert werden:

Frühe Lernbeobachtung

Es ist nicht sinnvoll, das Ergebnis der Schreibaufgabe November zu stark zu gewichten. Kinder, die zu diesem Zeitpunkt erst wenige Buchstaben notieren, können durchaus einen sicheren Lernweg finden, auch ohne zusätzliche Lernhilfen. Erst wenn weitere Befunde vorliegen, ist solche Hilfe angezeigt (s. Anja und Carla, S. 210 ff.). Allerdings erlaubt diese frühe Lernbeobachtung eben, den Lernprozess der nächsten Monate zu erfassen und zu beurteilen.

- Wenn allerdings im *November die überwiegende Zahl der Kinder noch diffus* und stark *rudimentär* schreibt, müsste das Unterrichtskonzept befragt werden: Gibt es genügend Herausforderungen, dass sich die Kinder mit der Beziehung von Lautung und Schreibung befassen? Sind diese für die Kinder auch persönlich und sozial bedeutsam?

- *Diffuse Schreibungen* oder *mehrfaches Verweigern* von Aufgaben, vor allem im Januar und Mai, sind als Signale zu behandeln, dass die Kinder grundlegende Schwierigkeiten bei der Schriftaneignung haben (s. S. 42 ff., 59 ff.).
- Stellen *rudimentäre Schreibungen* in den ersten Phasen des Erwerbsprozesses bedeutende geistige Leistungen dar, weil sie eine Einsicht in das alphabetische System unserer Schrift beinhalten, so sind sie zu späteren Zeitpunkten Indizien dafür, dass der Lernprozess lange bei der grundlegenden Orientierung stagniert hat oder es an der lautlichen Differenzierung und Strukturierung fehlt. Kinder, die auch am *Schuljahresende* noch vorwiegend rudimentär schreiben, bedürfen ebenfalls besonderer Lernhilfen, sei es, dass sie gerade erst mit der Schriftaneignung begonnen haben, sei es, dass sie ihre Schwierigkeiten bei der vollständigen Strukturierung des Wortes nicht bewältigen können. Welcher Art die Lernschwierigkeit ist, lässt sich im Einzelfall aus der Entwicklung von November bis Mai deutlich erkennen.

Schuljahrsende !

- Umfangreiche Vergleichsdaten aus der Erprobung erlauben, für das *Schuljahresende* einen Messpunkt zu formulieren. Sie haben bestätigt, dass Kinder, die zu diesem Zeitpunkt *weniger als 60 % der Buchstaben richtig* schreiben (also nur 21 Buchstaben oder weniger richtig schreiben), der Förderung bedürfen. Alle anderen Kinder (die 22 oder mehr Buchstaben richtig schreiben) werden vermutlich keine lang anhaltenden Rechtschreibschwierigkeiten haben.
- Die *Orientierung an der eigenen Artikulation* beim Schreiben ungeübter Wörter ist eine nahe liegende Zugriffsweise der Schreibanfänger. (Das bedeutet aber nicht, dass sie dazu durch das Unterrichtskonzept angehalten werden sollten, siehe dazu ausführlich, S. 39 ff., 71 f.) Wenn Schreibanfänger am *Ende von Klasse 1* noch *vorwiegend* diese Zugriffsweise anwenden, ist das ein Signal, dass ihr kognitives Schema von der Beziehung von Lautung und Schreibung nicht sachgemäß ist. Sie sollten herausgefordert werden, sich mit Schrift auseinander zu setzen, und nicht das Abhören des Gesprochenen weiter „verfeinern".

Schriftorientierung !

10.2.5 Beispiele für Lernentwicklungen und Lernhilfen

Die folgenden Seiten enthalten Schreibungen von acht Kindern. Die Kinder gehören zu sechs Schulen, die sämtlich in sozial gemischten oder eher benachteiligten Stadtteilen liegen. Sie zeigen unterschiedliche Lernentwicklungen.

Zeichenerklärung zu den Übersichten:
– ≙ das Kind lässt das Wort aus
+ ≙ die Aufgabe wurde nicht gestellt

Saschas Lernentwicklung

Aufmerksamkeit auf das phonemisch-alphabetische Prinzip

Auseinandersetzung mit Schrift

Sascha hat bereits im November gelernt, ein Wort durch einen Buchstaben zu kennzeichnen, er notiert einen Buchstaben für den Anfangs- oder Endlaut oder einen anderen ihm wichtig erscheinenden Laut. In den folgenden zwei Monaten lernt er ungemein viel dazu. Er kann im Januar auch lange Wörter nahezu vollständig in der Schrift wiedergeben. Mehrfach orientiert er sich dabei an seiner Redeweise (*a* statt *er*, *o* statt *u*). Bis zum Schuljahresende notiert er noch vollständiger, allerdings richtet er sich weiterhin oder sogar zunehmend nach seiner Artikulation. Seine Schreibungen bestätigen, dass er keine lang anhaltenden Rechtschreibschwierigkeiten haben wird. Jedenfalls dann nicht, wenn es in den ersten Monaten von Klasse 2 gelingt, dass er seine Aufmerksamkeit auf das phonemisch-alphabetische Prinzip und auf die Auseinandersetzung mit Schrift richtet.

Vom rudimentären Schreiben zur Auseinandersetzung mit der eigenen Artikulation und mit Schrift

	SCHREIB MAL ...		
Carla	1. LERNBEOB. November	2. LERNBEOB. Januar	3. LERNBEOB. Mai
Sofa	SFa	Sofa	Sofa
Mund	M	+	Mont
Limonade	—	leMola	ıimonada
Turm	—	Tor	torm
Reiter	—	Fet	raiter
Kinderw.	—	ℓedaFae	VaKenKeder
Sascha			
Sofa	S	SOFA	SofH
Mund	M	+	Mondt
Limonade	i	Limonad	Lemonade
Turm	m	Torm	Toam
Reiter	r	Raida	Raeter
Kinderw.	A	Kndawgen	Kenderwagen

Lernhilfen für Sascha

Bei Wörtern, deren Schreibungen dialektbezogene Schwierigkeiten enthalten (z. B. *Wind, Mutter, Leine, Hund*), müsste Sascha (unbewusst) Einsicht und Sicherheit gewinnen und sich beim Schreiben stärker an seinem Wissen von Schreibungen als an einer betont genauen Analyse seiner Artikulation orientieren. Hilfreich für ihn ist der Rat: *Sprich, wie du schreibst!* Also die Aufforderung, zu orthografisch korrekten Schreibungen, die er vorfindet oder selbst geschrieben hat, nun auch im Nachhinein zu sprechen. Weniger sinnvoll wäre, seine Artikulation zu korrigieren – als Voraussetzung für das richtige Schreiben. Denn die Orthografie ist nicht auf die Artikulation bezogen, sondern auf das Lautsystem der Sprache (s. S. 63 ff.).

Sprich, wie du schreibst!

Von der nahezu vollständigen Wiedergabe der Struktur der Wörter zur Auseinandersetzung mit der Orthografie und zum richtigen Schreiben

	SCHREIB MAL ...		
Björn*	1. LERNBEOB. November	2. LERNBEOB. Januar	3. LERNBEOB. Mai
Sofa	SOver	sola	Sofa
Mund	MUND	+	Mund
Limonade	LIMONADE	lemonade	Limonade
Turm	TUAM	Tu	Turm
Reiter	REITER	REITER	Reiter
Kinderw.	KINDERWAGEN	KinderwaGen	Kinderwagen
Daniela			
Sofa	Sofa	Sofa	Sofar
Mund	Mond	Mond	Mund
Limonade	limonad	Limonad	Limonade
Turm	+	+	+
Reiter	Reitir	Reiter	Reiter
Kinderw.	KendaWG	Kinderwagen	Kienderwargen
	Nikolaus	Haus	Koaleber (Koalabär)

* Kann bereits zu Schuljahrsbeginn lesen

Danielas Lernentwicklung

Daniela schreibt bereits nach wenigen Schulmonaten unbekannte Wörter nahezu vollständig und weitgehend richtig. Sie verfügt schon im November über ein grundlegendes Verständnis von der Beziehung zwischen Laut und Schrift und über allerlei Detailwissen. Fehler, die auf einer Orientierung an ihrer Redeweise beruhen, treten in den folgenden Monaten eher zurück *(*Reitir, *Kienderwargen)*. Bereits im Januar schreibt sie ausschließlich am Wortanfang groß – ein Zeichen dafür, dass sie sich mit Schrift produktiv auseinander setzt. – Das Phänomen der „Binnengroßschreibung" ist eines, das der Instruktion und Übung nicht bedarf. Bei unseren Erprobungen hat sich erwiesen, dass alle Kinder, zumindest bis Ende Klasse 2, verstanden haben, dass man nur am Wortanfang Großbuchstaben schreibt.

Fehler als Indiz für Lernfortschritte

Danielas Schreibungen am Schuljahresende von Klasse 1 zeigen, dass sie sich vor allem um Genauigkeit bemüht und dabei Einsichten aus der Auseinandersetzung mit Schrift falsch verallgemeinert (*ie* statt *i*). Insofern können zusätzliche Fehler durchaus auch Indiz für Lernfortschritte sein. Auffällig an ihren Schreibungen ist, dass sie bereits im November (und dann durchgängig bis zum Schuljahresende) bei *Mund d* statt des zunächst nahe liegenden *t* notiert, also an einer Stelle entgegen der bloß auditiven Analyse verfährt. Sie wird vermutlich eine sichere Rechtschreiblernerin.

Lernhilfen für Daniela

Aufgaben zum morphematischen Prinzip

Für den Unterricht in Klasse 2 können Daniela Aufgaben zum morphematischen Prinzip, also zur Stammschreibung, gestellt werden. Auf diese Weise kann sie ihre Erkundungen auf „verfügbare Informationen" richten, die ihr kognitives Schema vom Rechtschreiben um eine wesentliche Dimension erweitern (s. die Kopiervorlagen 3 für das Wörterbuch, S. 264–276; s. S. 105 ff.).

Anjas Lernentwicklung

Anja beginnt mit rudimentären Schreibungen. Zwei Wörter lässt sie aus. Das ist – für sich betrachtet – nicht beunruhigend (vgl. dazu S. 227 ff.). Aber die Schreibungen vom Januar zeigen kaum einen Lernfortschritt. Anja verharrt bei rudimentärem Schreiben, die Zahl richtiger Buchstaben ist gleichbleibend niedrig. Wenn wir ihre geistige Fähigkeit, Wörter für sich zu erschließen und das in der Schreibung zu dokumentieren, mit dem Anspruch der meisten Aufgabenstellungen vergleichen, die wir im Unterricht zu diesem Zeitpunkt und in der Folgezeit an Anja richten, dann wird deutlich, dass sie dabei häufig überfordert ist und schon deshalb wenig Lernfortschritte machen wird.

Stagnation verschiedener Zugriffsweisen und Schwierigkeiten bei der grundlegenden Orientierung

	SCHREIB MAL ...		
Anja	1. LERNBEOB. November	2. LERNBEOB. Januar	3. LERNBEOB. Mai
Sofa	f	OFA	ZOfA
Mund	mt	—	Mot
Limonade	—	tA	tMoe
Turm	t	A	tM
Reiter	r	r	rAeA
Kinderw.	—	F	B
Sandra			
Sofa	die Unterlagen fehlen	SO[O	SOA
Mund		—	Mot
Limonade		LM	LOAE
Turm		TU	OM
Reiter		—	RER
Kinderw.		ꓘ	EAWAM

Lernhilfen für Anja

Anja bedarf einer Lernhilfe, die sie anregt und anleitet, sich die Struktur der Schrift zu erschließen und dabei auch Mut und Risikobereitschaft zu entwickeln. Das ist bereits im Januar sehr deutlich. Ab Anfang April hat Anja Förderunterricht erhalten, dreimal wöchentlich ca. 10 Minuten durch eine Lehrerin, die sich diese Zeit zusätzlich zur Klassenlehrerin mit Anja im Raum beschäftigt. Allerdings wurden dabei vor allem Übungen aus dem Unterricht wiederholt. Notwendig aber wäre außerdem gewesen, ihr kognitives Schema, ihren Begriff von Lautung und Schreibung zu erweitern (s. S. 228 ff.).

Erweiterung des kognitiven Schemas, des Begriffs von Lautung und Schreibung

So macht Anja bis zum Schuljahresende zwar Fortschritte, allerdings verharrt sie noch immer auf rudimentärem Schreiben (sie notiert auch einen nicht regelgeleiteten Buchstaben). Sie bedarf weitererUnterstützung.

10.3 Lernbeobachtung Lesen

10.3.1 Durchführung

Werten Sie zuerst die Lernbeobachtung Schreiben aus, und wählen Sie dann für das Lesen die Kinder aus, die besonders schwach sind, sowie diejenigen, bei denen die Schreibversuche Ihre Erwartungen übertroffen haben. Das sind in einer Klasse durchschnittlich drei bis sechs Kinder. Die **Lernbeobachtung Lesen** (**Kopiervorlage 9**, S. 287 ff.) müssen Sie mit jedem Kind einzeln durchführen. Es ist wichtig, dass die Aufgabe für jedes Kind neu ist. Daher müssen Sie Sorge dafür tragen, dass andere Kinder nicht mithören können.

Wenn wir die Zugriffsweise des Kindes beim Lesen erkunden wollen, sollten wir technische Hilfsmittel (z. B. das Handy) verwenden, denn das Produkt ist sonst flüchtig und wir können es nicht genau genug auswerten.

Der Aufwand für die Lernbeobachtung Lesen erscheint ziemlich groß, größer jedenfalls, als er sich darstellt, wenn man einmal angefangen hat! Die Informationen über den Lernweg des Kindes sind ungleich detaillierter als bei der Schreibaufgabe, zudem erfahren wir Genaueres über die Arbeitshaltung und das Selbstbild des Kindes sowie über seine Möglichkeiten, unsere Hilfestellungen anzunehmen – und natürlich auch einiges über die Qualität unserer Hinweise.

Lesen November

Das abgebildete Mädchen (s. Kopiervorlage 9 November, S. 287) soll eine dem Kind bekannte Fibel- oder Lehrgangsfigur darstellen. (Sie müssten also unter Umständen einige Personenmerkmale und das Wort *Uta* ändern, damit dem Kind das erste Wort vertraut erscheint.) – Außerdem kolorieren Sie bitte das Tuschwasser und den Fahrradrahmen rosa.

Lernbeobachtung Lesen – Aufgabe für einige Kinder
Das Kind betrachtet und kommentiert das Bild. Dabei soll es die Fibelfigur erkennen. Weitere Anregungen sollten Sie nicht geben.
Und nun lies mal, was unter dem Bild steht. Die Wörter, die du lesen sollst, habe ich unterstrichen. Die anderen sage ich dir. Fang mal an.

Die Wörter *malt* und *ein* sollten Sie dem Kind sagen, wenn es sie nicht im ersten Anlauf erliest. Ausgewertet wird nur der Vorgang des Erlesens bei *rosa* und *Rad*.

Da es darum geht, wie das Kind die Aufgabe anpackt, sollten Sie keinen Hinweis geben, können es aber länger als sonst im Unterricht ermuntern, das Wort selbst zu erlesen. Fragen Sie es gegebenenfalls, was es an dem Wort schon kennt, was es gerne wissen möchte. Manchmal ist es eine gute Hilfestellung, einfach das zu wiederholen, was das Kind schon gelesen hat, also erarbeitete Wörter und auch Wortteile.

Wiederholen, was das Kind schon gesagt hat

Wenn Sie den Eindruck haben, das Kind ist zu stark angestrengt oder überfordert, sagen Sie ihm einfach das Wort. Sie können das Kind zum Schluss fragen:

- *Was macht Uta?*
- *Welche Farbe hat das Fahrrad?*

Aber diese Fragen kann das Kind auch in Bezug auf das Bild beantworten. In der Regel wird aus dem Leseprozess selbst klar, ob das Kind versteht, was es liest. Wenn Sie nicht sicher sind, ob das Kind die Wortbedeutung verstanden hat, fragen Sie bitte nach.

Beispiele für günstiges Lehrerverhalten

(1)	**Mike**	Lehrer
rosa	*a:l't ...*	
	ein	
	rosa	*hm*

Der Lehrer greift beim gedehnten Lesen (Zeichenerklärung, s. S. 210), das auf einer falschen Vermutung über den Sinn beruht, nicht gleich ein und gibt Mike Raum, sich selbst zu korrigieren.

(2)	**Marco**	Lehrerin
rosa		*Uta malt ein ...*
	Fahrrad	*erstmal lesen*
	ro	*ro, richtig*
	s:	*ja*

ro-so, rosa	*nochmal von vorn*
Uta ...	
Uta malt ein	
Fahrrad	*na, du hast es eben gelesen*
rosa	*ja, Uta malt ein rosa ...*

Die Lehrerin stellt noch einmal den Satzzusammenhang her. Sie weist Marco, der zunächst nur rät, auf seine Aufgabe hin, bestätigt seine richtigen Ansätze und fordert ihn auf, durch erneutes Erlesen deutlich zu machen, dass er den Sinn verstanden hat.

(3)	**Thorsten**	Lehrerin
rosa	*welche Farbe war's?*	
	noch mal?	
	orange?	*nein*
	lila	*nein, rosa*
	rosa	

Thorsten weiß noch wenig davon, wie er beim Lösen der Leseaufgaben vorgehen kann. Insofern entspricht die Antwort der Lehrerin seiner Frage.

Lesen Januar

Lies mal ...

Olaf hat ein altes Auto.
Der Motor ist zu laut.

Auch diese Leseaufgabe (s. Kopiervorlage 9, S. 288) wird durch eine Bildbetrachtung eingeleitet. Wichtig ist, dem Kind zu erklären, dass der Mann, der sich mit dem Automotor beschäftigt, Olaf heißt (Name einer dem Kind bekannten Fibelfigur, ggf. bitte den Namen ändern, nicht aber das Bild). Auch das Wort *Auto* ist in fast allen Lehrgängen zu diesem Zeitpunkt bekannt.

Verfahren Sie mit der Leseaufgabe wie im November, und fragen Sie zum Schluss:

- *Was hat Olaf?*
- *Was ist mit dem Motor (los)?*

Beispiele für günstiges Lehrerverhalten

(4)	**Mike**	Lehrer
Motor	(stöhnt) *der ...*	
	mo:, Mist!	*mo:*
	mo:, mot'to:r	*sehr schön*
		noch mal
	Motor	

Der Lehrer wiederholt den richtigen Ansatz und lobt auch die in der Segmentierung und Betonung noch unklare Wortvorgestalt.

(5)	**Andi**	Lehrer
	Der Motor ist ...	
zu	*Les ich da richtig?*	*mhm*
	hier steht zu!	*mhm*
	Der Motor ist zu!	*Da steht doch noch mehr.*
laut	*lauf?*	*Warum guckst du immer mich an? Du musst hierhin gucken. Der Motor ist ...*
	zu lauf	*Nee, hast dich geirrt.*
	lauft, la-u	
	Der Motor ist laut.	*Ja, lies noch mal die ganze Reihe ...*
	Der Motor ist zu laut.	

Der Lehrer äußert vor allem Zustimmung – zu Beginn, aber auch dort, wo Andi noch ein Wort ausgelassen hat. (Das fällt bei diesem ziemlich souveränen Schüler auch nicht schwer.) Zugleich weist er ihn deutlich auf die Aufgabe hin und gibt ihm einen, allerdings unspezifischen, Hinweis zur Lösung: *Da steht doch noch mehr.*

(6)	**Marco**	Lehrerin
hat	*was ist der?*	*das ist ein h*
	h, ha, ha:lt,	
	halt:, halt	*du hast da einen gelesen, der da nicht steht*
	h, ha:t, hat	*ja, Tom hat ...*

Die Lehrerin beantwortet Marcos Frage knapp und überlässt ihm weiterhin die Initiative. Vor allem überlässt sie Marco die Korrektur seines Fehlers. Sie weist ihn lediglich auf die Fehlerart hin, nicht auf den konkreten Fehler.

Ein etwas problematisches Beispiel:

(7)	**Dirk**	Lehrer
Motor	*m-o-t-o-r*	*richtig*
		jetzt zieh mal zusammen,
		die Buchstaben
		die beiden zuerst mal
	mo	*und das kannst du auch*
		(zeigt)
	to	*kannst jetzt mal zusammen?*
		mo ...
	mo	*mo't*
	t	*to*
	to	*r; versuch's noch mal*
	to	*nee, mo...*
	mo-ro	*Motor*
	Motor	

Der Lehrer bestätigt zunächst Dirks ersten Lösungsschritt, die Einzellaute zu benennen. Dann übernimmt er die Initiative, fordert ihn zu genau umrissener Synthese auf und versucht Hilfestellungen für alle folgenden Schritte zu geben. Dirk bleibt bloß Reagierender. Der ersten Aufforderung kann er zwar noch folgen; dann jedoch gerät er zunehmend aus der Bahn. Denn nun muss er sich nicht nur auf die Leseaufgabe, sondern auch auf die Strategie des Lehrers einstellen.

Auf diese Weise erhält man wenig Aufschluss über die Zugriffsweise des Kindes. Man muss wohl auch bezweifeln, dass Dirk dabei etwas gelernt hat, was er beim Erlesen anderer Wörter produktiv verwenden kann. Denn das Verfahren des Segmentierens bleibt ihm äußerlich.

Lesen Mai

Lies mal ...

Susi will zu den Küken am See.

Sie nimmt Futter mit.

Die eine Ente hat schon kleine Küken.

Die andere Ente brütet noch die Eier aus.

Verfahren Sie hinsichtlich der Bedingungen wie im November und Januar. Stellen Sie diesmal die Leseaufgabe (s. Kopiervorlage 9, S. 289) ohne weitere Vorgespräche: „Ich habe heute diese Geschichte für dich mitgebracht. Lies mal."

Nach Abschluss des Lesens können Sie, wenn Sie darüber unsicher sind, Fragen zum Sinnverständnis stellen:

- *Wo will Susi hin?*
- *Was nimmt Susi mit?*
- *Was will sie mit dem Futter?*
- *Was machen die beiden Enten?*

Beispiele für günstiges Lehrerverhalten

(8)	**Patrick**	Lehrerin
	(Patrick liest den Text langsam und bedächtig)	(kein Kommentar)
	... sie ni:mmt	
Futter	*Fü:t*	
	Fütter	
mit	*mi:t*	*Mh, das hast du wirklich gut gemacht. Kannst du das noch mal lesen* (zeigt)?
	Fut'er	
	Futter	*ja*

Die Aufforderung, ein Wort noch einmal zu lesen, ist ein sparsamer Hinweis auf den Fehler. Patrick erfüllt diese Anforderung.

(9)	**Marco**	Lehrerin
Futter	*f:u:l, nee*	
	fu:l:-te:r	*ja, hast du ...*
	Fu:te:r, Fu:te:r	*was ist das?*
	'n Fuß	*'n Fuß, meinst du? Na, sie nimmt ... Wollen noch mal sehen. Ich glaub, das kannst du noch deutlicher. Du weißt auch, was das ist.*
	Fu:'te:r	
	Fu:, Fu:'te:r	*Was ist das?*
	Futte:r	*Ja, genau. Das ist Essen.*

Die Lehrerin verweist Marco – auch im Satzzusammenhang – immer wieder darauf, nach der Wortbedeutung zu suchen, und verzichtet darauf, was hier vielleicht nahe läge, ihm die Vokalkürze und die richtige Segmentierung zu erläutern. Zugleich äußert sie ihr Zutrauen und bestätigt ihm, dass er das Wort verstanden hat, indem sie selbst einen Oberbegriff nennt.

(10)	**Dirk**	Lehrer
Küken	*Klaus*	*heißt nicht Klaus.*
		K ist richtig, dann kommt
	K-u	*ü*
	ü	*Kü*
	Kü'k, Kü't	*Kük*
	Kü'ken	*richtig, noch mal*
	Küken	*richtig*

Der Lehrer gibt nur knappe Hinweise. Er wiederholt jeweils das Richtige, korrigiert einmal selbst; zweimal macht er bei der Synthese Vorgaben *(Kü, Kük)*. Dadurch bleibt der Vorgang flüssig. Allerdings erhält man über Dirks Zugriffsweise wenig Aufschluss.

10.3.2 Auswertung: Zahl der richtigen Wörter, Wortteile und Buchstaben

Wir empfehlen Ihnen, für die Auswertung der **Lernbeobachtung Lesen** November (**Kopiervorlage 12**, S. 292 f.) die Tonaufnahme anfangs zu verschriften. Wir haben dafür die folgenden Zeichen verwendet:

–	≙	keine lautliche Verbindung (keine Synthese)
'	≙	kurze Pause, aber keine Unterbrechung des Artikulationsstroms
:	≙	Aushalten (Dehnen) der Laute
( )	≙	geflüstert

Für die Lernbeobachtung Januar und Mai können Sie die Befunde auch unmittelbar (also ohne Verschriftung) auswerten und interpretieren. (Sicherer ist es freilich, die Leseprotokolle vorher zu verschriften. Außerdem können Sie sich dann leichter mit Kollegen darüber austauschen.)

Sie können das Lesen der Kinder – wie die Schreibaufgaben – auf zwei verschiedene Arten auswerten (auch nacheinander), indem Sie

- die Zahl der richtigen Wörter, Wortteile und Buchstaben zählen,
- die Zugriffsweise und das Können der Kinder im Prozess des Erlesens beschreiben.

Als richtig gelesen gilt ein *Wort*, wenn das Kind das Wort selbstständig bzw. mit einer Lehrerhilfe, die sich auf allgemeine Hinweise beschränkt (s. oben), erliest. Dabei ist es gleichgültig, ob das Kind das Wort sofort oder erst nach mehreren Versuchen selbstständig erliest:

Beispiele:
Als richtig gilt ein *Wort*

- wenn es sofort richtig gelesen wird

- wenn es nach mehreren Versuchen bzw. Teilschritten (mit maximal einer Lehrerhilfe, die sich auf allgemeine Hinweise beschränkt,) richtig gelesen wird.
  a:l't – rosa (s. oben Beispiel 1, S. 215)
  mo: – mo: – mot'to:r – Motor (s. oben Beispiel 4, S. 217)
  h – ha – ha:lt – halt: – halt – h – ha:t – hat (s. oben Beispiel 6, S. 217)
  Fü:t – Fütter – Fut'er – Futter (s. oben Beispiel 9, S. 219)

Das Zählen der richtigen *Wortteile* soll Ansätze zur Synthese würdigen. Ein Wortteil wird auch dann als richtig gezählt, wenn er erst nach mehreren Versuchen erlesen wird oder wenn die Lehrerhilfe allgemeine oder unspezifische Hinweise gibt, eine Frage des Schülers beantwortet (s. Beispiel 6, S. 217) oder wiederholt, was der Schüler gesagt hat; nicht aber, wenn in der Hilfe bereits Buchstaben benannt werden oder die Synthese vorgemacht wird.

Die richtig benannten *Buchstaben* werden gezählt, unabhängig davon, an welcher Stelle im Vorgang des Erlesens sie benannt werden.

Diese quantitativen Befunde bedürfen – wie die beim Schreiben – der Ergänzung.

10.3.3 Auswertung: Art der Zugriffsweise

Die Zugriffsweise des Kindes beim Erlesen eines Wortes können Sie mit den folgenden Kategorien erfassen. Die Kategorien unterscheiden im Sinne des Lesens als Problemlösen (s. Kap. 2.2) zwischen den Kenntnissen (Buchstabe-Laut-Beziehung), den Teilfertigkeiten (Synthetisieren, Strukturieren) und den Fähigkeiten zur Integration der Teilschritte und zum Einschätzen des eigenen Könnens (Einholen und Annehmen von Hilfen).

Unsere Untersuchungen haben ergeben, dass die Zugriffsweise, vom einzelnen Buchstaben auszugehen *(r-o-s-a, rosa)*, vom Wortteil *(ro, rosa)* oder gleich das Wort als ganzes in den Blick zu nehmen *(ro:s:a)*, gleichermaßen gelingen kann (s. die Kopiervorlage 12, S. 292).

Allerdings hat der Beginn mit der Silbe *(Nimm zwei!)* den Vorteil, dass er das Problem des Erlesens reduziert: Meist ist bei diesen Leseaufgaben schon die Hälfte geschafft, sodass auch der Anspruch an das Behalten des bereits Erarbeiteten reduziert ist. Ob der Prozess des Erlesens gelingt oder nicht, hängt weniger ab vom Ausgangspunkt der Zugriffsweise, sondern eher von der Integration der Teilschritte und der Fähigkeit, Hilfen einzupassen. Wir haben den Ausgangspunkt des Zugriffs (Buchstabe – Wortteil – Wort als ganzes) in die Kategorien aufgenommen.

Integration der Teilschritte

Kategorie 1: Buchstaben benennen können (als Teil des Alphabets oder in ihrem Lautwert)

Das Kind kann die Zuordnung zwischen den Buchstaben und den Lauten herstellen. (Sie wissen, ob es sich dabei um bereits im Unterricht behandelte oder nicht handelt.) – Zugleich ist das der Ausgang vom Buchstaben.

Kategorie 2: Teilschritte zum Erlesen finden können

- Dazu gehört vor allem die Synthese (von zwei Buchstaben; von drei und mehr Buchstaben):
  r-o heißt *ro*
  r'o (ohne Synthese) – *ro*
  Fut'ter
  Die Synthese ist die Voraussetzung zur Bildung von Teilschritten.
- Dazu gehört auch die Fähigkeit, ein Wort zu strukturieren (Ausgang vom Wortteil):
  ro – sa,
  Mo – tor
  Kü – ken (Konsonant-Vokal der ersten Silbe)
  alt – es (Wortstamm)
- Als Teilschritt zum Erlesen gehört zudem der Ausgang vom Wort als Ganzem:
  rosa: *Fahrrad*
  Küken: *Klaus*
- Ein Teilschritt zum Erlesen ist auch die Fähigkeit, bereits bekannte Wörter (z.B. *Uta, Olaf, Auto*) von anderen zu unterscheiden und entsprechend beim Lesen zu verwenden.

Kategorie 3: Teilschritte integrieren und auf das Ziel beziehen

- Behalten und Verwenden des bereits Erlesenen, auch in Bezug auf das einzelne Wort
- Sinnerwartung als Steuerung des Leseprozesses, der einzelnen Teilschritte:
  Les ich da richtig? Hier steht zu! Der Motor ist zu!
  lauf? zu lauf, lauft, la-u
  Der Motor ist zu laut. (s. Beispiel 5, S. 217)
  Wenn die Sinnerwartung nicht als Steuerung des Leseprozesses fungiert, ist die Zielorientierung erschwert. Das kann ein Grund sein für die „Notfallreaktionen“, in denen ein Kind irgendein sinnleeres Wort sagt, um die Situation für sich zu beenden (*moklo* statt *Motor*).

- Kontrolle der eigenen Sinnerwartung:
  ro, rosanes, ro, ro'sa
  lahm, lau:, laut
  Mario, M-a-r, ja Mario
  Vogelfutter, F, Fu:t'te:r, Futter
  Auch die mangelnde Kontrolle der Sinnerwartung kann zu Notfallreaktionen führen, weil die Lesesituation für das Kind ganz unübersichtlich wird.
- Sinnverstehen:
  Mo, Mot'tor, also Motor
  Fu:, Fut'ter, Futter
- Orientierung: Vor- und Rückgriff auf andere Wörter im Text, auch aus dem Lehrgang: *das fängt an wie ...*
- Bezug zur eigenen Sprache und Lebenswelt herstellen können:
  Rad: *Ich hab auch ein Fahrrad.*
  Motor: *Manfred* (Name des Bruders) *fängt auch so an.*
  Futter: *Ich nehm' auch immer Brot mit.*

Kategorie 4: Einschätzen des eigenen Könnens
- Spezifische Hilfen erbitten, Fragen stellen *(wie heißt der Buchstabe? – das kenn ich nicht)*
- Hilfen annehmen *(was ist der? – das ist ein h – h, ha, ha:lt ...)*

Kategorie 5: Tempo der Aufgabenlösung und Ausdauer
Beides muss auch in Relation zueinander gesehen werden: Für langsame Leseanfänger sind die Anforderungen an ihre Ausdauer ungleich größer.

Kategorie 6: Interesse am Inhalt
Lässt sich das Kind von Text (und Bild) interessieren? Diese Kategorie erfasst, was mit der Frage nach dem Herstellen eines Bezugs zur eigenen Lebenswelt und Sprache spezifisch in den Blick genommen ist.

10.3.4 Signale für lang anhaltende Schwierigkeiten und Lernhilfen

Für die Kategorien zur Lernbeobachtung Lesen gilt in noch stärkerem Maß als für die, die die Zugriffsweise beim Schreiben erfassen, dass sie nicht mechanisch verwandt werden sollten, sondern so, dass der Vorgang des Wort-Erlesens als ganzer – auch im Zusammenhang mit den vorhergehenden und folgenden Wörtern – berücksichtigt wird, vor allem auch im Hinblick auf die Interaktion mit der Lehrerin/dem Lehrer.

Man kann nicht sagen, dass eine einzige Art beim Erlesen eines Wortes die am besten geeignete wäre: der Ausgang vom Buchstaben, der Ausgang vom Wortteil, Zugriff auf das Wort als ganzes. Sie stellen mögliche Verfahren dar, können gelingen oder auch misslingen (vgl. „Wege zum richtigen Erlesen" bei ausgewählten Wörtern der Lernbeobachtung, Kopiervorlage 12, S. 292; vgl. S. 31).

Die Befunde zum Leselernprozess einzelner Kinder bedürfen – wie die zum Schreibenlernen – umsichtiger Interpretation.

Synthesefähigkeit

- Entscheidend ist zum einen die *Synthesefähigkeit*. Im November wird ca. ein Drittel bis die Hälfte der Kinder die Synthese von zwei Elementen beherrschen, im Januar sind es ca. zwei Drittel bis drei Viertel. Diese Kinder werden vermutlich auch keine lang anhaltenden Rechtschreibschwierigkeiten haben.
  Besondere Aufmerksamkeit brauchen die Kinder, die am Schuljahresende nicht die Synthese von mindestens drei Buchstaben beherrschen. Gerade die Synthese ist direkter Instruktion kaum zugänglich. Möglichkeiten, sie beim Kind anzuregen, sind z. B. die Minimalpaarbildung *(Wand – Sand; Rosen – Rasen)* und vor allem das Schreiben eigener Wörter/Texte.

Integration der Teilschritte

Selbsteinschätzung

- Die Kategorien *Teilschritte auf das Ziel hin integrieren* und *Einschätzen des eigenen Könnens* sind besonders aussagekräftig in Bezug auf lang anhaltende Lernschwierigkeiten. Die Kinder verhaken sich in ihren eigenen Versuchen, sagen – als *Notfallreaktion*, um die Situation für sich zu beenden – schließlich irgendein Wort oder einfach sinnleere Silbenfolgen. Hilfen können diese Kinder in weit weniger als der Hälfte der Fälle annehmen und mit den eigenen Zugriffsweisen verbinden. Auch darin unterscheiden sie sich von den Lesenlernenden, die rasch Fortschritte machen (vgl. S. 30, 33 f.; dort auch zu den aktuellen Bezügen zum Lesebegriff bei PISA).
  Diese Schwierigkeiten zeigen sich bereits im November sehr deutlich. Von großer Wichtigkeit ist, diesen Kindern von Anfang an die Erfahrung zu vermitteln, dass sich Fragen lohnt; dass es sich lohnt, Erwartungen in Bezug auf das Wort/den Text zu haben und sie genau zu prüfen. Neben die Vermittlung von Buchstabenkenntnis muss die Vermittlung von Lernstrategien treten *(Wie kann das Wort heißen? Steht das da? Was kenne ich? Wonach muss ich fragen?)*. So können diese Kinder dabei unterstützt werden, Teilschritte auf das Ziel hin zu strukturieren, die Sinnerwartung zur Strukturierung des Prozesses einzusetzen und von den einzelnen Schritten des Erlesens zum Sinnverständnis zu kommen.

- Hilfe brauchen außerdem die, die *sich dem Lesen zu entziehen suchen.* Sie stellen sich den Schwierigkeiten nicht. Sie können die Hinweise und Anregungen der Lehrerin nicht aufnehmen. Ein Grund dafür ist möglicherweise, dass sie keine Erfolgserlebnisse beim Lesen haben. Sie sind bei dem einzelnen Schritt im Prozess des Erlesens so langsam, dass sie nicht behalten können, was sie schon erarbeitet haben. Auf diese Weise lernen sie bei jeder Leseaufgabe nur wenig dazu. Gerade für sie ist pädagogische Hilfe schwer zu gestalten. Denn Förderunterricht, der vor allem Teilfertigkeiten zu trainieren sucht, kann unter Umständen ihre inneren Lernblockaden noch verstärken. Möglichkeiten der Lernhilfe können in einer Reduktion der Schwierigkeiten bestehen (kürzere Wörter/Texte). Wichtig sind hier Situationen für leises Lesen mit persönlich interessierenden Inhalten und anschließendem Sprechen über das Gelesene. Das können auch einzelne Wörter sein.

Erfolgserlebnisse sind wichtig.

Reduktion der Schwierigkeiten

10.3.5 Beispiele für Lernentwicklungen und Lernhilfen

Sie können die folgenden Beispiele selbst analysieren und die Ergebnisse anhand der Interpretationen prüfen – am besten auch mit Kolleginnen und Kollegen darüber sprechen.

Mikes Lernentwicklung

Mike versucht bereits im November eine Integration verschiedener Zugriffsweisen (s. S. 215): Er synthetisiert mit Hilfe gedehnten Lesens (*a:l't*) und steuert diesen Prozess offenbar (wie der Fehler zeigt) durch eine semantisch (s. Bild!) und syntaktisch akzeptable Sinnerwartung. Sie ähnelt dem Wort *rosa* optisch allerdings nur wenig. Den Fehler bemerkt er selbst und beginnt im zweiten Schritt wiederum mit dem Kontext. Er vergegenwärtigt sich den Satzzusammenhang („ein ..."). Und diesmal gelingt sein Versuch, das Wort sogleich als ganzes zu erlesen. Mike gehört zu den fortgeschrittenen Leseanfängern.

Das Kind bemerkt den Fehler selbst.

Im Januar hat Mike (s. S. 217) sich die Aufgabe zerlegt. Er beginnt mit zwei Buchstaben, der ersten Silbe. Er empfindet die Aufgabe als schwer und tut das auch deutlich kund. Vielleicht dient das dazu, dass er sich nicht innerlich verkrampft. Er wiederholt sein Zwischenergebnis und kommt zu einer Wortvorgestalt, in der er die besondere Schwierigkeit dieses Wortes geschickt bearbeitet, nämlich dass Anfänger dem Schriftbild nicht entnehmen können, wie das Wort strukturiert ist, also wo die zweite Silbe beginnt. Mike ordnet das fragliche Element *t* sowohl der ersten als auch der zweiten Silbe zu. Dass er aus dieser Wortvorgestalt im dritten Schritt ohne Schwierigkeit die Bedeutung erkennt, zeigt, dass er weiterhin sinnorientiert liest. Mike hat die notwendigen Teilfähigkeiten bereits erworben. Es ist zu erwarten, dass der Prozess der Automatisierung rasch fortschreitet und Mike demnächst Wörter einfacher Struktur ohne jede Schwierigkeit erlesen ist.

Lernhilfen für Mike

Vorstellen eigener Lektüre

Weil Mike den Leseprozess schon im November gut selbst strukturieren kann, sind für ihn Aufgaben zum Selbstlesen lernförderlich (z.B. Aufträge zum Wörterbuch, kleine erste Lesebücher oder Texte, die er – nach Vorbereitung – im Stuhlkreis vorlesen kann. Ab Januar könnte er auch bereits kleine Lektüren vorstellen und Auszüge vorlesen.

Dirks Lernentwicklung

Dirk kann im Januar (s. S. 218) die Buchstaben richtig benennen und nach Aufforderung jeweils zwei Elemente richtig synthetisieren. Obwohl die Lehrerhinweise eher verwirrend sind und Dirks Zugriffsweise so nicht recht deutlich wird, kann man vermuten, dass das Wichtigste, was Dirk fehlt, die Fähigkeit zur Koordination der Teilschritte ist. Es bleibt fraglich, welche Rolle die Sinnerwartung bei ihm zur Steuerung spielt. Vermutlich hat Dirk noch Schwierigkeiten, größere Einheiten zu synthetisieren und sich selbst ein Wort in Teilaufgaben zu gliedern.

Im Mai beginnt Dirk (s. S. 220) mit dem entgegengesetzten Verfahren wie im Januar bei *Motor*: Er versucht das Wort sofort zu nennen. Sein Entwurf *Klaus* ist semantisch akzeptabel und hat auch optisch Ähnlichkeit mit der Vorlage. Im zweiten Schritt benennt er – der Aufforderung des Lehrers folgend – die ersten beiden Elemente. Dabei verwechselt er *u* und *ü*. Er nimmt die Korrektur seines Lehrers auf. Zu diesem Zeitpunkt kann er drei Elemente synthetisieren. Außer bei *ü* hat er auch bei *k* Schwierigkeiten. Dass er im vierten Schritt zur Wortvorgestalt kommt, der er auch die Wortbedeutung entnehmen kann, ist wichtig: Es kann – wie der anfängliche Entwurf – als Zeichen verstanden werden, dass er sinnorientiert liest. Allerdings beherrscht er die Teilfähigkeiten immer noch nicht sicher genug. Er bedarf noch der Unterstützung.

Unsichere Teilfähigkeiten

Lernhilfen für Dirk

Sicherheit bei der Selbstkontrolle gewinnen

Er kann darin bestärkt werden, von Entwürfen über die Wortbedeutung auszugehen. Aber er muss lernen und darin Sicherheit gewinnen, solche Entwürfe selbst zu prüfen: *Wie könnte das Wort heißen? – Heißt es so?* Eine gute Form dafür ist das Memory mit Schrift für Klasse 1 (s. S. 79 f.). Eine andere Form ist das Verdecken einzelner Wörter im Text. Die Effektivität wird sicher erhöht, wenn Dirk sich dafür inhaltliche Interessengebiete aussuchen kann. Lernförderlich für ihn ist auch die Aufgabe: Wer bekommt das Bild (s. Kopiervorlage 6, S. 280 ff.). Wenn er Sicherheit im Worterlesen gewonnen hat, sind kurze Texte für ihn förderlich.

10.4 Lernbeobachtung als Voraussetzung für frühe Lernhilfen

10.4.1 Anja und Carla: Frühe Unterschiede der Zugriffsweise beim Lesen als Indizien für unterschiedliche Lernwege

Lernbeobachtung Lesen (November)

Text	Leseprotokoll		Kommentar
	Anja	**Lehrerin**	
rosa		*ein ...*	
	r:	*o*	Anja benennt den ersten Buchstaben.
	o	*s*	Sie wiederholt die Hinweise und er-
	s-a	*richtig*	gänzt richtig *a*.
	ra:	*ro:*	Sie synthetisiert falsch;
	ro:	*ja, was?*	sie wiederholt die Lehrerhilfe, kann
	ro:	*ro ist kein Wort,*	sie aber nicht weiterführen.
		geht noch	
		weiter,	
		ro:	Sie wiederholt ihre eigene Benen-
	s: – a	*aha*	nung der Einzellaute und ihren frü-
	ra	*ne, rosa*	heren Fehler.
	rosa, rosa		Das richtige Wort wiederholt sie
	rosa	*geht weiter*	dreimal – ein Zeichen für den star-
		...	ken Druck, unter dem sie sich
			fühlt?
	Carla	**Lehrerin**	
rosa	*f: (a)*	*r, r*	Carla geht von einer Sinnerwartung
	rad	*ro:, ro:*	aus. Den Hinweis *r* greift sie in einem
	ro	*s*	neuen Entwurf auf.
	ro'sa		Die dritte Hilfe *s* verwertet sie für ei-
			nen neuen Entwurf, der richtig ist.

Im Sinne der Kriterien für die Auswertung können beide Kinder das Wort *rosa* nicht erlesen. Beide Kinder machen mehrere Fehler. Aber ihre Zugriffsweise unterscheidet sich deutlich. Carla ist von Anfang an auf die Wortbedeutung gerichtet, Anja geht mehr mechanisch vor. Beide Kinder erkennen selbstständig nur den Anfangs- und Endlaut *r* und *a*. Carlas letzter Schritt, in dem sie das vom Lehrer Vorgegebene aufgreift und ergänzt, stellt eine beachtliche Leistung dar. Sie zeigt Initiative beim Umgang mit den Hinweisen, fällt nicht auf alte Fehler zurück. Ob sie zu diesem Zeitpunkt die Synthese bereits beherrscht, ist fraglich. Aber sie stellt sich der Aufgabe. Deshalb ist zu erwarten, dass Carla rasche Fortschritte machen wird. Anja bedarf vermutlich individueller Anleitung, um überhaupt Zugang zum Lesen zu finden und einen Sinn darin für sich zu erkennen.

Versuch der Aufgabe auszuweichen

Im Januar ist Carlas Lernfortschritt beträchtlich (s. S. 229). Sie beherrscht zu diesem Zeitpunkt die Synthese, liest weiterhin sinnorientiert, sodass sie das schwierige Wort *Motor* sofort entschlüsselt. *Der* schätzt sie richtig als zu schwierig ein, weil sie die ersten beiden Buchstaben nicht kennt; und sie äußert das auch. Anja versucht der Aufgabe auszuweichen *(kenn ich nicht)*, obwohl sie die Elemente kennt, und von ihr abzulenken *(hat das Annika auch schon?)*. Sie hat nicht nur erhebliche Probleme mit der Synthese, sondern auch mit der Strukturierung. Sie fällt auf alte Fehler zurück und verfährt instringent, weil sie sich von der Lösung immer wieder entfernt, indem sie nicht Dazugehöriges einführt *(mann, mo:'lo, moklo)*.

Ein Vergleich der Schreibaufgabe – November mit der Schreibaufgabe – Januar bestätigt die Befunde der Lernbeobachtung Lesen (vgl. S. 210, S. 213).

Anja bedarf der Lernhilfe. Die m. E. pädagogisch wichtigste Maßnahme für das 2. Halbjahr von Klasse 1 besteht darin, dass Anja selbst einen Weg findet, wie sie das einzige Verfahren, das sie beherrscht, nämlich das Benennen der Einzellaute, im Hinblick auf die Anforderungen der Aufgabenstellung erweitert. Dazu gehört die Entwicklung einer Orientierung an der Wortbedeutung. *Wie könnte das Wort heißen? Heißt es wirklich so?* Dazu gehören auch vielfältige Anregungen zur Synthese, z. B.:

Anregungen zur Synthese

- Anfangs- oder Endsilbe bereits bekannter Wörter lesen,
- Wörterpaare lesen, in denen nur ein Element verändert ist, beispielsweise *Hund – Hand; Baum – Raum,*
- Anja ein Bilderbuch vorlesen; dabei sind einfache Wörter verdeckt (auf jeder Seite ein oder zwei Wörter). Anja soll sagen, wie das Wort lauten könnte (s. Sinnorientierung), und ihre Vermutung dann prüfen, indem sie das Deckblättchen hochhebt.
- Lernförderlich für Anja könnte auch das Mitsprechen sein, wenn sie selbst etwas diktiert – und dann gemeinsam mit der Erwachsenen liest, was sie diktiert hat.

Lernbeobachtung Lesen (Januar)

Text	Leseprotokoll		Kommentar
	Anja	**Lehrerin**	
Der		*der …*	
Motor	*der …*		
	kenn ich nicht	*du sollst die Buchstaben mal sagen*	Anja weist die Aufgabe als ganze zurück, obwohl sie alle Elemente kennt.
	m-o-t-o-r	*klasse, jetzt versuchst du es auch mal zu lesen*	versucht, abzulenken/ versucht, sich im sozialen Kontext zu orientieren
	hat das Annika auch schon?	*ja, aber jetzt bist du dran.*	
		Also sag noch mal die beiden Buchstaben	beim Syntheseversuch falscher Buchstabe
	m:a (t), ma:o		wiederum Benennen der ersten Elemente
	m-o	*gut, versuch's mal zusammen*	
		m und o zusammen	Wiederholen des Fehlers
	ma(t)		Entwurf (wiederum auf der Basis des Fehlers)
	mann	*mo*	
	mo	*jetzt dieses*	richtiges Benennen wie 1. Syntheseversuch
	t-o-r	*versuch das mal zu lesen*	
	t-o:ro: o:, o	*fängt mit t an*	
	t-o-ro, t-o		
	r-o:r (o)	*dieses hieß mo*	unsinnige Kombination, instringentes Verfahren, weil sie das, was sie selbst bereits erarbeitet hat, nicht verwendet
	mo:'lo, moklo	*Motor*	
	Motor	*Der Motor ist*	
	Der Motor ist	*…*	
	Carla	**Lehrerin**	
Der	*das kenn ich nicht*		Carlas Kommentar ist – auch im Sinne der Aufgabenstellung – berechtigt.
Motor	*der*	*der*	
	mo'to:r	*ja*	Tastendes Erlesen, das trotz Pause und Dehnung zum Sinnverständnis führt; Sicherheit in der Synthese.

Dazu gehört auch, dass Anja sich zutraut, Teilziele beim Erlesen für sich zu bestimmen. Dafür sind Wörter von einfacher Struktur KVKV (z. B. *Rose*) oder KVK (z. B. *Hut*) geeignet; aber auch solche, zu denen Anja eine emotionale Beziehung hat, etwa Tiernamen *(Löwe, Krokodil, Nilpferd)*. Dazu können Tierkarten (s. S. 129) verwendet werden, zunächst mit wenigen Wörtern, sodass Anja Sicherheit gewinnt.

Verwechslungs-konflikte

Wichtig ist, dass es Verwechslungskonflikte gibt, z. B. *Adler – Affe*. Eine weitere gute Möglichkeit ist, dass Anja Gelegenheit erhält, ihre Entscheidung zu beweisen. Wie kannst du beweisen, dass da *Affe* steht? Wie hast du das rausgekriegt? Mit ihrer Antwort könnte sie sich selbst eines Verfahrens zum Erlesen und/oder zur Kontrolle sicherer werden (Selbstreflexion).

Interesse an Schrift gewinnen

Voraussetzung dafür, dass Anja solche Anregungen überhaupt aufnehmen kann, ist, dass sie ein Interesse an Schrift entwickelt: dadurch, dass ihr Interessantes vorgelesen wird, dass sie etwas Wichtiges diktieren oder notieren kann (das ein Kundiger zu lesen versteht, obwohl es nur rudimentär ist), dass sie sich wenige Wörter schreibend einprägt (durch Abschreiben, Beschriften, Ausfüllen), um eine Basis zu gewinnen, auf der sie sich (unbewusst) Regeln bilden kann über die Beziehung von Geschriebenem und Gesprochenem. Unter Umständen kann sich die Lernhilfe eine Zeit lang auch nur auf solche Anregungen beziehen, so lange nämlich, bis Anja selbst nach Übungen drängt, weil sie lesen und schreiben lernen möchte.

10.4.2 Marco und Sandra: Schwierigkeiten beim Lesenlernen als Erziehungsproblem oder als Denkproblem?

Marcos Zugriffsweise scheint stark sinnbetont zu sein. Seine Entwürfe, die nur auf einer allgemeinen Sinnerwartung beruhen, könnten auch als Bestreben verstanden werden, mit einer mühsamen Aufgabe rasch fertig zu werden. Für diese Annahme spricht, dass er dreimal auf diese Weise verfährt.

Das Leseprotokoll (s. S. 231) zeigt, dass Marco zu diesem Zeitpunkt (November) alle nötigen Teilprozesse beherrscht: Er findet einen Ansatzpunkt zum Erlesen, der bereits die erste Silbe umfasst, kennt die Buchstaben (bei einer Verwechslung, die er aber unaufgefordert korrigiert) und kommt mit jedem Teilschritt der Lösung ein Stück näher.

Im Unterschied zu anderen (z. B. zu Mike, S. 215), die zunächst auch von falschen Annahmen ausgehen, bedarf er aber offenbar der Ermunterung und benötigt mehrere Vorstufen, bis er die Lösung findet.

Anstrengungs-bereitschaft entwickeln

Marco ist wenige Wochen zuvor aus der zweiten in die erste Klasse zurückgeschult worden. Für ihn ist Lesen kein kognitives Problem (mehr), wohl aber hat er seine Schwierigkeiten damit. Lesen ist für Marco eher ein Erziehungsproblem; es betrifft seine Anstrengungsbereitschaft und die Notwendigkeit, schulische Aufgaben zu akzeptieren und sich selbst die Lösung zuzutrauen, ohne die Erwartung persönlicher Zuwendung daran zu binden.

Lernbeobachtung Lesen (November)

Text	Leseprotokoll		Kommentar
	Marco	**Lehrerin**	
rosa	*Fahrrad* *ro* *s:* *ro-so* *rosa*	*Uta malt ein …* *erst mal lesen* *ro, richtig* *ja* *noch mal von vorn:* *Uta …*	Marco beginnt mit einem Entwurf, der auf einer richtigen Sinnerwartung beruht, aber keine optische Ähnlichkeit mit der Textvorgabe hat. Er folgt der allgemeinen Aufforderung, indem er mit der K-V-Gruppe beginnt. Er benennt auch den dritten Buchstaben richtig und erliest das Wort, indem er es silbisch zerlegt und einen Fehler selbst korrigiert.
	Uta malt ein Fahrrad *rosa*	*na, du hast es eben gelesen* *ja, Uta malt ein rosa …*	Er wiederholt seinen anfänglichen Fehler und korrigiert ihn nach der Aufforderung ohne weitere Zwischenschritte. Marco versucht es zum dritten Mal mit seinem Entwurf.
Rad	*ein Fahrrad* *r:o, äh, ra:* *ra:t, Rad*	*da steht nicht Fahrrad. Uta malt ein rosa …* *ja*	Das Lesen beginnt er wiederum mit einer K-V-Gruppe, bemerkt seinen Fehler selbst, kommt über gedehntes Lesen zum Wort.
	Sandra	**Lehrerin**	
Uta	*ne, kenn ich nicht* *weiß ich nicht* *das ist 'n t* *hab'n wir noch nicht gehabt*	*doch, versuch mal* *ja*	Sandra weist die Aufgabe (es handelt sich um ein häufig geübtes Fibelwort) und auch die Ermunterung der Lehrerin entschieden zurück. Sie benennt zwar einen Buchstaben, aber weist dann die Aufgabe zum dritten Mal ab.
	u *t* *a*	*das ist ein u* *t* *a*	Sie wiederholt die Buchstaben.
	Ara *Uwe* *Uta, ne?*	*das ist ein u* *Uta …*	Ihre beiden Entwürfe ähneln der Textvorgabe kaum. Vielleicht erinnert sie sich jetzt an das Fibelwort (ne!). Die Lehrerin beendet die Aufgabe, indem sie das Weitere vorliest.

Anstrengungsbereitschaft entwickeln

Sandra weist die Aufgabe ausdrücklich ab. Sie erkennt das häufig geübte Fibelwort im fremden Kontext nicht wieder. Eigenständig kann sie nur einen einzigen Buchstaben *t* benennen, obwohl auch die beiden anderen im Unterricht bereits behandelt sind. Erstaunlich ist, dass sie offenbar weiß, dass es sich um einen Namen handelt (*Ara* ist ein im Lehrgang gebräuchlicher Kunstname). Aber sie kann die Buchstaben in keiner Weise synthetisieren, sondern schließt vom Einzellaut auf das ganze Wort: *a – Ara, u – Uwe*. Sandra weiß nicht genug (sie erkennt das Fibelwort nicht, verfügt auch nicht über die erwartbare Buchstabenkenntnis), und sie kann nicht genug: die Aufgabe in Teilschritte gliedern, sich Informationen durch Nachfragen erschließen, Hinweise aufnehmen, die Synthese ist ihr noch ganz verschlossen. Insofern ist Lesen für Sandra ein Denkproblem.

Abwehrhaltung aufheben

Noch gravierender ist, dass sie bereits zu diesem frühen Zeitpunkt eine ausgeprägte Abwehrhaltung gebildet hat, die sich als Blockierung für die weitere Lernentwicklung auswirken muss.

Dass die Schwierigkeiten, die beide Kinder mit dem Schrifterwerb haben, von unterschiedlicher Art sind, zeigen auch ihre Schreibversuche.

Marco, Sandra Lernbeobachtung Schreiben (Januar)

Während Marco die meisten Wörter nahezu vollständig wiedergeben kann (einmal vertauscht er die Reihenfolge *d – e*) und *Reiter* sogar richtig schreibt, notiert Sandra nur wenige Elemente. Bei zwei Aufgaben verweigert sie sich ganz, bei *Sofa* verwendet sie ein buchstabenähnliches Zeichen.

Der Einblick, den die Schreibversuche in das kognitive Schema erlauben, das Schreiber und Schreiberin von Schrift haben, erklärt nicht die massiven Schwierigkeiten, die Marco im Unterricht immer noch mit dem Lesen hat und die er macht. Er verfügt zwar, wie schon im Januar, über die grundlegenden Fähigkeiten, aber auf dem Weg der Automatisierung ist er noch nicht fortgeschritten. Dazu gehört Übung, und der sucht er sich auf alle mögliche Art zu entziehen. Manchmal ist er bei der Sache und findet zielstrebig zur richtigen Lösung, häufig aber verstrickt er sich, lenkt ab und möchte aufgeben. *Lesen wir das zusammen,* schlägt er dann vor.

Marcos spezifischer Schwierigkeit könnte man dadurch begegnen, dass er häufig Gelegenheit hat, sehr kurze Texte selbstständig zu erlesen, da durch Erfolgserlebnisse gewinnt und erfolgsgewiss wird. Wenn er gelegentlich der Klasse einen dieser Texte vorliest, kann er Bestätigung durch andere erfahren. Aber auch durch Schreiben (selbstständiges Schreiben und Abschreiben) könnte er Sicherheit in das eigene Vermögen gewinnen. Die Zuwendung, nach der er verlangt, sollte nicht zu stark mit seiner Leselernbereitschaft verknüpft werden. Denn sonst wird die Lernverweigerung Druckmittel gegenüber der Lehrerin. Bei Marco könnte unter Umständen eine Einzelförderung im Lesen und Schreiben das Gegenteil des Angestrebten bewirken.

Selbstständiges Lesen und Schreiben

Lernbeobachtung Lesen (Januar)

Text	Leseprotokoll		Kommentar
	Sandra	Lehrerin	
zu	*ist aus* *zu*	*nee, zu!*	Sandra rät.
laut	*ha, ha*	*womit fängt das an?* *nein*	
	Hause, ne? *nein* *zum Lernen*	*ich glaub, du kennst die Buchstaben noch nicht ganz gut. Wozu sind die denn gut? Was kann man damit lernen?*	

Sandra dagegen ist auf individuelle Unterstützung angewiesen, damit sie ihren engen Zugang zur Schrift erweitern kann. Ihre Schreibversuche spiegeln ihre Schwierigkeiten beim Lesen; auch darin ist sie seit November kaum vorangekommen. Sie kann immer noch nicht die Synthese zweier Elemente, erkennt weiterhin geübte Wörter nicht und hat noch wenig von der Funktion des Buchstabens verstanden:

Die Buchstaben sind *zum Lernen* gut. Und Lernen ist, so könnte man fortsetzen, von etwas Fremdem, der Schule, verordnet. Schriftaneignung ist jedenfalls für Sandra noch kein persönliches Anliegen.

Vorlesen und Mitlesen

Sandra erhält von Anfang April bis zum Schuljahresende 30 Stunden Einzelförderung mit zwei Schwerpunkten: durch Vorlesen und Mitlesen informativer und witziger Lesestoffe die Lernbereitschaft zu wecken bzw. zu stützen sowie durch gezielte Wiederholung der Buchstaben (hier mit Hilfe der Lautgebärden) und Übungen zur Synthese ihre Sicherheit in der Sache bzw. ihr Selbstvertrauen zu stützen.

Lernbeobachtung Lesen (Mai)

Text	Leseprotokoll		Kommentar
	Marco	Lehrerin	
will	…	*Und weißt du noch genau, wie der Erste klingt?*	Marco zögert.
	w	*w, genau*	Er beantwortet die Frage richtig und kommt dann zur Wortvorgestalt, erst nach erneuter Aufforderung zur richtigen Artikulation.
	wi:l	*ja, und beides zusammen: Susi…*	
	will	*will, toll*	
Futter	*f:u:l, nee*		Marco beginnt mit der ersten Silbe. Seinen Fehler bemerkt er selber, er wiederholt ihn zwar, liest dann aber die Wortvorgestalt richtig.
	fu:l:-te:r	*ja, hast du…*	
	Fu:te:r		
	Fu:te:r	*was ist das?*	
	'n Fuß	*'n Fuß, meinst du? Na, sie nimmt… Wollen nochmal sehen. Ich glaub, das kannst du noch deutlicher. Du weißt auch, was das ist.*	
	Fu:'te:r	*was ist das?*	Die Wortbedeutung findet er nach mehrfacher Ermunterung der Lehrerin (zum Lehrerverhalten s. Beispiel 9, S. 219).
	Fu: Fu:'te:r	*ja, genau*	
	Futte:r	*das ist Essen.*	

Bis zum Ende des Schuljahrs hat Sandra manches dazugelernt: Ihre Buchstabenkenntnis ist sicherer geworden; sie hat die Synthesefähigkeit erworben, d. h., sie kann jeweils zwei Buchstaben synthetisieren und mit anderen Einheiten verbinden. An der Automatisierung aber fehlt es noch. Sandra assoziiert immer noch zu rasch zu einzelnen Buchstaben Wortteile oder Wörter, häufig ohne sich selbst zu kontrollieren oder zu korrigieren, und entwickelt noch wenig Initiative beim Erlesen. Vor allem in dieser Hinsicht sind ihre Schwierigkeiten am Schluss von Klasse 1 noch den anfänglichen ähnlich, auch wenn sie jetzt mehr weiß und mehr kann.

Lernbeobachtung Lesen (Mai)

Text	Leseprotokoll		Kommentar
	Sandra	Lehrerin	
will		*„Susi ...“, es geht weiter*	Sandra benennt einzelne Buchstaben, korrigiert ihren Fehler (Nachwirkungsfehler?) selbst, nähert sich der richtigen Lösung bereits im zweiten Schritt.
	s-i wi:-l	*jetzt von vorn wieder*	
	oh! w	*ja, guck auf die Buchstaben,*	
	w – w	*ist besser, als wenn du mich ansiehst*	Sie verfehlt sie wieder durch den Entwurf eines Wortteils, der der Vorlage kaum ähnelt.
	i – icht	*l dahinter*	
	w und l wil	*ja, noch mal von vorn*	Sie greift die Hinweise der Lehrerin auf und findet die richtige Lösung.
	wil will, weiß ich nicht	*ja, und wer will*	Die Frage nach dem Zusammenhang wehrt sie zunächst ab.
		Was hast du als Erstes gelesen?	
	Susi will	*Ja.*	

Schrifterwerb als eigenes Anliegen erfahren – Erfolg bei eigenen Übungen

Sie bedarf weiterhin zusätzlicher Lernhilfen. In Klasse 2 erhält sie diese jedoch nicht, vor allem weil die Klassenlehrerin die Kooperation mit der Förderlehrerin verweigert. (Das hatte bereits in Klasse 1 die Effektivität der Lernhilfe eingeschränkt.) In Klasse 3 beginnt für sie ein normales Förderprogramm für Rechtschreibschwierigkeiten. Vielleicht wäre ihr manche Belastung erspart geblieben, wenn sie zu Schulbeginn wirklich Gelegenheit erhalten hätte, Schrifterwerb als ihr eigenes Anliegen zu begreifen, und Erfolg bei einfachen Übungen erfahren hätte.

Marco hat es auch am Schuljahresende immer noch schwer mit dem Lesen. Ein Stück weit hat er gelernt, selbstständig seine Lese- und Schreibfähigkeiten zu sichern und zu erweitern. Seine Anstrengungsbereitschaft ist deutlich gewachsen. Aber er muss weiterhin angeleitet werden. Die Lehrerin bespricht mit ihm, was für ihn machbar ist und was nicht. Dann lässt er sich auf eine Aufgabe ein, zeigt Freude und Selbstständigkeit. Aber sie kann an ihn nicht dieselben Anforderungen wie an andere Kinder stellen. Marco genießt die Freiräume des offenen Unterrichts, greift öfter zu Büchern in der Leseecke und unterhält sich mit anderen Kindern darüber. Durch das Drucken hat er auch einen Zugang zum Schreiben gefunden.

Wenn wir Marcos Lernweg betrachten, stellt sich die Frage, ob nicht für ihn – wie für Sandra und viele andere – Schrifterwerb zunächst ein Denkproblem war. In seinem ersten Schulbesuchsjahr hat er die grundlegenden

Fähigkeiten zwar erworben, aber zugleich Abwehr- und Ausweichstrategien gefestigt, die die weitere Lernentwicklung zu behindern drohten.

Wird Marco Analphabet?

Der Lehrerin drängte sich in den ersten Schultagen, die er, nun ins 1. Schuljahr zurückgestuft, in ihrer Klasse verbrachte, die beklemmende Vorstellung auf, er könne später Analphabet werden. Sie suchte planvoll und behutsam zugleich seine Lernbereitschaft zu entwickeln. Das setzte auf seiner Seite Vertrauen in die Lehrerin voraus, das Gefühl, sich auf sie verlassen zu können, und auf ihrer Seite manche persönliche Zuwendung.

In Klasse 3 liest Marco noch immer gern und kommt dabei zügig voran. Große Schwierigkeiten hat er weiterhin beim Rechtschreiben – auch beim Rechnen. Aber sein Eifer bei Schreibübungen lässt erwarten, dass er auch künftig das Klassenziel erreicht und eine Aussonderung, wie sie seine Geschwister erfahren haben, sich für ihn erübrigt.

10.4.3 Nadine und Björn: Herausforderungen fortgeschrittener Lese- und Schreibanfänger

Nadine und Björn sind bereits im November weit in ihrer Schriftaneignung fortgeschritten. Sie bewältigen Schwierigkeiten, die anderen noch mehr als ein Jahr lang zu schaffen machen. Beide können die Wörter vollständig in der Schrift repräsentieren: Nadine orientiert sich dabei noch mehr an ihrer Artikulation *(Mont, Torm, Raiter, KenderWagen)*. Björn berücksichtigt schon vorrangig Prinzipien der Schreibung (mit Ausnahme von *Tuam*), orientiert sich einerseits am Phonemsystem der Hochlautung *(Mund, Kinderwagen)*, andererseits schreibt er auch entgegen der auditiven Wahrnehmung, versucht sich mit orthografischen Elementen: *Mund, Sover* – hier übergeneralisiert er die Erfahrung, dass das auslautende *[a] er* geschrieben wird, wie bei norddeutscher Artikulation von *Vater, Butter*.

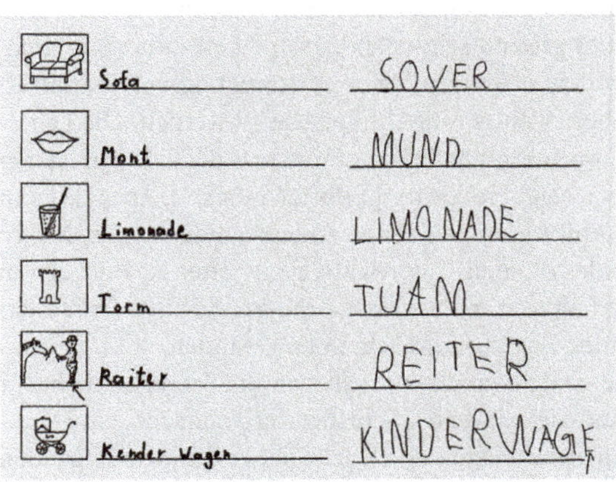

Nadine, Björn Lernbeobachtung Schreiben (November)

Das Problem von Groß- und Kleinschreibung spart Björn aus, indem er Blockschrift schreibt. Nadine scheint bereits verstanden zu haben, dass Großbuchstaben nur am Wortanfang vorkommen, nur bei dem zusammengesetzten Substantiv schreibt sie auch den zweiten Bestandteil groß. In der Lernbeobachtung Schreiben (Mai) schreiben beide Kinder fehlerlos (zu Björns Entwicklung, s. S. 211).

Herausforderung für Lehrer und Lehrerin

Fortgeschrittene Lese- und Schreibanfänger wie Nadine und Björn sind für Lehrerin und Lehrer eine Herausforderung: Auch diese Kinder brauchen Aufgaben mit einer angemessenen Schwierigkeit, damit ihr Lernen nicht behindert und ihre Lernbereitschaft erhalten wird. Björn könnte aus Übungen zur Entfaltung der Schreibmotorik, die im November und den folgenden Monaten Bestandteil des Schreiblehrgangs sind, profitieren; Nadine eher in orthografischer Hinsicht, sofern der Schreiblehrgang Wörter anbietet, die dialektbedingte Schwierigkeiten enthalten.

Aber auf diese Weise kann der Unterricht nicht dem Lernbedürfnis der beiden Kinder gerecht werden. Dazu sehen wir folgende Möglichkeiten:

1. Spezifische Lernhilfen durch spezifische Aufgabenstellungen: Beide Kinder können, etwa im Sach- oder im Religionsunterricht, zusätzliche Informationen einbringen, die sie aus der Lektüre gewonnen haben. Wichtig für das soziale Gefüge der Klasse ist, dass dies nicht nur fortgeschrittene Leseanfänger tun, sondern immer wieder auch Kinder wie Carla und Marco. – Unter diesem Gesichtspunkt ist es problematisch, Kinder wie Nadine und Björn als Helfer für langsame Schüler zu bestellen, wie es manchmal im Schulalltag praktiziert wird.

Schreibaufgaben zu Vorgaben

2. Spezifische Lernhilfen durch offene Aufgabenstellungen: Schreibaufgaben zu Vorgaben (s. „Post für den Tiger", S. 103 f.; „Eichhörnchen", S. 98 f.) können die Schüler auf sehr unterschiedlichen Niveaus bearbeiten und dabei jeweils im Zutrauen in die eigenen Fähigkeiten bestärkt werden. Außerdem eröffnen Zeiten „freier Arbeit" die Möglichkeit, sich z. B. in der Leseecke zu vertiefen. Dort sollten Bücher unterschiedlichen Schwierigkeitsgrades und für ganz verschiedene inhaltliche Leseinteressen bereitstehen. – Solche Lernangebote ziehen wir anderen vor, die bereits in der Aufgabenstellung eine leistungsspezifische Differenzierung enthalten. Diese erfordern hohen organisatorischen Aufwand; zudem können sie zur Diskriminierung der Kinder beitragen, die noch Schwierigkeiten mit der grundlegenden Orientierung haben.

11 Lernhilfen und Unterricht

11.1 Lehrerhilfen bei Leseschwierigkeiten

Effektive Hilfestellungen

Welche Hilfestellungen sind effektiv, wenn das Kind ein Wort nicht lesen kann oder es falsch liest? Dieser Fragestellung sind wir in einer Untersuchung von Lesesituationen in der Grundschule nachgegangen (vgl. DEHN 2002). Wir hatten anfangs dabei die Vorstellung, dass wir spezifische Hilfestellungen herausfinden könnten in dem Sinn: Wenn ein Kind einen Buchstaben nicht weiß, dann hilft ihm … Wenn es die Synthese nicht bewältigt, dann ... Wenn es nicht zielorientiert die Zugriffsweisen integrieren kann ... Diese Vorstellung erwies sich als falsch – mit der Ausnahme, dass Silben als Vorgabe (fast) immer von den Kindern in den Prozess des Erlesens aufgenommen werden können.

Studie zu Leseschwierigkeiten in 14 Klassen

Wir haben 56 Unterrichtsstunden mit Video aufgenommen und daraus die Szenen analysiert, in denen ein Kind ein Wort nicht lesen kann oder es falsch liest. Wir haben die Szenen daraufhin bewertet,

- ob die Lehrerhilfe einen Lerntransfer ermöglicht, sodass das Kind das angebotene Verfahren auch anwenden kann, wenn es ohne Hilfe liest,
- ob die Lehrerhilfe das Zutrauen in die eigenen Fähigkeiten befördert oder zumindest nicht beeinträchtigt.

Inhaltlich anspruchsvolle Leseaufgaben

Gefunden haben wir, dass nur wenige Szenen (28 von 140) den beiden für den Leselernprozess wichtigen Kriterien genügen. Wir bezeichnen sie als Optimalszenen. Im Klassenunterricht kommen bedeutend mehr dieser Optimalszenen als im Förderunterricht vor: Bemerkenswert ist, dass sich in diesen Lesesituationen die Aufgabenstellung häufig auf Projekte bezieht, an denen alle teilhaben, die inhaltlich anspruchsvoll in Bezug auf das Ziel des Lesens sind und komplex in Bezug auf die Zugriffsweisen beim Erlesen und/oder sozial bedeutsam als Teilhabe an der Gruppe. In diesen Situationen sind auch die Lehrerhilfen anders ausgerichtet: Weniger auf die Schwierigkeit fixiert, sondern mehr auf das Ziel (im Kontext) orientiert.

Spielraum für Erprobung eigener Zugriffsweisen

Im Förderunterricht findet häufig ein gemeinsames Erlesen eines Textes von Lehrenden und Lernenden statt. Das aber hat sich als problematisch erwiesen, weil die Lernenden kaum ausreichend Spielraum haben für die Erprobung ihrer Zugriffsweisen und weil sie jederzeit Hilfen erwarten können, ohne spezifisch nachzufragen. Lesen als Problemlösen wird dadurch gerade nicht befördert: also die Teilschritte auf das Zielwort hin zu integrieren, das eigene Können angemessen einzuschätzen sowie Hilfestellungen zu erbitten und sie auch anzuwenden. Das Dilemma dieser Situation besteht darin, dass die Lernenden nicht gehalten sind, sich Fragen zu überlegen, mit denen sie ihr Problem beim Erlesen des Wortes bewältigen können (vgl. Müller/Röbbelen 2004):

- Wie könnte das Wort heißen?
- Steht das da?
- Was habe ich erreicht?
- Was fehlt mir noch?
- Was will ich wissen?

Die Situation des gemeinsamen Erlesens im Förderunterricht bleibt in der Erfahrung der Kinder, die Schwierigkeiten beim Erlesen haben, „fraglos“ und undifferenziert „schwer“: Es steht ja eine Person bereit, die spielend alle Schwierigkeiten beherrscht.

Szenen insgesamt: 140 aus 56 Stunden Klassen- und Förderunterricht: 14 Lehrerinnen
43 Szenen Klassenunterricht Klasse 1 (UK 1)
40 Szenen Förderunterricht Klasse 1 (FK 1)
20 Szenen Förderunterricht Klasse 2 (FK 2)
37 Szenen Förderunterricht Klasse 3 (FK 3)
Optimalszenen (Lerntransfer/heuristische Kompetenz): insgesamt 28 Szenen

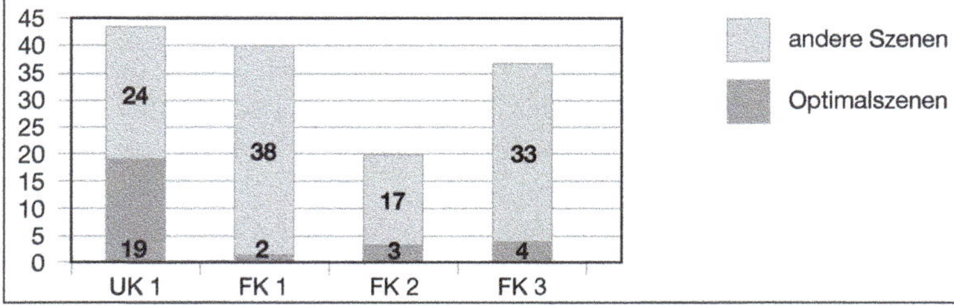

Lehrerhilfen bei Leseschwierigkeiten – Optimalszenen: Klassen- und Förderunterricht

Lernen vollzieht sich stets individuell. Daraus aber zu schließen, individualisierte Lehrhilfen, die ungefragt angeboten werden, seien besonders wirkungsvoll, ist unzutreffend. Stattdessen ist deutlich geworden, dass die Möglichkeit zur Verständigung zwischen Lernenden und Lehrenden und damit auch die Wirksamkeit der Lehrerhilfen in hohem Maße vom didaktisch-sozialen Kontext abhängt. Einmal mehr hat sich die Eigendynamik der Zugriffsweisen der Lernenden bestätigt. Schwierigkeiten und Fehler sind mit direkten Hilfestellungen nur schwer zu beheben.

Die Wirksamkeit der Lehrerhilfen hängt vom didaktisch-sozialen Kontext ab.

Fazit

Auch Anfänger, die große Schwierigkeiten beim Schrifterwerb haben, können nur selbst das Lesen lernen. – Wir können sie dabei unterstützen, wenn

Inhaltlich bedeutsame Leseaufgaben stellen

- wir Leseaufgaben anbieten, die für sie bedeutsam und die die Anstrengungen wert sind (Einbettung in einen didaktisch-sozialen Kontext),
- wir uns kongruent zu den Anforderungen und Möglichkeiten der didaktischen Situation verhalten, also nicht z. B. als Mitspieler bei einem Lesespiel doch wieder in die Lehrerrolle wechseln,
- wir Gelegenheit zu Erkundungen lassen und solche auch schaffen,

Hinweise auf die Makrostruktur des Wortes geben

- wir uns auf Hinweise konzentrieren, die die Makrostruktur des Wortes oder die Aktivität des Kindes betreffen: *Wie könnte das Wort heißen? – Versuch es noch mal,*
- wir nicht immer auf vollständiger Richtigkeit bestehen (nicht alle Lesefehler sind gleichermaßen und gleichgewichtig falsch),
- wir uns zielorientiert verhalten und uns nicht auf die Schwierigkeit fixieren; das Wiederholen des falschen Buchstabens oder eines falschen Wortteils bekräftigt eher den Fehler als dass es zum richtigen Erlesen beiträgt; besser ist, den richtigen Buchstaben/Wortteil zu sagen,
- wir die für die Fehlerbearbeitung notwendigen Informationen direkt geben (ohne sie umständlich vom Lernenden erarbeiten lassen zu wollen),
- wir einerseits Schwierigkeiten reduzieren, indem wir ab und zu Vorgaben machen (Wiederholen von bereits Gelesenem, aber auch einfach mal das Wort vorlesen),
- wir andererseits durch häufige Aufgaben zum Stilllesen die Notwendigkeit der Anstrengung und zugleich die Erfahrung des Lernzuwachses erfahrbar machen (das ist eine Bedingung für lerneffektive isolierte Leseübungen),

Fragehaltung befördern

- wir die Lernenden anhalten, selber nachzufragen, herauszufinden, was ihnen zum Erlesen fehlt.

Die Erwartung, es gäbe eine bestimmte effektive Lehrhilfe bei einer bestimmten Lernschwierigkeit, ist geprägt von einem Begriff von Lehren, der Lernprozesse unmittelbar als Folge von Lehrverfahren betrachtet. Er hat sich in langer Schultradition etabliert und bestimmt Unterricht immer noch. Derzeit wird durch differenzierte Tests – als Lese- oder Rechtschreibtest oder als Sprachstandstest – wieder der Kurzschluss nahe gelegt, man könne festgestellte Defizite einfach durch gezielte Instruktion beheben.

11.2 Schriftorientierung als Unterrichtsprinzip

Petra Hüttis-Graff

Unsere Schrift besteht nicht wie die chinesische Bilderschrift aus Logogrammen, sie ist auch keine Silbenschrift wie das japanische Hiragana, sondern eine Lautschrift. Kinder, die *BAOM* oder *KENDAWAGN* schreiben oder beim Memory mit Schrift gedehnt sprechen, nutzen diesen lautlichen Zusammenhang als Zugriff auf Schrift. Wie aber kommt die türkische Erstklässlerin Nevra in Hamburg dazu, *AYN* statt *EIN* zu schreiben? Weshalb schreibt Laura ihren Namen *LARUA* und Malte die Aufschrift auf einem Karton von rechts nach links ab: erst *A*, dann *T, L, O, N, I, M*? Und warum schreiben Erstklässler *Sofer, Munnt* und *Liemonade*? Und warum meinen Schriftkundige, am Ende von *Berg* ein *g*, am Ende von *gelb* ein *b* und am Ende von *Rad* ein *d* zu hören? Wie kommt es zu diesen „Fehlern"?

Die Kinder orientieren sich an ihrer Sprechweise und zugleich an der Schrift.

11.2.1 Der Gegenstand Schrift und das Lernen der Kinder

Die Beispiele zeigen, dass aus der Tatsache, dass unsere Schrift in gewisser Korrespondenz zur gesprochenen Sprache steht, nicht der Schluss gezogen werden kann, dass die Prozesse ihrer Aneignung auch stets über die Verschriftung der Artikulation verlaufen. Denn die Kinder selbst orientieren sich durchaus nicht nur an ihrer Sprechweise, sondern auch an der Schrift. Diese visuelle Orientierung strukturiert ihre Schreibungen: Das in türkischen Texten gesehene Sprech-Schreib-Muster *AY* prägt das Schreiben von Nevra, die bekannten morphemorientierten Wortendungen prägen die Wahrnehmung von Schriftkundigen: Sie „hören" die Verhärtung der Auslaute g, b, d beim Sprechen nicht. Schrift strukturiert also die Wahrnehmung von Sprache: Wir meinen beim Sprechen zu „hören", was wir in Schrift gesehen haben. Diese Orientierung an Schrift führt zu spezifischen Fehlern, wie sie oben skizziert sind, und eröffnet einen anderen Weg zur Schrift.

Wenn Kinder vor der Schulzeit etwas abschreiben oder aufschreiben, was sie visuell erinnern *(LARUA)*, sind das erste Zugriffsweisen auf Schrift, die zur Bildung von Schreibschemata führen können: Muster von häufigen linearen Buchstabenfolgen. Was ihnen bei der Analyse von vorgegebenen Schreibweisen auffällt, erproben sie später bei ihren Schreibversuchen: *AYN, SOFER* ... Deutlich wird das insbesondere, wenn sie orthografische Elemente wie *-er, -nn* oder *-ie-* an „falschen" Stellen schreiben (*MUNNT, LIEMONADE*), also den Versuch machen, etwas, das ihnen aufgefallen ist, auf das Schreiben anderer Wörter zu übertragen. Gerade in diesen Über-

Schrift strukturiert die Wahrnehmung von Sprache.

generalisierungen von orthografischen Elementen wird die konstruktive Kraft der Schriftorientierung deutlich. Befunde aus Untersuchungen belegen, dass Unterricht, der diese Schriftorientierung der Kinder stärkt, das Lernen in verschiedener Hinsicht befördert:

Übergeneralisierungen orthografischer Elemente sind lernproduktiv.

- „Klassen, die im Unterricht explizit Möglichkeiten der Schriftorientierung erhalten, schreiben deutlich mehr Wörter pro Text" (AUGST/DEHN 2013, 208).
- „Die Kinder, die optische Vorgaben erhalten, gehen damit produktiv um. (… Sie) experimentieren mit dem Beobachteten am neuen Fall – ein Prozess der Verallgemeinerung, der Abstraktion" (ebd.).
- „Mehrsprachige Kinder, die schriftorientierten Anfangsunterricht hatten, denen also von Anfang an die Auseinandersetzung mit der Schriftstruktur nahe gelegt wurde, schreiben am Ende von Klasse 1 deutlich seltener rudimentär" (HÜTTIS-GRAFF 1997, 50; dies. 2003; s. folgendes Diagramm).

Leistungsgruppen Ende Klasse 1:
- nahezu vollständige Schreibungen (28 bis 32 Grapheme richtig)
- mittlere Schreibungen (23 bis 27 Grapheme richtig)
- rudimentäre Schreibungen (maximal 22 von 32 Graphemen richtig)

Verteilung der Rechtschreibleistungen mehrsprachiger Kinder in schriftorientiertem und anderem Unterricht in der 3. Lernbeobachtung (Ende Klasse 1/N=136)

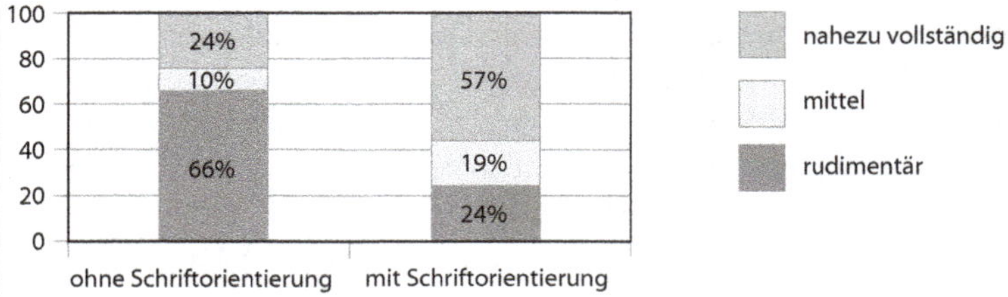

Die Bedeutung von Schriftorientierung für mehrsprachige Kinder

Dies gilt besonders für mehrsprachige Kinder.

- „Auch langfristig lernen sie deutlich besser Rechtschreiben: Im DRT 2 und 3 liegen sie durchschnittlich über 30 Prozentränge besser als mehrsprachige Kinder, in deren Anfangsunterricht die Verschriftung der Artikulation favorisiert wurde" (ebd).
- 22 Kinder kommen im BLK-Modellversuch (BEHÖRDE FÜR SCHULE 1996) „ohne Buchstabenkenntnis" in die Schule (schreiben also in der Schulanfangsbeobachtung maximal einen Buchstaben nach Diktat), verfügen

mithin am Schulanfang nicht über einen hilfreichen Begriff von Buchstabe (sondern verstehen ihn als Wort, als Form oder „Eigentum"). Von diesen schriftfernen Schulanfängern schreiben am Ende von Klasse 2 die 16 Kinder aus schriftorientiertem Anfangsunterricht deutlich besser als die sechs Kinder, denen diese Orientierung im Unterricht nicht nahe gelegt wurde (s. Tabelle).

Schulanfänger mit fehlender Schrifterfahrung können aufholen.

Anfangsunterricht	Ende Klasse 2: Anzahl Kinder nach Rechtschreibleistung im DRT 2				
	PR 0-1	PR 2-5	PR 6-20	PR 21-50	PR 51-100
mit Schriftorientierung		4	1	5	6
ohne Schriftorientierung	1	3	2		

Schriftferne Schulanfänger: Auswirkung der Schriftorientierung auf Rechtschreibleistungen Ende Klasse 2

Die Befunde zeigen zum einen, dass einige Kinder eine fehlende Schrifterfahrung im Laufe der ersten zwei Schuljahre aufholen können. Dies gelingt jedoch nur jenen, die im Anfangsunterricht zur Auseinandersetzung mit Schriftmustern angeregt wurden, deren Aufmerksamkeit damit erst einmal auf den Gegenstand gerichtet wurde. Schriftorientierung im Anfangsunterricht ist also förderlich für das Schreibenlernen – gerade für schriftferne Schulanfänger und mehrsprachige Kinder. Letztere werden auf diese Weise offenbar in der Abgrenzung ihrer Sprachen und Schriften unterstützt: *Sprich, wie du schreibst.*

Anlauttabelle nicht als alleinige Orientierung

Ein Anfangsunterricht, der allein die Sprachanalyse befördert und mit einer Anlauttabelle die Orientierung an der gesprochenen Sprache favorisiert, würde nicht nur die Zugriffsweisen von Schulanfängern wie Nevra, Laura und Malte missachten, er verschenkte zugleich auch eine wichtige Orientierungsgrundlage beim Schriftspracherwerb. Denn offenbar gibt Unterricht, der Kinder zur Auseinandersetzung mit richtigen Schreibungen anregt, ihrem Lernen damit eine Richtung an, in der ihr Probierverhalten förderlich für den Schrifterwerb ist. Dieses Probierverhalten ist in Klassen ohne Schriftorientierung deutlich schwächer ausgeprägt.

In Bezug auf den Wahrnehmungszyklus von Neisser (s. S. 72 f.) heißt dies, dass die Kinder – z. B. beim Lesen, Abschreiben und Üben mit einem Wortschatz – die Schrift im Blick auf bestimmte Erwartungen erkunden. Dabei fallen ihnen Muster auf, vor allem orthografische Elemente und häufige

Buchstabenfolgen wie im Türkischen das *AY*. Das verändert ihr kognitives Schema von der Struktur der Schrift, sodass sie beim Schreiben das, was ihnen aufgefallen ist, erproben. Die Erfahrungen mit diesen Versuchen (z.B. bei Korrekturen) und auch mit weiteren Schriftvorgaben führen zur Differenzierung ihres kognitiven Schemas von Schrift und letztlich zur Annäherung der individuellen Schreibungen an die Norm. Diese Prozesse laufen häufig implizit ab, d.h. die dabei entwickelten Eigenregeln sind nicht immer identisch mit den kodifizierten Normen der Rechtschreibung: Wir können vieles richtig schreiben, ohne dafür die orthografische Regel benennen zu können.

11.2.2 Grundpfeiler schriftorientierten Unterrichts

Wie aber kann Unterricht die Lernprozesse der Schüler von Anfang an auf den Gegenstand Schrift ausrichten, auch die impliziten?

- **Unterricht gibt richtige Schreibweisen vor:** Mit optischen Vorgaben erhalten Kinder Sicherheit und eine Orientierungsgrundlage für die Entwicklung ihres kognitiven Schemas von Schrift – unabhängig von den direkten Hilfen der Lehrkraft. Beispiele sind:

Erkundungen an richtigen Schreibungen

  - Klappbücher mit Satzteilen, Hosentaschenlesehefte mit Texten der Kinder, die der Lehrer abgeschrieben hat,
  - Texte, die Schüler dem Lehrer diktieren (s. S. 10, S. 53, S. 81 f., S. 98 ff.),
  - „Sprungbretter" zum Schreiben erster Texte: zwei, drei für alle wichtige Wörter (z.B. Bezeichnung der Hauptfiguren), ein obligatorischer Satzanfang (z.B. Ich mag …, s. S. 108 f.).
- **Unterricht stößt mit Schrift das Erkundungsverhalten der Kinder an:** Damit Kinder ihre kognitiven Schemata differenzieren, erhalten sie strukturierte Vorgaben, die ihren Erwartungen widersprechen, und Verfahren, die das Formulieren von Hypothesen stärken, wie z.B.
  - Fragebögen zum Wörterbuch, die einen inhaltlichen Bezug zur Schrift schaffen oder die Aufmerksamkeit auf orthografische Merkmale lenken (s. Kopiervorlagen 3, S. 264–276),
  - „Vermutungszettel" als ritualisierte Lehrhilfe beim Textschreiben: bevor Kinder nach der richtigen Schreibweise fragen, halten sie auf einem kleinen Zettel ihre Vermutung fest,
  - Aufgaben zum Wortschatz: Sammel- und Sortieraufgaben, Unterstreichen der kritischen Stelle im Übungswortschatz (s. Leßmann 2007),
  - Wortlesehefte mit der Abbildung zum Wort auf der umgeblätterten Seite (s. Hüttis-Graff 2005).

- **Unterricht schafft Gelegenheiten zum gemeinsamen Nachdenken über Schrift:** Die Entwicklung und der Austausch von Eigenregeln werden angeregt:
  - Eins von vier angeschriebenen Wörtern rausschmeißen und den Unterschied oder das Gemeinsame verbalisieren (s. S. 91).
  - Kinder unterscheiden Merk- und Denkwörter: *Die Schreibung merke ich mir* oder *die kann ich durch Nachdenken herauskriegen.*
  - Nachdenken über den „harten Brocken des Tages": ein schwieriges Wort wird richtig angeschrieben, die Fallen und Tricks werden erörtert.
  - Soziale Lernsituationen, die Austausch nahe legen, z. B. Spiele wie Memorys mit Schrift, Abzählverse international, Wer bekommt das Bild? Das Tafelspiel (s. Kopiervorlagen 1, 2 und 6 im Anhang sowie S. 111 f.).

Gelegenheiten zum gemeinsamen Nachdenken über Schrift

Schriftorientierung meint also keinesfalls die explizite Regelvermittlung, sondern die Vorgabe des komplexen Gegenstands Schrift selbst als Orientierungsgrundlage und Anspruch zugleich – ohne den Ausdruckswunsch der Kinder einzuschränken oder Fehler zu sanktionieren.

Literatur

ANDRESEN, HELGA (2009): Sprachliche Bewusstheit im Kontext von Spracherwerb und Schriftspracherwerb. In: BERNHARD HOFMANN/RENATE VALTIN (Hrsg.): Projekte, Positionen, Perspektiven. 40 Jahre DGLS. Berlin: Deutsche Gesellschaft für Lesen und Schreiben, 83–105.

ANDRESEN, HELGA (2005): Vom Sprechen zum Schreiben. Sprachentwicklung zwischen dem vierten und siebten Lebensjahr. Stuttgart: Klett-Cotta.

ANDRESEN, HELGA (1985): Schriftspracherwerb und die Entstehung von Sprachbewusstheit. Opladen: Westdeutscher Verlag.

ARP, DÖRTE/WOLF-WEBER, INGEBORG (2006): Schreiben Lesen Selbertun. Lehrmaterialien für Klasse 1 und 2. Hamburg: Curio Verlag.

AUGST, GERHARD/DEHN, MECHTHILD ([5]2013): Rechtschreibung und Rechtschreibunterricht. Können – Lehren – Lernen. Stuttgart: Klett/Kallmeyer.

BARTNITZKY, HORST/BRÜGELMANN, HANS/HECKER, ULRICH/SCHÖNKNECHT, GUDRUN (Hrsg.) (2005): Pädagogische Leistungskultur. Materialien für Klasse 1 und 2. Frankfurt. Grundschulverband Mitgliederband 119.

BAUMERT, JÜRGEN/KLIEME, ECKHARD/NEUBRAND, MICHAEL/PRENZEL, MANFRED/SCHIEFELE, ULRICH/SCHNEIDER, WOLFGANG/STANAT, PETRA/TILLMANN, KLAUS-JÜRGEN/WEISS, MANFRED (Hrsg.) (2001): PISA 2000. Basiskompetenzen von Schülerinnen und Schülern im internationalen Vergleich. Opladen: Leske und Budrich.

BEHÖRDE FÜR SCHULE, JUGEND UND BERUFSBILDUNG IN HAMBURG (Hrsg.) (1996): Elementare Schriftkultur als Prävention von Lese-Rechtschreibschwierigkeiten und Analphabetismus bei Grundschulkindern. Abschlussbericht des BLK-Modellversuchs. Hamburg.

BELGRAD, JÜRGEN/ PFAFF, HARALD (2012): Sachtexte in der Grundschule. In: GUDRUN SCHULZ (Hrsg.), 62–74.

BERTSCHI-KAUFMANN, ANDREA (2012): Einsichten in Leseverhalten und Lesekönnen. In: GUDRUN SCHULZ (Hrsg.), 24–36.

BERTSCHI-KAUFMANN, ANDREA/KASSIS, WASSILIS/SIEBER, PETER (2004): Mediennutzung und Schriftlernen. Analysen und Ergebnisse zur literalen und medialen Sozialisation. München: Juventa.

BOS, WILFRIED/HORNBERG, SABINE/ARNOLD, KARL-HEINZ/FAUST, GABRIELE/ FRIED, LILIAN/LANKES, EVA-MARIA/SCHWIPPERT, KNUT/VALTIN, RENATE (Hrsg.)(2007): IGLU 2006: Lesekompetenzen von Grundschulkindern in Deutschland im internationalen Vergleich. Münster: Waxmann.

BOS, WILFRIED/LANKES, EVA-MARIA/ PRENZEL, MANFRED/SCHWIPPERT, KNUT/WALTHER, GERD/VALTIN, RENATE (Hrsg.) (2003): Erste Ergebnisse aus IGLU. Schülerleistungen am Ende der vierten Jahrgangsstufe im internationalen Vergleich. Münster: Waxmann.

BOSCH, BERNHARD (1984): Grundlagen des Erstleseunterrichts (1937). Neudruck Frankfurt a. M. (Arbeitskreis Grundschule).

BREDEL, URSULA/FUHRHOP, NANNA/NOACK, CHRISTINA (2011): Wie Kinder lesen und schreiben lernen. Tübingen: Francke.

BREDEL, URSULA/GÜNTHER, HARTMUT/KLOTZ, PETER/OSSNER, JAKOB/SIEBERT-OTT, GESA (Hrsg.) (^{2}2006): Didaktik der deutschen Sprache. 2 Bände. Paderborn: Schöningh.

BRINKMANN, ERIKA (2003): „Farrat da war nichz Schwirich". In: ERIKA BRINKMANN/NORBERT KRUSE/CLAUDIA OSBURG (Hrsg.): Kinder schreiben und lesen. Beobachten – Verstehen – Lehren. Freiburg: Fillibach, 147–154.

BRÜGELMANN, HANS (2005): Was ist „normal" beim Schreibenlernen? In: MECHTHILD DEHN/PETRA HÜTTIS-GRAFF (Hrsg.): Kompetenz und Leistung im Deutschunterricht. Spielraum für Muster des Lernens und Lehrens. Ein Studienbuch. Freiburg: Fillibach. 142–150 (= 2005a).

BRÜGELMANN, HANS (2005): Das Prognoserisiko von Risikoprognosen – eine Chance für „Risikokinder"? In: BERND HOFMANN/ADA SASSE (Hrsg.): Übergänge. Kinder und Schrift zwischen Kindergarten und Schule. Berlin: Deutsche Gesellschaft für Lesen und Schreiben, 146–172 (= 2005b).

BRÜGELMANN, HANS (2003): Prävention von Lese-Rechtschreibschwie-rigkeiten durch ein phonologisches Training vor der Schule? In: Grundschule (35), H. 10, 54–57.

BRÜGELMANN, HANS (^{7}2000): Kinder auf dem Weg zur Schrift. Konstanz: Faude.

BRÜGELMANN, HANS (1984): Lesen- und Schreibenlernen als Denkentwicklung. In: Zeitschrift für Pädagogik (30), 69–91.

CHRISTENSEN, TIMM/DEHN, MECHTHILD (2012): Heterogene Lernentwicklungen in der Grundschule: Zur Konzeption des Schreibunterrichts. In: SARA FÜRSTENAU (Hrsg.): Interkulturelle Pädagogik und sprachliche Bildung. Herausforderungen für die Lehrerbildung. Wiesbaden: Springer VS, 101–122.

DEHN, MECHTHILD (2012): Lesenlernen und Leseförderung. In: GUDRUN SCHULZ (Hrsg.), 136–150.

DEHN, MECHTHILD (2011): Elementare Schriftkultur und Bildungssprache. In: SARA FÜRSTENAU/MECHTILD GOMOLLA (Hrsg.): Migration und schulischer Wandel: Mehrsprachigkeit. Wiesbaden: VS Verlag für Sozialwissenschaften, 129–151.

DEHN, MECHTHILD (2009): Zur Funktion der Aufgabe für den Schülertext. In: BERNARD HOFFMANN/RENATE VALTIN (Hrsg.): Projekte, Positionen, Perspektiven. 40 Jahre DGLS. Berlin: Deutsche Gesellschaft für Lesen und Schreiben, 145–175.

DEHN, MECHTHILD (2008): Literacy und Lernvoraussetzungen am Schulanfang. In: Die Grundschulzeitschrift Heft 215/216, 28–33.

DEHN, MECHTHILD (2007): Kinder & Lesen und Schreiben. Was Erwachsene wissen sollten. Velber: Klett/Kallmeyer (2. Auflage 2010).

DEHN, MECHTHILD (2004): Didaktik und Alphabetisierung. In: Grundlagen der Weiterbildung. Praxishilfen 58. Nr. 50521/6.90.160, 1–22.

Dehn, Mechthild (2002): Lehrerhilfen bei Leseschwierigkeiten. In: Claudia Crämer/Iris Füssenich/Gabriele Schumann (Hrsg.): Lesekompetenz erwerben und fördern. Braunschweig: Westermann, 45–70.

Dehn, Mechthild (1994): Schlüsselszenen zum Schrifterwerb. Weinheim: Beltz.

Dehn, Mechthild (1985): Über die sprachanalytische Tätigkeit des Kindes beim Schreibenlernen. In: Diskussion Deutsch (16), Heft 81, 25–51.

Dehn, Mechthild (1984): Lernschwierigkeiten beim Schriftspracherwerb. Kriterien zur Analyse des Leselernprozesses und zur Differenzierung von Lernschwierigkeiten. In: Zeitschrift für Pädagogik (30), 93–114.

Dehn, Mechthild (1978): Strategien beim Erwerb der Schriftsprache. In: Grundschule (10), 308–310.

Dehn, Mechthild/Hoffmann, Thomas/Lüth, Oliver/Peters, Maria (2004): Zwischen Text und Bild. Schreiben und Gestalten mit neuen Medien. Freiburg: Fillibach.

Dehn, Mechthild/Hüttis-Graff, Petra (2002): Elementare Schriftkultur. Was können wir von Schulanfängern erwarten. In: Grundschule (34), Heft 2, 20–23.

Dehn, Mechthild/Hüttis-Graff, Petra (2000): Wie Kinder Schriftsprache erlernen. Ergebnisse aus Langzeitstudien. In: Renate Valtin (Hrsg.), 23–32.

Dehn, Mechthild/Hüttis-Graff, Petra/Kruse, Norbert (Hrsg.) (1996): Elementare Schriftkultur. Schwierige Lernentwicklung und Unterrichtskonzept. Weinheim: Beltz.

Dehn, Mechthild/Merklinger, Daniela/Schüler, Lis (2011): Texte und Kontexte. Schreiben als kulturelle Tätigkeit in der Grundschule. Seelze: Klett/Kallmeyer.

Dehn, Mechthild/Schnelle, Irmtraud (1989): „Ich hab' schon vier Mark". Schule als sozialer Raum für Schrift. In: Die Grundschulzeitschrift Heft 29, 2–3.

Dörner, Dietrich ([2]1979): Problemlösen als Informationsverarbeitung. Stuttgart: Kohlhammer.

Downing, John/Valtin, Renate (Hrsg.) (1984): Language Awareness and Learning to Read. New York u. a.: Springer.

Duncker, Karl (1966): Zur Psychologie des produktiven Denkens. Berlin: Springer. (1935).

Dyroff, Claudia (1996): Bedia: „Ameise wie k?" Denken – Sprechen – Schreiben in mehrsprachigen Situationen. In: Mechthild Dehn u. a. (Hrsg.), 66–70.

Eichler, Wolfgang (1976): Zur linguistischen Analyse von Spontanschreibungen bei Vorschul- und Grundschulkindern. In: Adolf Hofer (Hrsg.), 246–264.

Einsiedler, Wolfgang/Kirschhock, Eva-Maria (2003): Forschungsergebnisse zur phonologischen Bewusstheit. In: Grundschule (35), Heft 9, 55–57.

Eisenberg, Peter (1983): Arbeiterbildung und Alphabetisierung im 19. Jahrhundert. In: Osnabrücker Beiträge zur Sprachtheorie (23), 13–32.

Elfert, Maren/Rabkin, Gabriele (2007): Gemeinsam in der Sprache baden: Family Literacy. Internationale Konzepte zur familienorientierten Schriftsprachförderung. Stuttgart: Klett.

ELKONIN, DANIIL B. (1967): Zur Psychologie des Vorschulalters. Berlin: Volk und Wissen.

ELSCHENBROICH, DONATA (2001): Ins Schreiben hinein. Kinder auf der Suche nach dem Sinn der Zeichen. Film und Internettext 2001: www.liga-kind.de/fruehe/401_Elschenbroich.php (zuletzt 25.7.2012).

FENEBERG, SABINE (1994): Wie kommt das Kind zum Buch? Die Bedeutung des Geschichtenvorlesens für die Leseentwicklung von Kindern. München: ars una.

FERDINAND, WILLI (1972): Über die Erfolge des ganzheitlichen und des synthetischen Lese-(Schreib-)Unterrichts in der Grundschule. Essen: Neue deutsche Schule.

FRITH, UTA (1986): Psychologische Aspekte des orthographischen Wissens. In: Gerhard AUGST (Hrsg.): New Trends in Graphemics and Orthography. Berlin: de Gruyter, 218–233.

FÜSSENICH, IRIS/LÖFFLER, CORDULA (2005). Schriftspracherwerb. Einschulung, erstes und zweites Schuljahr. München: Reinhardt.

GALPERIN, PIOTR J. (1969): Die Entwicklung der Untersuchungen über die Bildung geistiger Operationen. In: HANS HIEBSCH (Hrsg.): Ergebnisse der sowjetischen Psychologie. Stuttgart: Klett, 367–406.

GARBE, CHRISTINE (2012): Wie werden Kinder zu engagierten und kompetenten Lesern? In: GUDRUN SCHULZ (Hrsg. 2012a), 9–23.

GIASSON, JOCELYNE (1999): La compréhension en lecture. Boucheville (Québec): Gaëtan Morin Editeur 1990 (vgl. Europäische Kommission 1999: Lesenlernen in der Europäischen Union. Studien. Luxemburg, 16 ff.).

GIESE, HEINZ W. (1985): Handlungstheoretisch orientierte Anfänge des Schriftspracherwerbs. In: MARION BERGK/KURT MEIERS (Hrsg.): Schulanfang ohne Fibeltrott. Bad Heilbrunn: Klinkhardt, 153–162.

GOGOLIN, INGRID (2008): Herausforderung Bildungssprache. In: Die Grundschulzeitschrift, Heft 215/216, 26.

GOGOLIN, INGRID (2004): Zum Problem der Entwicklung von „Literalität" durch die Schule. In: Zeitschrift für Erziehungswissenschaft, 7. Jg., Beiheft 3, 101–111.

GOODMAN, KENNETH S. (1976): Die psycholinguistische Natur des Leseprozesses. In: ADOLF HOFER (Hrsg.), 139–151.

HANKE, PETRA (^{2}2007): Anfangsunterricht. Leben und Lernen in der Schuleingangsphase. Weinheim: Beltz.

HASSELHORN, MARKUS (2005): Lernen im Altersbereich zwischen 5 und 8 Jahren: Individuelle Voraussetzungen, Entwicklungsbesonderheiten, Diagnostik und Förderung. In: TITUS GULDIMANN/BERNHARD HAUSER (Hrsg.): Bildung 4- bis 8-jähriger Kinder. Münster/New York: Waxmann, 77–88.

HELMKE, ANDREAS/SCHRADER, FRIEDRICH WILHELM (2008): Merkmale der Unterrichtsqualität: Potenzial, Reichweite und Grenzen. In: SEMINAR. Lehrerbildung und Schule Heft 3, 17–47.

HOFER, ADOLF (Hrsg.) (1976): Lesenlernen: Theorie und Unterricht. Düsseldorf: Schwann.

HUBERTUS, PETER/NICKEL, SVEN (2006): Sprachunterricht in der Erwachsenenbildung: Alphabetisierung von Erwachsenen. In: BREDEL u. a. (Hrsg.), 719–728.

HURRELMANN, BETTINA (2002): Sozialhistorische Rahmenbedingungen von Lesekompetenz sowie soziale und personale Einflussfaktoren. In: NORBERT GROEBEN/BETTINA HURRELMANN (Hrsg.): Lesekompetenz. Bedingungen, Dimensionen, Funktionen. München: Juventa, 123–149.

HÜTTIS, PETRA (1988): Umgang mit Fehlern. Kognitive Prozesse von Leselernern. Dissertation Hamburg.

HÜTTIS-GRAFF, PETRA (2012): Diktierte Texte und Schreibkompetenzen. In: DANIELA MERKLINGER: Schreiben lernen durch Diktieren. Berlin: Cornelsen, 123–145 (= 2012a).

HÜTTIS-GRAFF, PETRA (2012): Die Lese-Hör-Kiste: Vom Hören lernen. In: GUDRUN SCHULZ (Hrsg.), 214–222 (= 2012b).

HÜTTIS-GRAFF, PETRA (2008): Beobachtungsinstrumente für den Schulanfang auswählen. In: Die Grundschulzeitschrift, Heft 215–216, 72–77.

HÜTTIS-GRAFF, PETRA (2005): „Das A vom Nabel ist auch in meinem Namen." Lesen können vor dem Leselehrgang. In: Praxis Deutsch Heft 194, 16–20 und Materialteil.

HÜTTIS-GRAFF, PETRA (2003): „Sprich, wie du schreibst!" Einige Grundsätze für den Unterricht mit ausländischen SchülerInnen. In: INGRID NAEGLE/RENATE VALTIN (Hrsg.): LRS – Legasthenie – in den Klassen 1-10. Handbuch der Lese-Rechtschreibschwierigkeiten. Weinheim: Beltz, 105–113.

HÜTTIS-GRAFF, PETRA (1998): Rechtschreibenlernen und Unterricht. Der Blick auf die Klassen. In: CLAUDIA OSBURG (Hrsg.): Textschreiben – Rechtschreiben – Alphabetisierung. Hohengehren: Schneider, 44–71.

HÜTTIS-GRAFF, PETRA (1997): Schriftorientierung im Unterricht. Rechtschreiblernen unter den Bedingungen von Mehrsprachigkeit. In: Die Grundschulzeitschrift Heft 107, 48–53.

JANSEN, HEINER (2008). Rechtschreibdiagnostik in pädagogisch-psychologischen Interventionen: Leistungen und Grenzen heutiger Rechtschreibtests in der praktischen Anwendung. In: WOLFGANG SCHNEIDER/HARALD MARX/MARKUS HASSELHORN (Hrsg.): Diagnostik von Rechtschreibleistungen und -kompetenz. Göttingen: Hogrefe, 159–189.

JANSEN, HEINER/MANNHAUPT, GERD, MARX. HARALD/SKOWRONEK, HELMUT (^{2}2002): Bielefelder Screening zur Früherkennung von Lese- und Rechtschreibschwierigkeiten (BISC). Göttingen: Hogrefe.

JANTZEN, CHRISTOPH (2012): Überarbeitungen zulassen und wertschätzen. In: Die Grundschulzeitschrift Heft 258/259, 42–43.

Klieme, Eckhard u. a. (2003): Zur Entwicklung nationaler Bildungsstandards. Eine Expertise. Bonn: BMBF.

Klieme, Eckhard/Artelt, Cordula/Hartig, Johannes/Jude, Nina/Köller, Olaf/Prenzel, Manfred/Schneider, Wolfgang/Stanat, Petra (Hrsg.) (2010): PISA 2009: Bilanz nach einem Jahrzehnt. Münster: Waxmann.

Kohl, Eva-Maria (2005): Schreibspielräume. Velber: Kallmeyer.

Kruse, Norbert (2009): Schrift hören, lesen und schreiben: Entwicklung von Literacy als unterrichtliche Herausforderung. In: Grundschulunterricht Heft 1, 4–5.

Leont'ev, Alexej A. (1975): Psycholinguistische Einheiten und die Erzeugung sprachlicher Äußerungen. Berlin: Akademie Verlag.

„Lesen durch Schreiben" (2003) (Jürgen Reichen). Hamburg: Heinevetter (zuerst 1981).

Leßmann, Beate (2007): Individuelle Lernwege im Schreiben und Rechtschreiben: Ein Handbuch für den Deutschunterricht. Teil I: Klassen 1 und 2. Hamburg: Dieck.

May, Peter (2001): Lernförderlicher Unterricht. Teil 1: Untersuchung zur Wirksamkeit von Unterricht und Förderunterricht für den schriftsprachlichen Lernerfolg. Frankfurt a. M.: Lang.

May, Peter (1986): Schriftaneignung als Problemlösen. Analyse des Lesen(lernen)s mit Kategorien des Problemlösens. Frankfurt a. M.: Lang.

Meiers, Kurt (1998): Lesenlernen und Schriftspracherwerb im ersten Schuljahr. Bad Heilbrunn: Klinkhardt.

Merklinger, Daniela (2012): Schreiben lernen durch Diktieren. Theoretische Grundlagen und Praxisbeispiele für Diktiersituationen (mit Beiträgen von Petra Hüttis-Graff). Berlin: Cornelsen.

Merklinger, Daniela (2011): Frühe Zugänge zu Schriftlichkeit. Eine explorative Studie zum Diktieren. Freiburg: Fillibach.

Metze, Wilfred (2005): Stolperwörter-Lesetest. www.wilfriedmetze.de

Müller, Astrid/Röbbelen, Ingrid (2004): Verstehenshorizonte nutzen. In: Praxis Deutsch Heft 187, 25–32.

Neisser, Ulrich (1979): Kognition und Wirklichkeit. Stuttgart: Klett-Cotta.

Neisser, Ulrich (1974): Kognitive Psychologie. Stuttgart: Klett-Cotta.

Neuweg, Georg Hans (1999): Könnerschaft und implizites Wissen. Zur lehr- und lerntheoretischen Bedeutung der Erkenntnis- und Wissenstheorie Michael Polanyis. Münster: Waxmann.

Nickel, Sven (2004): Family Literacy. Literalitätsförderung in der Familie – eine Aufgabe für die Schule? In: Landesinstitut für Lehrerbildung und Schulentwicklung (Hrsg.): Lesekompetenz. Hamburg, 55–60.

Ong, Walter (1987): Oralität und Literalität. Die Technologisierung des Wortes. Opladen: Westdeutscher Verlag.

Osburg, Claudia (2002): Begriffliches Wissen am Schulanfang. Schulalltag konstruktivistisch betrachtet. Freiburg: Fillibach.

Osburg, Claudia (1998): Anlauttabellen im Unterricht. In: Dies. (Hrsg.): Textschreiben – Rechtschreiben – Alphabetisierung. Hohengehren: Schneider, 97–136.

Ossner, Jakob (1998): Rechtschreibsprache. Die Modellierung der Orthographie für den eigenaktiven Erwerb. In: Rüdiger Weingarten, Hartmut Günther (Hrsg.): Schriftspracherwerb, Hohengehren: Schneider, 5–18.

Plath, Monika (2012): Lesen Jungen anders als Mädchen? In: Gudrun Schulz (Hrsg.), 37–47.

Pohl, Thorsten (2007): Studien zur Ontogenese wissenschaftlichen Schreibens. Tübingen: Niemeyer.

Pompe, Anja (Hrsg.) (2012): Literarisches Lernen im Anfangsunterricht. Theoretische Reflexionen – Empirische Befunde - Unterrichtspraktische Entwürfe. Hohengehren: Schneider.

Ramseger, Jörg (2008): „Richtig“ lesen lernen erst in der Grundschule? In: Die Grundschulzeitschrift Heft 211, 15–18.

Ranschburg, Paul (1905): Über die Bedeutung der Ähnlichkeit beim Erlernen, Behalten und bei der Reproduktion. In: Journal für Psychologie und Neurologie (314), 93–127.

Richter, Karin/Plath, Monika (2005): Lesemotivation in der Grundschule. Empirische Befunde und Modelle für den Unterricht. Weinheim, München: Juventa.

Röbe, Edeltraud (2011): Lassen sich Übergänge vorüben? Oder: Von der Problematik, deren Komplexität zu reduzieren. In: Friedrich Jahresheft – Übergänge, 46–48.

Röber-Siekmeyer, Christa/Tophinke, Doris (Hrsg.) (2002): Schrifterwerbskonzepte zwischen Pädagogik und Sprachwissenschaft. Hohengehren: Schneider.

Schmalohr, Emil (1971): Psychologie des Erstlese- und Schreibunterrichts. München: Reinhardt.

Schmid-Barkow, Ingrid (2009): Schuleingangsdiagnostik des Schreibens und Perspektiven auf das Schreiben „vor der Schrift“. In: Stefan Jeuk/Ingrid Schmid-Barkow (Hrsg.): Differenzen diagnostizieren und Kompetenzen fördern im Deutschunterricht. Freiburg: Fillibach, 193–212.

Schneider, Wolfgang/Stefanek, Jan/Dotzler, Hans (1997): Erwerb des Lesens und Rechtschreibens. Ergebnisse aus dem SCHOLASTIK-Projekt. In: Franz E. Weinert/Andreas Helmke (Hrsg.), 113–129.

Schründer-Lenzen, Agi (^{3}2009): Schriftspracherwerb und Unterricht. Wiesbaden: Verlag für Sozialwissenschaften

Schulz, Gudrun (Hrsg.)(2012): Lesen. Didaktik für die Grundschule. Berlin: Cornelsen (= 2012a).

Schulz, Gudrun (2012): Mit Geschichten zum Leser werden. In: Gudrun Schulz (Hrsg.), 101–114 (= 2012b).

Thomé, Günther (2000): Linguistische und psycholinguistische Grundlagen der Orthografie: Die Schrift und das Schreibenlernen. In: Renate Valtin (Hrsg.), 12–16.

Ulich, Michaela (2003): Literacy – sprachliche Bildung im Elementarbereich. In: Kindergarten heute Heft 3. SELDAK, 6–18.

Ulich, Michaela/Mayr, Toni (2006): Seldak. Sprachentwicklung und Literacy bei deutschsprachig aufwachsenden Kindern (Beobachtungsbogen und Begleitheft). Freiburg: Herder.

Ulich, Michaela/Mayr, Toni (2003): SISMIK. Sprachverhalten und Interesse an Sprache bei Migrantenkindern in Kindertageseinrichtungen (Beobachtungsbogen und Begleitheft). Freiburg: Herder.

Valtin, Renate (2006): Methoden basalen Lese- und Schreibunterrichts. In: Ursula Bredel u. a. (Hrsg.), 760–771.

Valtin, Renate (2001): Schwierigkeiten beim Schriftspracherwerb. Hinweise und Hilfen für die Förderdiagnostik. In: Ingrid Naegele/Renate Valtin (Hrsg.): LRS in den Klassen 1–10, Band 2: Schulische Förderung und außerschulische Therapien, Weinheim: Juventa, 48–69.

Valtin, Renate (Hrsg.) (2000): Rechtschreiben lernen in den Klassen 1–6. Grundlagen und didaktische Hilfen. Frankfurt a. M.: Grundschulverband.

Valtin, Renate (1998): Der „neue" Methodenstreit oder: Was können wir aus der amerikanischen Leseforschung lernen? In: Heiko Balhorn/Horst Bartnitzky/Inge Büchner/Angelika Speck-Hamdan (Hrsg.): Schatzkiste Sprache 1. Frankfurt a. M. Grundschulverband, 63–80.

Voss, Andreas/Blatt, Inge (2005): Lesetests für die Grundschule. Ein Überblick. In: Praxis Deutsch 194, 54–59.

Wedel-Wolff, Annegret v. (2003): Üben im Leseunterricht der Grundschule. Neuropsychologische und psycholinguistische Betrachtungen. Braunschweig: Westermann.

Weigl, Egon (1974): Zur Schriftsprache und ihrem Erwerb. In: Wolfgang Eichler/Adolf Hofer (Hrsg.): Spracherwerb und linguistische Theorien. München: Piper, 94–173.

Weinert, Franz E. (1998): Guter Unterricht ist ein Unterricht, in dem mehr gelernt als gelehrt wird. In: Josef Freund/Hans Gruber/Walter Wiedinger (Hrsg.): Guter Unterricht, was ist das? Aspekte von guter Unterrichtsqualität. Wien: ÖBV Pädagogischer Verlag, 7–18.

Weinert, Franz E./Helmke, Andreas (Hrsg.) (1997): Entwicklung im Grundschulalter. Weinheim: Beltz Psychologie Verlagsunion.

Weinhold, Swantje (2009): Effekte fachdidaktischer Ansätze auf den Schriftspracherwerb in der Grundschule. Lese- und Rechtschreibleistungen in den Jahrgangsstufen 1–4. In: Didaktik Deutsch Heft 27, 53–75.

Weinhold, Swantje (2000): Text als Herausforderung. Freiburg: Fillibach.

Welge, Gisela (1996): Unterrichtliche Kontexte für das Schreiben in Klasse 1. In: Mechthild Dehn/Petra Hüttis-Graff/Norbert Kruse (Hrsg.), 92–98.

WIELER, PETRA (1997): Vorlesen in der Familie. Fallstudien zur literarisch-kulturellen Sozialisation von Vierjährigen. München: Juventa.
WOLF-WEBER, INGEBORG/DEHN, MECHTHILD (1997): Verdeckte Lernschwierigkeiten am Anfang von Klasse 1. In: Die Grundschulzeitschrift Heft 107, 26–27
WYGOTSKI, LEW S. (1974): Denken und Sprechen. Frankfurt a. M.: Fischer (zuerst 1934).
www.ich-will-lernen.de (e-learning: APOLL: alpha-portal Literacy Learning seit 8.9.2004; zuletzt 15.11.2012).

Bilder- und Kinderbücher

BALTSCHEIT, MARTIN (2002): Die Geschichte vom Löwen, der nicht schreiben konnte. Zürich: Bajazzo.
BAUER, JUTTA (2012): Die Königin der Farben. Weinheim: Beltz & Gelberg; als Hörbuch auf CD bei Hörcompany (2005).
FUCHSHUBER, ANNEGERT (1983): Riesen-Geschichte und Mause-Märchen. Stuttgart: Thienemann.
JANOSCH (2011): Post für den Tiger. Weinheim: Beltz & Gelberg.
MICHELS, TILDE (1985): Es klopft bei Wanja in der Nacht. Hamburg: Ellermann.
PREUßLER, OTFRIED (2005): Die kleine Hexe. Stuttgart: Thienemann.

Quellennachweise

S. 54 (für 2 Fotos), S. 85, 129, 134, 135, 138, 144, 165, 166, 172: Petra Hüttis-Graff, Hamburg
S. 83: Martin Baltscheit (2002): Die Geschichte vom Löwen, der nicht schreiben konnte. Zürich: Bajazzo
S. 83: Daniela Merklinger, Koblenz
S. 92, 93, 110, 116: Jochen Staufenbiel, Hamburg
S. 112: Kirsten Tittel, Hamburg
S. 131: Steffen Jähde, Sundhagen
S. 181, 288: Claudia Baark, Quickborn
S. 258 (v. l. n. r.): Bild 5: © Edupics.com; Bild 9, 11, 20, 21 © Kifarts; Bild 15: © De Marque Inc. - Picto; Bild 24: © PublishNow
S. 264–276: Dörte Arp/Ingeborg Wolf-Weber: Wörterbuch © Curio Verlag Erziehung und Wissenschaft GmbH 2006
S. 280–283: Charlotte Wagner, Dortmund
S. 285, 286: Katharina Backhaus, Bremen
S. 284, 287: Dörte Arp, Hamburg

Anhang

Mechthild Dehn und *Petra Hüttis-Graff*

Kopiervorlagen für den Schreib- und Leseunterricht

Kopiervorlagen für das Beobachten

Kopiervorlagen für das Auswerten

Webcode: Sie können die Kopiervorlagen aus dem Internet als PDF-Datei herunterladen. Sie finden dazu eine Zahlenkombination jeweils unten auf der Buchseite. Geben Sie diese unter www.cornelsen.de/webcodes ein. Achten Sie bitte darauf, dass beim Ausdrucken bei Seitenanpassung „In Druckbereich einpassen" aktiviert ist, damit Sie eine DIN-A4-Seite bekommen.

Kopiervorlagen für den Schreib- und Leseunterricht

Erläuterungen zu Herstellung und Gebrauch

Sämtliche Materialien sind lehrgangsunabhängig einsetzbar.

1 Sprachen-Memory mit Schrift (vgl. S. 84 f.)

Vorbereitung des Materials: Kopieren Sie die Seite mit Bild und deutschem Wort vergrößert zweimal auf dickeres Papier. Kopieren Sie auf eine Rückseite die türkischen Wörter, wenn viele Kinder der Klasse Türkisch sprechen, oder zum Beispiel Englisch. Auf S. 261 sind die Wörter auf Französisch, Russisch und Spanisch abgedruckt. Sie können sie auf die Rückseite der einen Karte des Kartenpaares mit der Hand schreiben. Wenn mehrere Kinder in der Klasse weitere Sprachen sprechen, können die Eltern die Wörter in die freien Kästchen schreiben und Sie oder die Kinder übertragen das dann. Laminieren Sie die Karten und schneiden Sie sie aus. Bewahren Sie acht oder zwölf Kartenpaare in einer Schachtel auf.

Spielanleitung: Das Sprachen-Memory mit Schrift wird mit den Bildern nach unten ausgelegt. Es geht – wie beim normalen Memory – darum, Paare mit gleichen Bildern zu finden. Reihum dreht jedes Kind zuerst eine Karte ohne Schrift um und dann eine mit Schrift. Auch wenn es ein gleiches Bildpaar gefunden hat, das es behält, ist dann der nächste Spieler dran.

2 Abzählverse international (vgl. S. 89 ff.)

Die Abzählverse geben – kopiert auf DIN A4 – Spielraum für Erkundungen über Sprachen und Schriften (!); sie können das Sprechen (und Klatschen) begleiten und den Anstoß geben, selber Abzählverse zu sammeln und zu präsentieren. Die Kinder können sich einen Vers aussuchen, ihn abschreiben und kolorieren und mit den anderen über ihre Wahl sprechen …

3 Wörterbuch mit Fragebögen (vgl. S. 105 ff.)

Das Wörterbuch (in Postkartengröße) für Klasse 1 haben Ingeborg Wolf-Weber und Dörte Arp (2006) entwickelt. Sie können es bereits in den ersten Monaten von Klasse 1 einsetzen.

Herstellung der Wörterbücher: Kopieren Sie die Seiten und schneiden Sie sie am Buchfalz auseinander, so dass Sie zwei DIN-A5-Seiten erhalten. Sie haben dann jeweils S. 1 und S. 16, S. 2 und Seite 15 usw. auf einem Blatt in der Hand. Wenn Sie diese Blätter nun jeweils an der gestrichelten Linie falzen und in der richtigen Reihenfolge ineinanderlegen, haben Sie bereits das Wörterbuch. Sie brauchen es nur noch zweimal in der Mitte zu „tackern".

Arbeit mit dem Wörterbuch: Für den Unterricht stehen Ihnen Fragebögen als Kopiervorlagen zur Verfügung, die Sie auf DIN A4 vergrößern können (S. 272–276).

4 Lehrererzählung: Der Turm zu Babel (S. 118 ff.)

Die Geschichte vom Turm zu Babel gehört gleichermaßen zur jüdisch-christlichen wie zur islamischen Kultur. Sie können sie vorlesen oder sie so oder in Variation selber den Kindern erzählen.

5 Wie sehen die Buchstaben aus? (S. 134 f.)

Die Kinder erhalten die beiden Blätter im DIN-A4-Format. Sie schneiden die Buchstaben aus und ordnen sie nach ihren Formen den drei Rubriken zu und kleben sie ein. Zu Beginn der Arbeit oder am Schluss können sie die Buchstaben markieren, die sie bereits kennen.

6 Wer bekommt das Bild? (S. 138 f.)

Vorbereitung des Materials: Kopieren Sie die Vorlagen vergrößert auf dickeres DIN-A4-Papier, am besten jede Seite auf ein Blatt anderer Farbe (und laminieren Sie sie). Schneiden Sie die Karten aus und beschriften Sie die Rückseiten der vier Karten einer Reihe mit Folienstift jeweils mit derselben Nummer, sodass es z. B. vier rote Karten mit jeweils einer 1 (drei Wortkarten und eine Bildkarte), vier rote Karten mit einer 2 gibt usw. Alle gleichfarbigen Karten eines Spiels werden in einem Kästchen aufbewahrt.

Spielanleitung: Das Spiel wird von drei Spielern gespielt oder auch mit einem vierten Spielleiter. Zunächst werden die Bildkarten separiert und alle Wortkarten auf dem Tisch verdeckt ausgelegt, sodass die Zahlen auf der Rückseite sichtbar sind. Im ersten Spielzug wird (vom Spielleiter) die Bildkarte mit der 1 aufgedeckt und jeder Spieler wählt eine Wortkarte mit einer 1. Der Spieler, der die zum Bild passende Karte hat, erhält das Bild 1. Alle Wortkarten mit einer 1 werden in das Kästchen zurückgelegt. Dann beginnt der zweite Spielzug mit den mit „2" nummerierten Karten usw.; Sieger ist, wer am Schluss die meisten Bildkarten hat.

Sprachen-Memory mit Schrift

 der Vater	 die Mutter	 das Kind	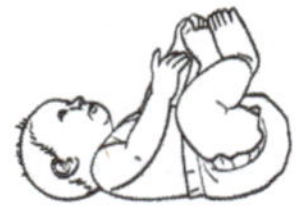 das Baby
 das Buch	 das Haus	 die Schule	 die Schere
 der Computer	 der Mond	 die Sonne	 das Bild
 der Hund	 die Katze	 der Elefant	 das Pferd
 die Maus	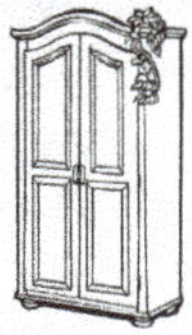 der Schrank	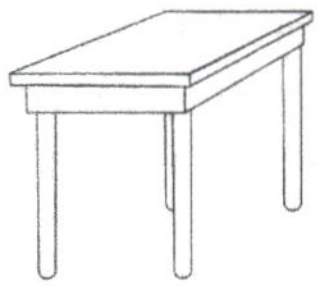 der Tisch	 der Apfel
 die Apfelsine	 der Hut	 das Auto	 das Schiff

Sprachen-Memory mit Schrift

1

baby	child	mother	father
scissors	school	house	book
picture	sun	moon	computer
horse	elephant	cat	dog
apple	table	cupboard	mouse
ship	car	hat	orange

Sprachen-Memory mit Schrift

bebek	çocuk	anne	baba
makas	okul	ev	kitap
tablo	güneş	ay	bilgisayar
at	fil	kedi	köpek
elma	masa	dolap	fare
gemi	araba	şapka	portakal

Die Wörter in verschiedenen Sprachen für eine Vorderseite des Bildpaares

Deutsch	**das Baby**	**das Kind**	**die Mutter**	**der Vater**
Französisch	le bébé	l'enfant	la mère	le père
Spanisch	el bebé	el niño	la madre	el padre
Russisch	младéнец	ребёнок	мáма	отéц

Deutsch	**die Schere**	**die Schule**	**das Haus**	**das Buch**
Französisch	les ciseaux	l'école	la maison	le livre
Spanisch	las tijeras	la escuela	la casa	el libro
Russisch	нóжницы	шкóла	дом	кни́га

Deutsch	**das Bild**	**die Sonne**	**der Mond**	**der Computer**
Französisch	l'image	le soleil	la lune	l'ordinateur
Spanisch	la imagen	el sol	la luna	el computador
Russisch	картина	сóлнце	лунá	компью́тер

Deutsch	**das Pferd**	**der Elefant**	**die Katze**	**der Hund**
Französisch	le cheval	l'éléphant	le chat	le chien
Spanisch	el caballo	el elefante	el gato	el perro
Russisch	лóшадь	слон	кóшка	собáка

Deutsch	**der Apfel**	**der Tisch**	**der Schrank**	**die Maus**
Französisch	la pomme	la table	l'armoire	la souris
Spanisch	la manzana	la mesa	el armario	el ratón
Russisch	я́блоко	стол	шкаф	мышь

Deutsch	**das Schiff**	**das Auto**	**der Hut**	**die Apfelsine**
Französisch	le bateau	l'auto	le chapeau	l'orange
Spanisch	el barco	el auto	el sombrero	la naranja
Russisch	корáбль	автомобиль	шляпа	апельсин

Abzählverse international

2

Marie-Madeleine va à la fontaine, y lave ses mains, les essuie très bien. 	*Übersetzung aus dem Französischen:* Marie-Madeleine geht zum Brunnen, dort wäscht sie ihre Hände, trocknet sie sehr gut ab.
 Tinker, tailor, soldier, sailor, rich man, poor man, beggar man, thief.	*Übersetzung aus dem Englischen:* Klempner, Schneider, Soldat, Seemann, reicher Mann, armer Mann, Bettler, Dieb.
Раз, два, три, четыре, пять, Мы собрались поиграть. К нам сорока прилетела И тебе водить велела. 	*Übersetzung aus dem Russischen:* 1, 2, 3, 4, 5, Wir wollten spielen. Eine Elster ist zu uns geflogen Und hat dir befohlen, das Spiel zu leiten.
 Hexe Minka, Kater Pinka, Vogel Fu, raus bist du.	

Abzählverse international

Iğne, miğne, ucu düğme. Alcık balcık. Sen gir! Sen cık! 	*Übersetzung aus dem Türkischen:* Nadel, Madel, auf der Spitze ist der Kopf. Pflatsch, pflotsch. Du kommst rein! Du gehst raus!
 Pata sucia fue a la feria a comprar un par de medias como medias no había pata sucia se reía ja je ji jo ju pata sucia eres tú	*Übersetzung aus dem Spanischen:* Käsefuß ging zum Markt um ein paar Strümpfe zu kaufen da es keine Strümpfe gab Käsefuß lachte laut ja je ji jo ju Käsefuß bist du
Een, twee, dree, veer, fief, söss, söben, unsere Katt hett Junge kregen, een is witt, een is swatt, een is jüst as Navers Katt. 	*Übersetzung aus dem Plattdeutschen:* 1, 2, 3, 4, 5, 6, 7, unsere Katze hat Junge gekriegt, eine ist weiß, eine ist schwarz, eine ist genau wie Nachbars Katze.
 Ich bin ein armer Rabe, und alles, was ich habe, ist eine dicke Laus und du bist raus.	

	△ Vogel		○ Oma
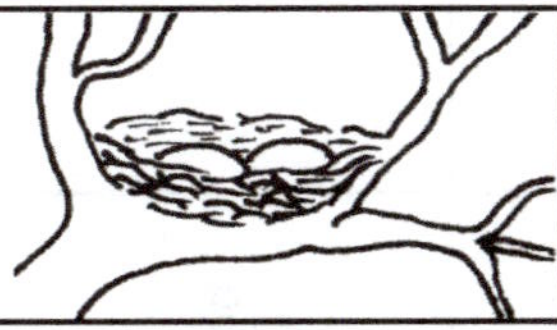	□ Nest		△ Opa
	△ Uhu		○ Mama
	△ Papagei		△ Papa
	○ Eule		□ Kind

3

	△ Affe	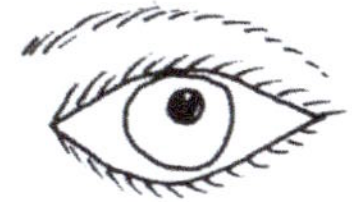	□ Auge
	△ Elefant		△ Mund
	△ Löwe		○ Nase
	○ Giraffe	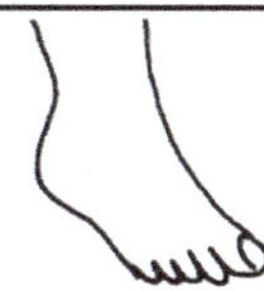	△ Fuß
	□ Nashorn		○ Hand

	□ Schaf		○ Puppe
	□ Schwein		△ Indianer
	○ Kuh		△ Wagen
	□ Pferd		○ Schaufel
	○ Ziege	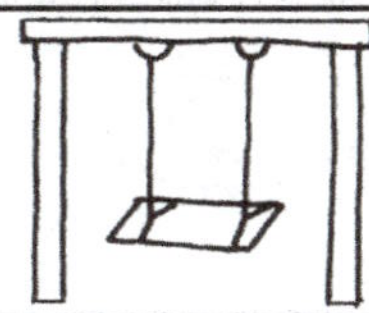	○ Schaukel

	○ Maus		△ Apfel
	△ Hase		○ Birne
	△ Fisch		○ Banane
	△ Hund	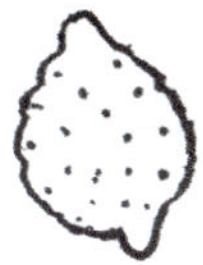	○ Zitrone
	○ Katze		○ Kirsche

3

	○ Tasse		△ Eimer
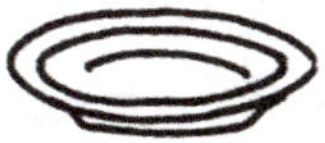	△ Teller		△ Korb
	□ Messer	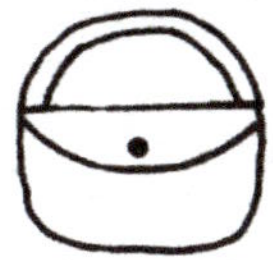	○ Tasche
	○ Gabel		○ Flasche
	△ Löffel		○ Dose

	□ Ei		□ Heft
	□ Eis		□ Buch
	□ Brot		△ Computer
	△ Käse		△ Pinsel
	○ Milch		○ Tafel

	□ Haus	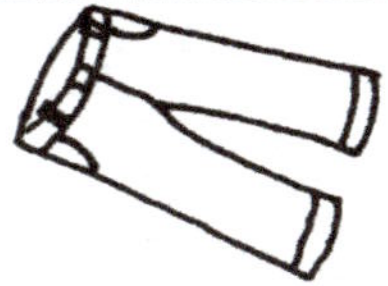	○ Hose
	△ Spiegel		○ Jacke
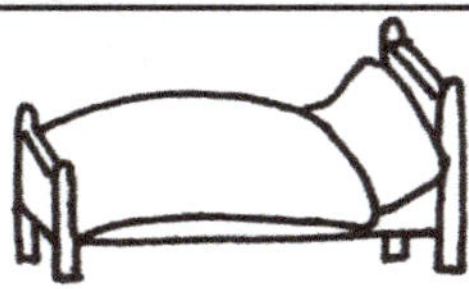	□ Bett		△ Rock
	△ Tisch		○ Mütze
	△ Stuhl	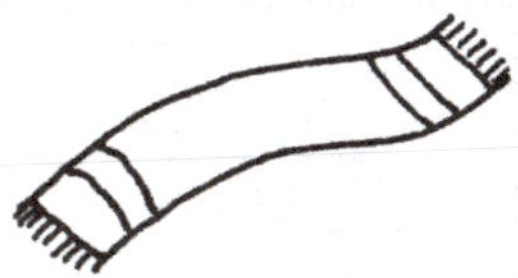	△ Schal

	○ Sonne		□ Auto
	△ Mond		△ Zug
	△ Stern		△ Bus
	○ Wolke	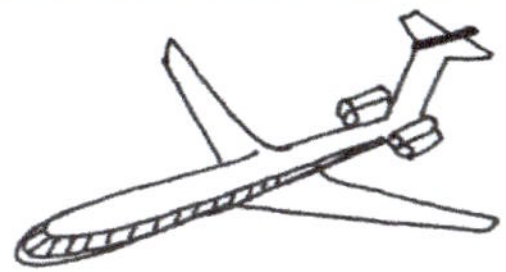	□ Flugzeug
	△ Regen		□ Schiff

3

Fragebogen 1

3

So wird es gemacht:

1. Frage **lesen**
2. **Nachdenken,** wie die Antwort heißt
3. Wort und Bild **suchen**
4. **Richtig abschreiben**

Manchmal sind mehrere Antworten möglich.

Wer scheint in der Nacht? ______________________________

Was wärmt deinen Hals? ______________________________

Was isst du gern? ______________________________

Was kann man kaufen? ______________________________

Was kann man nicht kaufen? ______________________________

Was schmeckt gut und ist kalt? ______________________________

Was wächst am Baum und ist saftig? ______________________________

Was schmeckt sauer? ______________________________

Woraus trinkst du? ______________________________

Was braucht man zum Tuschen? ______________________________

Womit schreibst du? ______________________________

Womit spielst du am liebsten? ______________________________

Webcode: ZS162048-003

Fragebogen 2

So wird es gemacht:

1. Frage **lesen**
2. **Nachdenken,** wie die Antwort heißt
3. Wort und Bild **suchen**
4. **Richtig abschreiben**

Manchmal sind mehrere Antworten möglich.

Wer hat ein Fell? ______________________________

Wer hat Federn? ______________________________

Wer hat Schuppen? ______________________________

Wer kann bellen? ______________________________

Wer kann singen? ______________________________

Wer kann trompeten? ______________________________

Wer baut ein Nest? ______________________________

Wer gibt uns Milch? ______________________________

Welches Tier lebt im Wasser? ______________________________

Welche Tiere kann man im Zoo sehen? ______________________________

Welches Tier ist am größten? ______________________________

Welches Tier ist am kleinsten? ______________________________

Welches Tier hat einen Rüssel? ______________________________

Welches Tier hat keine Beine? ______________________________

Fragebogen 3

So wird es gemacht:

1. Frage **lesen**
2. **Nachdenken,** wie die Antwort heißt
3. Wort und Bild **suchen**
4. **Richtig abschreiben**

Manchmal sind mehrere Antworten möglich.

Suche Wörter mit **M** oder **m**.

____

____

Suche kurze Wörter.

____

____

Suche Wörter mit 3 Silben.

____

Suche Wörter mit -**er** am Ende.

____

Was reimt sich auf:

Maus ______________ Mund ______________

Affe ______________ Nase ______________

Flasche ______________ Tisch ______________

Hose ______________

Webcode: ZS162048-003

Fragebogen 4

Auf welcher Seite sind die Bilder, zu denen diese Teile gehören?

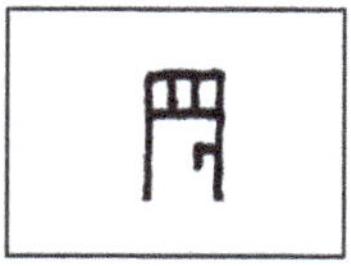
Seite

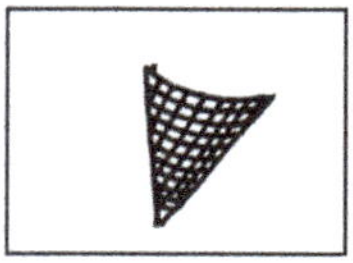
Seite

Seite

Seite

Seite

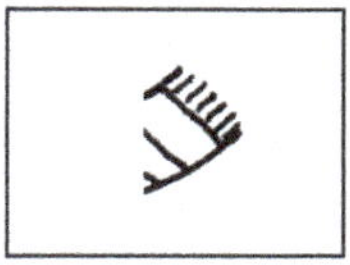
Seite

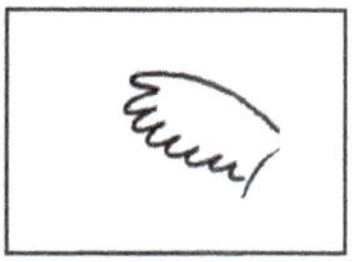
Seite

Seite

Schreibe das Wort richtig neben das Bild.

Weitere Unterrichtsanregungen zur Arbeit mit dem Wörterbuch

Zur Rechtschreibbewusstheit:
Welche Wörter findest du leicht zu schreiben?
Schreibe sie aus dem Kopf auf.
Und vergleiche mit dem Wörterbuch!
Musst du etwas verbessern?

Welches Wort findest du schwer zu schreiben?
Warum?
Unterstreiche, was du an dem Wort schwer findest!
Wie kannst du dir das Wort merken?

Lieblingswörter

Zu orthografischen Elementen und Buchstabengruppen:
*Wörter mit **au**, mit **ei**, mit **sch***
*Wörter mit **ie***
Wörter mit doppelten Buchstaben
*Wörter mit **ck***
*Wörter mit **tz***

Wörter alphabetisch ordnen (als Vorbereitung für den Gebrauch des Wörterbuchs in Klasse 2):
Kopien der Bild-Wort-Zeilen ausschneiden, alphabetisch anordnen und in ein Heft einkleben.
Oder: Nur die Bilder in dieser Ordnung einkleben, die Wörter selbst dazu (ab)schreiben.

Zum Lesen:
Die Kinder verdecken die Bilder mit einem Pappstreifen, versuchen die Wörter zu lesen und kontrollieren ihr Ergebnis.

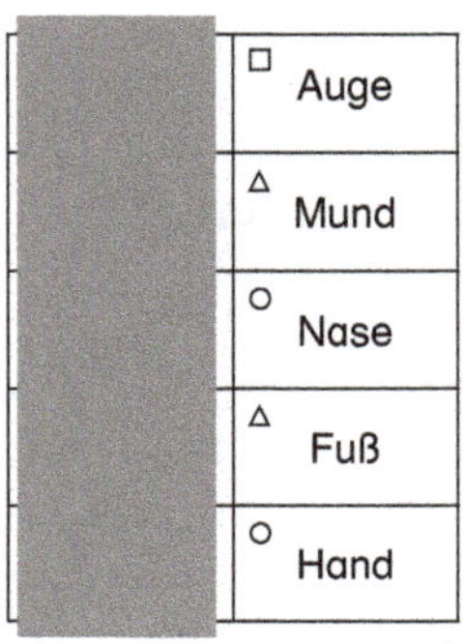

2

Lehrererzählung: Der Turm zu Babel

Die Geschichte

Türme finden Menschen interessant, faszinierend. Sie haben einen Zauber, man wird davon mitgerissen. Und ein bisschen Geheimnis bleibt.

Heute will ich euch etwas von einem Turm erzählen, da weiß man nur, dass es ihn gegeben hat. Das ist nämlich schon so lange her, über tausend Jahre, zweitausend, dreitausend Jahre, das weiß man nicht so genau. Und darum weiß heute kein Mensch mehr, wie er genau ausgesehen hat. Man weiß, dass es ihn gegeben hat, und man weiß auch, wo er gestanden hat. Und die Geschichte von dem Turm, die will ich euch erzählen.

Gott hat die Erde geschaffen. Den Himmel und die Erde, das Wasser und das Land. Die Menschen, die Tiere und die Pflanzen. Gott hat den Menschen ein Paradies gegeben, wo sie leben sollten. Und er hat ihnen gesagt: „So, in diesem Paradies, da lebt ihr jetzt. Werdet glücklich, vertragt euch, macht keinen Streit."

Zuerst ging es den Menschen auch gut. Aber wie das so ist, fingen sie an zu streiten. Sie wurden hässlich zueinander; jeder wollte der Beste sein. Keiner gönnte dem anderen etwas. Sie schlugen sich, sie betrogen sich, sie logen, sie schlugen sich sogar tot. Gott ermahnte sie, aber sie hörten schlecht.

Es hatten die Menschen damals alle eine Sprache. Sie redeten dieselben Worte. Sie konnten sich verstehen, miteinander reden. Dann zogen sie in ein fernes Land im Osten, und dort wollten sie eine riesengroße Stadt bauen. Und das taten sie auch.

Sie wollten reich und mächtig werden. Und zum Zeichen, dass sie reich und mächtig werden wollten, bauten sie einen Turm. Einen riesigen Turm! Der sollte immer höher und höher und höher werden. Sie sagten: „Auf, lasst uns einen Turm bauen, wie noch nie ein Mensch ihn je gesehen hat. Er soll so hoch werden, dass er bis in den Himmel reicht."

Und sie bauten und bauten. Es war schwierig. Sie bauten Wochen, sie bauten Monate, sie bauten Jahre. Sie mussten Werkzeug erfinden; sie mussten lernen, Steine im Ofen zu brennen, damit sie fest wurden; sie schafften Gold heran, um den Turm zu schmücken. Und dabei geschah es, dass sie immer nur an den Turm dachten, und immer nur daran dachten, dass er viel, viel größer und riesiger werden musste. Und dabei hörten sie auf, sich selber zu bemerken.

Sie merkten nicht mehr, dass vielleicht jemand krank war und nicht mehr arbeiten konnte. Sie merkten nicht mehr, dass zu Hause auch noch Frauen und Kinder warteten. Sie merkten auch nicht, wenn jemand abstürzte oder sich verletzte; sie redeten gar nicht mehr miteinander. Sie lebten nicht mehr; sie bauten und bauten.

Und das sah Gott, und er wurde zornig. Er kam herab und sagte zu den Menschen: „Wenn ihr schon nicht mehr miteinander redet und euch nicht mehr bemerkt, dann braucht ihr auch gar nicht eine Sprache." Und er verwirrte ihre Sprache. Jeder bekam eine andere Sprache, sodass sie sich nicht mehr verstehen konnten. Und Gott sagte: „Der Turm wird zerfallen! Zerstreut euch in alle Welt. Und dann ringt darum, kämpft darum, dass ihr euch wieder versteht."

Und so geschah es auch. Sie verstanden einander nicht; sie verließen den Turm, zerstreuten sich in alle Welt. Und der Turm zerfiel. Die Stadt war noch eine Weile da; die Stadt bekam den Namen Babel. Babel heißt – das ist eine alte Sprache – Babel heißt: Wirrnis, Verwirrung, Durcheinander.

Und seit dieser Zeit damals beschäftigen sich die Menschen mit diesem Turm und mit der Geschichte.

Das ist die Geschichte vom Turm zu Babel.

Irmtraud Schnelle

Welche Buchstaben kennst du schon? Male den Buchstaben aus!

A	F	S	N
P	L	B	O
J	H	R	E
V	Q	Z	T
K	N	U	V
X	Y	I	W
D	G	M	C

Wie sehen die Buchstaben aus?

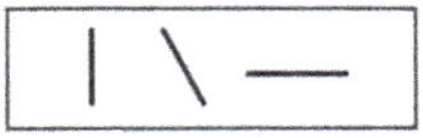 gerade	 rund	 gerade und rund
A	**C**	**B**

Wer bekommt das Bild? (1)

1	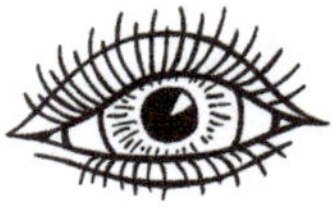	Auge	Mund	Nase
2		Pinsel	Buch	Heft
3	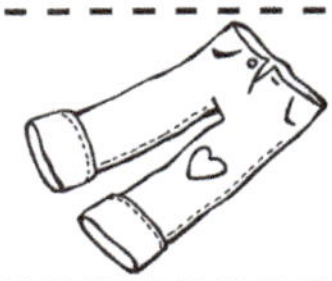	Hose	Rock	Mütze
4		Ampel	Schiff	Roller
5		Sonne	Mond	Wolke
6		Haus	Bett	Tisch
7		Gabel	Messer	Löffel
8		Igel	Hund	Spinne

Wer bekommt das Bild? (2)

1		Indianer	Insel	Igel
2		Dose	Daumen	Dinosaurier
3		Schildkröte	Schuh	Schaf
4		Krokodil	Kuh	Kerze
5		Telefon	Tafel	Ton
6		Bär	Besen	Banane
7		Ameise	Affe	Adler
8		Kinderwagen	Koffer	Kuchen

Wer bekommt das Bild? (3)

1		Wolken	Wolle	Wolke
2		Seife	Seite	Seile
3		Kirche	Kirsche	Kirchen
4		Brot	Boot	Brote
5		Herz	Herr	Herd
6		Fahne	Farbe	Farn
7		Schiff	Schilf	Schrift
8	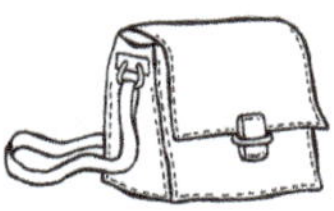	Tasche	Tasse	Tusche

Wer bekommt das Bild? (4)

1		Schneestern	Schneesturm	Schneemann
2		Tannenzweig	Tannenbaum	Tanzen
3		Fernseher	Fernglas	Fenster
4		Fahrrad	Fahrbahn	Fahrkarte
5	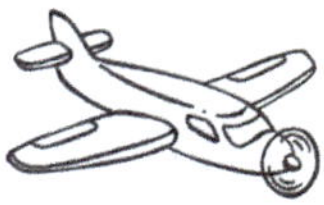	Flugzeug	Flugzeuge	Feuerzeug
6		Briefmarke	Briefwaage	Briefkasten
7	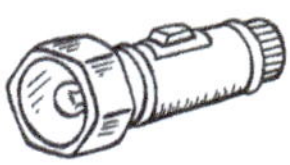	Taschenlampe	Taschentuch	Taschenschirm
8	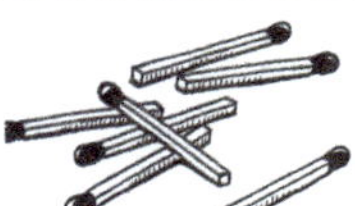	Streichhölzer	Streicher	Streifen

Schulanfangsbeobachtung

Bitte beschriften Sie nach dem Vergrößern auf DIN A4 eine Fassung auf der Rückseite, eine Fassung bleibt unbeschriftet:

KATZE BUCH SCHMETTERLING WAL KUH

FROSCH AUTO KROKODIL BUS ROSE

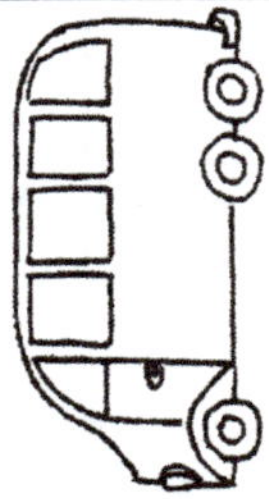

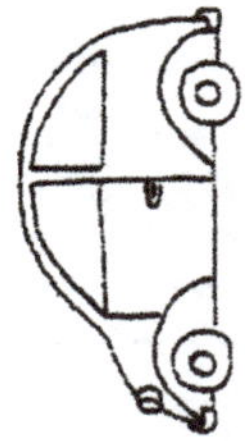

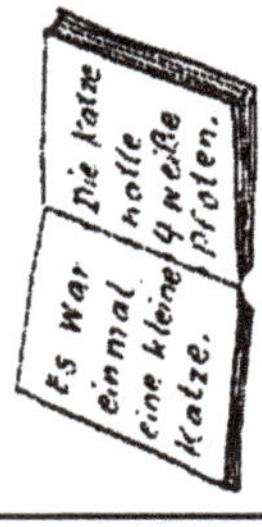

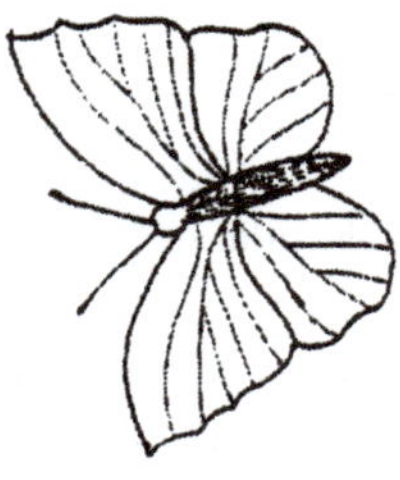

Memory mit Schrift

Bitte zwei Kopien auf Pappe in DIN A4 herstellen!

Schreib mal ...

Name

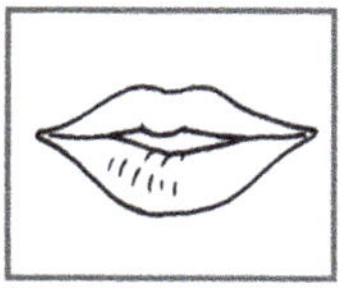

LERNBEOBACHTUNG Schreiben: Ersatzwörter

für Sofa:
Mofa
Rose

für Mund:
Hund

für Limonade:
Badehose

---

für Turm:
Wurm

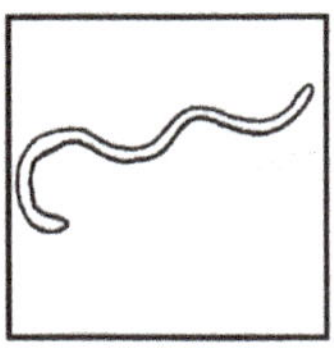

für Reiter:
Leiter

für Kinderwagen:
Leiterwagen
Winterabend

Lies mal …

<u>Uta</u> malt ein <u>rosa</u> <u>Rad</u>.

Lies mal ...

Olaf hat ein altes Auto.

Der Motor ist zu laut.

9

Lies mal …

Susi will zu den Küken am See.

Sie nimmt Futter mit.

Die eine Ente hat schon kleine Küken.

Die andere Ente brütet noch die Eier aus.

SCHULANFANGSBEOBACHTUNG – Klassenliste

Name	Leeres Blatt	Memory	Buchstabenkenntnis		Reimen
	0 = keine Schrift 1 = Schriftmuster 2 = Lautieren	nutzt Schrift 0 = nicht 1 = Merken 2 = Lautieren	Anzahl richtig geschriebener Buchstaben	Buchstaben-begriff: – Laut – Name – Silbe – Wort, Form, „Eigentum“	Anzahl gelingender Reime

LERNBEOBACHTUNG Schreiben – Zugriffsweise der Kinder

– verweigert	0 diffus	1 rudimentär 1/3	2 besser Dialekte a) an der Artikulation orientiert – auch an irrelevanten Aspekten	b) phonematisch-alphabetisch falsch gesch. richtig gespr.	c) Erproben orthografischer Elemente – auch falsch verallgemeinernd eigenaktive RB	orthografisch richtig
	LF So[O	OA S SO	sofHA sofar	OFA SOF SOA Sofa	Sofer Sova	Sofa
	MoAiam	M Mn m MD Mt	Mot Mont	Mut Munt	Mud Mund Munnd Munnt Muntt	Mund
	tA	Lolla iod LMo LoAE lmn LM LMon lot	Leonae Lemonad Lemonade Limunade	Limnade Limone Liond Limonade	Liemonade	Limonade
	OL tokol	T tR OM	Tor Toam Torm	Trm Turm		Turm
	l lal	r RtE RA Rer Rta	Rater Rata Raeter RaitHer	Rter Reitr Reiter	Reitter	Reiter
	Saota AflR	Knwd KN Kmwg A KeN KfAE Knrfak	Kenderwagen Kndawgen KnrFakn Kindarwagen	Kinderwagen	Kienderwagen Kinnderwagen	Kin…
			Mischungen aus a), b), c) Mod TuAM toarm Reitar Kienderwargen			

LERNBEOBACHTUNG Lesen – Wege zum richtigen Erlesen eines Wortes (ohne Hilfe des Lehrers)

	LERNBEOBACHTUNG **November** **r o s a**	LERNBEOBACHTUNG **Januar** **M o t o r**	LERNBEOBACHTUNG **Mai** **F u t t e r**
(1) Vom einzelnen Buchstaben aus …	.1 r-o, r-o, s-a, sa'a, r, rosa .2 r, ro, ros, ro, a, rosa .3 r, ro-s, a, rosa .4 das 'n r:, das 'n u (L korrigiert o), o:, das 'n s und das 'n a, sa:, rosa: .5 r-o heißt ro, rosa .6 r-o-s-a, rosa .7 r, rosa	.1 M-o-t-o, Motor:	.1 (F-u-t-t), Futter .2 F-u, Funte:, Futter .3 F, Fu:'t'te:r, Futter .4 F, Fu:'ter, Futter
(2) Vom Wortteil (meist K-V-Gruppe) aus …	.1 ro, rosa .2 (sa), rosa .3 ro, rosanes, ro, ro'sa	.1 mo:, mot'to:r, Motor .2 ma:, Mo:'tor, Motor .3 to, der Motor .4 (Mot), Motor .5 M:o:t, Motor .6 Mo:t-orch … Mo:tor .7 Mo:t-ort, Mot, Mo, Mo, Mot'tor, also Motor	.1 Fu:, Fut'ter, Futter .2 F:u:, Futter .3 Füt, Futte:r .4 Fu:n, Fu:'te:r, Futter .5 Fu:n, (Fu:)ter
(3) Vom Wort als ganzem aus-gehen	.1 ro:s:a .2 ro'sa .3 r:a-d, r:o:'s:a, rosa	.1 Mo'tor .2 Matar:, Motor .3 Mari:, Mo:'tor	.1 Fu:t'ter, Futter .2 Fut'tert, Futter .3 Vogelfutter, F, Fu:t'te:r, Futter

12

Lernbeobachtung Lesen – Auswertung November – Januar – Mai

Name: Datum:

Anzahl	
richtig: Buchstaben	
Wortteile	
Wort	
Zugriffsweise	
1 Buchstaben nennen (Buchstabe-Laut-Beziehung) Vom einzelnen Buchstaben ausgehen	
2 Teilschritte zum Erlesen Vom Wortteil ausgehen • Synthese	
• Strukturierung des Wortes	
Vom Wort als ganzem ausgehen • Bekanntes u. Neues unterscheiden	
3 Teilschritte integrieren – zielorientiert • Behalten des bereits Gelesenen	
• Sinnerwartung als Steuerung (oder „Notfallreaktion"?)	
• Kontrolle der Sinnerwartung (oder „Notfallreaktion"?)	
• Sinnentnahme	
• Orientierung: Vor- und Rückgriff	
• Bezug zur eigenen Lebenswelt/Sprache herstellen	
4 Einschätzen des eigenen Könnens • Hilfen erbitten, Fragen stellen	
• Hilfen annehmen und integrieren	
5 Tempo der Aufgabenlösung/Ausdauer	
6 Interesse am Inhalt	

12

Register